Wilhelm Heyne Verlag
München

KLEINE HOTELS
MIT CHARME

GROSSBRITANNIEN

MIT IRLAND

Aus dem Englischen übersetzt
von Sidhi Schade, Gertrud Menczel u.a.

Wilhelm Heyne Verlag
München

Herausgeber *Andrew Duncan*
Design *Mel Petersen*
Übersetzung *Sidhi Schade, Gertrud Menczel, Bettina Stambader und Christian Hilt*

Titelfoto *Hotel Viewfield House, Portree (Seite 294)*

4., revidierte Auflage 2000
© für die deutschsprachige Ausgabe
Wilhelm Heyne Verlag
München
Titel der englischen Ausgabe
»Charming Small Hotel Guides: Britain«
© Duncan Petersen Publishing Ltd., 2000
Das Werk einschließlich aller seiner Teile ist urheberrechtlich geschützt. Jede Verwertung außerhalb der engen Grenzen des Urheberrechtsgesetzes ist ohne Zustimmung des Verlags unzulässig und strafbar. Das gilt insbesondere für Vervielfältigungen, Übersetzungen, Mikroverfilmung und die Einspeicherung und Verarbeitung in elektronischen Systemen.
Projektleitung: Dr. Alex Klubertanz
Redaktion: Dr. Christine Gangl, München
Umschlaggestaltung: Nelle Schütz Design, München
Satzarbeiten: Matthias Liesendahl
Druck: Delo-Tiskarna, Slowenien

ISBN 3-453-17461-5

Inhalt

EINFÜHRUNG	6–13
Mitarbeit unserer Leser	14
Karten der Hotelstandorte	15–25
SÜDENGLAND	
Der Südwesten	26–92
Der Südosten	93–139
ZENTRALENGLAND UND WALES	
Wales	140–163
Mittelengland	164–202
Der Osten	203–223
NORDENGLAND	
Der Nordwesten	224–246
Der Nordosten	247–266
SCHOTTLAND	
Südschottland	267–274
Highlands und Inseln	275–303
IRLAND	
Nordirland	304–305
Irische Republik	306–324
REGISTER	
Register der Hotels	325–327
Register der Orte	328–330
Register der Grafschaften	331–333

Einleitung

In diesem Einführungsteil

Unsere Auswahlkriterien	8
Die verschiedenen Übernachtungsmöglichkeiten	9
Wie Sie einen Eintrag finden	11
Leserkommentare	14
Karten der Hotelstandorte	15-25

Willkommen zur ersten Ausgabe von »Kleine Hotels mit Charme – Großbritannien und Irland« des neuen Jahrtausends. Teils als Verbeugung vor der Jahreszahl 2000, vor allem aber zur weiteren Verbesserung unseres Führers haben wir ein paar

größere Veränderungen durchgeführt – mehr als bei jeder Neuauflage bisher.

• (Fast) alle Hotels werden mit einem Farbfoto und einem ganzseitigen Beitrag vorgestellt.

• Hotels, die uns besonders am Herzen liegen, werden als *Tip des Herausgebers* gekennzeichnet.

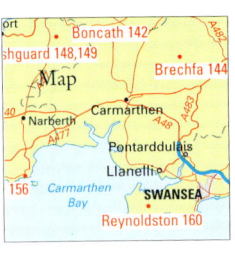

• Die Karten wurden grundlegend aktualisiert.

• Das Layout wurde verändert, damit Sie die für eine Buchung wichtigen Informationen schneller finden können.

Wir hoffen, daß Ihnen diese Veränderungen eine wirkliche Hilfe sind. In jeder anderen Hinsicht bleibt der Führer seinen Kriterien und seiner Qualität treu, die uns so einzigartig machen (siehe S. 7) und die uns so viele begeisterte Leser immer wieder bestätigen. Seit seinem ersten Erscheinen 1986 wurde dieser Führer 14mal in Folge auf den neuesten Stand gebracht. Seine Gesamtauflage in Großbritannien, den USA und in fünf weiteren europäischen Ländern beträgt mehrere Hunderttausend Exemplare.

Dieser Führer ist der einzige, völlig unabhängig erstellte Hotelführer (kein Hotel bezahlt in irgendeiner Weise für die Aufnahme darin) über Großbritannien und Irland, der:

- (fast) jedes Hotel im Farbbild vorstellt,
- nur Häuser berücksichtigt, die wirklich Charme und Charakter besitzen,
- sehr strenge Aufnahmekriterien anlegt,
- besonderen Wert auf eine überschaubare Größe legt. Die meisten Hotels haben weniger als 20 Schlafzimmer. Wenn sie mehr Zimmer haben, muß das Hotel kleiner erscheinen, als es ist. Wir sind der Meinung, daß eine wirklich herzliche Aufnahme viel eher in einem kleinen Hotel gewährleistet ist;
- hohen Wert auf die ausführliche Beschreibung der Hotels legt, statt nur irritierende Symbole zu verwenden;
- von einem engagierten Team von gleichgesonnenen Inspektoren in einem kleinen, unbürokratischen Verlag herausgegeben wird.

Unsere Auswahlkriterien

• Eine ruhige und attraktive Lage. Wenn das Haus in einer Stadt liegt, müssen wir bezüglich der Ruhe natürlich manchmal Konzessionen machen.

• Ein Gebäude, das besonders schön, interessant oder geschichtsträchtig oder wenigstens besonders charaktervoll ist.

• Ausreichend Platz in einem familiären Rahmen. Wir schätzen keine Hotels, die durch ihre Vornehmheit oder falsche Ambitioniertheit einschüchtern.

• Guter Geschmack und Phantasie in der Inneneinrichtung. Wir lehnen standardisierte Einrichtungsgegenstände und Einheitsdekorationen wie bei Hotelketten ab.

• Zimmer, die wie wirkliche Schlafzimmer wirken und individuell eingerichtet sind – nicht wie unpersönliche Hotelzimmer.

• Möbel und andere Teile der Einrichtung, die bequem sind und gut gepflegt werden. Wir freuen uns über interessante antike Möbelstücke, die zum Gebrauch, nicht zum Bestaunen da sind.

• Eigentümer und Personal, die engagiert und planvoll zu Werke gehen. Eine persönliche Aufnahme, die weder überschwenglich noch aufdringlich ist. Der Gast soll sich als Individuum behandelt fühlen.

• Gute und interessante Küche. Auch in Großbritannien steigt die Qualität des Essens allmählich. Es gibt nur wenige Hotels in diesem Führer, deren Küche nicht überdurchschnittlich gut ist.

• Eine sympathische Atmosphäre. Es sollen weder aufdringliche Menschen mit ihrem Geld angeben, noch soll exklusiver Korpsgeist vorherrschen.

Umfangreich und wählerisch
Um für jeden Eintrag eine ganze Seite Text und ein Farbfoto zur Verfügung zu stellen, mußten wir ein paar Seiten mehr drucken. Wir beschränken uns jedoch unverändert auf eine Auswahl von etwa 300 Unterkünften.
Über die Jahre hinweg stieg die Anzahl von kleinen Hotels mit Charme in Großbritannien und Irland beständig, aber nicht dramatisch. Wir glauben nicht, daß es gegenwärtig wesentlich mehr als etwa 300 dieser Etablissements gibt.

Die verschiedenen Übernachtungsmöglichkeiten
Trotz seines Titels beschränkt sich dieser Führer nicht auf Hotels allein. Im Gegenteil, wir suchen beständig nach Orten, die als »Zuhause fern von zu Hause« (siehe Seite 10) beschrieben werden können. Dazu können kleine und mittlere Hotels, Pubs, Gasthöfe, Restaurants mit Zimmern, Gästehäuser und Bed & Breakfast-Unterkünfte zählen. Manche Gastgeber versuchen, ein Gemeinschaftserlebnis herzustellen: Man wird den anderen Gästen vorgestellt und ißt am gemeinsamen Tisch zu Abend. Wenn Sie keine Lust auf Smalltalk mit Fremden haben oder lieber in trauter Zweisamkeit für sich bleiben wollen, dann ist diese Art von Unterbringung nicht so ideal für Sie. Andererseits, wenn Sie gerne neue Leute oder – als deutscher Tourist – ein paar Einheimische kennenlernen wollen, dann kann das eine gute Gelegenheit sein.

Kein Sponsoring!
Wir meinen, daß es den Daseinszweck eines Führers gefährdet, wenn sich der Verlag für die Aufnahme eines Hotels bezahlen läßt. Hat eine solche Provision erst mal die Brieftasche gewechselt, kann man kaum noch die ganze Wahrheit schreiben, und auch die Auswahl ist nicht mehr objektiv. Man sollte dies für eine simple Grundwahrheit halten; sie zeigt sich auch darin, daß Führer, die gegen Bezahlung arbeiten, so angestrengt die Illusion ihrer Unabhängigkeit aufrecht erhalten wollen. Fast keiner, der auf dem Titelblatt zugibt, Geld für den Abdruck von Hotelempfehlungen zu bekommen – die meisten verstecken diese Information im Inneren.
Kaum jemand weiß, daß sich der Großteil der Hotelführer über Großbritannien und Irland für die einzelnen Einträge bezahlen läßt und die unabhängigen Führer in der Minderheit sind. Zu diesen gehört unsere Reihe.

»Zuhause fern von zu Hause«
Am schwierigsten heraufzubeschwören ist das Gefühl, sich in einem Privathaus zu befinden, sich aber nicht um den täglichen Kleinkram kümmern zu müssen. Um dieses Geheimrezept herauszufinden, bedarf es einer besonderen Professionalität: Der Eigentümer muß die Balance zwischen Unbefangenheit und aufmerksamem Service wahren. Wer dieses Gefühl einmal erlebt hat, wird für andere Unterkünfte verdorben sein.

Unsere kleinen Aversionen
Kleine Hotels sind nicht automatisch wundervolle Hotels; gerade die Individualität kleiner, vom Besitzer betriebener Häuser macht sie anfällig für Beanstandungen, die stereotype Kettenhotels natürlich vermeiden. Für alle, die kleine Hotels in Großbritannien und Irland betreiben, und auch für diejenigen, die auf dem Sprung dazu sind, führen wir hier erneut unsere kleine Liste von Aversionen auf.
Der Speisesaal des peinlichen Schweigens Das passiert gewöhnlich, wenn ein Haus genau zwischen zwei Kategorien fällt: zu groß für ein kleines Hotel, wo der Eigentümer selbst das Eis zwischen den Gästen bricht, und zu klein für eines, wo die Anzahl der Gäste selbst für Belebung sorgt.
Frühstück zum Gähnen Sogar Hotels, die sich beim Abendessen die allergrößte Mühe geben, bringen es fertig, zum Frühstück Orangensaft und Brot aus der Packung anzubieten.
Die Klassenlehrerattitüde Leute, die damit liebäugeln, kleine Hotels zu eröffnen, sollten sich vielleicht erst einer psychologischen Untersuchung unterziehen, ob sie überhaupt flexibel und geduldig genug sind, mit den Besonderheiten und Schrullen von Gästen klarzukommen; einige sind es mit Sicherheit nicht.
Die superlässigen Gastgeber In einem nicht zu billigen Hotel in London (das keine Aufnahme im Buch fand) führte uns ein junger Mann in Jeans (was toleriert werden kann) und ohne Socken (was nicht toleriert werden kann) durchs Haus. Der Brief eines Lesers berichtete kürzlich von einem Etablissement (das gestrichen wurde), in dem ihn die Besitzerin in schäbigen Gartenkleidern und mit einem Gefolge halbwilder Hunde begrüßte. Als sie ihm Tee servierte, trug sie noch immer Gummistiefel.
Völlige Laien als Personal Ein kleines Etablissement zu betreiben ist keine Entschuldigung dafür, die zahlenden Gäste völlig unerfahrenem (und manchmal übelgelauntem) Personal zu überlassen.

Einleitung

Der pompöse Titel Dieser Punkt ist nicht so wichtig, aber dennoch irritierend. Ein hübsches, weißgestrichenes Cottage im Lake District ist in unseren Augen noch lang kein »Hotel im Landhausstil«.
Das durchgelegene alte Bett Weiß wirklich jeder Hotelbesitzer, daß er von Zeit zu Zeit in jedem seiner Hotelbetten mal übernachten sollte? Nichts ist leichter, als die allmähliche Abnützung einer Matratze zu ignorieren.
Das Versagen des Boilers Nichts ist schlimmer, als wenn man ausgekühlt und erschöpft in seiner Unterkunft ankommt und nur lauwarmes Wasser vorfindet. Unmengen von heißem Wasser und von Badetüchern (nicht dünnen Stoffetzen) sind in Großbritannien und Irland für Hotelgäste unabdingbar.

Vergleichen Sie die Preise

In diesem Führer verwenden wir ein System von Preisspannen, statt wie in früheren Ausgaben die exakten Preise zu nennen. Wir haben zu oft erlebt, daß sich die Preise änderten, noch bevor unser Führer aus der Druckpresse kam. Die Preisspannen beziehen sich auf ein übliches Doppelzimmer in der Hauptsaison mit Frühstück für zwei Personen. Sie bedeuten:

£	unter £ 70
££	£ 70 bis £ 120
£££	£ 120 bis £ 180
££££	über £ 180

Um unangenehme Überraschungen zu vermeiden, sollten Sie bei der Buchung bereits nachfragen, was in diesem Preis bereits enthalten ist (z. B. Mehrwertsteuer, Bedienung, Frühstück, Nachmittagstee).

Wie Sie einen Eintrag finden

In unserem Führer haben wir die kleinen Hotels geographischen Gruppen zugeordnet. Zunächst haben wir Großbritannien und Irland in fünf große Regionen eingeteilt; wir beginnen mit Südengland und arbeiten uns nordwärts nach Schottland voran; Irland kommt zu guter Letzt.
Diese großen Regionen haben wir weiter unterteilt in regionale Untergruppen wie den Südwesten Englands, Wales, Mittelengland oder die Highlands und Inseln – eine vollständige Übersicht finden Sie auf Seite 5. Innerhalb jeder Untergruppe wurden die Beiträge alphabetisch nach der nächsten Stadt oder dem nächsten Dorf geordnet; wenn mehrere Empfehlungen in der gleichen Stadt oder ihrer Umgebung liegen, wurden sie nach dem Hotelnamen aufgelistet.
Wenn Sie ein Hotel in einer bestimmten Gegend suchen, schlagen Sie am besten zuerst die Umgebungskarte (auf den Seiten 15 bis 25) auf, wo Sie die Seitenzahl des Eintrages finden.
Wenn Sie ein bestimmtes Hotel, dessen Namen Sie kennen, oder ein Hotel in einer bestimmten Stadt suchen, benutzen Sie am besten die drei Register am Ende des Führers, wo die Einträge alphabetisch nach dem Hotelnamen, nach der nächsten Stadt und nach der Grafschaft genannt werden.

Wie Sie einen Eintrag richtig lesen

Südengland 47

DER SÜDWESTEN

EVERSHOT, DORSET

Summer Lodge
~ Hotel im Landhausstil ~

Summer Lane, Evershot, Dorset DT2 0JR
Tel.: (01935) 834 24 **Fax:** (01935) 830 05 **E-Mail:**
sumlodge@sumlodge.demon.co.uk **Website:** www.relaischateaux.fr/summer

Die Corbetts sind der lebende Beweis dafür, daß nicht alle »professionellen« Hoteliers mittelklassig sind. Wir wissen nicht, was für Freuden sie den Gästen im Savoy bereitet haben, aber ihre Hingabe, die sie an den Tag legen, seit sie nach Dorset geflohen sind, ist bemerkenswert. Unser einziger Kritikpunkt: Es fehlt ein Aufenthaltsraum für Nichtraucher.

Für viele Besucher ist Summer Lodge genau so, wie ein Hotel im Landhausstil sein sollte. Das georgianisch/viktorianische Gebäude vermittelt einen Hauch von Extravaganz, ohne aufdringlich zu sein, und die Corbetts und ihr Personal sind Meister darin, den Gästen ein heimeliges Gefühl zu vermitteln. Balkontüren führen von den öffentlichen Räumen (Stoffe von William Morris, offenes Feuer) in den wunderschön blühenden Garten. Die Palette der hübschen Schlafzimmer reicht von einfach entzückend bis zu sehr beeindruckend. Die Badezimmer sind geräumig, und es gibt große weiße und flauschige Handtücher.

In der umgebenden Landschaft gibt es viele interessante Plätze zu besuchen sowie einige gute Pubs zum Mittagessen. Der Tee mit Gebäck im Hotel, der bei der Halbpension inbegriffen ist, bietet einen guten Grund zur Rückkehr am Nachmittag. Doch auch das Abendessen ist ein Ereignis.

~

Umgebung: Minterne und Maperton Gardens; Parnham House, Montacute • **Lage:** 24 km nordwestlich von Dorchester, über die A37 bis zum Stadtrand; großer Parkplatz • **Mahlzeiten:** Frühstück, Mittagessen, Abendessen; Zimmerservice **Preise:** £££ • **Zimmer:** 17; 13 Doppelzimmer mit Bad, 3 Einzelzimmer mit Bad, eine Suite mit Bad; alle Zimmer haben Fernsehen, Telefon, Haartrockner • **Anlage:** Speisezimmer, Aufenthaltsraum, Bar, Lesezimmer, Garten; Krocket, beheizter Swimmingpool, Tennisplatz • **Kreditkarten:** AE, DC, MC, V • **Kinder:** gestattet **Behinderte:** guter Zugang zu den Zimmern im Erdgeschoß • **Tiere:** auf Anfrage (5 £ pro Nacht) • **Geschlossen:** nie • **Besitzer:** Nigel und Margaret Corbett

Einleitung

Stadt oder Dorf sowie Grafschaft, in der das Hotel liegt

Eine wachsende Zahl von Hotels verbietet das Rauchen in einigen oder allen Gemeinschaftsräumen oder sogar in den Schlafzimmern. Raucher sollten vor der Buchung beim Hotel nachfragen, wie die Regeln dort sind.

Postanschrift und sonstige Kontaktmöglichkeiten

Wo Kinder willkommen sind, gibt es häufig besondere Einrichtungen für sie, z. B. Kinderstühle, Kinderbetten, Babyphone oder vorgezogenes Abendessen. Fragen Sie immer nach, ob Kinder im Speisezimmer geduldet werden.

Manche Hotels bieten das üppige englische Frühstück, andere nur ein kleines kontinentales; in jedem Fall sollte es im Zimmerpreis inbegriffen sein. Die Preise für Mittag- und Abendessen haben wir nicht kategorisiert. Möglicherweise gibt es noch weitere Mahlzeiten wie den Nachmittagstee. »Zimmerservice« bedeutet, daß Getränke und Mahlzeiten, sowohl mehrgängige Menüs als auch Snacks, aufs Zimmer gebracht werden können.

Die Abkürzungen für die Kreditkarten bedeuten:
- **AE** American Express
- **DC** Diners Club
- **MC** Mastercard
- **V** Visa

Teilen Sie dem Hotel immer im voraus mit, wenn Sie ein Haustier mitbringen wollen. Selbst dort, wo Tiere gestattet sind, kann es eine Reihe von Auflagen geben, und möglicherweise wird eine kleine Gebühr verlangt.

Wir kategorisieren nach Preisspannen, statt exakte Preise zu nennen. Diese beziehen sich auf ein übliches Doppelzimmer in der Hauptsaison mit Frühstück für zwei Personen. Andere Tarife, z. B. für andere Zimmertypen, Nebensaison, Wochenenden, Langzeitaufenthalt etc., können eventuell nachgefragt bzw. ausgehandelt werden. In einigen Hotels, vor allem den abgelegenen, oder Restaurants mit Zimmern ist Halbpension obligatorisch. Fragen Sie bei der Reservierung nach.

- £ unter £ 70
- ££ £ 70 bis £ 120
- £££ £ 120 bis £ 180
- ££££ über £ 180

LESERKOMMENTARE

Bitte schreiben und berichten Sie uns von Ihren Erfahrungen mit kleinen Hotels, Gästehäusern und Gasthöfen – egal, ob diese gut oder schlecht waren, ob die Häuser hier aufgeführt sind oder nicht. Dies gilt auch für Hotels in Frankreich, Italien, Spanien, Österreich, Deutschland, der Schweiz und den USA. Leser, die uns schreiben, sollten jedoch damit einverstanden sein, ohne irgedwelche Bezahlung zitiert zu werden.

Leser, deren Berichte besonders hilfreich waren, werden möglicherweise eingeladen, unsere Testgruppe zu verstärken. Als Mitglied dieser Gruppe teilen Sie uns Ihre Reisepläne mit; wir schlagen Hotels vor, die Sie besuchen könnten, und beteiligen uns an den Kosten.

Unsere Adresse lautet:
Editor, Charming Small Hotel Guides,
Duncan Petersen Publishing Limited,
31 Ceylon Road,
London W14 0PY.

Checkliste
Bitte benutzen Sie für jeden Beitrag ein eigenes Blatt Papier, und schreiben Sie Ihren Namen, die Adresse und Telefonnummer auf jedes Blatt.
Wir freuen uns besonders, wenn Ihr Bericht mit der Schreibmaschine getippt wurde und die folgende Gliederung übernommen wird:
- Name des Hotels
- Stadt oder Dorf, in dem es steht oder zu dem es gehört
- Vollständige Anschrift, nach Möglichkeit mit Postleitzahl
- Telefonnummer
- Datum und Dauer Ihres Aufenthalts
- Beschreibung von Lage und Gebäude
- Gemeinschaftszimmer
- Gästezimmer und Bäder
- Komfort (Möbel, Betten, Heizung, Licht, heißes Wasser)
- Zustand und Pflege
- Atmosphäre, Empfang und Service
- Essen und Trinken
- Preis/Leistungsverhältnis

Wenn Sie uns schreiben, erklären Sie sich damit einverstanden, ohne Bezahlung zitiert zu werden – sowohl wörtlich als auch in indirekter Rede. Die Namen von wertvollen Informanten können, nach Ermessen der Herausgeber, im Führer genannt und gewürdigt werden.

Karten der Hotelstandorte

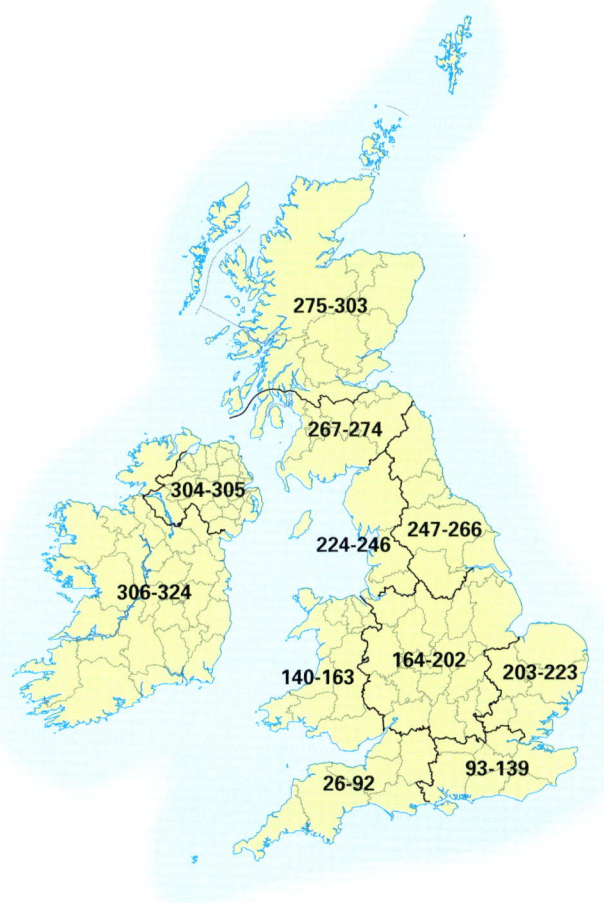

Karten der Hotelstandorte

Karten der Hotelstandorte

Karten der Hotelstandorte

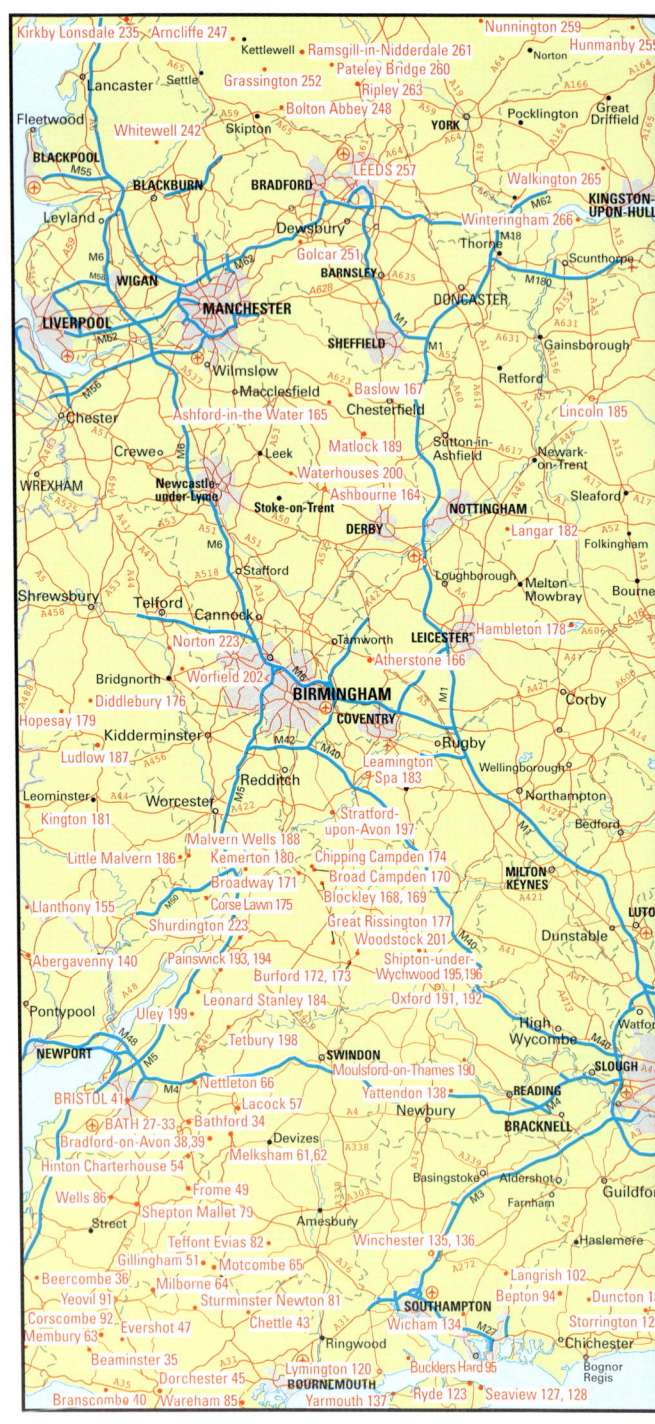

Karten der Hotelstandorte 23

Karten der Hotelstandorte

Karten der Hotelstandorte 25

DER SÜDWESTEN

DEVON

Blagdon Manor
～ Hotel im Landhausstil ～

Ashwater, Beaworthy, Devon EX21 5DF
Tel.: (01409) 212 24 **Fax:** (01409) 21 16 34
E-Mail: stay@ blagdon.com **Website:** www.blagdon.com

Lassen Sie sich nicht von der isolierten Lage von Blagdon Manor abschrecken: Es liegt im Herzen des West County, und kein Ort von Interesse ist wirklich weit entfernt. Das denkmalgeschützte ehemalige Farmhaus lag verlassen, als Tim und Gill Casey es 1991 entdeckten. Nachdem sie das Gebäude wieder zum Leben erweckt hatten, eröffneten sie es 1994 als Hotel. Ihr Wille zum Erfolg und ihre Liebe zum Detail ist überall im Hause sichtbar: selbstgemachte Marmelade, frisches Obst und Mürbegebäck in den Schlafzimmern und belgische Schokolade zum Kaffee.

Die Schlafzimmer sind wunderhübsch und bequem, mit flauschigen Handtüchern, gestärktem Leinen und einer Menge kleiner durchdachter Extras in den Badezimmern. Das dramatisch wirkende Speisezimmer wird von einem riesigen Tisch mit passenden, unglaublich massiven Stühlen dominiert, die extra im Fernen Osten angefertigt wurden. Die Dinnermusik mag zwar nicht jedermanns Geschmack sein, aber im Großen und Ganzen bietet dieses kleine Hotel/Gästehaus einen fast perfekten Standard hinsichtlich Service und Essen; Gill, die sich fast alles selbst beigebracht hat, ist eine begnadete Köchin, die die Speisen auch schön angerichtet serviert. Und einige ihrer kulinarischen Zaubereien kann man als Geschenk mit nach Hause nehmen.

Umgebung: National Trust Coast, Golfplätze • **Lage:** nahe der A388 Launceston–Holsworthy, 6,5 km südlich von Holsworthy in 8 ha Grundbesitz; großer Parkplatz und Hubschrauberlandeplatz • **Mahlzeiten:** Frühstück, Abendessen • **Preise:** ££ **Zimmer:** 7; 5 Doppelzimmer, 2 Zweibettzimmer, alle mit Bad; alle Zimmer haben Fernseher, Telefon und Haartrockner • **Anlage:** Aufenthaltsraum, Bibliothek, Speisezimmer, Bar/Billard(Snooker)zimmer, Terrasse, Garten; Golfübungsplatz, Krocket **Kreditkarten:** AE, MC, V • **Kinder:** über 12 Jahre willkommen • **Behinderte:** schwieriger Zugang • **Tiere:** nicht gestattet • **Geschlossen:** Weihnachten **Besitzer:** Tim und Gill Casey

DER SÜDWESTEN

BATH

Apsley House
~ Stadthotel ~

Newbridge Hill, Bath BA1 3PT
Tel.: (01225) 33 69 66 **Fax:** (01225) 42 54 62
E-Mail: info@ apsley-house.co.uk **Website:** www.apsley-house.co.uk

Dieses vornehmes Haus wurde 1830 für den Duke of Wellington erbaut; das Grundstück, das ursprünglich bis hinunter zum Fluß Avon reichte, wurde schon vor langer Zeit verkauft, um Bauplatz für andere Häuser zu schaffen, von denen Apsley House jetzt umgeben ist. Es wurde aber genug Gartenfläche beibehalten, um den Bewohnern ihre Privatsphäre zu erhalten.

Es sind jedoch noch reichlich Erinnerungsstücke an die große Zeit vorhanden; von der riesigen geschwungenen Treppe bis hin zu den hohen Decken der weiträumigen Zimmer. Es gibt ein großes, bequemes Gesellschaftszimmer für die Gäste sowie eine Bar mit Schanklizenz. Seitdem David und Annie Lanz Apsley House vor vier Jahren übernommen haben, wurden die Schlaf- und Badezimmer mit Hilfe eines Innenarchitekten aufgefrischt, ein paar Antiquitäten hinzugefügt und riesige Ölgemälde an die Wände gehängt. Schlafzimmer Nummer 9 wurde in der ehemaligen Küche eingerichtet und zeigt noch den Brotofen und einen herrlichen Marmorkamin. Auf der anderen Seite passen die Readers-Digest-Bücher, die alten Ausgaben der Magazine »Hello« und »Country Life« in den Schlafzimmern und die ständige Blasmusik in den öffentlichen Räumen nicht im geringsten zu einem sonst stilvollen Hotel. Dennoch läuft das Geschäft so gut, daß die Familie Lanz bereits wieder in ein anderes Hotel, das Paradise House, auf der anderen Seite der Stadt investiert hat.

Umgebung: Zentrum von Bath • **Lage:** an der A431 nordwestlich der Innenstadt
Mahlzeiten: Frühstück • **Preise:** ££ • **Zimmer:** 9 Doppelzimmer, 8 mit Bad, eines mit Dusche; alle Zimmer haben Fernseher, Telefon und Haartrockner • **Anlage:** Aufenthaltsraum, Bar, Frühstücksraum, Garten • **Kreditkarten:** AE, DC, MC, V
Kinder: willkommen • **Behinderte:** Zugang schwierig • **Tiere:** nicht gestattet
Geschlossen: Weihnachten • **Besitzer:** David und Annie Lanz

Der Südwesten

Bath

Barrow Castle
∽ Städtisches Gästehaus ∽

Rush Hill, Bath, BA2 2QR
Tel.: (01225) 48 07 25

Barrow Castle ist seit über 100 Jahren im Besitz von Liz Halls Familie. Das 1850 erbaute rankenbewachsene viktorianische Gebäude liegt versteckt am Ende einer kurvenreichen Auffahrt in den südlichen Randgebieten von Bath. Dennoch ist das Zentrum von Bath in nur 5 Minuten mit dem Auto erreichbar. Die Einrichtung ist sehr ansprechend. Das geräumige Gesellschaftszimmer ist in zartem Gelb gehalten, mit polierten antiken Möbeln und einer schönen Sammlung moderner Bilder ausgestattet. Die einzige Verzierung in diesem Gästehaus ist das Familiensilber, eine erfrischende Abwechslung gegenüber den vertrockneten Blumenarrangements und Puppensammlungen in so vielen anderen Häusern.

Die Schlafzimmer sind in gefälligem Eau-de-Nil, mattem Rosa und weichem Blau gestrichen. Ein Messingbett, das aussieht, als wäre es für einen Pharao gemacht, kommt direkt aus Frankreich. Die meisten Zimmer haben einen weiten Blick über die Landschaft bis hin zum Kanal von Bristol und darüber hinaus. Der riesige Garten besteht hauptsächlich aus Rasen, mit einigen besonderen Baumarten hier und da. Der Wintergarten ist ein Gemisch aus Pflanzen und Wasser, was das Bild von einem viktorianischen Landsitz noch vervollständigt, der generationenweit von der heutigen Hektik entfernt ist. Mrs. Hall spricht davon, Barrow Castle verkaufen zu wollen, also fragen Sie lieber nach, bevor Sie hinfahren.

Umgebung: Bath • **Lage:** neben der Culverhay Schule, 5 km südwestlich der Innenstadt von Bath; 12 ha Grundbesitz mit Parkplatz • **Mahlzeiten:** Frühstück, Abendessen auf Anfrage • **Preise:** ££ • **Zimmer:** 3; ein Doppelzimmer mit Bad, 1 Doppelzimmer mit Bad außerhalb, ein Zweibettzimmer mit Dusche; alle Zimmer haben Fernsehen • **Anlage:** Aufenthaltsraum, Frühstücksraum, Terrasse, Garten
Kreditkarten: keine • **Kinder:** willkommen • **Behinderte:** Zugang schwierig
Tiere: nicht gestattet • **Geschlossen:** Weihnachten und Neujahr • **Besitzer:** Liz Hall

Der Südwesten

Bath

Bath Priory
~ Hotel am Stadtrand ~

Weston Road, Bath BA1 2XT
Tel.: (01225) 33 19 22 **Fax:** (01225) 44 82 76
E-Mail: bathprioryhotel@ compuserve.com **Website:** www.slh.com/theprior

Anders als viele dieser hochgestylten Hotels im Landhausstil mit eigenem Mineralbad vermittelt das Bath Priory ein Gefühl von Intimität, weshalb wir es auch trotz seiner hohen Preise in unseren Führer aufgenommen haben. Obwohl es nur einen Fußmarsch vom Zentrum entfernt liegt, ist es durch seinen parkähnlichen Garten angenehm abgeschirmt. Im Inneren hingegen wurde die Atmosphäre eines eleganten Landhauses geschaffen. Die »besseren« Schlafzimmer sind wirklich bequem und ausgesprochen hübsch.
Der Küchenchef Robert Clayton wurde, inspiriert von Nico Ladenis, mit einem Michelin-Stern für seine Kochkünste ausgezeichnet; das Abendessen wird in einem kleinen, mit Ölbildern geschmückten Zimmer bei Kerzenlicht serviert. Versinken Sie nach und nach in der mit rotem Samt gepolsterten Bank, und lassen Sie sich nicht das Risotto mit Hummer oder das mit Wildpilzen entgehen. Wenn Sie nicht gerade Bath erkunden, können Sie es sich vor dem Feuer im Salon gemütlich machen und die Dienste einer diskreten Gruppe charmanter Damen und weißbeschürzter französicher Kellner in Anspruch nehmen. Sie können aber auch zur Schönheitspflege nach unten ins Mineralbad gehen, eine Stunde im gut ausgestatteten Fitneßraum zubringen und ein bißchen im einladenden und elegant überdachten Hallenbad schwimmen.

Umgebung: Zentrum von Bath • **Lage:** 2,5 km westlich vom Stadtzentrum; mit Parkplatz • **Mahlzeiten:** Frühstück, Mittagessen, Abendessen, Zimmerservice
Preise: ££££ • **Zimmer:** 28; 22 Doppel- und Zweibettzimmer, 5 Suiten, 1 Einzelzimmer, alle mit Bad; alle Zimmer haben Fernsehen, Telefon, Fax/Modem-Anschluß, Haartrockner • **Anlage:** Salon, zwei Speisezimmer, Bibliothek, Hallenbad, Entspannungsraum, Fitneßraum, Aufzug, Terrasse, Garten; Krocket, Swimmingpool im Freien • **Kreditkarten:** AE, DC, MC, V • **Kinder:** willkommen • **Behinderte:** 1 Zimmer mit besonderen Einrichtungen im Erdgeschoß • **Tiere:** nicht gestattet
Geschlossen: eine Woche Anfang Januar • **Geschäftsführer:** Tim Pettifer

Der Südwesten

Bath

Bloomfield House
~ Städtisches Gästehaus ~

16 Bloomfield Road, Bath BA2 2AS
Tel.: (01225) 42 01 05 **Fax:** (01225) 48 19 54 **E-Mail:** bloomfieldhouse@compuserve.com **Website:** www.bloomfield-house.co.uk

Sogar die blinden Fenster, die auf den Parkplatz hinausgehen, wurden mit *Trompe l'œil*-Büchern und -Blumen bemalt und machen die Besucher von Bloomfield House neugierig darauf, was es sonst noch an Augenweiden zu bieten hat. Die runde Halle mit handgemalten Fresken bestätigt den ersten Eindruck, daß dieser Ort ganz außergewöhnlich ist.

Bridget und Malcolm Cox kauften Bloomfield House vor sieben Jahren von einem Opernproduzenten und seinem Partner, einem Architekten, der viel Geld und Kunstfertigkeit in das georgianische Gebäude gesteckt hatte. Klugerweise behielten die Coxes die vornehme Einrichtung, die sie geerbt hatten – dekorative Gemälde, französische Kristalleuchter, schwere Seidenvorhänge –, aber sie brachten sie auf den heutigen Stand und fügten Eigenes hinzu.

Es lag ein schwerer Orangenduft in der Luft, als unser Inspektor vorbeischaute und das Ehepaar Cox damit beschäftigt fand, Marmelade für das Frühstück ihrer Gäste einzumachen, das im eleganten Speisezimmer mit Blick auf den Garten serviert wird. Die Schlafzimmer sind wunderschön dekoriert, und wenn auch nicht alle als geräumig bezeichnet werden können, so sind sie auf jeden Fall bequem. Am Abend kann man sich selbst ein Glas Sherry einschenken und in einem der goldenen damastbezogenen Sessel im Salon vor dem Feuer entspannen.

Umgebung: Zentrum von Bath • **Lage:** von der A367 in den Süden der Stadt, begrenzte Anzahl an Privatparkplätzen, viele Parkmöglichkeiten auf der Straße **Mahlzeiten:** Frühstück • **Preise:** ££ • **Zimmer:** 8; 6 Doppelzimmer, 3 mit Bad, 3 mit Bad außerhalb, ein Zweibettzimmer mit Bad, 1 Einzelzimmer mit Bad; alle Zimmer haben Fernsehen, Telefon, Haartrockner • **Anlage:** Aufenthaltsraum, Speisezimmer, Terrasse, Garten • **Kreditkarten:** MC, V • **Kinder:** über 8 Jahre willkommen • **Behinderte:** Zugang schwierig • **Tiere:** nicht gestattet • **Geschlossen:** nie **Besitzerin:** Bridget Malcolm Cox

Der Südwesten

BATH

Fourteen Raby Place
～ Städtisches Gästehaus ～

14 Raby Place, Bath BA2 4EH
Tel.: (01225) 46 51 20 **Fax:** (01225) 46 52 83

Bath hat eine Menge Hotels und Gästehäuser, die von den vielen Besuchern profitieren, die die römischen Bäder und die glanzvolle georgianische Architektur besichtigen. Die wenigen Hotels, die es schaffen, ihre Preise reell zu halten, sind entweder weit vom Zentrum entfernt oder eher langweilig. Wir kennen kein Haus, das sich mit dem von Muriel Guy messen könnte, einem geschmackvollen georgianischen Haus an den tieferen Hängen des Bathwick Hill.
Das Haus steht in einer für Bath typischen Häuserreihe, hat eine lange Vorderfront und ist nicht besonders geräumig. Es liegt auch ziemlich nah an den Bahngleisen. Aber wenn Sie diese kleinen Unannehmlichkeiten gegen den Preis, den Komfort und die reiche Innendekoration aufrechnen, werden die Vorteile überwiegen.
Mrs. Guy ist reiselustig und eine eingefleischte Sammlerin, die ihr Heim mit Reiseerinnerungen ausgeschmückt hat. Die Schlafzimmer sind in interessanter Farb- und Stilmischung gestaltet; die weißen portugiesischen Tagesdecken, Vorhänge mit Crewelgarn, die bäuerlichen Stickereien und die sehr hübschen Teppiche verfehlen nicht ihre Wirkung. Bücher zu allen erdenklichen Themen füllen die Regale, was den kosmopolitischen Eindruck dieses Ortes noch mehr unterstreicht.
Das Frühstück (nur biologisch erzeugte Produkte) wird an einem großen Mahagonitisch in der Küche bzw. dem Speisezimmer eingenommen.

~

Umgebung: Zentrum von Bath • **Lage:** im Osten der Stadt, Parkmöglichkeit auf der Straße • **Mahlzeiten:** Frühstück • **Preise:** £ • **Zimmer:** 2 Doppelzimmer mit Dusche, 1 Zweibettzimmer mit Dusche außerhalb; 1 Familienzimmer mit Bad; alle Zimmer haben Fernsehen • **Anlage:** Speisezimmer, Garten • **Kreditkarten:** keine **Kinder:** willkommen • **Behinderte:** nicht geeignet • **Tiere:** nicht gestattet **Geschlossen:** nie • **Besitzerin:** Muriel Guy

Der Südwesten

Bath

Lettonie
∼ Restaurant mit Zimmern ∼

35 Kelston Road, Bath BA1 3QH
Tel.: (01225) 44 66 76 **Fax:** (01225) 44 75 41
Website: www.bath.co.uk/lettonie

Seit es 1997 von Bristol nach Bath verlegt wurde, hat sich das Lettonie zu einem ernstzunehmenden Restaurant in der blühenden Szene von Bath entwickelt. Man findet eine Menge Humor in den Kochkünsten von Martin Blunos; ein winziges, saftiges Sirloin Steak wird mit einem Häppchen Gänseleberpastete verziert, dazu winzige Pommes frites und Zwiebelmarmelade gereicht; hinter dem »boiled egg with soldiers« verstecken sich simple Eierschalen, gefüllt mit Mangosorbet und Vanillecreme; das Mürbegebäck stellt die *soldiers* dar. Seine Art zu kochen ist theatralisch in der Präsentation und köstlich im Geschmack. Die Angestellten, hauptsächlich Franzosen, sind sehr freundlich. Zwar kommt Martin aus Bath, er ist aber gebürtiger Lette; deshalb findet man auf der Speisekarte Gerichte wie Blinis und Kaviar, serviert mit Wodka und Borscht. Da das Restaurant häufig voll ist, sollten Sie reservieren.

Das georgianische Haus bietet einen schönen Blick auf das Avon Valley. Nach einem von Martins berüchtigten Acht-Gänge-Menüs ist man dankbar, die Nacht in einem der vier Schlafzimmer verbringen zu können. Sie sind in zarten Farben dekoriert, gut möbliert und mit kleinen Badezimmern ausgestattet. Das kontinentale Frühstück mit hausgemachten Croissants, Brioches und Rosinenbrot wird auf das Zimmer gebracht.

Umgebung: Zentrum von Bath • **Lage:** 3 km westlich vom Stadtzentrum an der A431, großer Parkplatz • **Mahlzeiten:** Frühstück, Mittagessen, Abendessen **Preise:** £££ • **Zimmer:** 4 Doppelzimmer mit Bad; alle Zimmer haben Fernsehen, Telefon, Haartrockner • **Anlage:** Aufenthaltsraum, Restaurant, privates Speisezimmer, Terrasse, Garten • **Kreditkarten:** AE, DC, MC, V • **Kinder:** willkommen **Behinderte:** Zugang schwierig • **Tiere:** nicht gestattet • **Geschlossen:** 2 Wochen im Januar und August; Sonntag und Montag • **Besitzer:** Sian und Martin Blunos

Der Südwesten

Bath

Queensberry
~ Stadthaus-Hotel ~

Russel Street, Bath, Avon BA1 2QF
Tel.: (01225) 44 79 28 **Fax:** (01225) 44 60 65
E-Mail: queensberry@dial.pipex.com

Dieses Hotel in Bath ist etwas zu groß für unsere Zwecke, aber es darf einem einfach nicht entgehen. Stephen und Penny Ross eröffneten es 1988 und formten aus drei georgianischen Reihenhäusern einen der exquisitesten und doch persönlichsten Aufenthaltsorte der Stadt. Als wir Anfang 2000 dort waren, konnte das Hotelpersonal gerade feiern; das Queensbury war soeben von der *Times* zum »Hotel und Restaurant des Millenniums« gekürt worden.

Das Queensberry ist eine diskrete, ruhige und wunderbar eingerichtete Oase mitten im Zentrum von Bath. Mit dem Aufzug erreicht man alle Geschosse, was es leichter macht, sich bei all den Gängen und Treppen der drei Häuser zurechtzufinden. Obwohl das Hotel relativ klein wirkt, ist die Mehrzahl der Schlafzimmer erstaunlich geräumig und mit höchstem Standard an Komfort und Eleganz ausgestattet. Unter Doppelbetten versteht man hier riesige französische Betten mit wunderschönen Baumwolldecken, die einen guten Schlaf fast garantieren. Die Zimmer im ersten Stock sind die größten mit ihren Lehnsesseln und Frühstückstischchen; die großzügigen Badezimmer sind luxuriös ausgestattet.

Der Hauptaufenthaltsraum im Erdgeschoß ist sehr schön in weichen Farben gehalten und möbliert. Das legere Restaurant »The Olive Tree« im Untergeschoß ist eines der beliebtesten von Bath.

Umgebung: Assembly Rooms, Museum of Costume, Zirkus • **Lage:** in der Stadtmitte, nahe dem Einkaufsviertel, angelegter Park in der Nähe; eingeschränkte Parkmöglichkeit während des Tages • **Mahlzeiten:** Frühstück, Mittagessen, Abendessen; Zimmerservice • **Preise:** £££ • **Zimmer:** 22 Doppelzimmer mit Bad; alle Zimmer haben Fernsehen, Telefon, Haartrockner • **Anlage:** Aufenthaltsraum, Bar, Restaurant, Aufzug, Hof • **Kreditkarten:** MC, V • **Kinder:** willkommen • **Behinderte:** Zugang möglich • **Tiere:** nicht gestattet • **Besitzer:** Stephen und Penny Ross

Der Südwesten

Bathford, Avon

Eagle House
~ Dörfliches Gästehaus ~

Church Street, Bathford, Bath BA1 7RS
Tel.: (01225) 85 99 46 **Fax:** (01225) 85 94 30
E-Mail: jonap@eagleho.demon.co.uk **Website:** www.bath.co.uk/eaglehouse

Unser langjähriger Begleiter, das Eagle House, bietet eine ruhige Alternative zur allgemeinen Hektik bei einem Aufenthalt in oder bei Bath. Trotz seiner nach außen hin großartigen georgianischen Aufmachung – das Haus wurde von John Wood dem Älteren entworfen – ist dies in erster Linie ein Familienheim, wo John und Ros Napier jede Mühe auf sich nehmen, um ihren Gästen ein entspanntes Willkommen zu bereiten.

Aquila, der schwarze Labrador, wandert überall herum, und Spielzeug für die Kinder ist immer griffbereit, trotzdem verweist die besondere Mischung aus Professionalität und Informalität auf Johns frühe Lehrjahre im Ritz. Persönlicher Service ist hier das A und O, aber nicht im betulichen Sinn. Da sie keine Ausschanklizenz für Alkohol haben, sind die Napiers froh darüber, wenn die Gäste ihre eigenen Drinks mit in den großen, eleganten Salon bringen, in dem Porträts aus dem Familienerbe hängen, unter anderem von Maria Stuart und Karl I. und II.

Die Schlafzimmer sind hübsch tapeziert und im Landhausstil bequem eingerichtet. Wer völlige Privatsphäre sucht, kann auch das Walled Garden Cottage mieten. Es hat eine Küche, einen Wohnraum und zwei Schlafzimmer, jeweils mit Bad. Gefrühstückt werden kann dennoch im Haupthaus. Es gibt keine Zwänge, wie immer im Eagle House.

Umgebung: Bath • **Lage:** 4 km östlich von Bath, in einer kleinen Stadt nahe der A363, Garten von 0,8 ha, großer Parkplatz • **Mahlzeiten:** Frühstück • **Preise:** ££ **Zimmer:** 8; 4 Doppelzimmer mit Bad, 2 Einzelzimmer mit Dusche, 2 Familienzimmer mit Bad; alle Zimmer haben Fernsehen, Telefon, Haartrockner • **Anlage:** 2 Aufenthaltsräume, Frühstückszimmer, Garten, Rasentennis, Krocket • **Kreditkarten:** MC, V • **Kinder:** willkommen • **Behinderte:** Zugang schwierig • **Tiere:** erlaubt **Geschlossen:** 10 Tage über Weihnachten • **Besitzer:** John und Rosamund Napier

Der Südwesten

Beaminster, Dorset

Bridge House
~ Hotel auf dem Land ~

Beaminster, Dorset DT8 3AY
Tel.: (01308) 86 22 00 **Fax:** (01308) 86 37 00

Im 13. Jahrhundert soll Bridge House ein Kloster oder das Haus eines Geistlichen gewesen sein, es ist somit das älteste Gebäude in Beaminster. Wo auch immer seine Ursprünge liegen, es ist auf jeden Fall etwas ganz Besonderes, was von Peter Pinsker und seiner Frau seit 14 Jahren als Hotel geführt wird. Er sagt, er sähe Bridge House als ein Hobby. Alle Zeichen sprechen jedoch für einen sehr professionellen Betrieb.

Der Aufenthaltsraum und die Bar sind mit kirschfarbenem und grünem Schottentuch dekoriert; die Bilder seiner Tochter Ann, von denen einige zum Verkauf stehen, hängen an den cremefarbenen Wänden. Das Abendessen wird im rosa-verkleideten Speisezimmer oder im Wintergarten mit Blick auf die ummauerten Gärten serviert. Linda Pagett ist vor kurzem zum Chefkoch aufgestiegen, nachdem sie drei Jahre lang bei den Pinksers als Sous-Chef tätig war. Ihre Kochkünste machen bereits Furore. Sie benutzt hauptsächlich lokale Qualitätsprodukte: Fisch, Fleisch und Käse kommen aus der Umgebung. Brot, Plätzchen, Eis und Schokolade werden in der Küche des Bridge House gemacht. Sogar die Marmelade, die zum reichhaltigen Frühstück gehört, wird vor Ort selbst hergestellt.

Alle Schlafzimmer sind unterschiedlich, wie man es in einem Haus mit so viel Vergangenheit erwartet. Die Zimmer im umgebauten Wagenschuppen sind moderner, aber genauso komfortabel.

Umgebung: Parnham House, Mapperton Gardens • **Lage:** an der B3163 im Zentrum der Stadt, großer Parkplatz • **Mahlzeiten:** Frühstück, Abendessen • **Preise:** ££
Zimmer: 12 Doppel- und Zweibettzimmer mit Bad, 1 Familienzimmer mit Bad, 1 Einzelzimmer mit Dusche; alle Zimmer haben Fernsehen, Telefon • **Anlage:** Aufenthaltsraum, Bar, Restaurant, Wintergarten, ummauerter Garten
Kreditkarten: AE, DC, V • **Kinder:** erlaubt • **Behinderte:** 4 Zimmer mit leichtem Zugang • **Tiere:** erlaubt • **Geschlossen:** nie • **Besitzer:** Peter Pinsker

DER SÜDWESTEN

BEERCROCOMBE, SOMERSET

Frog Street Farm
~ Bäuerliches Gästehaus ~

Beercrocombe, Taunton, Somerset TA3 6AF
Tel. und **Fax:** (01823) 48 04 30

Veronica Cole führt ihr Farmhaus, das abgelegen in der Landschaft von Somerset liegt, nun schon seit über 20 Jahren. Das Gebäude hat eine starke Persönlichkeit und Wärme, eine schöne Kaminecke mit Eichenbalken im Aufenthaltsraum und antike Täfelungen. Tritt man durch die Eingangstür, gelangt man direkt in das glanzvolle Speisezimmer. Veronica, eine begnadete Köchin, produziert soviel wie möglich selbst für ihre liebevoll zubereiteten, festgelegten abendlichen Menüs; von der Suppe bis hin zum Eis. Die Eier kommen von ihren eigenen Hennen, das Gemüse aus dem eigenen Garten und das Rindfleisch von der eigenen Farm. Das Ehepaar besitzt außerdem ein eigenes Gestüt, und Pferderennen spielen eine große Rolle in ihren Leben. In den Ställen auf der Rückseite findet man immer eine Auswahl an Zuchtstuten, Jagdpferden und Jungtieren, die vom farmeigenen Collie bewacht werden.

Die Schlafzimmer blicken auf das Farmland, auf Apfelbäume für die Herstellung von Cider und den hübschen Garten. Sie sind alle geräumig und komfortabel, mit blumigen Federbetten und einer Mischung antiker Möbelstücke. Eines ist ziemlich in sich abgeschlossen, mit eigenem Treppenhaus und Aufenthaltsraum, abgetrennt vom gemeinsamen Aufenthaltsraum mit bemerkenswerter Täfelung aus der Zeit Jakobs I. Die Atmosphäre ist freundlich, geruhsam und unpretentiös.

Umgebung: Barrington Court; Vale of Taunton • **Lage:** im Südwesten des Dorfs, 16 km südöstlich von Taunton; im Grünen, großer Parkplatz • **Mahlzeiten:** Frühstück, Abendessen • **Preise:** £ • **Zimmer:** 2 Doppelzimmer mit Bad, 1 Doppelzimmer mit Dusche; alle Zimmer haben Haartrockner • **Anlage:** 3 Aufenthaltsräume, Speisezimmer, Terrasse, Garten • **Kreditkarten:** keine • **Kinder:** über 11 Jahre gestattet • **Behinderte:** nicht geeignet • **Tiere:** nicht gestattet **Geschlossen:** von November bis März • **Besitzerin:** Veronica Cole

Der Südwesten

Bigbury-on-Sea, Devon

Burgh Island
~ Hotel auf der Insel ~

Bigbury-on-Sea, Devon TQ7 4BG
Tel.: (01548) 81 05 14 **Fax:** (01548) 81 02 43 **E-Mail:** reception@burghisland.ndirect.co.uk **Website:** www.burghisland.ndirect.co.uk

Den Gäste, die nach Sonnenuntergang ankommen, erscheint Burgh Island wie ein beleuchteter Kreuzfahrtdampfer mit einer chinesischen Pagode obendrauf. Es ist stets ratsam, das Personal über die bevorstehende Ankunft zu informieren; der Traktor wird dann über den Sandstreifen geschickt, der bei Ebbe das Hotel vom Festland trennt.

Den Aufenthalt auf Burgh Island weiß vor allem zu schätzen, wer einen Hang zum Theater und eine Liebe für Art déco hat. Hier war einst der Lieblingsplatz von Eduard, Herzog von Windsor, und Mrs. Simpson, Noel Coward und Louis, Earl Mountbatten, und war auch Schauplatz zweier Romane von Agatha Christie. Nun dient es Hochzeitsreisenden, Feriengästen und Wochenendurlaubern, die die liederliche Atmosphäre der 1930er Jahre genauso dankbar aufsaugen wie ihre Cocktails. Das durchaus ordentliche Essen macht weniger Eindruck als die Dekoration, und auch die ist stellenweise etwas mitgenommen; aber das Personal gibt sich Mühe, jeden zufriedenzustellen. Der Ballsaal dient auch als Speisezimmer, wo an Samstagabenden eine Band die Melodien der 1930er Jahre spielt und die Männer schwarze Fliegen tragen. Es ist nicht jedermanns Geschmack, aber es ist durchaus romantisch.

Umgebung: Torquay, Buckfast Abbey, Polperro • **Lage:** auf einer 10 ha großen Insel bei Bigbury-on-Sea, an der B3392; sichere Parkmöglichkeit vorhanden, freier Transport zur Insel mit dem Traktor oder dem Landrover • **Mahlzeiten:** Frühstück, Mittagessen, Abendessen; Zimmerservice • **Preise:** £££ • **Zimmer:** 14 Suiten mit Bad; alle Zimmer haben Fernsehen, Telefon, Haartrockner • **Anlage:** Bar, Sonnenterrasse, Speisezimmer, Ballsaal, Aufzug, Sauna, Terrasse, Garten; Tennis
Kreditkarten: AE, DC, MC, V • **Kinder:** willkommen • **Behinderte:** keine speziellen Einrichtungen • **Tiere:** nicht gestattet • **Geschlossen:** wochentags im Januar und Februar • **Besitzer:** Beatrice und Tony Porter

DER SÜDWESTEN

BRADFORD-ON-AVON, WILTSHIRE

Bradford Old Windmill
~ Städtisches Gästehaus ~

4 Masons Lane, Bradford-on-Avon, Wiltshire BA15 1QN
Tel.: (01225) 86 68 42 **Fax:** (01225) 86 66 48

Auch wenn es nur kurzzeitig als Windmühle gedient hatte, so war das ungewöhnliche Heim der Roberts 1807 doch für diesen Zweck gebaut worden. Jetzt hat es mit seinem vierstöckigen Turm aus Cotswoldsteinen, dem kegelförmigen Ziegeldach, den gotischen Fenstern und dem Laufgang für die Windmühlflügel etwas Verrücktes an sich.

Der Aufenthaltsraum (gemütlich, rund, mit Kamin und Büchern) und das romantische Hauptschlafzimmer nehmen jeweils ein ganzes Stockwerk des alten Turmes ein. Eine Suite mit einer Minnesängergalerie blickt über die Parklandschaft bis zum White Horse in Westbury. Die Roberts reisen viel und weit, und so ist das Haus mit Kuriositäten aus aller Welt vollgestellt. Es gibt eine hübsche Terrasse mit Blick über Bradford, auf der Frühstück und Abendessen serviert werden, wenn es das Wetter erlaubt. Das Frühstück wird gemeinschaftlich eingenommen, aber für Hochzeitspaare, die später und zu zweit essen wollen, wird eine Ausnahme gemacht.

Auf Anfrage kocht Priscilla auch Abendessen – der Einfluß aus Mexiko, Thailand, Nepal und anderen exotischen Ländern ist nicht zu übersehen. Sollte es kein Abendessen geben, wird ein Topf mit Suppe bereitgestellt. Dies ist eine ganz andere Art von Gästehaus und eines mit großartigem Flair. Vergleichen Sie auch das Cley Mill auf Seite 207.

Umgebung: Bath; Kennet and Avon Canal • **Lage:** nördlich des Stadtzentrums; mit Garten und 3 Parkplätzen • **Mahlzeiten:** Frühstück, Abendessen (nur Montag, Donnerstag, Samstag) • **Preise:** ££ • **Zimmer:** 3; 1 Doppelzimmer mit Bad, 1 Doppelzimmer mit Dusche, 1 Suite; alle Zimmer haben Fernsehen • **Anlage:** Aufenthaltsraum, Speisezimmer • **Kreditkarten:** AE, DC, MC, V • **Kinder:** über 6 Jahre willkommen • **Behinderte:** Zugang schwierig • **Tiere:** nicht gestattet
Geschlossen: Januar, Februar, Weihnachten • **Besitzer:** Peter und Priscilla Roberts

DER SÜDWESTEN

BRADFORD-ON-AVON, WILTSHIRE

Priory Steps
～ Städtisches Gästehaus ～

Newtown, Bradford-on-Avon, Wiltshire BA15 1NQ
Tel.: (01225) 86 22 30 **Fax:** (01225) 86 62 48

Hoch über der kleinen Wollestadt Bradford-on-Avon stehen die von Carey und Diana Chapman umgebauten Weberhäuschen mit Blick auf die vornehmlich georgianischen Häuser mit einigen angelsächsischen und mittelalterlichen Gebäuden dazwischen. Obwohl es nur drei Minuten vom Zentrum entfernt liegt, ist Priory Steps nicht leicht zu finden. Es ist so diskret ausgeschildert, daß es wie ein Privathaus aussieht – was es für die Chapmans und ihre Kinder auch ist. Deshalb haben die Bilder und Dekorationsstücke im Haus eine familiäre Verbindung, und die Atmosphäre ist locker, besonders in dem mit Büchern vollgestellten Aufenthaltsraum.
Jedes der Schlafzimmer hat sein Thema – Indien, China und so weiter. Trotz der Architektur des Cottages ist nichts Beengendes an ihnen; sie sind luftig und hell, mit wunderbaren Ausblicken. Sie wurden von Dianas Schwiegermutter sehr schön dekoriert – jedes hat seinen eigenen Charakter und ist hauptsächlich mit antiken Stücken ausgestattet.
Diana ist eine eifrige Köchin, und das Abendessen wird entweder am Gemeinschaftstisch im eleganten Speisezimmer oder, an schönen Tagen, auf der Gartenterrasse mit Blick über die Stadt eingenommen. Es besteht aus drei Gängen ohne Auswahl, aber besondere Wünsche werden auf Anfrage gerne erfüllt. Sie werden sich dort wie ein Freund des Hauses fühlen. »Ein wirklich schöner Platz«, schreibt unser Berichterstatter.

Umgebung: Barton Tithe Barn; Bath • **Lage:** nahe der A363 im Norden der Stadt; mit Garten, Parkmöglichkeit vorhanden • **Mahlzeiten:** Frühstück, Abendessen **Preise:** ££ • **Zimmer:** 5 Doppel- und Zweibettzimmer mit Bad; alle Zimmer haben Fernsehen • **Anlage:** Aufenthaltsraum, Speisezimmer, Terrasse, Garten • **Kreditkarten:** MC, V • **Kinder:** gestattet • **Behinderte:** Zugang schwierig • **Tiere:** nicht gestattet • **Geschlossen:** gelegentlich • **Besitzer:** Carey und Diana Chapman

DER SÜDWESTEN

BRANSCOMBE, DEVON

Masons Arms
~ Dorfgasthof am Meer ~

Branscombe, Devon EX12 3DJ
Tel.: (01297) 68 03 00 **Fax:** (01297) 68 05 00

Branscombe ist ein pittoresker kleiner Ort in Devon am Ende eines kurvenreichen Weges, umgeben von steilen, waldreichen Hügeln mit Blick auf das Meer. Das meiste Land in der Umgebung gehört dem National Trust, und der South Devon Coastal Path führt mitten hindurch.

Das Masons Arms ist genau so, wie ein Dorfpub sein sollte, auch wenn der große Erfolg die Besitzer zur Expansion zwang, um der Nachfrage gerecht werden zu können. Was früher ein einfacher Gasthof war, der aus vier Cottages bestand, ist heute ein Komplex mit zwei Restaurants (eines für Nichtraucher), einem großen Veranstaltungsraum, vier Einheiten für Selbstversorger, acht Cottages im Garten und 19 Schlafzimmern im Hauptgebäude.

Die Schlafzimmer sind cottageartig, mit schönen Stoffen ausgestattet und haben Dachbalken und schiefe Fußböden. Wer ein Zimmer ohne eigenes Bad bekommt, muß womöglich durch einen dunklen Korridor mit Teppichböden aus den 1950er Jahren marschieren, an dessen Ende er dann ein Kuriosum vorfindet. Die Badezimmer in den Cottages sind dagegen ganz modern. Es gibt gutes Pub-Essen, und die Restaurants bieten bessere Mahlzeiten zu höheren Preisen an. Solange Sie keine absolute Stille und Annehmlichkeiten suchen, reicht das Masons Arms völlig aus.

Umgebung: Küstenwanderweg von South Devon; Sidmouth • **Lage:** in einem Dorf 11 km südlich von Honiton; über die A3052 zwischen Sidmouth und Seaton; großer Parkplatz • **Mahlzeiten:** Frühstück, Mittagessen, Abendessen • **Preise:** £-££ • **Zimmer:** 19; 16 Doppel-, Zweibett- und Familienzimmer mit Bad, 3 mit Bad außerhalb; Cottages für Selbstversorger; alle Zimmer haben Fernsehen, Telefon, einige haben Haartrockner • **Anlage:** Aufenthaltsraum, Bar, Restaurants, Terrasse, Garten • **Kreditkarten:** MC, V • **Kinder:** willkommen • **Behinderte:** einfacher Zugang zu den Cottages • **Tiere:** gestattet • **Geschlossen:** nie • **Besitzer:** Murray Ingles und Christopher Painter

Der Südwesten

Bristol

Hotel Du Vin
~ Stadthotel ~

The Sugar House, Narrow Lewins Mead, Bristol BS1 2NU
Tel.: (0117) 925 55 77 **Fax:** (0117) 925 11 99
E-Mail: admin@bristol.hotelduvin.co.uk **Website:** www.hotelduvin.co.uk

Nach seinen Erfolgen zuerst in Winchester und dann in Turnbridge Wells hat Hotel du Vin, ein Konzept des Hoteliers Robin Hutson und des Weinexperten Gerard Basset, vor kurzem auch die Hotelszene von Bristol aufgemischt. Es entstand durch den Umbau von Zuckerlagerhallen aus dem 18. Jahrhundert; die filigrane Fasade aus der Zeit von Königin Anne verbirgt ein wahres Hexenwerk. Unverputzte Backsteine, schwarzbemalte Träger und schwungvolle Treppen mit gebogenem Stahlgeländer vereinen traditionelle Industrieelemente mit zeitgemäßem Glanz.

Die riesigen Schlafzimmer sind gesponsort von verschiedenen Weinhäusern und deshalb nach ihnen benannt, sie besitzen sehr große, bequeme Betten und ebensolche Badezimmer mit verblüffenden Duschen und frei stehenden Wannen. Obwohl die Front auf Bristols Hauptverkehrsader blickt, halten die Lärmschutzfenster jeglichen Krach fern. Die Angestellten beherrschen die Philosophie des Hotel du Vin, phantasievolle Speisen, die von sicherer Hand zubereit wurden, entspannt und unprätentiös zu servieren. Die zutreffend benannte »Sugar-Bar« wird von einem riesigen Wandgemälde von Weintrauben und -reben dominiert, während weißgetünchte Wände, große, gemütliche Sofas, Holzböden und Teppiche einem das Gefühl geben, auf einer Plantage zu sitzen.

Umgebung: Stadtzentrum; Docks; Christmas Steps • **Lage:** im Zentrum der Stadt, mit Parkplätzen und -häusern • **Mahlzeiten:** Frühstück, Mittagessen, Abendessen **Preise:** ££ • **Zimmer:** 40 Doppel- und Zweibettzimmer mit Bad; alle Zimmer haben Fernsehen, Telefon CD-Spieler, Minibar, Haartrockner • **Anlage:** Aufenthaltsraum, Billardzimmer, Speisezimmer, Bar, Feuchthaltebehälter, Aufzug, Hof • **Kreditkarten:** AE, DC, MC, V • **Kinder:** gestattet • **Behinderte:** Zugang möglich • **Tiere:** auf Anfrage • **Geschlossen:** nie • **Besitzer:** Robin Hutson, Gerard Basset und Peter Chittick

Der Südwesten

Chagford, Devon

Gidleigh Park
~ Hotel im Landhausstil ~

Chagford, Devon, TQ13 8HH
Tel.: (01647) 43 23 67 **Fax:** (01647) 43 25 74
E-Mail: gidleighpark@gidleigh.co.uk **Website:** www.gidleigh.com

Dieses vollkommene Hotel im Landhausstil wirkt zurückhaltend und sehr britisch. Die Szene wird beherrscht von tickenden Uhren, zusammengerollten Siamkatzen und dezentem Luxus. Kommen Sie mit Ihren Wanderschuhen und Ihrem Labrador, und bereiten Sie sich auf das reichliche, hochgelobte Essen von Michael Caines (zwei Michelin-Sterne) und den legendären Weinkeller von Paul Henderson vor. Für vollkommene Zurückgezogenheit mieten Sie das zum Hotel gehörige Thatched Cottage.

Das Haus liegt am Rande von Dartmoor, am Ende eines langen, holperigen, von Bäumen gesäumten Weges, der sich auf eine idyllische Parkanlage öffnet. Hinter dem Haus befinden sich Gartenterrassen; vor dem Haus strömt der lebhafte Fluß Teign. Der Salon im Innern ist geräumig, bietet einen Kamin und bequeme Möbel und ist gut bestückt mit aktuellen Magazinen und Zeitschriften. Auch in den Zimmern findet man Bücher, unter anderem Ausgaben der Gedichte von Ted Hughes (er lebte in der Nähe und war ein häufiger Besucher). Alle Schlafzimmer vermitteln sofort ein Gefühl von Bequemlichkeit und Wärme. Zwei besonders schöne befinden sich neben dem Hauptgebäude in einer umgebauten Kapelle. Wenn Sie bereit sind, die atemberaubend hohen Preise zu zahlen, werden Sie sich in Gidleigh Park sicher sehr wohlfühlen.

Umgebung: Drogo Castle; Dartmoor; Rosemoore; Knighthayes Court Gardens
Lage: 3 km westlich von Chagford; 18 ha Grundbesitz, großer Parkplatz
Mahlzeiten: Frühstück, Mittagessen, Abendessen; Zimmerservice • **Preise:** ££££
Zimmer: 14 Doppelzimmer mit Bad; 1 Cottage auf dem Grundstück; alle Zimmer haben Fernsehen, Telefon, Haartrockner • **Anlage:** Aufenthaltsraum, Bar, Loggia, 2 Speisezimmer, Garten; Krocket, Angeln, Tennis, Kegeln, Putten • **Kreditkarten:** DC, MC, V • **Kinder:** gestattet • **Behinderte:** keine speziellen Einrichtungen
Tiere: willkommen • **Geschlossen:** nie • **Besitzer:** Paul und Kay Henderson

Der Südwesten

Chettle, Dorset

Castleman
~ Hotel im Landhausstil ~

Chettle, bei Blandford Forum, Dorset DT 11 8DB
Tel.: (01258) 83 00 96 **Fax:** (01258) 83 00 51

Chettle ist einer dieser seltenen Orte auf einem Landgut, die sich in den letzten 150 Jahren kaum verändert haben. Er war immer im Besitz ein und derselben Familie, die in dem feinen Herrenhaus aus der Zeit von Queen Anne lebt, welches in den Sommermonaten zu besichtigen ist. Teddy Bourke, eines der Familienmitglieder, übernahm 1996 das altersschwache ehemalige Mitgifthaus zusammen mit seiner Partnerin Barbara Garnsworthy. Sie bauten es zu einem charmant-exzentrischen Hotel und Restaurant mit sehr moderaten Preisen um. In einem der Empfangszimmer wurde ein reichverzierter jakobinischer Eichenholzkamin aus der Zeit Jakobs I. und dazu passende Bücherregale eingebaut (das andere ist im Regentschaftsstil des Prinzen of Wales 1811–1820). Die eleganten Proportionen der Zimmer im oberen Stockwerk wurden beibehalten, und die Schlafzimmer sind komfortabel und geschmackvoll eingerichtet, aber ohne Zimmerservice und unnötigem Schnickschnack, um die Preise im Rahmen zu halten. Einige der viktorianischen Bäder haben Rollbadewannen. Von den riesigen Zimmer besitzt eines ein Erkerfenster mit Blick auf die Felder. Die kleinen Zimmer sind immer noch geräumig. Der Garten bräuchte etwas Pflege.

Das Restaurant des Castleman – ein langer, ziemlich schmuckloser Raum auf der Rückseite – bietet unverkünstelte traditionelle und moderne britische Küche, und auch die Rechnung ist in Ordnung.

Umgebung: Kingston Lacy House, Cranborne Chase, Salisbury • **Lage:** im Städtchen, ausgeschildert ab der A354, 9 km nordöstlich von Blandford; großer Parkplatz **Mahlzeiten:** Frühstück, Mittagessen am Sonntag, Abendessen • **Preise:** ££ **Zimmer:** 8 Doppelzimmer mit Bad; alle Zimmer haben Fernsehen, Telefon, Haartrockner • **Anlage:** Speisezimmer, 2 Aufenthaltsräume, Bar, Garten • **Kreditkarten:** MC, V • **Kinder:** willkommen • **Behinderte:** Zugang schwierig • **Tiere:** im Haus nicht gestattet; 2 Ställe für Gastpferde und -hunde verfügbar • **Geschlossen:** Februar • **Besitzer:** Edward Bourke und Barbara Garnsworthy

Der Südwesten

Dittisham, Devon

Fingals
~ Hotel im Gutsherrenstil ~

Old Coombe Manor Farm, Dittisham, bei Dartmouth, Devon TQ6 0JA
Tel.: (01803) 72 23 98 **Fax:** (01803) 72 24 01
E-Mail: richard@fingals.co.uk **Website:** www. fingals.co.uk

Fingals ist ungewöhnlich, und die, die es lieben, tun es mit Hingabe. Deshalb halten wir diesem Gutsherrenhaus in einem abgeschiedenen Tal in der Nähe des Flusses Dart auch hartnäckig die Treue. Der Besitzer Richard Johnston nennt es »Hotel und Restaurant«, aber es ist eher ein Gästehaus des Typs »Hausgesellschaft auf dem Land«, wo es dazugehört, aber nicht zwingend ist, daß alle Gäste zu den Mahlzeiten gemeinsam an einem Tisch im holzvertäfelten Speisezimmer sitzen.

Das Haus, das aus dem 17. Jahrhundert stammt und zur Zeit von Königin Anne eine neue Fassade bekam, hat jede Menge Charme und eine stilvolle Auswahl an alten und neuen Möbeln aus Kiefer und Eiche. Eine angrenzende, umgebaute Scheune für Selbstversorger ist ideal für Familien, die ihren Platz und ihre Ruhe brauchen. Fingals ist ein ganz besonders lässiger Ort – man schenkt sich seine Drinks selbst ein und frühstückt, wann man möchte, morgens oder nachmittags. Leute, die für alles klare Regeln und Definitionen verlangen, werden vermutlich enttäuscht sein. Das viergängige Abendessen von der kleinen Speisekarte ist modern im Stil, kompetent in der Ausführung und üppig in seinen Dimensionen. Ein ruhiger Ort mit einem entspannten, aber dennoch durch und durch professionellen Besitzer.

~

Umgebung: Dartmouth Castle • **Lage:** 6 km nördlich von Dartmouth, 1,5 km vom Städtchen entfernt; mit Garten und großem Parkplatz • **Mahlzeiten:** Frühstück, kleines Mittagessen, Abendessen • **Preise:** ££ • **Zimmer:** 13; 10 Doppelzimmer mit Bad, 1 Doppelzimmer mit Dusche; 2 Familienzimmer mit Bad; alle Zimmer haben Telefon, einige Fernsehen • **Anlage:** Speisezimmer, Bar, Bibliothek, Fernsehzimmer; Swimmingpool, Jacuzzi, Sauna, Snooker-Billard, Krocket, Tennis, Tischtennis, Segelboot steht zur Verfügung • **Kreditkarten:** AE, MC, V • **Kinder:** gestattet
Behinderte: Zugang schwierig • **Tiere:** gestattet außerhalb der öffentlichen Räume
Geschlossen: Neujahr, Ostern • **Besitzer:** Richard Johnston

Der Südwesten

Dorchester, Dorset

Casterbridge
~ Stadthotel ~

49 High East Street, Dorchester, Dorset DT1 1HU
Tel.: (01305) 26 40 43 **Fax:** (01305) 26 08 84 **E-Mail:**
reception@casterbridgehotel.co.uk **Website:** www.casterbridgehotel.co.uk

Es kann passieren, daß Sie an Casterhouse einfach vorbeifahren, in der Annahme, dies sei ein weiteres dieser vielen tristen Gasthäuser an den britischen Landstraßen. Wenn Sie jedoch hören, daß es dem Bruder von John Turner, dem Eigentümer des Priory in Wareham (siehe Seite 85), gehört und auch von ihm geleitet wird, halten Sie vielleicht doch an. Das Hotel befindet sich seit 1930 im Besitz der Familie Turner, in den 1980er Jahren übernahmen es dann Stuart und seine Frau Rita und widmeten sich als erstes der gewaltigen Aufgabe, das Haus wieder auf Vordermann zu bringen.

Es gelang ihnen, einem alten georgianischen Gebäude seinen Charakter zu lassen, aber auch die Annehmlichkeiten der heutigen Zeit hinzuzufügen. Jetzt ist es ein sehr angenehmer Aufenthaltsort. Die georgianischen Möbel sind weiter in Gebrauch. Eine gut bestückte Bar nebenan führt in einen geschmackvollen Wintergarten und zu einem kleinen Hinterhof mit Brunnen.

Im Gegensatz zum Priory bietet das Casterbridge nur Bed & Breakfast an. Die Schlafzimmer sind hübsch dekoriert, mit schönen Tapeten, guten Stoffen und angenehmen Badezimmern ausgestattet. Die Zimmer in dem modernen Anbau hinter dem Hof sind ebenso komfortabel, haben aber weniger Charme als die im Hauptgebäude. Die Turners sind reizende Gastgeber und stets hilfsbereit gegenüber ihren Gästen.

Umgebung: Hardy County, Küste von Dorset • **Lage:** an der Hauptstraße im Nordosten der Stadt, begrenzte Parkmöglichkeit auf der Straße • **Mahlzeiten:** Frühstück **Preise:** ££ • **Zimmer:** 18; 14 Doppelzimmer mit Bad oder Dusche, 4 Einzelzimmer mit Bad oder Dusche; alle Zimmer haben Fernsehen, Telefon, Haartrockner **Anlage:** Aufenthaltsraum, Bar, Wintergarten/Frühstückszimmer • **Kreditkarten:** AE, DC, MC, V • **Kinder:** willkommen • **Behinderte:** 2 geeignete Zimmer im Erdgeschoß • **Tiere:** nicht gestattet • **Geschlossen:** 1. und 2. Weihnachtstag **Besitzer:** Stuart und Rita Turner

Der Südwesten

Drewsteignton, Devon

Hunts Tor
~ Dorfrestaurant mit Zimmern ~

Drewsteignton, bei Exeter, Devon EX6 6QW
Tel. und Fax: (01647) 28 12 28

Hunts Tor ist ein interessantes Gebäude, nur ein Stückchen vom Marktplatz eines kleinen friedlichen Dorfs entfernt. Es wird auf entspannte Weise von Chris und Sue Harrison geführt, die 1985 der Ellbogengesellschaft den Rücken kehrten. Es ist ein ausgezeichneter Platz, um ein oder zwei Nächte zu verbringen und gutes Essen zu genießen. Als wir das letzte Mal dort waren, fiel uns wieder auf, wie schön die Harrisons das Haus restauriert haben, ein kompaktes Gebäude aus dem 17. Jahrhundert mit Zusätzen der Regentschaftszeit des Prinzen of Wales und einer glasüberdachten Vorhalle. An der Einrichtung sieht man die Vorliebe der Harrisons für Art déco und Art nouveau; aber auch moderne und viktorianische Möbel sind vorhanden. Es gibt zwei Speisezimmer, eines mit einer niedrigen Balkendecke und einer Menge Pflanzen, das andere legerer mit altem Holzfußboden und einem großen offenen Kamin. Hier essen die Gäste zusammen an einem großen Eichenholztisch. Die Schlafzimmer sind einfach und sauber und – besonders für diesen Preis – riesig, zwei besitzen einen Wohnraum und eines eine Sitzecke.
Sues Küche hat sich ein rotes ›M‹ von Michelin verdient und ist »wunderbar zubereitet und angerichtet«. Das Abendessen hat vier Gänge ohne Wahlmöglichkeiten, aber über spezielle Wünsche kann bei der Reservierung gesprochen werden. Den Abschluß bildet ausgezeichneter Käse aus der Region.

Umgebung: Drogo Castle; Dartmoor National Park • **Lage:** am Dorfplatz, 19 km westlich von Exeter; 2 Privatparkplätze und Parkmöglichkeit auf der Straße
Mahlzeiten: Frühstück, Abendessen • **Preise:** ££ • **Zimmer:** 3; 2 Doppelzimmer mit Bad, 1 Zweibettzimmer mit Bad; alle Zimmer haben Fernsehen, Haartrockner
Anlage: 2 Speisezimmer (eines mit Bar), Aufenthaltsraum • **Kreditkarten:** keine
Kinder: über 10 Jahre gestattet • **Behinderte:** Zugang schwierig • **Tiere:** auf den Zimmern erlaubt • **Geschlossen:** November bis März • **Besitzer:** Sue und Chris Harrison

Der Südwesten

Evershot, Dorset

Summer Lodge
~ Hotel im Landhausstil ~

Summer Lane, Evershot, Dorset DT2 0JR
Tel.: (01935) 834 24 **Fax:** (01935) 830 05 **E-Mail:**
sumlodge@sumlodge.demon.co.uk **Website:** www.relaischateaux.fr/summer

Die Corbetts sind der lebende Beweis dafür, daß nicht alle »professionellen« Hoteliers mittelklassig sind. Wir wissen nicht, was für Freuden sie den Gästen im Savoy bereitet haben, aber ihre Hingabe, die sie an den Tag legen, seit sie nach Dorset geflohen sind, ist bemerkenswert. Unser einziger Kritikpunkt: Es fehlt ein Aufenthaltsraum für Nichtraucher.

Für viele Besucher ist Summer Lodge genau so, wie ein Hotel im Landhausstil sein sollte. Das georgianisch/viktorianische Gebäude vermittelt einen Hauch von Extravaganz, ohne aufdringlich zu sein, und die Corbetts und ihr Personal sind Meister darin, den Gästen ein heimeliges Gefühl zu vermitteln. Balkontüren führen von den öffentlichen Räumen (Stoffe von William Morris, offenes Feuer) in den wunderschön blühenden Garten. Die Palette der hübschen Schlafzimmer reicht von einfach entzückend bis zu sehr beeindruckend. Die Badezimmer sind geräumig, und es gibt große weiße und flauschige Handtücher.

In der umgebenden Landschaft gibt es viele interessante Plätze zu besuchen sowie einige gute Pubs zum Mittagessen. Der Tee mit Gebäck im Hotel, der bei Halbpension inbegriffen ist, bietet einen guten Grund zur Rückkehr am Nachmittag. Doch auch das Abendessen ist ein Ereignis.

Umgebung: Minterne und Maperton Gardens; Parnham House; Montacute • **Lage:** 24 km nordwestlich von Dorchester, über die A37 bis zum Stadtrand; großer Parkplatz • **Mahlzeiten:** Frühstück, Mittagessen, Abendessen; Zimmerservice **Preise:** £££ • **Zimmer:** 17; 13 Doppelzimmer mit Bad, 3 Einzelzimmer mit Bad, eine Suite mit Bad; alle Zimmer haben Fernsehen, Telefon, Haartrockner • **Anlage:** Speisezimmer, Aufenthaltsraum, Bar, Lesezimmer, Garten; Krocket, beheizter Swimmingpool, Tennisplatz • **Kreditkarten:** AE, DC, MC, V • **Kinder:** gestattet **Behinderte:** guter Zugang zu den Zimmern im Erdgeschoß • **Tiere:** auf Anfrage (5 £ pro Nacht) • **Geschlossen:** nie • **Besitzer:** Nigel und Margaret Corbett

Der Südwesten

FOWEY, CORNWALL

Fowey Hall
~ Familienhotel am Meer ~

Hanson Drive, Fowey, Cornwall PL23 1ET
Tel.: (01726) 83 38 66 **Fax:** (01726) 83 41 00

Wenn Sie nach einem Ferienhotel suchen, das gleichermaßen auf die Bedürfnisse von Kindern und die von Erwachsenen zugeschnitten ist, dann ist Fowey Hall genau das richtige. Die Besitzer sind Experten für diese Formel und haben noch drei weitere solcher Hotels: Woolley Grange in Bradford-on-Avon, The Old Bell in Malmesbury und Moonfleet Manor in der Nähe von Weymouth. Die Idee ist, die Kinder mittels einer reichen Auswahl an Aktivitäten bei Laune zu halten und die Erwachsenen mit gutem Essen und luxuriöser Unterbringung zufriedenzustellen.

Das imposante Gebäude wurde vor über 100 Jahren von einem ehemaligen Oberbürgermeister von London erbaut, ein weißes Haus mit Türmchen und dem Flair eines kleinen französischen Château, ohne das Erdrückende des viktorianischen Baustils. Die öffentlichen Räume sind warm und einladend, einige mit Holzfeuer und die meisten mit Blick auf den Hafen. Es gibt zwei Speisezimmer, eines im Stil eines Palmenhofs, das Brasserie-Speisen serviert, und das andere mit eleganter Atmosphäre »nur für Erwachsene«. Die Schlafzimmer sind familiengerecht ausgestattet. Die Zimmer mit Sitzgelegenheiten in den Türmchen machen Kindern großen Spaß. Tagsüber können die Eltern sich entspannen, während ihre Rasselbande die Kindermädchen auf Trab hält.

Umgebung: Fowey; Looe • **Lage:** am oberen Ende der Stadt; großer Parkplatz
Mahlzeiten: Frühstück, Mittagessen, Abendessen; Zimmerservice • **Preise:** £££
Zimmer: 25; 14 Doppel- und Zweibettzimmer mit Bad, 11 Suiten mit Bad; alle Zimmer haben Fernsehen, Telefon, Haartrockner • **Anlage:** 2 Speisezimmer, Aufenthaltsraum, Fernsehzimmer, Zimmer für Videospiele, Hallenbad, Kinderhort, Spielzimmer, Terrasse, Garten; Krocket, Badminton • **Kreditkarten:** AF, DC, MC, V
Kinder: gestattet • **Behinderte:** Zugang möglich • **Tiere:** gestattet • **Geschlossen:** nie • **Besitzer:** Nigel Chapman und Nicholas Dickinson

Der Südwesten

Frome, Somerset

Babington House
~ Hotel im Landhausstil ~

Babington, bei Frome, Somerset BA11 3RW
Tel.: (01373) 81 22 66 **Fax:** (01373) 81 21 12
E-Mail: babhouse@compuserve.com

Das Babington ist eine Idee von Nick Jones, Inhaber eines Szene-Clubs im Londoner Stadtteil Soho. Er kaufte das Haus als eine Art Refugium für die Mitglieder seines Clubs. Es wird zwar immer noch von »Mitgliedern« und »Nichtmitgliedern« gesprochen, doch jeder ist willkommen, auch wenn es von Vorteil ist, wenn man jung oder zumindest jung geblieben ist.

Die Atmosphäre ist sehr entspannt und professionell zugleich, was zum größten Teil das Verdienst des Managers Bodo ist, der bereits einige der feinsten Hotels Londons geführt hat. Wenn Sie also mal etwas anderes erleben möchten als steife Landhotels mit viel Großtuerei und Gardinen und wenig Verständnis für Kinder, dann werden Sie Babington als sehr erfrischend empfinden: ein Hotel, das seiner Zeit entspricht, in einem eleganten Landhaus, mit großstädtischem Chic und unpretentiösem Luxus.

Die Zimmer sind wunderbar, in den Badezimmern stehen große Behälter mit Lotions, und es gibt einen 24-Stunden-Zimmerservice. Schönheitssalon, Schwimmbad und Fitneßraum sind vorhanden. Kleine Kinder werden in der Kindergrippe betreut. Berichte sind willkommen, vor allem: Wie kommt man hier zurecht, wenn man nicht so ins Bild paßt?

~

Umgebung: Bath; Bradford-on-Avon • **Lage:** auf dem Land, 24 km südlich von Bath; großer Parkplatz • **Mahlzeiten:** Frühstück, Mittagessen, Abendessen; Zimmerservice • **Preise:** ££££ • **Zimmer:** 22 Doppel- und Zweibettzimmer mit Bad; alle Zimmer haben Fernsehen, Telefon, CD-Spieler, DVD-Player, Fax/Modem-Anschluß, Minibar, Haartrockner • **Anlage:** Aufenthaltsraum/Bar, Billardzimmer, Speisezimmer, Bistro, Hallenbad, Gesundheitszentrum, Kinderhort, Kino, Terrasse, Garten; Tennisplatz • **Kreditkarten:** AE, DC, MC, V • **Kinder:** willkommen **Behinderte:** geeignete Zimmer im Erdgeschoß mit umgebauten WCs • **Tiere:** gestattet • **Geschlossen:** nie • **Besitzer:** Nick Jones

DER SÜDWESTEN

GILLAN, CORNWALL

Tregildry
～ Hotel am Meer ～

Gillan, Manaccan, Helston, Cornwall TR12 6HG
Tel.: (01326) 23 13 78 **Fax:** (01326) 23 15 61

Über die gewundenen Landstraßen nach Tregildry zu gelangen, ist eine Herausforderung; bevor Sie sich auf den Weg machen, sollten Sie sich vom Hotel unbedingt die Wegbeschreibung geben lassen. Was ist so besonders am Tregildry? Das Gebäude ist, wie die Besitzer Lynne and Huw Phillips selbst behaupten, nicht gerade aufregend. Der Blick hingegen ist unvergeßlich. Hoch über der Lizard-Halbinsel gelegen, hat man vom Tregildry einen einzigartigen Panoramablick über Helford River und Falmouth Bay.

Abgesehen vom Streichen der Fassade, können Lynne und Huw kaum etwas tun, um das Äußere zu verändern, doch das Innere ist alles andere als langweilig. Alles ist sehr freundlich, in hellen und kräftigen Farben wie Apricot oder Gelb gehalten. Rattan und indonesische Möbel verleihen dem Ganzen einen kolonialen Touch. Die Zimmer sind hübsch und gut ausgestattet, alle mit Blick aufs Meer; Nummer 3 ist das Begehrteste, von hier genießt man einen Ausblick nach zwei Seiten. Hinter dem Hotel führt ein Fußweg hinunter zu einem Privatstrand nur für die Hotelgäste.

Wir haben das Hotel zum ersten Mal getestet und nicht zuletzt wegen der modernen britischen Küche aufgenommen.

Umgebung: National Trust Coast (16 km); Golfplätze • **Lage:** über die A388 Launceston–Holsworthy, 6,5 km südlich von Holsworthy, Grundstück von 8 ha, großer Parkplatz und Hubschrauberlandeplatz • **Mahlzeiten:** großes Frühstück, Abendessen; volle Schankkonzession • **Preise:** B & B £-££ (Ermäßigung ab 5 Übernachtungen von Mai bis Oktober); Abendessen £ • **Zimmer:** 5 Doppelzimmer mit Bad, 2 Zweibettzimmer mit Bad; alle Zimmer haben Zentralheizung, Telefon, Fernsehen, Radio, Tee/Kaffeemaschine, Haartrockner • **Anlage:** Aufenthaltsraum, Bibliothek, Speisezimmer, Bar/Billard(Snooker)raum, Terrasse, Golfübungsplatz, Krocket • **Kreditkarten:** AE, MC, V • **Kinder:** über 12 Jahren willkommen **Behinderte:** Zugang schwierig • **Tiere:** nicht gestattet • **Geschlossen:** Weihnachten **Besitzer:** Lynne und Huw Phillips

Der Südwesten

Gillingham, Dorset

Stock Hill House
∽ Hotel im Landhausstil ∽

Gillingham, Dorset SP8 5NR
Tel.: (01747) 82 36 26 **Fax:** (01747) 82 56 28
E-Mail: reception@stockhill.net **Website:** www.stockhill.net

Um dieses restaurierte Herrenhaus im viktorianischen Stil zu erreichen, muß man erst ein ganzes Stück durch Waldgebiet fahren. Die Hausers, seit 15 Jahren die Besitzer, haben das Haus tadellos und individuell im Stil der Zeit um 1900 eingerichtet.
Die Zimmer sind luxuriös ausgestattet, und obwohl die Atmosphäre recht formell ist (zum Abendessen herrscht beispielsweise Krawattenzwang), ist sie dennoch warm und herzlich. Drei etwas moderner eingerichtete Zimmer befinden sich im Nebengebäude.
Peter Hauser kocht selbst, und das mit großem Erfolg. Seine österreichischen Wurzeln werden in den vielseitigen und täglich wechselnden Menüs spürbar. Obst und Gemüse stammen aus seinem beeindruckenden Küchengarten. Wenn man sich unterhalten oder einfach nur wissen will, was es abends zu Essen gibt, macht man einen Abstecher in die Küche. Das Personal, das zum Teil aus Deutschland stammt, ist aufmerksam und freundlich.
Auf dem riesigen Grundstück gibt es einen Barockgarten und einen Tennisplatz. Weitere Berichte sind erwünscht.

Umgebung: Shaftesbury; Stourhead House and Gardens • **Lage:** 8 km nordwestlich von Shaftesbury an der B3081; Grundstück von 4 ha, großer Parkplatz
Mahlzeiten: Frühstück, Mittagessen, Abendessen • **Preise:** ££££ • **Zimmer:** 10; 8 Doppelzimmer mit Bad, 1 Doppelzimmer mit Dusche, 1 Einzelzimmer mit Bad; alle Zimmer haben Fernsehen, Telefon, Haartrockner • **Anlage:** Aufenthaltsraum, Speisezimmer, Frühstückszimmer, Garten; Tennisplatz, Krocket, Forellenfischen, Rasen zum Putten • **Kreditkarten:** AE, DC, MC, V • **Kinder:** über 7 Jahre willkommen • **Behinderte:** eine geeignete Suite im Erdgeschoß • **Tiere:** nicht gestattet
Geschlossen: nie; Restaurant Sonntag und Montag mittag geschlossen • **Besitzer:** Peter und Nita Hauser

DER SÜDWESTEN

GULWORTHY, DEVON

Horn of Plenty
～ Ländliches Restaurant mit Zimmern ～

Gulworthy, Tavistock, Devon PL19 8JD
Tel. und **Fax:** (01822) 83 25 28

Das Horn of Plenty ist schon lange in diesem Führer vertreten, und das trotz der zahlreichen Besitzerwechsel in den letzten Jahren. Leser teilten uns mit, daß unter den vorherigen Besitzern die Zimmer nicht immer zufriedenstellend waren. Allerdings bestätigte unser letzter Test, daß die neuen und sehr engagierten Besitzer, Paul and Andie Roston, einiges verbessert haben.

Das abgelegene, von Kletterpflanzen überwucherte Haus wurde 1830 von Marquis Tavistock erbaut, man erreicht es über eine kurze Allee mit hohen Bäumen. Von allen Zimmern, einige haben eine kleine Terrasse, genießt man einen wunderbaren Blick über Tamar Valley. Die meisten Zimmer sind in einem umgebauten Nebengebäude, etwa 50 Meter vom Haupthaus entfernt; sie sind komfortabel und modern ausgestattet: mit hellen Stoffen, Kiefermöbel und einer Menge kleiner Annehmlichkeiten. Die beiden schönsten Zimmer befinden sich über dem Restaurant im Haupthaus und wurden erst vor kurzem renoviert.

Die Hauptattraktion des Hauses ist allerdings ein von Koch Peter Gorton (der mittlerweile durch eine Fernsehserie bekannt geworden ist) meisterlich zubereitetes Abendessen, das im Speiseraum vor gemalten Fensterkulissen serviert wird.

～

Umgebung: Cotehele House; Dartmoor; Plymouth • **Lage:** 5 km westlich von Tavistock an der A390; großer Parkplatz • **Mahlzeiten:** Frühstück, Mittagessen, Abendessen • **Preise:** £££ • **Zimmer:** 8; 4 Doppel- und Zweibettzimmer mit Bad, 2 Doppel- und Zweibettzimmer mit Dusche, 2 Suiten mit Bad; alle Zimmer haben Fernsehen, Telefon, Video, Minibar, Haartrockner • **Anlage:** Aufenthaltsraum, Bar, Restaurant, Terrasse, Garten • **Kreditkarten:** AE, MC, V • **Kinder:** gestattet **Behinderte:** 2 geeignete Zimmer • **Tiere:** gestattet • **Geschlossen:** Weihnachten **Besitzer:** Paul und Andie Roston

Der Südwesten

Haytor, Devon

Bel Alp House
Hotel auf dem Land

Haytor, bei Bovey Tracey, Devon, TQ13 9XX
Tel.: (01364) 66 12 17 **Fax:** (01364) 66 12 92

In friedlicher Umgebung, von saftigen Wiesen eingerahmt, liegt dieses weiße, aus der Zeit Eduards VII. stammende Haus. Hoch über Haytor, genießt man von hier einen herrlichen Blick über die Landschaft und die Gebirgsausläufer von Dartmoor.
Einst im Besitz der Tabak-Millionärin Violet Wills, ist das Bel Alp House seit drei Jahren in den guten Händen von Jack and Mary Twist. Sie haben alle Versprechen, die vor der Erneuerung der Zimmer gemacht wurden, voll erfüllt. Einrichtung und Farbe der Zimmer haben eine beruhigende Ausstrahlung, und was Größe und Komfort betrifft, findet sich in der Gegend nichts Vergleichbares. Glaubt man Jack, ist bereits das kleinste Zimmer im Bel Alp House doppelt so groß wie die meisten Hotelzimmer.
Die großzügigen Badezimmer sind modern eingerichtet, außer zweien, in denen sich originale Waschbecken und Badewannen aus der Zeit Eduards VII. befinden. Die Aufenthaltsräume sind hell und luftig, mit großen Erkerfenstern und Blick über das Moor. Das Abendessen besteht aus einem Menü mit täglich wechselnden Gerichten. Ein ruhiger Ort.

Umgebung: Haytor Rocks; Lustleigh; Dartmoor National Park; Drogo Castle; Torquay • **Lage:** auf dem Land, östlich von Haytor, 4 km westlich von Bovey Tracey nahe der B3387; großer Parkplatz • **Mahlzeiten:** Frühstück, Mittagessen auf Anfrage, Abendessen • **Preise:** ££ • **Zimmer:** 8 Doppel- und Zweibettzimmer mit Bad; alle Zimmer haben Fernsehen, Telefon, Haartrockner • **Anlage:** 2 Aufenthaltsräume, Speisezimmer, Garten • **Kreditkarten:** AE, DC, MC, V • **Kinder:** gestattet **Behinderte:** Zugang möglich • **Tiere:** gestattet • **Geschlossen:** Weihnachten und Neujahr • **Besitzer:** Jack and Mary Twist

Der Südwesten

Hinton Charterhouse, Avon

Homewood Park
Hotel im Landhausstil

Hinton Charterhouse, Bath, Avon BA3 6BB
Tel.: (01225) 72 37 31 **Fax:** (01225) 72 38 20
E-Mail: enquiries@homewoodpark.com **Website:** www.homewoodpark.com

Homewood Park ist in diesem Führer seit 1988 vertreten, In den Händen von Stephen and Penny Ross, die jetzt das Queensberry in Bath (siehe Seite 33) betreiben, wurde es von allen Seiten hoch gelobt. Es überrascht deshalb nicht, daß die jetzigen Manager von Homewood Park, Sara und Frank Gueuning, ein ganz ähnliches Konzept vertreten: eine Kombination aus Zwanglosigkeit und großem Engagement in überaus eleganter Umgebung.
Die Zimmer sind individuell im Landhausstil eingerichtet – passend dazu Vorhänge, Bettbezüge und Baldachine in Pastellfarben –, während in den Badezimmern italienische Fliesen für eine mediterrane Note sorgen. Blumen aus dem Garten oder dem restaurierten Gewächshaus schmücken das Hotel, und Saras Mutter versorgt die Gäste mit hausgemachter Marmelade und in den Wintermonaten mit eingemachten Früchten in Likör. Der ehemalige Koch von The Manoir aux Quat' Saisons und Necker Island, Andrew Hamer, ist schon seit einigen Jahren für die hervorragende moderne englische Küche verantwortlich.
Leider haben wir dieses Jahr auch einige kritische Leserbriefe erhalten. Gäste berichteten von langweiligen Gerichten und einem Hotel ohne Glanz, mit Zimmern, die ihre besten Zeiten bereits hinter sich haben. Weitere Berichte sind erwünscht.

Umgebung: American Museum; Bath • **Lage:** 8 km südlich von Bath, nahe der A36; Grundstück von 4 ha, großer Parkplatz • **Mahlzeiten:** Frühstück, Mittagessen, Abendessen; Zimmerservice • **Preise:** £££ • **Zimmer:** 17 Doppelzimmer mit Bad, 2 Suiten mit Bad; alle Zimmer haben Fernsehen, Telefon, Haartrockner • **Anlage:** Aufenthaltsraum, Bar, 3 Speisezimmer, Garten; Tennis, Krocket, Swimmingpool
Kreditkarten: AE, DC, MC, V • **Kinder:** gestattet • **Behinderte:** leichter Zugang
Tiere: nicht gestattet • **Geschlossen:** nie • **Geschäftsführer:** Frank und Sara Gueuning

Der Südwesten

Holsworthy, Devon

❋ TIP DES HERAUSGEBERS ❋

Court Barn
~ Hotel im Landhausstil ~

Clawton, Holsworthy, Devon EX22 6PS
Tel.: (01409) 27 12 19 **Fax:** (01409) 27 13 09
E-Mail: ctbarn@bestloved.com

Die Atmosphäre in Court Barn ist alles andere als gezwungen oder prätentiös, sondern unkompliziert und herzlich. Das solide Haus aus dem 16. Jahrhundert, das 1853 teilweise erneuert wurde, ist voll mit Souvenirs, Büchern und Spielen. Die Einrichtung besteht aus einem unbeschwerten Gemisch verschiedenster Möbel und Muster. Doch keine Angst: In dieser wohnlichen Atmosphäre gibt es weitaus mehr Komfort, als in der trügerischen Harmonie vieler durchgestylter Hotelzimmer. Darüber hinaus tun die Besitzer Susan and Robert Wood wirklich alles, daß Sie sich hier wie zu Hause fühlen können.

Unten gibt es einen Aufenthaltsraum mit offenem Holzfeuer und Blick über den Garten, einen Frühstücksraum mit Blick auf das Krocketfeld und einen eleganten Speiseraum mit Kerzenlicht am Abend. Das Essen war bei unserem letzten Test zufriedenstellend. Die Weinkarte ist umfangreich und mit amüsanten Kommentaren von Robert versehen.

Das Haus ist von wunderschönen parkähnlichen Anlagen umgeben; Krockettore, Badminton und Rasentennis bieten reichlich Gelegenheit für Aktivitäten im Freien. Ein idealer Ausgangspunkt, um Devon und Cornwall zu erkunden.

~

Umgebung: Bude; Boscastle; Hartland Abbey; Dartmoor • **Lage:** an der A388 von Launceston nach Holsworthy, bei Clawton; großer Parkplatz • **Mahlzeiten:** Frühstück, Mittagessen, Abendessen • **Preise:** ££ • **Zimmer:** 8; 7 Doppel- und Zweibettzimmer mit Bad, eine Suite mit Bad; alle Zimmer haben Fernsehen, Telefon, Haartrockner • **Anlage:** Speisezimmer, Frühstückszimmer, Salon, Fernsehzimmer, Garten; Krocket, Badminton, Rasentennis, 4-Loch-Anlage zum Abschlagen und Putten • **Kreditkarten:** DC, MC, V • **Kinder:** gestattet • **Behinderte:** Zugang schwierig • **Tiere:** auf Anfrage • **Geschlossen:** nie • **Besitzer:** Robert und Susan Wood

Der Südwesten

Kingswear, Devon

Nonsuch House
∽ Dörfliches Gästehaus am Fluß ∽

Church Hill, Kingswear, Dartmouth, Devon TQ6 0BX
Tel.: (01803) 75 28 29 **Fax:** (01803) 75 23 57

Die Familie Noble sind alte Bekannte in unserem Führer, denn sie haben bis vor einigen Jahren mit viel Herzlichkeit und Können das Langshott Manor bei Horley in Surrey geführt. Als wir bei unserem letzten Test feststellen mußten, daß das Langshott ohne die Nobles eine Spur zu unpersönlich geworden ist, haben wir uns dazu entschlossen, es nicht mehr in den Führer aufzunehmen (Berichte sind erwünscht). Umso mehr freuen wir uns, die ehemaligen Besitzer in ihrem neuen Haus in Devon zu besuchen, das hauptsächlich von Sohn Christopher geführt wird.

Nonsuch House besteht eigentlich aus zwei hohen, schmalen Häusern, die sehr unscheinbar an einer engen Kurve einer Einbahnstraße hoch über dem Fährhafen von Dartmouth in Kingswear liegen. Von hier genießt man einen herrlichen Blick über den Fluß nach Dartmouth. Die Zimmer sind nach Wettervorhersagen für die Schiffahrt benannt, doch ansonsten haben sie mehr mit Langshott Manor als mit dem Meer gemeinsam: angenehm, komfortabel und gut ausgestattet, einem gewöhnlichen Gästehaus um einiges überlegen. Die Aufenthaltsräume sind in kräftigen Farben gehalten: apricotfarben, burgunderrot, gelb und blau; der Speiseraum, an dem sich ein Wintergarten anschließt, ist tiefgrün. Das Abendessen besteht aus einem täglich wechselnden Menü, einfach, aber gut.

∽

Umgebung: Dartmouth; Dartmoor; Torquay • **Lage:** von der Dartmouth-Fähre nach Kingswear, dann nehmen Sie die Fore Street, anschließend rechts in die Church Road; Parkmöglichkeit auf der Straße • **Mahlzeiten:** Frühstück, Abendessen **Preise:** ££ • **Zimmer:** 2 Doppelzimmer mit Bad, 1 Doppelzimmer mit Dusche; alle Zimmer haben Fernsehen • **Anlage:** Aufenthaltsraum, Speisezimmer, Wintergarten, Terrasse • **Kreditkarten:** keine • **Kinder:** über 12 Jahre gestattet • **Behinderte:** nicht geeignet • **Tiere:** nicht gestattet • **Geschlossen:** nie • **Besitzer:** Familie Noble

Der Südwesten

Lacock, Wiltshire

At the Sign of the Angel
~ Dorfgasthof ~

6 Church Street, Lacock, bei Chippenham, Wiltshire SN15 2LA
Tel.: (01249) 73 02 30 **Fax:** (01249) 73 05 27

Lacock und The Sign of the Angel passen gut zusammen. Das eine ein nahezu perfekter englischer Ort, fast vollständig unter Denkmalschutz stehend, das andere der Inbegriff eines mittelalterlichen Gasthauses mit Fachwerkfassade, offenem Kamin, Eichenvertäfelungen, Balkendecken, alten Betten und antiken Tischen.
In Mittelengland findet man zwar einige solcher Gasthäuser, und die meisten sind gut für ein Bier oder ein Essen, doch man bleibt nicht unbedingt über Nacht. Auch hier sind die Zimmer nicht gerade groß und was den Komfort betrifft sehr unterschiedlich. Doch alle Zimmer sind gemütlich, und sie haben Atmosphäre. Das Angel ist mehr ein kleines Hotel als ein Pub, nicht zuletzt, weil es keinen Tresen gibt und der holzvertäfelte Aufenthaltsraum im ersten Stock sehr ruhig ist. Seit über vierzig Jahren ist das Angel im Besitz der Familie Levis und wird nun von Schwiegertochter Lorna Levis and George Hardy geführt. Beide sind auch für die traditionelle Küche verantwortlich, die Sonntag mittag besonders zu empfehlen ist. Auch zum Frühstück gibt es Traditionelles wie Dickmilch mit Pflaumen, wer möchte, bekommt aber auch eine richtig große Mahlzeit. Sind im Hauptgebäude keine Zimmer frei, dann lassen Sie sich im Anbau einquartieren, hier ist es genauso schön und angenehm abgeschieden. Der Garten des Angel ist ein wenig unordentlich, wahrscheinlich wegen der Enten.

Umgebung: Lacock Abbey; Bowood House; Corsham Court; Sheldon Manor
Lage: von der A350 5 km südlich von Chippenham, in der Ortsmitte; mit Gärten und einigen Parkplätzen • **Mahlzeiten:** Frühstück, Mittagessen, Abendessen
Preise: ££ • **Zimmer:** 10 Doppel- bzw. Zweibettzimmer mit Bad; alle Zimmer haben Fernsehen, Telefon • **Anlage:** 3 Speisezimmer, Aufenthaltsraum, Terrasse, Garten • **Kreditkarten:** keine • **Kinder:** gestattet • **Behinderte:** ein geeignetes Zimmer im Erdgeschoß • **Tiere:** gestattet • **Geschlossen:** Weihnachten und Neujahr, Restaurant Montag mittag • **Besitzer:** George Hardy und Lorna Levis

Der Südwesten

Lewdown, Devon

Lewtrenchard Manor
~ Hotel im Gutsherrenstil ~

Lewtrenchard Manor, Lewdown, bei Oakhampton, Devon EX20 4PN
Tel.: (01566) 78 32 56 **Fax:** (01566) 78 33 32

Fährt man auf der schmalen Straße von Lewdown Richtung Osten, erblickt man am Rande von Dartmoor völlig unerwartet dieses großartige Herrenhaus aus dem 16. Jahrhundert, mit baulichen Ergänzungen aus der viktorianischen Zeit. Über eine mit Buchen gesäumte Allee gelangt man zu diesem wunderschönen Anwesen, zu dem auch ein See mit unzähligen Schwänen gehört. Das Innere ist nicht weniger beeindruckend. Die riesigen Empfangsräume haben reichverzierte Decken, Eichenvertäfelungen, Schnitzereien und große offene Kamine. Trotz der Dimensionen ist die Atmosphäre im Hotel herzlich und gastfreundlich, was zum größten Teil das Verdienst der Gastgeberin Sue Murray ist.

Wirft man bei der Ankunft einen kurzen Blick in den Aufenthaltsraum, würde man sich am liebsten gleich mit einem guten Buch dahin zurückziehen. Im ersten Stock führt eine beeindruckende Galerie mit Familienportraits zu den geräumigen Zimmern mit herrlichem Ausblick über die Landschaft von Devon. Glücklicherweise konnte Reverend Baring Gould (er schrieb unter anderem die Hymne *Onward, Christian Soldiers*), ein ehemaliger Besitzer von Lewtrenchard, der viktorianischen Angewohnheit widerstehen, bereits schöne Gebäude noch schöner machen zu wollen.

Umgebung: Dartmoor; Tintagel; Exeter; Boscastle • **Lage:** von der alten A30 bei Lewdown die nach Lewtrenchard ausgeschilderte Straße nehmen; Grundstück von 4,5 ha, großer Parkplatz • **Mahlzeiten:** Frühstück, wochentags leichtes Mittagessen, sonntags Mittagessen, Abendessen • **Preise:** ££-£££ • **Zimmer:** 9; 8 Doppel- oder Zweibettzimmer mit Bad, eine Suite mit Bad; alle Zimmer haben Fernsehen, Telefon, Haartrockner • **Anlage:** Aufenthaltsraum, Bar/Lounge, Restaurant, Frühstückszimmer, Ballsaal, Garten; Krocket, Fischteich • **Kreditkarten:** AF, DC, MC, V • **Kinder:** unter 5 Jahren auf Anfrage • **Behinderte:** Zugang schwierig **Tiere:** gestattet • **Geschlossen:** nie • **Besitzer:** Sue und James Murray

Südengland

Der Südwesten

LIFTON, DEVON

Arundell Arms
~ Gasthof für Angler ~

Lifton, Devon PL16 0AA
Tel.: (01566) 78 46 66 **Fax:** (01566) 78 44 94
E-Mail: ArundellArms@btinternet.com

Eine 200 Jahre alte Herberge, an einem Ort, dessen Geschichte bis zu den Angelsachsen zurückreicht, und der als kulinarische Hochburg und als wahres Paradies für Angler bekannt ist. Die traditionelle Jagd wird hier noch groß geschrieben: Das Hotel bietet Kurse im Fliegenfischen an, doch die Gäste kommen ebenso hierher, um zu reiten, Golf zu spielen, Vögel zu beobachten und einen der schönsten Flecken Erde in ganz England zu genießen. Angler haben mehr als 12 Kilometer Ufer zur Auswahl.
Dann gibt es noch das Essen, das dank dem einheimischen Koch Philip Burgess einen ausgezeichneten Ruf genießt. Wir empfehlen zuerst eine hausgemachte Suppe, dann gebratenen Lachs mit Chili-Ingwer-Sauce und als Abschluß Basilikumeis mit pochierten Birnen und Himbeeren. Das Personal besteht größtenteils aus Einheimischen, von denen viele dem Beispiel der Besitzerin Anne Voss-Bark (sie führt das Hotel bereits seit 1961) folgen und schon lange für das Hotel arbeiten. Vom Aufenthaltsraum sieht man hinaus auf den Garten und einen 250 Jahre alten Hahnenkampfplatz, der jetzt als Geräteschuppen dient. Es gibt zwei große Speiseräume, die miteinander verbunden sind, und natürlich eine Bar. Die Zimmer sind einfach, und die im alten Teil des Gebäudes sind schöner als die im Anbau. Ein freundliches, traditionelles Landhotel.

~

Umgebung: Dartmoor; Tintagel; Boscastle, Port Isaac, Exeter • **Lage:** 5 km östlich von Launceston, über die A30 bis Lifton; großer Parkplatz • **Mahlzeiten:** Frühstück, Mittagessen, Abendessen • **Preise:** ££ • **Zimmer:** 28; 20 Doppel- oder Zweibettzimmer mit Bad, 8 Einzelzimmer mit Bad; alle Zimmer haben Fernsehen, Telefon, Haartrockner • **Anlage:** 2 Restaurants, 2 Bars, Spielezimmer, Trockenraum, Garten; Angeln (Fischereirechte entlang 12 km) • **Kreditkarten:** AE, DC, MC, V • **Kinder:** gestattet • **Behinderte:** Zugang möglich • **Geschlossen:** Weihnachten
Besitzerin: Anne Voss-Bark

Der Südwesten

The Lizard, Cornwall

Landewednack House
Bed & Breakfast im Landhaus

Church Cove, The Lizard, Cornwall TR12 7PQ
Tel.: (01326) 29 09 09 **Fax:** (01326) 29 01 92

Dieses schöne ehemalige Pfarrhaus aus dem 17. Jahrhundert wurde von den Besitzern Peter und Marion Stanley in ein sympatisches und elegantes Privathaus mit Gästezimmern umgebaut. An der Spitze der Lizard-Halbinsel gelegen, ist Landewednack die südlichste Gemeinde Englands. Aufgrund des relativ milden Klimas das ganze Jahr über wachsen hier die verschiedensten Arten von Bäumen und Pflanzen. Marion hat sich diesen Umstand zunutze gemacht, und ihr Garten ist eine wahre Pracht.

Das Innere ist nicht weniger beeindruckend. Vom gefliesten Eingangsbereich geht es weiter in den Speiseraum mit Balkendecke und offenem Kamin, wo man, nach vorheriger Vereinbarung, bei Kerzenlicht und loderndem Holzfeuer zu Abend essen kann. Das Frühstück wird in einem anderen, etwas kleineren Raum serviert. Im eleganten Wohnzimmer können sich die Gäste den ganzen Tag über oder bei einem Drink vor dem Abendessen entspannen. Alle drei Zimmer sind reizend und unterschiedlich eingerichtet. Den schönsten Blick hat man vom »Gelben Zimmer« aus. Die großen Fenster ermöglichen einen Ausblick über den Garten hinweg bis zur Kirche und dem Meer dahinter – besonders schön bei Sonnenuntergang.

Umgebung: die Halbinsel The Lizard; St Ives; Penzance • **Lage:** ab Helston nehmen Sie die A3083 nach Lizard, vor der Ortseinfahrt links zur Church Cove, dann links Richtung Rettungsboot-Station • **Mahlzeiten:** Frühstück, andere Mahlzeiten auf Anfrage • **Preise:** ££ • **Zimmer:** 3 Doppel- oder Zweibettzimmer, eines mit Bad, 2 mit Dusche; alle Zimmer haben Fernsehen, Telefon, Haartrockner • **Anlage:** Speisezimmer, Salon, Frühstückszimmer, Garten; Swimmingpool • **Kreditkarten:** MC, V • **Kinder:** nicht gestattet • **Behinderte:** Zugang schwierig • **Tiere:** auf Anfrage • **Geschlossen:** Weihnachten • **Besitzer:** Peter und Marion Stanley

Südengland

DER SÜDWESTEN

MELKSHAM, WILTSHIRE

Shurnhold House
~ Gästehaus im Gutsherrenstil ~

Shurnhold, Melksham, Wiltshire SN12 8DG
Tel.: (01225) 79 05 55 **Fax:** (01225) 79 31 47

Ein weiteres großes, altes Haus, das in den 1980er Jahren vor dem Verfall gerettet wurde und jetzt als Bed & Breakfast-Gästehaus genutzt wird. Das wohlproportionierte Steinhaus aus der Zeit Jakobs I. wurde 1640 erbaut. Es liegt relativ nahe an einer belebten Hauptstraße im Außenbezirk einer Stadt, die man nicht unbedingt gesehen haben muß. Doch das Haus ist durch die Bäume nach außen hin gut abgeschirmt (achten Sie auf die Schilder, denn man kann das Haus von der Straße aus nicht sehen!) und verkehrsgünstig gelegen. Das Innere ist so wie man es sich nur wünschen kann. Im Aufenthaltsraum mit einer Bar, mit gefliesten Böden und einem offenen Kamin. Überall gibt es schöne Stoffe mit Blumenmotiven, auch im Frühstücksraum und in einem zweiten Aufenthaltsraum, der voll mit Büchern ist. Stilmöbel strahlen Würde aus, wo immer sich die Möglichkeit dazu bietet. Die geräumigen Zimmer sind eher verhalten eingerichtet, wahrscheinlich wegen der schon reichverzierten Vorhänge und der unterschiedlichen Betten. Einige der Zimmer haben einen offenen Kamin. Man kann feststellen, daß die Anzahl an kleinen Teddybären von Mal zu Mal zunimmt.
Die Preise sind angemessen, etwas höher als für ein typisches Bed & Breakfast üblich, doch nur halb so hoch wie in manchem Landhotel mit vergleichbarem Ambiente. Die Bar mit Lizenz ist für ein Bed & Breakfast eher ungewöhnlich.

~

Umgebung: Lacock; Bradford-on-Avon • **Lage:** auf dem Land, 1,5 km nordwestlich von Melksham an der A365 nach Bath; mit großem Garten und Parkplatz • **Mahlzeiten:** Frühstück • **Preise:** ££ • **Zimmer:** 6 Doppelzimmer, ein Familienzimmer, alle mit Bad oder Dusche; alle Zimmer haben Fernsehen • **Anlage:** Speisezimmer, Aufenthaltsraum, Bar/Aufenthaltsraum • **Kreditkarten:** AE, MC, V • **Kinder:** willkommen • **Behinderte:** keine speziellen Einrichtungen • **Tiere:** auf Anfrage **Geschlossen:** nie • **Besitzerin:** Sue Tanir

Der Südwesten

Melksham, Wiltshire

Toxique
~ Restaurant mit Zimmern ~

187 Woodrow Road, Melksham, Wiltshire SN12 7AY
Tel. und **Fax:** (01225) 74 27 73

Unsere Tester wurden auf das Toxique durch eine Empfehlung im Michelin für seine ausgezeichnete Küche aufmerksam. Ihre Neugierde wuchs noch, als sie die vier Zimmer sahen und sie beschlossen, den ganzen Luxus für eine Nacht zu genießen.
Melksham selbst ist nicht gerade schön, doch das Haus steht in einem Garten, umgeben von alten Steinmauern, an der Straße nach Lacock, einem denkmalgeschützen Ort. Es gibt zwei Speisezimmer, beide mit Kerzenbeleuchtung, das eine mit einem pastoralen Wandgemälde, das andere in Dunkelblau gehalten. Dazwischen liegt ein kokonartiger Aufenthaltsraum mit dunklen Wänden und Stühlen mit dunkelvioletten Bezügen und goldenen Kissen darauf. Die Atmosphäre ist gemütlich und intim, trotzdem geprägt von einem zeitgenössischen Stil. Dies wird besonders deutlich an den äußerst komfortablen Zimmern und Badezimmern, die alle einen passenden Namen tragen: das »Desert«, in Zitonenfarben und Blau gehalten, mit Sand um die Badewanne herum; das »Oriental« in Schwarz und Weiß mit Seegrasmatten, einem tiefer gelegten Bett und Duftölen im Badezimmer; das »Rococo« mit dunkelroten Wänden, schwarzem Samt und goldenem Brokat; das »Colonial«, mit Korbmöbeln und Moskitonetzen. Alles sehr ungewöhnlich in dieser vorstädtischen Umgebung. Einige finden es übertrieben, andere lustig.

Umgebung: Lacock; Bath; Bradford-on-Avon • **Lage:** von der Melksham High Street nach links etwa 1 km in Richtung Calne, dann nehmen Sie die linke Ausfahrt, Forest Road, für etwa 1,5 km; großer Parkplatz • **Mahlzeiten:** Frühstück, Abendessen; Zimmerservice • **Preise:** ££ • **Zimmer:** 4 Doppelzimmer mit Bad; alle Zimmer haben Haartrockner, eines hat Fernsehen • **Anlage:** 2 Speisezimmer, Aufenthaltsraum, Garten • **Kreditkarten:** AE, MC, V • **Kinder:** gestattet
Behinderte: Zugang schwierig • **Tiere:** nicht gestattet • **Geschlossen:** nur das Restaurant von Sonntag bis Mittwoch • **Besitzer:** Peter Jewkes

Der Südwesten

Membury, Devon

Tip des Herausgebers

Lea Hill

Hotel auf dem Land

Membury, bei Axminster, Devon EX13 7AQ
Tel.: (01404) 88 18 81 **Fax:** (01404) 88 13 88

Von den vielen in diesem Führer neu aufgenommenen Hotels möchten wir dieses ganz besonders empfehlen. Die Lage des Lea Hill ist einfach hinreißend: ganz oben auf einem Berggipfel mit herrlichem Blick über Wiesen und Wälder. Das Haus selbst, ein mittelalterliches Farmhaus, zum Teil aus dem 14. Jahrhundert stammend, ist das frühe Beispiel eines Reetdachhauses, wie es typisch für die Gegend von Devon ist. Die nahe gelegene Ortschaft Membury ist ruhig und malerisch.

Das Innere ist ebenso bezaubernd. Polierte Fliesen, Balken und Kaminecken sorgen für die typische Atmosphäre eines perfekten englischen Landhauses. Vom schönen Speiseraum mit einem Zwischengeschoß, freigelegten Steinmauern und offenem Kamin gelangt man zum gemütlichen Aufenthaltsraum und zum Lesezimmer mit einer großen Auswahl an Büchern. Die Einrichtung der Bar besteht aus einer ungewöhnlichen Mischung antiker Möbel.

Jedes der elf Zimmer ist unterschiedlich eingerichtet, die meisten sind in den beiden angrenzenden umgebauten Scheunen untergebracht. Die zwei Suiten sind ihr Geld wert, eine ist mit einem Jacuzzi ausgestattet, die andere hat einen eigenen Garten.

Die Besitzer Chris und Sue Hubbard, die Lea Hill 1998 übernommen haben, sind bezaubernde Gastgeber, und ihr Sohn James, der für die Küche verantwortlich ist, ein guter Koch.

Umgebung: Lyme Regis; Axminster; Sidmouth • **Lage:** auf Grundstück von 3 ha, 2,5 km südlich von Membury; geräumiger Parkplatz • **Mahlzeiten:** Frühstück, kleines Mittagessen, Abendessen • **Preise:** ££ • **Zimmer:** 11; 9 Doppel- bzw. Zweibettzimmer, 2 Suiten, alle mit Bad; alle Zimmer haben Fernsehen, Telefon, Haartrockner **Anlage:** 2 Aufenthaltsräume, Bar, Arbeitszimmer, Restaurant, Terrasse, Garten; 6-Loch-Golfplatz • **Kreditkarten:** AE, MC, V • **Kinder:** nicht gestattet • **Behinderte:** Zugang schwierig • **Tiere:** gestattet • **Geschlossen:** Februar • **Besitzer:** Chris und Sue Hubbard

Der Südwesten

MILBORNE PORT, DORSET

Old Vicarage
~ Stadthotel ~

Sherborne Road, Milborne Port, Dorset DT9 5AT
Tel.: (01963) 25 11 17 **Fax:** (01963) 25 15 15
Website: www.milborneport.freeserve.co.uk

Die etwas düstere gotische Fassade dieses Gebäudes an der Grenze von Somerset/Dorse läßt nicht auf das farbenfrohe Innere schließen. Jörgen Kunath and Anthony Ma (ein Deutscher und ein Vietnamese) haben das Old Vicarage vor zwei Jahren übernommen und davor 13 Jahre lang mit großem Erfolg ein Restaurant im Westen von London geführt. Dies ist ein Grund, weshalb Old Vicarage eher ein Wochenendhotel für die treue Fangemeinde der beiden ist, als ein gewöhnliches Hotel am Straßenrand.

Anthonys Talent als Maler und Dekorateur zeigt sich in der Gestaltung der Empfangshalle, dem schönen Aufenthaltsraum und den Zimmern in den oberen Stockwerken. Der Aufenthaltsraum ist voll von Sofas, russischer Ikonenmalerei, einer vietnamesischen Truhe und einem Broadwood-Stutzflügel. Die großen Fenster geben den Blick frei über den Garten und die angrenzenden Felder. Der Speiseraum auf der Südseite ist etwas einfacher, mit Stühlen aus Bambus und einer Anrichte aus Kiefer in der Form eines Bootes. Im Mittelpunkt steht hier Anthonys Kochkunst, eine Mischung aus exotischer und lokaler, traditioneller Küche. Abendessen gibt es nur Freitag und Samstag, doch beide Gasthäuser im Ort sind bekannt für ihre gute Küche. Die Zimmer im Nebengebäude sind kleiner und nicht so interessant wie die im Haupthaus.

Umgebung: Yeovil; Glastonbury, Dorchester • **Lage:** in der Stadt an der A30, 1 ha großer Garten mit großem Parkplatz • **Mahlzeiten:** Frühstück, Abendessen (nur Freitag und Samstag) • **Preise:** ££ • **Zimmer:** 7; 5 Doppel- bzw. Zweibettzimmer, 1 Einzelzimmer, 1 Familienzimmer, alle mit Bad; alle Zimmer haben Fernseher, Telefon, Haartrockner • **Anlage:** Aufenthaltsraum, Restaurant, Terrasse, Garten; Krocket • **Kreditkarten:** AE, MC, V • **Kinder:** gestattet • **Behinderte:** Zugang schwierig • **Tiere:** in der Remise gestattet (5£ pro Nacht) • **Geschlossen:** Anfang Januar bis Anfang Februar • **Besitzer:** Jörgen Kunath und Anthony Ma

Der Südwesten

MOTCOMBE, DORSET

Coppleridge Inn
~ Dorfgasthof ~

Motcombe, Shaftesbury, Dorset SP7 9HW
Tel.: (01747) 85 19 80 **Fax:** (01747) 85 18 58

Ein einladendes Bauernhaus aus dem 18. Jahrhundert, hoch über Blackmore Vale, umgeben von eigenen Wiesen und Wäldern. Die alten Gebäude, die um einen zentralen Hof herum angeordnet sind, wurden mit großer Sorgfalt in zehn geräumige Hotelzimmer umgebaut. Die Einrichtung ist einfach: Kiefernmöbel, helle Stoffe und bequeme Sessel.

Zum Abendessen geht man in das Gebäude gegenüber, wo Chris Goodinge, der Besitzer, mit Holzfeuer und Kerzenlicht eine angenehme Atmosphäre geschaffen hat. In der Bar gibt es viele Biersorten, Wein und kleine Gerichte, oder man geht in den Speiseraum mit einer größeren Auswahl an Menüs à la carte. Auch für Kinder gibt es hier einiges, und das Frühstück ist sehr einfallsreich.

Diejenigen, die gerne etwas unternehmen, sind hier genau richtig: Abgesehen von Tennisplätzen, Kricketfeld und Kegelbahn auf dem Grundstück, gibt es im Ort ein Zentrum für Pferdesport, ein Freizeitzentrum und Gelegenheiten zum Tontaubenschießen und Forellenfischen. An Wochenenden finden im Hotel öfters Hochzeitsfeiern statt.

~

Umgebung: Shaftesbury; Stourhead House and Gardens • **Lage:** 3 km nordwestlich von Shaftesbury am nördlichen Ende von Motcombe auf der kleineren Straße nach Mere; Grundstück von 6 ha, großer Parkplatz • **Mahlzeiten:** Frühstück, Mittagessen, Abendessen • **Preise:** ££ • **Zimmer:** 10 Doppelzimmer mit Bad; alle Zimmer haben Fernsehen, Telefon, Minibar • **Anlage:** Aufenthaltsraum, Bar, Gartenzimmer, Speisezimmer, 2 Tennisplätze, Kricket, Kegelbahnen (häufig Gruppenabende), Kinderspielplatz • **Kreditkarten:** AE, DC, MC, V • **Kinder:** willkommen **Behinderte:** leichter Zugang • **Tiere:** willkommen • **Geschlossen:** nie • **Besitzer:** Christopher Goodinge

Der Südwesten

Nettleton, Wiltshire

Fosse Farmhouse
~ Hotel auf dem Land ~

Nettleton Shrub, Nettleton, bei Chippenham, Wiltshire NS14 7NJ
Tel.: (01249) 78 22 86 **Fax:** (01249) 78 30 66
E-Mail: CaronCooper@compuserve.com **Website:** www.fossefarmhouse.8m.com

Die Besitzerin Caron Cooper hatte 1997 eine eigene Sendung in BBC2 mit dem Titel »Cooking with Confidence« (Selbstbewußt kochen), und Selbstbewußtsein liegt auch in all ihren Unternehmungen, sei es als Köchin, Journalistin, Raumausstatterin, Antiquitätenhändlerin oder wie hier, im Fosse Farmhouse, als Hotelier. Das Haus wurde von Caron überwiegend im französischen Stil eingerichtet: Das Familienzimmer hat ein schönes Bett aus Kiefernholz, der Aufenthaltsraum erinnert an die Normandie, während das Speisezimmer mit karierten Tischdecken und ein mit Weintrauben verzierter Gipsfries eine gallische Atmosphäre ausstrahlt.

Was das Essen betrifft, sind keine französischen Einflüsse mehr spürbar. Man hat keine Auswahl bei den Gerichten, doch die Gäste können vorher ihre besonderen Wünsche äußern. Caron serviert ihre eigene Richtung der klassischen englischen Küche: geräucherten Lachs mit gegrillten Paprikaschoten oder Pastinaken, davor eine Apfelsuppe und als Hauptgericht Entenbrust mit Holunderbeerweinsauce. Der Nachtisch ist ganz traditionell.

Im umgebauten Stall auf der anderen Seite des Hofes sind drei schön eingerichtete Zimer und ein Aufenthaltsraum mit Kopfsteinpflasterboden untergebracht. Im Gegensatz zum hübschen Haus und den schönen Stallungen könnten der Garten und die mitgenommenen Gartenmöbel etwas mehr Aufmerksamkeit vertragen.

Umgebung: Combe Castle; Cotswolds • **Lage:** auf dem Land über die B4039, 9,5 km nordwestlich von Chippenham, Garten von 0,6 ha, mit Parkmöglichkeit
Mahlzeiten: Frühstück, Mittagessen, Abendessen • **Preise:** ££ • **Zimmer:** 6; 4 Doppel- bzw. Zweibettzimmer mit Bad oder Dusche, 1 Einzelzimmer mit Dusche, 1 Familienzimmer mit Bad; alle Zimmer haben Fernsehen, Haartrockner • **Anlage:** Aufenthaltsraum, Speisezimmer, Teezimmer, Terrasse, Garten • **Kreditkarten:** AE, MC, V • **Kinder:** gestattet • **Behinderte:** Zugang schwierig • **Tiere:** auf Anfrage
Geschlossen: nie • **Besitzerin:** Caron Cooper

DER SÜDWESTEN

OAKFORD BRIDGE, DEVON

Bark House
~ Hotel auf dem Land ~

Oakford Bridge, bei Tiverton, Devon EX16 9HZ
Tel.: (01398) 35 12 36

Auf dieses reizvolle und malerische kleine Hotel, das neu in unserem Führer ist, haben uns Leser aufmerksam gemacht. Es liegt versteckt in dem kleinen Dorf Oakford Bridge im wunderschönen Exe Valley und ist seit drei Jahren in den Händen von Alastair Kameen, der im Laufe seiner Ausbildung schon für mehrere namhafte Häuser gearbeitet hat.

Das 200 Jahre alte Gebäude diente ursprünglich zum Lagern von Rinde, die zum Gerben gebraucht wurde. Es ist typisch für die Gegend von Devon, vor allem im Frühling, wenn es von einer prächtigen Glyzinie überwuchert ist. Um das Hotel herum führen Spazierwege durch Wälder und kleine Gärten, mit Sitzgelegenheiten, einem Bach und einem Goldfischteich. Geplant sind ein Krocketrasen und ein Sitzbereich gegenüber dem Gebäude.

Im Inneren gibt es einen intimen und gemütlichen Aufenthaltsraum mit offenem Kamin und einen besonders einladenden Speiseraum mit Kerzenlicht am Abend. Alastair kocht selbst, und bei unserem Besuch waren die Gerichte phantasievoll und sorgfältig zubereitet. Die Zimmer sind einfach, aber bequem, die Atmosphäre ist freundlich und entspannt.

~

Umgebung: Exmoor; Lynton; Lynmouth; Saunton Sands • **Lage:** auf eigenem Grundstück, an der A396 bei Bampton; mit Parkplätzen • **Mahlzeiten:** Frühstück, Mittagessen auf Anfrage, Abendessen • **Preise:** ££ • **Zimmer:** 5; 2 Doppelzimmer mit Bad, 3 Doppelzimmer mit Dusche; alle Zimmer haben Fernsehen, Telefon **Anlage:** Aufenthaltsraum, Speisezimmer, Garten; Krocket • **Kreditkarten:** keine **Kinder:** gestattet • **Behinderte:** Zugang schwierig • **Tiere:** gestattet **Geschlossen:** für kurze Zeit im Winter • **Besitzer:** Alastair Kameen

Der Südwesten

Padstow, Cornwall

Seafood Restaurant & St Petroc's Hotel
Restaurant mit Zimmern

Riverside, Padstow, Cornwall PL28 8BY
Tel.: (01841) 53 27 00 **Fax:** (01841) 53 29 42

Zu Rick Steins Imperium in Padstow gehören mittlerweile das Seafood Restaurant, das Bistro im St Petroc's Hotel und das Café in der Middle Street. Bei allen dreien kann man, zu unterschiedlichen Preisen, speisen und übernachten.

Das Seafood Restaurant mit freundlicher Bedienung und einer lebendigen Atmosphäre liegt am Hafen von Padstow. Hier bekommt man ausgezeichnete Meeresfrüchte direkt von den Fischerbooten. Die Zimmer sind geräumig und weit mehr als nur bequem, und von den Zimmern 5 und 6 hat man einen spektakulären Blick. Was hier an Aufenthaltsräumen fehlt, wird durch eine entspannte Atmosphäre und die ausgezeichnete Lage am Hafen wieder ausgeglichen. Etwas günstiger, aber nicht weniger geschmackvoll sind die Zimmer im St Petroc's Hotel. Etwas bergauf gelegen und weg vom regen Betrieb am Hafen, blickt man von diesem schönen weißen Haus über die Altstadt und die Mündung. Die Atmosphäre hier ist freundlich, ebenso wie im Bistro, wo es zu vernünftigen Preisen eine kleine Auswahl an Fisch-, Fleisch- und Gemüsegerichten gibt. Über dem Café in der Middle Street gibt es drei weitere schöne und preiswerte Zimmer.

Umgebung: Strände zum Surfen; Trevose Head • **Lage:** In der Ortsmitte, 6 km im Nordwesten über die A39 zwischen Wadebridge und St Columb; Parkplätze vorhanden • **Mahlzeiten:** Frühstück, Mittagessen, Abendessen • **Preise:** ££ • **Zimmer:** 29 Einzel-, Doppel- und Zweibettzimmer in drei verschiedenen Gebäuden, die meisten mit Bad, einige mit Dusche; alle Zimmer haben Telefon, Fernsehen, Haartrockner; einige haben eine Minibar • **Anlage:** 3 Restaurants, Bar, Aufenthaltsraum, Wintergarten • **Kreditkarten:** MC, V • **Kinder:** willkommen • **Behinderte:** Zugang schwierig • **Tiere:** gestattet • **Geschlossen:** Weihnachten und Neujahr • **Besitzer:** Rick und Jill Stein

Der Südwesten

Penzance, Cornwall

The Abbey
~ Stadthotel ~

Abbey Street, Penzance, Cornwall TR18 4AR
Tel.: (01736) 36 69 06 **Fax:** (01736) 35 11 63

Als wir The Abbey das letzte Mal besuchten, bestätigte sich für uns der Eindruck eines über Jahre gleichbleibend guten Managements. Jean und Michael Cox haben ein charaktervolles Haus im Herzen des alten Penzance erworben (es wurde Mitte des 17. Jahrhunderts erbaut und bekam eine gotische Fassade zur Zeit der Regentschaft des Prince of Wales 1811–1820), es ohne Mühen zu scheuen mit viel Enthusiasmus und einem beträchtlichen finanziellen Aufwand verschönert und möbliert und anschließend als Hotel eröffnet. Sie führen es jedoch eher wie ein Privathaus, und Gäste, die von ihren Gastgebern erwarten, daß man ihnen jeden Wunsch von den Lippen abliest, könnten vielleicht enttäuscht werden.

Für die Freunde von The Abbey macht natürlich die Abwesenheit herumlungernder Lakaien einen wichtigen Teil seiner Anziehungskraft aus. Es gibt jedoch noch weitere Attraktionen: die selbstbewußte und originalgetreue Dekoration mit zahllosen antiken Stücken und Nippes, die geräumigen, individuellen Schlafzimmer (eines besitzt ein riesiges kieferngetäfeltes Bad), den einladenden, blumenreichen Salon und das elegante Speisezimmer (in beiden brennt zu jeder Jahreszeit ein Kaminfeuer), den reizenden ummauerten Garten hinter dem Haus und nicht zuletzt die sättigenden Mahlzeiten. Die Zimmer zur Vorderfront überblicken den Hafen und das Trockendock.

Umgebung: Tregwainton Garden; St. Michael's Mount; Land's End • **Lage:** in der Stadtmitte mit Blick über den Hafen; privater Parkplatz im Innenhof für 6 Autos
Mahlzeiten: Frühstück, Abendessen; Zimmerservice • **Preise:** ££-£££ • **Zimmer:** 7; 4 Doppelzimmer und Zweibettzimmer, eine Suite, 2 Einzelzimmer, 4 mit Bad, 3 mit Dusche; alle Zimmer haben TV und Haartrockner • **Anlage:** Aufenthaltsraum, Speisezimmer, ummauerter Garten • **Kreditkarten:** AE, MC, V • **Kinder:** gestattet
Behinderte: Zugang schwierig • **Tiere:** nur in Schlafzimmern gestattet
Geschlossen: Weihnachten • **Eigentümer:** Jean und Michael Cox

Der Südwesten

Penzance, Cornwall

Summer House
～ Stadtrestaurant mit Gästezimmern ～

Cornwall Terrace, Penzance, Cornwall TR18 4HL
Tel.: (01736) 36 37 44 **Fax:** (01736) 36 09 59
E-Mail: summerhouse@dial.pipex.com **Website:** www.cornwall-online.co.uk

Linda und Ciro Zaino sind von London, wo Ciro eines der besten Restaurants der Hauptstadt geleitet hatte, an die Westspitze Cornwalls gezogen und eröffneten dieses Restaurant mit Gästezimmern in einem unter Denkmalschutz stehenden georgianischen Haus nahe am Meer. Sie führen es mit großem Aufwand, berichtet unser Inspektor, der sich über eine »wichtige Entdeckung« freut. Er beschreibt es als eine Mischung aus mediterraner Stimmung und Farben, einem schrulligen Stil und unbeschwerter Atmosphäre. Brighton trifft auf den Golf von Neapel.

Hier wohnte früher einer der führenden naiven Künstler Cornwalls, und das Haus ist noch immer voller Gemälde, charakteristischer Möbel und grüner Topfpflanzen. Die Treppe hinunter gelangt man in einen kleinen Aufenthaltsraum und den wichtigsten Ort des Hauses, das Restaurant. Der Raum läuft in einen kleinen ummauerten Garten aus, die Heimat bauchiger Terrakottatöpfe und üppiger Palmen. Der Ruf von Ciros heiterer Küche, die auf frischen lokalen Zutaten basiert, hat sich schnell verbreitet.

Im oberen Stockwerk liegen 5 einfache Schlafzimmer, jedes mit seiner individuellen Stilmischung von Familiengegenständen und Sammlerstücken. Frische Blumen sieht man überall. Die charmante Linda wirkt mit ihrem Enthusiasmus, ihrer Freundlichkeit und ihrem einladenden Wesen wie eine Botschafterin ihres Hauses.

Wir freuen uns über weitere Berichte.

Umgebung: Tregwainton Garden; St Michael's Mount; Land's End; St Ives; Newlyn School art colony • **Lage:** nahe beim Hafen; fahren Sie den Hafen entlang, und biegen Sie gleich nach dem Queen's Hotel nach rechts; Parkplatz • **Mahlzeiten:** Frühstück, Abendessen • **Preise:** £ • **Zimmer:** 5 Doppelzimmer und Zweibettzimmer, alle mit Bad • **Anlage:** Aufenthaltsraum, Speisezimmer, kleiner ummauerter Garten **Kreditkarten:** MC, V • **Kinder:** nicht gestattet • **Behinderte:** Zugang schwierig **Tiere:** nicht gestattet • **Geschlossen:** Jan. • **Eigentümer:** Ciro und Linda Zaino

Der Südwesten

Rock, Cornwall

St Enodoc
Hotel am Meer

Rock, Cornwall PL27 6LA
Tel.: (01208) 86 33 94 **Fax:** (01208) 86 39 70
E-Mail: enodoc@aol.com **Website:** www.enodoc-hotel.co.uk

Seit Generationen strömen betuchte britische Familien mit Förmchen und Schäufelchen zum Strandurlaub nach Rock; doch Hotels, die stilvoll *und* kinderfreundlich sind, waren rar in dieser Gegend – genau gesagt bis 1998, als das altehrwürdige St Enodoc unter neuen Besitzern und nach kompletter Überholung wieder öffnete.

Das beeindruckende Gebäude ist typisch für die Gegend: Es ist keine Schönheit, jedoch solide und zweckmäßig, die Wände sind mit Rauhputz und das Dach mit Schieferplatten versehen. Das Innere bietet leuchtende Farben, klare Linien und legeren Komfort. Die Porthilly Bar im kalifornischen Stil und der Grillroom im Zwischengeschoß sind nicht nur bei Übernachtungsgästen beliebt, obwohl einige Berichte besagen, daß die Küche, die sich an amerikanisch-pazifischen Vorbildern orientiert, verbesserungswürdig sei. Von hier hat man einen schönen Rundblick, eine breite Terrasse lädt zum Essen auch ins Freie. Die Schlafzimmer wirken eher wie Privaträume als wie Hotelzimmer; auch sie bieten herrliche Ausblicke über die Mündung des Camel.

Wegen seiner kinderfreundlichen Einrichtungen ist das Hotel besonders in den Schulferien sehr gut besucht. Wir freuen uns über weitere Berichte.

Umgebung: Polzeath (3 km); Padstow (mit der Fähre) • **Lage:** oberhalb des Camel Estuary, am Rande des St-Enodoc-Golfplatzes in Rock, 3 km nach der Abzweigung von der B3314 von Wadebridge; Parkplatz (teuer) • **Mahlzeiten:** Frühstück, Mittagessen, Abendessen; Zimmerservice • **Preise:** £££ • **Zimmer:** 15 Doppelzimmer, 3 Suiten, alle mit Bad; alle Zimmer haben Telefon, TV, Radio, Haartrockner, Ventilator • **Anlage:** Aufenthaltsraum, Bibliothek, Speisezimmer, Bar, Billardzimmer, Fitneßraum, Sauna, Squashplatz, Swimmingpool • **Kreditkarten:** AE, DC, MC, V **Kinder:** willkommen • **Behinderte:** über eine Rampe am Seiteneingang; speziell eingerichtete Toilette im Erdgeschoß • **Tiere:** nicht gestattet • **Geschlossen:** nie **Geschäftsführer:** Mark Gregory

Der Südwesten

RUANHIGHLANES, CORNWALL

Crugsillick Manor
~ Gästehaus im Gutsherrenstil ~

Ruanhighlanes, Truro, Cornwall TR2 5LJ
Tel.: (01872) 50 12 14 **Fax:** (01872) 50 12 14/50 12 28
E-Mail: barstow@adtel.co.uk

Auf der reizenden Roseland-Halbinsel mit ihren zahlreichen Buchten, etwa 20 Gehminuten vom Strand von Pendower entfernt, befindet sich Crugsillick, ein denkmalgeschütztes Herrenhaus im Queen-Anne-Stil. Hier kann man neben einer wirklich friedlichen Stimmung schöne Ausblicke über die attraktiven Gärten in das waldreiche Tal dahinter genießen.

Das an Antiquitäten reiche Haus ist die Heimat der Barstows, vorzüglichen Gastgebern, die ihre Besucher wie Freunde des Hauses behandeln. Zur Verfügung der Gäste steht ein eleganter Salon mit Kaminfeuer und einer höchst ungewöhnlichen Decke mit bogenförmig verzierten Friesen, die Gerüchten zufolge von französischen Gefangenen zur Zeit der napoleonischen Kriege geformt worden sind. Das viergängige Abendessen wird bei Kerzenlicht an einem Gemeinschaftstisch im Speisesaal aus dem 17. Jahrhundert mit seinem schönen Steinfußboden serviert. Die Mahlzeiten beinhalten häufig Obst und Gemüse aus dem Garten. Das gemeinschaftliche Essen scheint auf großen Anklang zu stoßen, da unser beeindruckter Inspektor von angeregten Unterhaltungen berichten kann. Die Schlafzimmer sind äußerst komfortabel, mit gemütlichen Betten, hübscher Einrichtung und antiken Möbelstücken. Ein Häuschen für vier Gäste, das behindertengerecht eingerichtet ist, kann gemietet werden.

Umgebung: St Mawes; Gärten von Heligan; Trelissick und Trewithin • **Lage:** an der Straße nach Veryan, nach der Abzweigung von der A3078; in einem ausgedehnten Garten mit großem Parkplatz • **Mahlzeiten:** Frühstück, Picknick-Lunch auf Anfrage, Abendessen • **Preise:** ££ • **Zimmer:** 3 Doppelzimmer, 2 mit Bad, eines in den Räumen, eines benachbart, eines mit Dusche; alle Zimmer haben Haartrockner **Anlage:** Salon, Speisezimmer, große Halle • **Kreditkarten:** MC, V • **Kinder:** über 12 Jahre gestattet • **Behinderte:** Zugang schwierig • **Tiere:** gestattet **Geschlossen:** nie • **Besitzer:** Oliver und Rosemary Barstow

DER SÜDWESTEN

ST AUSTELL, CORNWALL

Boscundle Manor
~ Hotel im Landhausstil ~

Tregrehan, St Austell, Cornwall PL25 3RL
Tel.: (01726) 81 35 57 **Fax:** (01726) 81 49 97

Ein kürzlicher Besuch bestätigte, daß Boscundle Manor weiterhin seinen Platz in diesem Führer verdient hat. Wir waren vor allem von dem ansprechenden Frühstückszimmer, dem hohen Standard der Schlafzimmer und der entspannten Atmosphäre beeindruckt, die trotz solch luxuriöser Attraktionen wie Minibars in den Zimmern und einem Hubschrauberlandeplatz vorherrscht. Das Gebäude selbst wurde 1740 als Privathaus gebaut und steht unter Denkmalschutz. Die Flints verströmen weiterhin ihren Enthusiasmus, sorgen sich um alle Wünsche ihrer Gäste und finden immer noch die Zeit, den großen, terrassierten Garten selbst zu bestellen. Die täglich wechselnde Speisekarte einfacher, aber einfallsreicher Gerichte ist ein wichtiger Bestandteil ihrer Erfolgsgeschichte.

Das wichtigste an diesem Ort ist seine fröhliche Ungezwungenheit. Das Hotel ist die Heimat der Flints und voller passender Möbelstücke (manche modern und luxuriös, einige aus unverkleidetem Holz, andere dagegen sind elegante Antiquitäten). Überall gibt es Fotos, Blumen, Bücher und Postkarten. Ein Snooker-Billardtisch, Tischtennis und eine Dartsscheibe stehen in der hübsch umgebauten Scheune zur Verfügung.

~

Umgebung: Fowey; Restormel Castle; Eden Project • **Lage:** 4 km östlich von St Austell nahe der A390; in 6 ha waldreicher Gärten; großer Parkplatz **Mahlzeiten:** Frühstück, einfaches Mittagessen, Abendessen • **Preise:** £££ **Zimmer:** 10; 6 Doppelzimmer, 2 Suiten, alle mit Bad; 2 Einzelzimmer mit Dusche; alle Zimmer haben Telefon, TV, Minibar, Safe, Kühlschrank • **Anlage:** 2 Aufenthaltsräume, Bar, 2 Speisezimmer, Wintergarten/Frühstückszimmer, Trainingsraum, geheizter Swimmingpool im Haus und im Freien, Garten; Krocket, 2 Übungsrasen für Golfspieler, Snooker-Billard, Tischtennis, Darts • **Kreditkarten:** AE, MC, V • **Kinder:** willkommen • **Behinderte:** Zugang zum Haupthaus schwierig; Zugang zum Bungalow einfach • **Tiere:** auf Anfrage gestattet, nicht in den öffentlichen Räumen • **Geschlossen:** Nov. bis Ostern • **Besitzer:** Andrew und Mary Flint

Der Südwesten

St Blazey, Cornwall

Nanscawen Manor House
~ Ländliches Gästehaus ~

Prideaux Road, Luxulyan Valley, bei St Blazey, Cornwall PL24 2SR
Tel. und **Fax:** (01726) 81 44 88 **E-Mail:** KeithMartin@compuserve.com
Website: www.nanscawen.currantbun.com

Das Nanscawen Manor aus dem 16. Jahrhundert wurde in den letzten Jahren vorsichtig erweitert. Es befindet sich in einer sehr schönen und ausgereiften Gartenlandschaft von 2 Hektar mit einem herrlich gelegenen Swimmingpool im Freien. Seine Abgeschiedenheit ist beneidenswert: Wenn man über den ziemlich steilen Zufahrtsweg von der Straße hinaufkeucht, kann man das Haus erst sehen, wenn man fast darüberstolpert. Statt in das Schwimmbecken können Sie auch in den Whirlpool steigen; darüber hinaus gibt es eine sonnige Terrasse mit Palmen und Hortensien. Eine kürzliche Inspektion bestätigte die Berichte unserer Leser, daß der Besitz der Familie Martin ein ausgezeichnetes Bed & Breakfast-Gästehaus ist. Die Eingangshalle mit ihrem polierten Parkettboden führt in den großen, reizvollen Aufenthaltsraum mit der Bar. Das Frühstück wird im sonnigen Wintergarten eingenommen; es ist ausgezeichnet und besteht unter anderem aus vor Ort geräuchertem Lachs mit Rührei. Eine halbe Wendeltreppe führt Sie hinauf zu den drei Schlafzimmern, die von einem Leser als »bezaubernd, aber für einige Geschmäcker vielleicht etwas zu feminin« beschrieben wurden. Der Raum »Rashleigh« im neueren Flügel des Hauses ist riesig, während die beiden im ursprünglichen Teil große Betten (ein Himmelbett) und Ausblicke auf den Garten gen Süden bieten.

Umgebung: Fowey; Lanhydrock House; Eden Project; Polperro; Looe • **Lage:** auf dem Land, 1 km von der A390 weg, nordwestlich von St Blazey, 5 km nordöstlich von St Austell; auf einem Grundstück von 2 Hektar; Parkplatz • **Mahlzeiten:** Frühstück • **Preise:** ££ • **Zimmer:** 3 Doppelzimmer und Zweibettzimmer, alle mit Bad; alle Zimmer haben Telefon, TV, Haartrockner; Videos auf Anfrage • **Anlage:** Salon, Wintergarten, Frühstückszimmer, Terrasse, Garten; geheizter Swimmingpool im Freien, Whirlpool • **Kreditkarten:** MC, V • **Kinder:** über 12 Jahre gestattet
Behinderte: Zugang schwierig • **Tiere:** nicht gestattet • **Geschlossen:** Weihnachten
Besitzer: Keith und Fiona Martin

Der Südwesten

St Hilary, Cornwall

Tip des Herausgebers

Ennys
Bed & Breakfast im Landhaus

St Hilary, Pensanze, Cornwall TR20 9BZ
Tel.: (01736) 74 02 62 **Fax:** (01736) 74 00 55
E-Mail: ennys@zetnet.co.uk **Website:** www.ipl.co.uk/ennys.html

Reisejournalisten wechseln selten auf die andere Seite über und bewirten Gäste, doch Gill Charlton tat genau dies und brachte ihr Wissen, wie man ein Haus für seine Besucher interessant gestalten kann, in dieses ländliche Gästehaus ein.
Ennys ist ein wunderschönes, rankenbewachsenes Herrenhaus aus dem 17. Jahrhundert und liegt am Ende einer baumbestandenen Allee im kleinen St Hilary, ein paar Kilometer von Penzance. Die Gärten voller Büsche und Blumen beherbergen auch einen Swimmingpool und einen Rasentennisplatz. Felder erstrecken sich hinunter zum Fluß Hayle, an dem man picknicken oder wandern kann. Die Schlafzimmer im Hauptgebäude sind hübsch eingerichtet, im Landhausstil möbliert und haben allesamt Fensterplätze mit Ausblick über Gärten oder Felder. Zwei Familiensuiten befinden sich in der benachbarten umgebauten Steinscheune; dort in der Nähe gibt es auch Unterkünfte für Selbstversorger.
Frühstück und den obligatorischen Tee mit Gebäck am Nachmittag erhält man in der rustikalen Küche an einem großen Holztisch, der groß genug ist, daß sich etliche Gäste miteinander unterhalten können, es aber – je nach Wunsch – auch bleiben lassen können. Hinterher kann man es sich im großen, gemütlichen Aufenthaltsraum mit offenem Kaminfeuer bequem machen. Gill ist eine perfekte Gastgeberin und eine reiche Quelle an Informationen über die Umgebung.

Umgebung: Land's End; Penzance; Lizard-Halbinsel • **Lage:** im Garten mit Parkplätzen; biegen Sie von der B3280 von Marazion kurz vor Relubbus links ab in die Trewhella Lane • **Mahlzeiten:** Frühstück • **Preise:** £ • **Zimmer:** 5; 3 Doppelzimmer, 2 Suiten, alle mit Bad; alle Zimmer mit TV, Haartrockner • **Anlage:** Frühstücks- und Aufenthaltszimmer, Garten; Rasentennisplatz, geheizter Swimmingpool im Freien
Kreditkarten: MC, V • **Kinder:** willkommen • **Behinderte:** Zugang schwierig
Tiere: gestattet • **Geschlossen:** Mitte Nov. bis Mitte Feb. • **Besitzerin:** Gill Charlton

Der Südwesten

St Keyne, Cornwall

Well House
~ Ländliches Hotel ~

St Keyne, Liskeard, Cornwall PL14 4RN
Tel.: (01579) 34 20 01 **Fax:** (01579) 34 38 91
E-Mail: wellhse@aol.com **Website:** www.wellhouse.co.uk

Liebe zum Detail ist Bestandteil von Nicholas Wainfords Bemühungen, in diesem viktorianischen Gebäude eine erholsame Oase zu schaffen. Jedes einzelne Stück wurde sorgsam ausgewählt, um eine Atmosphäre von elegantem und stilvollem Luxus zu kreieren – mindestens auf dem Standard eines Landhauses, doch in geringerem Umfang und zu niedrigeren Preisen.

Das Haus selbst wurde 1894 von einem Teepflanzer gebaut, der offenbar keine Kosten scheute. Die wunderschön gekachelte Eingangshalle, das Treppenhaus und alle Holzarbeiten sind wie neu. Das Speisezimmer, die Terrasse und die meisten der reich dekorierten Schlafzimmer blicken über bewaldete Landschaft hinunter ins Tal des Looe. Der Aufenthaltsraum mit seinem knisternden Holzfeuer ist eine Oase der Wärme und des Friedens.

Die zeitgenössische Einrichtung und die Gemälde an den Wänden sind auf keinen Fall mit der Atmosphäre des alten Steingebäudes über Kreuz. Genausowenig gilt dies von den auf moderne Art zubereiteten Mahlzeiten der täglich wechselnden Speisekarte: Dies ist eine der besten Adressen in Cornwall, um gut zu speisen. Die Weinkarte ist umfangreich und von französischen Weinen dominiert. »Appetitlich, einfallsreich und auf jeden Fall sein Geld wert«, berichtet unser letzter Inspektor.

Umgebung: Looe; Bodmin Moor; Eden Project • **Lage:** auf dem Land, etwas außerhalb des Dorfes St Keyne, 3 km südlich von Liskeard nach Abzweigung von der B3254; in einem Garten von 1,5 ha mit großem Parkplatz • **Mahlzeiten:** Frühstück, Mittagessen, Abendessen; Zimmerservice • **Preise:** £££ • **Zimmer:** 9; 8 Doppelzimmer,1 Familienzimmer, alle mit Bad; alle Zimmer haben Telefon, TV, Haartrockner **Anlage:** Aufenthaltszimmer, Speisezimmer, Bar, Garten; Tennisplatz, geheizter Swimmingpool im Freien, Krocket • **Kreditkarten:** AE, DC, MC, V • **Kinder:** willkommen • **Behinderte:** keine besonderen Einrichtungen • **Tiere:** nach Vereinbarung gestattet • **Geschlossen:** nie • **Besitzer:** Nicholas Wainford und Ione Nurdin

Der Südwesten

St Martin, Isles of Scilly

St Martin's on the Isle
~ Inselhotel ~

St Martin, Isles of Scilly, Cornwall TR25 0QW
Tel.: (01720) 42 20 92 **Fax:** (01720) 42 22 98
Website: www.stmartinshotel.co.uk

Bei Sonnenschein können es die Scilly-Inseln mit mancher »Trauminsel« aufnehmen: Man sieht prächtige Farbspiele, phantastische Strände und zahllose unbewohnte Inselchen, die über eine tiefblaue See verstreut liegen. Auf St Martin's, nahe Tresco, gibt es keine Autos, und das Hotel ist das einzige der Insel. Der gelassene und freundliche Geschäftsführer, Keith Bradford, holt die Gäste normalerweise am Kai ab. Das moderne Hotel wurde 1980 unter der Oberaufsicht des Prinzen von Wales (der auch Herzog von Cornwall ist) aus lokalem Gestein mit Schieferdächern erbaut, damit es wie eine Gruppe traditioneller Fischerhäuschen aussieht. Auf den weiten Rasenflächen, die sich vom Hotel hinunter zum Privatstrand erstrecken, sind Liegestühle, Tischchen und Sonnenschirme verstreut. Bootsausflüge können sowohl auf unbewohnte Inseln als auch nach Tresco organisiert werden; ein Krabbenfischer steht für Angelausflüge zur Verfügung.

Die modern konzipierten Schlafzimmer mit viel Holz und weißen Bädern sind praktisch und bequem; die besten gehen aufs Meer hinaus. Die Mahlzeiten, die im Speisezimmer im ersten Stock serviert werden, sind überraschend reichhaltig und vielfältig; kleinere Speisen werden an der Bar gereicht.

Umgebung: Bootsausflüge nach Tresco und auf andere der Scilly-Inseln • **Lage:** auf einer autofreien Insel, am Nordende, nahe dem Strand auf eigenem Grundstück; mit dem Hubschrauber oder Schiff von St Mary's; kostenloser Transport vom Kai ins Hotel • **Mahlzeiten:** Frühstück, Mittagessen, Abendessen; Zimmerservice **Preise:** £££ • **Zimmer:** 30; 28 Doppel-, Zweibett- oder Familienzimmer, 2 Suiten; alle Zimmer haben Telefon, TV, Haartrockner • **Anlage:** Aufenthaltszimmer, Speisezimmer, Spielezimmer, Fernsehzimmer, Hallenbad, Garten, Privatstrand; Segeln, Angeln, Tontaubenschießen • **Kreditkarten:** AE, DC, MC, V • **Kinder:** willkommen **Behinderte:** Zugang schwierig • **Tiere:** gestattet • **Geschlossen:** Nov. bis Feb. **Geschäftsführer:** Keith Bradford

Der Südwesten

St Mawes, Cornwall

Tresanton
~ Stadthotel am Meer ~

St Mawes, Cornwall TR2 5DR
Tel.: (01326) 27 00 55 **Fax:** (01326) 27 00 53
E-Mail: info@tresanton.com **Website:** www.tresanton.com

Man kann das Tresanton leicht verfehlen, da es keinen auffälligen Eingang, schon gar nicht für Autos hat. Bei näherem Hinsehen entdecken Sie ein diskretes Hinweisschild – das ist alles. Dies ist nicht irgendein Hotel am Meer!
Tresanton wurde im Sommer 1998 von Olga Polizzi, der Tochter von Lord Forte, eröffnet und hat sich mittlerweile als *das* angesagte Hotel im West Country für Stadtleute etabliert, die auch beim Strandurlaub nicht auf Stil verzichten wollen. St Mawes ist aber andererseits ein unbeschwertes Feriendorf, im Sommer voller quietschfiedeler, lauter Familien, und die beiden müssen sich miteinander arrangieren. Ein ehemaliger Segelclub und eine Gruppe von Häuschen am Meeresufer bilden zusammen das Hotel, das bereits in den 1960ern einen Namen hatte, aber zu der Zeit, als Olga Polizzi darüber stolperte, schon lange seinen Glanz verloren hatte. Sie machte sich daran, es in einem minimalistischen, eleganten Stil wieder herzurichten und benutzte dafür erholsame, gedämpfte Farbtöne, die durch blaue, grüne, braune oder gelbe Tupfer betont werden. Die Schlafzimmer sind Paradebeispiele für zurückhaltenden Luxus und bieten atemberaubende Blicke aufs Meer. Der bequeme Aufenthaltsraum und die Bar sind eher traditionell. Nach einigen Geburtswehen beim Essen und dem Service scheint das Tresanton nun rund zu laufen; vor allem die Küche erhält viel Lob.

Umgebung: Trelissick; die Gärten von Glendurgan und Trebah; Truro • **Lage:** in der Stadt, unterhalb der Burg, 22 km südlich von Truro; mit Parkplatz • **Mahlzeiten:** Frühstück, Mittagessen, Abendessen; Zimmerservice • **Preise:** ££££ • **Zimmer:** 26; 22 Doppel- und Zweibettzimmer, 4 Suiten, alle mit Bad; alle Zimmer haben Telefon, TV, Video, Fax/Modemanschluß, Haartrockner • **Anlage:** Aufenthaltszimmer, Speisezimmer, Bar, Kino, Terrassen; Bootc, 8-Meter-Yacht • **Kreditkarten:** AE, MC, V **Kinder:** willkommen • **Behinderte:** 3 Schlafzimmer im Erdgeschoß • **Tiere:** keine **Geschlossen:** Jan. • **Besitzerin:** Olga Polizzi

Der Südwesten

Shepton Mallet, Somerset

Bowlish House
~ Restaurant mit Gästezimmern ~

Wells Road, Shepton Mallet, Somerset BA4 5JD
Tel. und **Fax:** (01749) 34 20 22

Die äußere Erscheinung dieses schönen Hauses in palladianischem Stil legt es Neuankömmlingen nahe, vor dem Eintreten erst mal vorsichtig anzuklopfen, aber hinter der eleganten Fassade geht es alles andere als pompös zu. John und Deirdrè Forde haben es vor kurzem von den Morleys übernommen, die das Hotel viele Jahre lang betrieben. Obwohl einige dringend notwendige Veränderungen durchgeführt wurden, blieb die Atmosphäre entspannt und eher privat als erlaucht. Vieles war zu dem Zeitpunkt, als die Fordes loslegten, abgenutzt und heruntergekommen; sie putzten die Inneneinrichtung heraus und verbesserten die Badezimmer, in denen neben Badewannen auch Duschen installiert wurden. Viele von den Möbeln im Landhausstil blieben, obwohl die meisten Bilder an den Wänden ausgetauscht wurden.

Das Restaurant und seine Speisen sind weiterhin die Hauptattraktion, es wird sowohl von Einheimischen wie von Gästen gut besucht. Vor dem Essen können Sie sich für einen Drink in einem Sessel in der getäfelten Bar niederlassen, anschließend in den blaßgelben Speisesaal begeben, an dessen einer Wand Drucke und Gemälde zu ägyptischen Themen hängen, um schließlich Deirdrè Fordes brillante Kochkünste zu goutieren. Oberhalb des schönen holzgetäfelten Treppenhauses (nicht original, aber durchaus passend) liegen nur drei Schlafzimmer; alle sind bequem möbliert und haben große Bäder. Wir bitten um weitere Berichte.

Umgebung: Wells; Glastonbury; Mendip Hills • **Lage:** etwas westlich von Shepton Mallet an der A371; mit ummauertem Garten und Parkplatz für 15 Autos • **Mahlzeiten:** Frühstück, Abendessen • **Preise:** £ • **Zimmer:** 3 Doppelzimmer, alle mit Bad; alle Zimmer haben TV • **Anlage:** Speisezimmer, Bar, Aufenthaltszimmer, Wintergarten • **Kreditkarten:** MC, V • **Kinder:** willkommen • **Behinderte:** Zugang schwierig **Tiere:** gestattet, jedoch nicht in öffentlichen Räumen • **Geschlossen:** je eine Woche im Frühling und im Herbst • **Besitzer:** John und Deirdrè Forde

DER SÜDWESTEN

SHIPTON GORGE, DORSET

Innsacre Farmhouse
~ Gästehaus auf dem Bauernhof ~

Shipton Gorge, Bridport, Dorset DT6 4LJ
Tel. und **Fax:** (01308) 45 61 37

Dieses Bauernhaus aus dem 17. Jahrhundert liegt an einem steil ansteigenden Hügel inmitten eines Grundstücks von 4 Hektar und bequemerweise nur 4,5 km vom Meer und dem Küstenpfad des National Trust entfernt. Die Davies besitzen eine eigene Schafherde, die auf dem Hügel grast und zu der friedlichen Atmosphäre einer ländlichen Idylle beiträgt.

Im Inneren des Gebäudes selbst ist es relativ dunkel, und ein einziger Raum muß die Funktionen des Aufenthaltsraums, der Bar und des Speisezimmers übernehmen. Er wird im Winter durch einen Holzofen geheizt, ist mit Balken versehen und wird durch Zwischenwände unterteilt, um den Barbereich etwas abzugrenzen. Eine eklektische Mischung von Gegenständen, darunter kraftvolle Stoffe aus der Provence und beeindruckend große Blumensträuße, dient dem Raum zur Dekoration.

Jayne Davies ist für die Zubereitung der ausgezeichneten Abendessen zuständig. Es gibt keine Wahlmöglichkeiten, sie richtet sich jedoch nach den Vorlieben und Abneigungen der Gäste; alle drei Gänge sind unter Verwendung örtlicher Zutaten frisch zubereitet. Jayne macht auf Wunsch auch Lunchpakete für die vielen Wanderer, die hier übernachten. Die Schlafzimmer sind in kräftigen, traditionellen Farben gestrichen und mit ländlichen französischen Möbeln ausgestattet, die zum rustikalen Stil des Hauses passen. Ungezwungenheit ist hier das Schlüsselwort.

Umgebung: Küstenpfad; Lyme Regis; Chesil Beach; Dorchester • **Lage:** in ruhiger Landschaft, 3 km östlich von Bridport südlich der A35; mit großem Parkplatz
Mahlzeiten: Frühstück, Abendessen • **Preise:** ££ • **Zimmer:** 4; 3 Doppelzimmer, 1 Zweibettzimmer, alle mit Bad; alle Zimmer haben TV • **Anlage:** Bar, Aufenthaltszimmer • **Kreditkarten:** MC, V • **Kinder:** über 9 Jahre gestattet • **Behinderte:** keine besonderen Einrichtungen • **Tiere:** gestattet (geringe Gebühr) • **Geschlossen:** 25. Dez. bis Neujahr • **Besitzer:** Sydney und Jayne Davies

Der Südwesten

Sturminster Newton, Dorset

Plumber Manor
~ Hotel im Gutsherrenstil ~

Hazelbury Bryan Road, Sturminster Newton, Dorset DT10 2AF
Tel.: (01258) 47 25 07 **Fax:** (01258) 47 33 70
E-Mail: book@plumbermanor.com

Dieses schöne Herrenhaus aus der Zeit Jakobs I. wurde Anfang des 20. Jahrhunderts »modernisiert«, gehört aber der Familie Prideaux-Brune schon seit über 300 Jahren. Seit 1973 führen es die Brüder Richard, Tim und Brian als ein elegantes aber ungezwungenes Restaurant mit behaglichen Schlafzimmern. Die Brüder, besonders Brian, der für die hoch gerühmten Mahlzeiten zuständig ist, locken Kunden von nah und fern in das Restaurant (rechnen Sie im Speisesaal mit viel Betrieb an Freitag- und Samstagabenden, auch von Gästen, die nicht übernachten).

Die Brüder sind ausgezeichnete Gastgeber, die eine sehr entspannte und einladende Atmosphäre geschaffen haben. Alte Familienfotos hängen an den Wänden, und in der Bar räkeln sich Labradorhunde; die Dekoration ist eher einfach und gemütlich als elegant. Der große Barbereich scheint dem Eindruck eines Privathauses entgegenzuwirken, er ist jedoch den Prideaux-Brunes bei ihren Aktivitäten nützlich (Jagdgesellschaften gehören im Winter zum Alltagsbild).

Bei den Schlafzimmern unterscheidet man die im Hauptgebäude (die von einer Galerie voller Porträts wegführen) und denen in einer umgebauten Steinscheune und einem Hofgebäude, die über die weiten Gärten und auf den Fluß blicken. Allesamt sind sie geräumig und bequem.

Umgebung: Purse Caundle Manor; Shaftesbury; Sherborne • **Lage:** 3 km südwestlich von Sturminster Newton; Privatparkplatz • **Mahlzeiten:** Frühstück, sonntags Mittagessen, Abendessen • **Preise:** ££ • **Zimmer:** 16; 14 Doppelzimmer, alle mit Bad, 2 kleine Doppelzimmer mit Bad; alle Zimmer haben Telefon, TV • **Anlage:** Speisezimmer, Aufenthaltszimmer, Bar, Garten; Krocket, Tennis • **Kreditkarten:** AE, DC, MC, V • **Kinder:** willkommen • **Behinderte:** leichter Zugang zu den Schlafzimmern der Scheune und dem Speisesaal • **Tiere:** nach Vereinbarung gestattet **Geschlossen:** Feb. • **Besitzer:** Richard Prideaux-Brune

Der Südwesten

Teffont Evias, Wiltshire

Howard's House
~ Dörfliches Restaurant mit Gästezimmern ~

Teffont Evias, Salisbury, Wiltshire SP3 5RJ
Tel.: (01722) 71 63 92 **Fax:** (01722) 71 68 20
E-Mail: paul.firmin@virgin.net **Website:** www.howardhousehotel.co.uk

Das malerische Teffont Evias im Nadder-Tal wurde seit 1692 innerhalb der Familie vom Vater auf den Sohn vererbt. Howard's House gegenüber befindet sich eine beeindruckend kompliziert zurechtgeschnittene Hecke. Sein besonderer Schmuck ist ein Schweizer Giebeldach aus dem 19. Jahrhundert; sein damaliger Besitzer hatte sich auf einer Bildungsreise in alles Schweizerische verliebt. Der hübsche Garten umfaßt einen Hektar. Hauptattraktion des Hauses ist das exzellente Essen, das von Chefkoch und Patron Paul Firmin zubereitet wird. Das etwas kleine Speisezimmer, pfefferminzgrün mit weißen Tischtüchern, wirkt wohltuend, aber wenig überraschend, wie auch die Dekoration im gemütlichen Aufenthaltsraum und den Schlafzimmern: pastellfarbene Wände, Stoffe mit Blumenmustern, Holzmöbel. Der Raum mit dem Himmelbett ist am hübschesten; Zimmer 1 und 2 haben Blick auf den Garten.

Das Frühstück ist über jeden Tadel erhaben: ausgezeichneter Kaffee, warme Croissants und Toast in einer weißen Serviette; dazu der schaumigste, cremigste frische Orangensaft, den Sie sich vorstellen können. Sie können zu einem gekochten Ei greifen oder zu etwas Ausgeklügelterem, etwa einem Törtchen mit pochiertem Ei und Sauce Hollandaise. Das Personal ist freundlich, professionell und zuvorkommend.

Umgebung: Salisbury Cathedral; Wilton House; Stonehenge; Old Sarum • **Lage:** im Dorf, nach der Abzweigung von der B3089 (Hinweisschilder ab Teffont Magna), 16 km westlich von Salisbury; Parkplatz • **Mahlzeiten:** Frühstück, Mittagessen, Abendessen • **Preise:** ££ • **Zimmer:** 9; 8 Doppel- und Zweibettzimmer, ein Familienzimmer, alle mit Bad; alle Zimmer haben Telefon, TV, Haartrockner • **Anlage:** Speisezimmer, Aufenthaltszimmer, Terrasse, Garten • **Kreditkarten:** AE, DC, MC, V
Kinder: willkommen • **Behinderte:** Zugang schwierig • **Tiere:** gestattet
Geschlossen: Neujahr • **Besitzer:** Paul Firmin

Der Südwesten

Tintagel, Cornwall

Trebea Lodge
~ Hotel im Gutsherrenstil ~

Trenale, Tintagel, Cornwall PL34 0HR
Tel.: (01840) 77 04 10 **Fax:** (01840) 77 00 92

Warme Empfehlungen durch unsere Leser rückten dieses kultivierte Hotel, das eher wie ein Privathaus geführt wird, in unseren Blickpunkt. Obwohl es ursprünglich aus dem 14. Jahrhundert stammt, besitzt das denkmalgeschützte Haus eine georgianische Fassade aus Graustein. Da es nur einen Raum breit ist, genießen alle seine Fenster den gleichen Ausblick nach Westen über Hecken und Felder, die sich zum Atlantik hinunter erstrecken. Besonders bei Sonnenuntergang ist das Panorama wunderschön.

Im Inneren ist alles ruhig, einladend und ziemlich elegant, ohne im geringsten muffig zu wirken; es gibt gefliese Fußböden, getäfelte Wände und tiefe, bequeme Sofas. Sie können sich im Salon im ersten Stock ausruhen, der mit antiken Möbeln ausgestattet ist, oder im gemütlichen Raucherzimmer im Erdgeschoß, wo eine offene Bar die Gäste einlädt, sich selbst einen Drink einzuschenken. Die Schlafzimmer sind unterschiedlich groß und mit traditionellen und antiken Möbeln ausgestattet. Eins liegt im alten Waschhaus, ein anderes hat ein phantastisches Himmelbett.

Das Abendessen ist ein elegantes, ziemlich romantisches Ereignis in einem kerzenerleuchteten, eichengetäfelten Speisezimmer. Für das ausgezeichnete, nicht nur von den Übernachtungsgästen gelobte Essen ist Sean Devlin, einer der drei freundlichen und hilfsbereiten Besitzer, zuständig. Auch das Frühstück ist hervorragend.

~

Umgebung: Tintagel; Boscastle; Bodmin Moor; Lanhydrock House • **Lage:** auf einem Grundstück von 2 ha, 1 km südöstlich von Tintagel; großer Parkplatz
Mahlzeiten: Frühstück, Abendessen • **Preise:** £££ • **Zimmer:** 7 Doppel- und Zweibettzimmer, 4 mit Bad, 3 mit Dusche; alle Zimmer haben Telefon, TV, Haartrockner
Anlage: Speisezimmer, 2 Aufenthaltszimmer, Garten • **Kreditkarten:** AE, MC, V
Kinder: über 12 Jahre gestattet • **Behinderte:** Zugang schwierig • **Tiere:** nach Vereinbarung gestattet • **Geschlossen:** Dez. bis Mitte Feb. • **Besitzer:** Sean Devlin, John Charlick und Fergus Cochrane

Der Südwesten

Virginstow, Devon

Percy's at Coombeshead
Restaurant mit Gästezimmern auf dem Land

Virginstow, Devon EX21 5EA
Tel.: (01409) 21 12 36 **Fax:** (01409) 21 12 75
E-Mail: info@percys.co.uk **Website:** www.percys.co.uk

Dieser charaktervolle Ort ist eine willkommene Erstvorstellung in unserem Führer. Die beiden Bricknell-Webbs, die in Nordlondon ein Restaurant namens Percy's betrieben haben, erwarben ihn ursprünglich als Altersruhesitz. Zum Glück für uns entschlossen sie sich, das Bauernhaus aus dem 16. Jahrhundert im ländlichen Devon als ein Restaurant mit Gästezimmern zu betreiben und daneben das 16 Hektar große Landgut zu bestellen.

Die geräumigen Schlafzimmer sind in der benachbarten umgebauten Scheune untergebracht und weisen keinerlei Schnickschnack, sondern im besten Sinne einfache und dezente Ausstattung auf; alles ist von hohem Standard: die Duschen sind kräftig, die Betten haben Übergröße.

Das intime Restaurant besteht aus zwei Räumen mit nacktem Holzboden, Kerzen auf jedem Tisch und einem Holzofen. Tina kocht im modernen englischen Stil mit frischen Zutaten, die sie auf einfache, aber unerwartete Weise kombiniert. Der Schwerpunkt liegt auf exzellentem Fisch, den Tony direkt auf dem Fischmarkt in Looe ersteigert. Die Weinkarte steht der Speisekarte in nichts nach, wobei hier die Flaschen unabhängig von ihrer Herkunft nach ihrem Preis aufgelistet werden; fast alle Weine werden auch glasweise ausgeschenkt.

Umgebung: Dartmoor; Tintagel; Clovelly; Otter-Schutzgebiet Tamar • **Lage:** von der A30 in Westrichtung fahrend, biegen Sie hinter Okehampton nach Broadwidger, dann folgen Sie den Hinweisschildern nach Virginsow • **Mahlzeiten:** Frühstück, Abendessen • **Preise:** ££ • **Zimmer:** 8, 7 Doppel- und Zweibettzimmer, 1 Familienzimmer, alle mit Dusche; alle Zimmer haben TV, Haartrockner • **Anlage:** Restaurant, Bar, Garten • **Kreditkarten:** AE, MC, V • **Kinder:** willkommen, im Restaurant nur über 10 Jahre • **Behinderte:** 4 Schlafzimmer im Erdgeschoß, 1 speziell eingerichtetes Zimmer • **Tiere:** nur im Schlafzimmer • **Geschlossen:** Nov. • **Besitzer:** Tony und Tina Bricknell-Webb

Der Südwesten

WAREHAM, DORSET

The Priory
~ Kleinstadthotel ~

Church Green, Wareham, Dorset BH20 4ND
Tel.: (01929) 55 16 66 **Fax:** (01929) 55 45 19
E-Mail: reception@theprioryhotel.co.uk **Website:** www.theprioryhotel.co.uk

Hinter der Kirche verborgen liegt diese Priorei aus dem 16. Jahrhundert, ein vorzüglicher Rückzugsort für alle, die einen Sinn für Geschichtliches und Freude an Ruhe, Komfort und gutem Essen haben. In den letzten 23 Jahren wurde sie von John Turner geführt, einem ehemaligen Buchhalter, der es sich früher nie träumen ließ, eines Tages selbst der Besitzer dieses wunderbaren Anwesens zu sein. Er hat darauf geachtet, daß jedes Detail im Einklang mit der Architektur ausgewählt wurde.

Die Schlafzimmer sind genauso, wie man es von einer Priorei aus dem 16. Jahrhundert erwarten darf: Balken, schiefe Decken und unebene Böden; daneben sind sie außerordentlich bequem, sehr gut mit Büchern und mit vielen Toilettenartikeln im Badezimmer ausgestattet. Um dem Bedarf an Zimmern nachzukommen, hat Mr. Turner das Bootshaus umgebaut und vier zusätzliche Schlafzimmer oder besser Suiten gewonnen, die mit Luxusbädern und Balkontüren versehen sind, die sich auf den Fluß Frome öffnen. Überhaupt ist ein Boot der beste Weg, um nach The Priory zu gelangen; Liegeplätze sind verfügbar, und nach einem kurzen Spaziergang durch die bemerkenswerten Gärten, aus denen Mrs. Turner die Blumen für die Gestecke bezieht, können Sie sich bei einem Aperitif auf der Terrasse entspannen. Das Essen ist reichhaltig und gut, mit einem kontinentalen Touch, der sowohl von der Küche als auch vom französischen Personal herrührt.

~

Umgebung: Poole Harbour; Swanage; Lulworth Cove • **Lage:** in der Stadt nahe dem Marktplatz; in einem Garten von 2 ha mit großem Parkplatz • **Mahlzeiten:** Frühstück, Mittagessen, Abendessen • **Preise:** £££ • **Zimmer:** 19; 14 Doppel-, 3 Einzelzimmer, 2 Suiten, alle mit Bad; alle Zimmer haben Telefon, TV, Haartrockner **Anlage:** Aufenthaltsraum, Bar, Restaurant, Terrasse, Garten; Krocket • **Kreditkarten:** AE, DC, MC, V • **Kinder:** über 8 Jahre gestattet • **Behinderte:** Zugang schwierig • **Tiere:** nur Blindenhunde • **Geschlossen:** nie • **Besitzer:** Familie Turner

Der Südwesten

Wells, Somerset

The Market Place
~ Stadthotel ~

Market Place, Wells, Somerset BA5 2RW
Tel.: (01749) 67 26 16 **Fax:** (01749) 67 96 70
E-Mail: marketplace@heritagehotels.co.uk **Website:** www.heritagehotels.co.uk

Trotz seiner vielen Schlafzimmer und der Tatsache, daß es zur Gruppe der Best Western Hotels gehört, hat sich dieses Haus eine gemütliche Stimmung erhalten. Ein steingepflasterter Bogengang führt zur Hofeinfahrt, wo große Palmen in Terrakottatöpfen den Besucher darauf vorbereiten, was er im Inneren alles zu sehen bekommt.

Das Gebäude aus dem 15. Jahrhundert gehört der Familie Chapman schon seit über 40 Jahren. Vor 4 Jahren entschlossen sie sich, das Hotel auf den technisch neuesten Stand und ein höheres Niveau zu bringen; das Resultat ist ein Sieg des Geschmacks und der Farben. Das Restaurant, das sich an die Rezeption und die halbrunde Bar am Eingang anschließt, ist in hellem Grün gehalten und mit gustavianischen Möbeln, cremefarbigen Fliesen und eher zweifelhaften Drucken ausgestattet worden. Im oberen Stockwerk verläuft über die ganze Länge des Hauses ein komfortabler Aufenthaltsraum, der zwar ruhig ist, an Lesematerial aber nur Broschüren des Tourist Board aufweist. Die Schlafzimmer sind entzückend in ihrem Stilmix: Toile-de-Jouy-Tapeten treffen auf schicke Bettvorhänge, knalliges Rosa mischt sich mit blassen Holzfarben. Die Badezimmer sind urtümlich, wobei kleine bemalte Truhen eine schrullige Note einbringen. Zehn weitere Schlafzimmer wurden geschickt aus einem ehemaligen Squashplatz gewonnen.

Umgebung: Cathedral; Bishop's Palace; Glastonbury; Bath • **Lage:** in der Stadt direkt am Marktplatz; öffentlicher Parkplatz, an Markttagen eingeschränkt **Mahlzeiten:** Frühstück, Mittagessen, Abendessen • **Preise:** £££ • **Zimmer:** 29; 28 Doppel- und Zweibettzimmer, 1 Einzelzimmer, alle mit Bad; alle Zimmer haben Telefon, TV, Haartrockner • **Anlage:** Aufenthaltsraum, Bar, Restaurant, Terrasse **Kreditkarten:** AE, DC, MC, V • **Kinder:** gestattet • **Behinderte:** ein Schlafzimmer im Erdgeschoß besonders eingerichtet • **Tiere:** gestattet • **Geschlossen:** nie **Besitzer:** Familie Chapman

Südengland

DER SÜDWESTEN

WHIMPLE, DEVON

Woodhayes
~ Hotel im Landhausstil ~

Whimple, bei Exeter, Devon EX5 2TD
Tel. und **Fax:** (01404) 82 22 37 **E-Mail:** info@woodhayes-hotel.co.uk
Website: www.woodhayes-hotel.co.uk

Woodhayes ist das mustergültige englische Hotel im Landhausstil – bequem, geräumig und ruhig. Der Kies auf der Auffahrt knirscht, wie es sich gehört, der Rasen ist perfekt getrimmt, und nichts stört den Frieden der ländlichen Idylle.

Nachdem sie Woodhayes 1998 gekauft hatten, begannen Eddie Katz aus Simbabwe und seine englische Frau Lynda, die Innendekoration zu verändern, die dezenten Pastelltöne durch flottere Farben zu ersetzen, die Badezimmer zu modernisieren und überhaupt dem Ort ein neues Aussehen zu verpassen. Dennoch wollen sie die vielen architektonischen Besonderheiten des georgianischen Hauses beibehalten, wie z. B. den Steinfußboden in der Bar und die wundervollen, weiß gestrichenen gotischen Türen, die überall in Erscheinung treten. Hinter dem Hauptgebäude wurde das Cottage komplett auf Vordermann gebracht und bildet nun eine komfortable Wohneinheit für Selbstversorger.

Die größte Veränderung betrifft jedoch die Küche: Lynda kocht nur für Gruppen von sechs Personen oder mehr; also wurde unser Inspektor zum Abendessen ins örtliche Pub geschickt. Eine Musterspeisekarte läßt auf eine akzeptable Kost für Abendgesellschaften schließen. Wenn man nach dem Frühstück urteilen kann, wird das Essen sorgsam und frisch zubereitet. Wir freuen uns über weitere Berichte.

Umgebung: Cadhay House; Exe Valley • **Lage:** im Dorf, 8 km norwestlich von Exeter; großer Parkplatz • **Mahlzeiten:** Frühstück, Abendessen nach Vereinbarung **Preise:** ££ • **Zimmer:** 8, 3 Doppel-, 2 Zweibettzimmer mit Bad darin, 1 Doppelzimmer mit getrenntem Bad, ein Doppel-, ein Zweibettzimmer mit Bad im Cottage; alle Zimmer haben Telefon, TV, Haartrockner • **Anlage:** Aufenthaltsraum, Bibliothek, Bar, Speisezimmer, Garten • **Kreditkarten:** AE, DC, MC, V • **Kinder:** über 5 Jahre gestattet • **Behinderte:** Zugang schwierig • **Tiere:** nicht gestattet • **Geschlossen:** nie • **Besitzer:** Eddie und Lynda Katz

Der Südwesten

Williton, Somerset

White House
~ Restaurant mit Gästezimmern ~

Williton, Somerset TA4 4QW
Tel.: (01984) 63 27 77

Obwohl sie schon seit über 30 Jahren in dem selben kleinen Städtchen wirken, heimsen Dick und Kay Smith weiterhin Preise für ihre außergewöhnliche Küche ein und zeigen ihre unerschütterliche Hingabe an Qualität, handwerkliches Können und neue Trends in der Gastronomie. Als wir White House unlängst wieder besuchten, waren wir erneut angetan von ihrer entspannten Art.
Was können Sie auf der täglich wechselnden Speisekarte erwarten? Als Entrée vielleicht kurz angebratene Kammuscheln mit Tomatenwürfeln oder gegrillte, marinierte Ringeltaubenbrust auf heißen Roten Beten; die Hauptspeisen: ein ausgebeintes Rückenstück vom Wild oder ein gegrilltes Seebarschfilet auf einem *coulis* von Auberginen und Tomaten; die Puddings schließlich sind genauso verführerisch. Dick Smiths Weinkarte steht dem Essen in nichts nach, und um die Atmosphäre noch zu steigern, hängen Plakate von Weinauktionen altehrwürdiger Kellereien in der Bar. Sowohl die Bar als auch der Aufenthaltsraum sind zwanglos möbliert, große Topfpflanzen und Keramiken, die der töpfernde Sohn des Ehepaares herstellt, geben dem Ort einen unbeschwerten, künstlerischen Touch. Sanfte Farbtöne, Patchwork-Quilts und einfaches Leinen beherrschen die Schlafzimmer. Diejenigen im Hauptgebäude sind geräumiger, während die in den umgebauten Ställen und der Remise weniger dem Straßenlärm ausgesetzt sind. Unter den mediterranen Pflanzen im Garten finden sich auch Feigen und Palmen in riesigen Töpfen.

Umgebung: Cleeve Abbey; Quantock Hills • **Lage:** an der A39 in der Stadtmitte; großer Parkplatz • **Mahlzeiten:** Frühstück, Mittagessen, Abendessen • **Preise:** ££ **Zimmer:** 10 Doppel- und Zweibettzimmer, alle mit Bad; alle Zimmer haben Telefon, TV • **Anlage:** Aufenthaltsraum, Bar, Speisezimmer • **Kreditkarten:** keine • **Kinder:** gestattet • **Behinderte:** Zugang schwierig • **Tiere:** nicht gestattet • **Geschlossen:** Nov. bis Mai • **Besitzer:** Dick und Kay Smith

DER SÜDWESTEN

WITHYPOOL, SOMERSET

Royal Oak
~ Dorfgasthof ~

Withypool, Somerset TA24 7QP
Tel.: (01643) 83 15 06 **Fax:** (01643) 83 16 59

Withypool liegt im Zentrum von Exmoor in einer ausgesprochen fotogenen Landschaft und spricht besonders Jäger, Schützen und Angler an. Es scheint nur passend, daß eine frühere Produzentin von Fernsehwerbespots vor kurzem den Dorfgasthof übernommen hat und ein Traumgebilde erschuf, das direkt aus der Zeitschrift »Country Life« stammen könnte.

Befürchten Sie jedoch nicht, daß der geschichtsträchtige Charme des Hauses verlorengegangen sei: Gail Sloggett ist sich dessen, was sie ererbt hat, sehr bewußt (R. D. Blackmore schrieb 1866 hier seine Erzählung »Lorna Doone«, und 1944 wohnte Eisenhower ebenda); das Royal Oak blieb in allererster Linie ein ländlicher Pub, dessen Barräume passend mit Geweihen und Jagdszenen ausgeschmückt sind. Dennoch stehen Veränderungen ins Haus. Gail hat die Wände des Speisezimmers blau und gelb gestrichen, damit sie zu den neuen blauen Teppichböden im ganzen Gebäude passen – blau ist gerade angesagt, rosa in allen Schattierungen dagegen verpönt. Acht Schlafzimmer liegen im ersten Stock; zwei Cottages hinter dem Pub werden an Selbstversorger oder bei allzugroßer Besuchernachfrage vermietet. Rümpfen Sie nicht die Nase – sie sind wirklich hübsch. Das Essen scheint auch in Zukunft in die Kategorie »anständige Pubmahlzeiten« zu fallen. Verwendet werden hochwertige lokale Zutaten, besonders Fleisch und Wild.

Umgebung: Exmoor; Minehead • **Lage:** in der Dorfmitte, gleich nach der B3223, 23 km südwestlich von Minehead; großer Parkplatz • **Mahlzeiten:** Frühstück, Mittagessen, Abendessen • **Preise:** ££ • **Zimmer:** 8 Doppel- und Zweibettzimmer, alle mit Bad; alle Zimmer haben Telefon, TV, Haartrockner • **Anlage:** Aufenthaltsraum, 2 Bars, Restaurant, Terrasse • **Kreditkarten:** AE, DC, MC, V • **Kinder:** willkommen • **Behinderte:** ungeeignet • **Tiere:** gestattet • **Geschlossen:** nie
Besitzerin: Gail Sloggett

… Südengland

DER SÜDWESTEN

WIVELISCOMBE, SOMERSET

Langley House
～ Hotel im Landhausstil ～

Langley Marsh, bei Wiveliscombe, Somerset TA4 2UF
Tel.: (01984) 62 33 18 **Fax:** (01984) 62 45 73
E-Mail: user@langley.in2home.co.uk

Seit nunmehr 15 Jahren führen Peter und Anne Wilson Langley House, und alles scheint weiterhin bestens nach ihren präzisen Vorstellungen zu funktionieren. Chefkoch Peter kann auf eine Vergangenheit als Hotelier zurückblicken, während Anne früher für die Planungsabteilung der British Tourist Authority gearbeitet hat – ein weiterer Wildhüter also, der zum Wilderer wurde. Die beiden wissen genau, was sie wollen.

Das Haus ist ein bescheidenes Gebäude mit einem üppigen Garten in der bezaubernden Hügellandschaft von Somerset, die von den meisten Besuchern des West Country vernachlässigt wird (Anne Wilson gibt ihren Gästen nur zu gerne Ratschläge für Tagesausflüge und versorgt sie mit Landkarten). Es wirkt mehr wie ein Privathaus als wie ein Hotel, ist allerdings nicht ideal möbliert – weniger Eleganz, mehr Ungezwungenheit wäre unser Vorschlag sowohl für die Aufenthaltsräume als auch für manche Schlafzimmer; doch der herzliche Empfang durch die Wilsons läßt alle Kritik verstummen. Peters 4-Gänge-Menüs sind ein weiteres Plus. Bis auf die Desserts, wo man unter opulenten, englischen Puddings, Crêpes mit Erdbeeren oder dem klassischen Sillabub wählen kann, sind die Menüabfolgen festgelegt. Das Essen ist leicht und unkonventionell, wird liebevoll angerichtet, gehört zum Besten der modernen britischen Küche und wird von den Gästen mit viel Lob bedacht.

Umgebung: Gaulden Manor; Quantock Hills • **Lage:** 1,5 km nordwestlich von Wiveliscombe über die B3227; in einem Garten von 1,5 ha mit großem Parkplatz
Mahlzeiten: Frühstück, Abendessen • **Preise:** ££ • **Zimmer:** 9; 7 Doppelzimmer (6 mit Bad, eines mit Dusche); 2 Einzelzimmer, beide mit Bad; 1 Familienzimmer mit Bad; alle Zimmer haben Telefon, TV, Haartrockner • **Anlage:** Bar, 2 Aufenthaltsräume, Restaurant, Garten; Krocket • **Kreditkarten:** AE, MC, V
Kinder: willkommen • **Behinderte:** einfacher Zugang zum Erdgeschoß
Tiere: gestattet • **Geschlossen:** nie • **Besitzer:** Peter und Anne Wilson

Der Südwesten

Yeovil, Somerset

Little Barwick House
~ Restaurant mit Gästezimmern ~

Barwick, bei Yeovil, Somerset BA22 9TD
Tel.: (01935) 42 39 02 **Fax:** (01935) 42 09 08

Der gute Ruf der exzellenten Küche im Little Barwick wurde über Jahre hinweg durch Veronica und Christopher Colley aufgebaut; ihre zahlreichen Anhänger wird es freuen zu hören, daß auch ihre Nachfolger einen einwandfreien kulinarischen Stammbaum nachweisen können. Tim Ford ist einer der besten jungen Küchenchefs Großbritanniens: er lernte in Sharrow Bay und vervollständigte seine Ausbildung in verschiedenen führenden Hotels. Zuletzt war er Chefkoch in der Summer Lodge in Evershot (siehe Seite 47), nun hat er mit seiner Frau Emma, die ebenfalls dort arbeitete, sein eigenes Haus eröffnet.

Sie sollten keine Schwierigkeiten haben, alte und neue Gäste anzulocken. Die Eckpfeiler von Tims Küche sind Fleisch, Wild und Fisch aus der Gegend. Das neu eingeführte Mittagsmenü ist eine abgespeckte Ausgabe des abendlichen und für nur 12,50 Pfund für drei Gänge ein Schnäppchen.

Little Barwick wurde auf diesen Seiten über viele Jahre hinweg vor allem wegen seiner Ungezwungenheit empfohlen, und dies scheint auch gleich zu bleiben. Die Fords haben sich jedoch einem Programm verschrieben, das die gründliche Renovierung und Verschönerung sowohl des Inneren als auch des Äußeren dieses hübschen, unter Denkmalschutz stehenden georgianischen Hauses vorsieht. Das Speisezimmer erstrahlt nun in einem cremigen Gelb; die Badezimmer werden nacheinander modernisiert. Die Schlafzimmer sind freundlich wie bisher.

Umgebung: Brympton d'Evercy; Montacute House • **Lage:** 3 km südlich von Yeovil über die A37; Parkplatz • **Mahlzeiten:** Frühstück, Mittagessen, Abendessen
Preise: ££ • **Zimmer:** 5 Doppel- und Zweibettzimmer, alle mit Bad; alle Zimmer haben TV • **Anlage:** Aufenthaltsraum, Speisezimmer, Bar/Privatspeisezimmer, Garten
Kreditkarten: AE, MC, V • **Kinder:** willkommen • **Behinderte:** Zugang schwierig
Tiere: gestattet • **Geschlossen:** 2 Wochen im Jan. • **Besitzer:** Emma und Tim Ford

DER SÜDWESTEN

WEITERE EMPFEHLUNGEN

Bishop's Tawton, Devon

Halmpstone Manor
Bishop's Tawton, bei Barnstaple, Devon EX32 oEA
Tel.: (01271) 83 03 21 **Fax:** (01271) 83 08 26 ££

Schön gelegenes Hotel in Familienbesitz. Hervorragende Fünf-Gänge-Menüs; gemütliche Zimmer.

Corscombe, Dorset

Fox Inn
Corscombe, Dorchester, Dorset DT2 oNS
Tel. und **Fax:** (01935) 89 13 30 ££

Stimmungsvoller Pub in kleiner Ortschaft. Bekannt für innovative Küche, vor allem Fischgerichte. Drei hübsche Gästezimmer.

Doddiscombsleigh, Devon

Nobody Inn
Doddiscombsleigh, bei Exeter, Devon EX6 7PS
Tel.: (01647) 25 23 94 **Fax:** (01647) 25 29 78 £

Typischer ländlicher Pub. 200 Whiskey- und 700 Weinsorten. In jüngster Zeit jedoch erreichten uns mehrfach Beschwerden über den Zustand der Zimmer.

Martinhoe, Devon

Old Rectory
Martinhoe, Parracombe, Devon EX31 4QT
Tel.: (01598) 76 33 68 **Fax:** (01598) 76 35 67 ££

Ruhiges, gemütliches Hotel am Ufer des Dartmoor unweit der Nordküste, das mit viel Umsicht und Liebe zum Detail von Jayne und Dennis Bennett geführt wird.

Penryn, Cornwall

Clare House
Broad Street, Penryn, Cornwall TR10 8JH
Tel.: (01326) 37 32 94 £

Wir hatten bis jetzt noch keine Gelegenheit, dieses Gasthaus aus dem 17. Jahrhundert im Herzen von Penryn zu besuchen, die Berichte sind allerdings vielversprechend.

South Zeal, Devon

Oxenham Arms
South Zeal, bei Oakhampton, Devon EX20 2JT
Tel.: (01837) 84 02 44 **Fax:** (01837) 84 07 91 ££

Eindrucksvolles, dicht bewachsenes Gasthaus, das auf einzigartige Weise um einen hoch aufragenden Felsen errichtet wurde. Gemütliche Bar und Gemeinschaftsraum; einfache Gästezimmer.

Südengland

Der Südosten

BATTLE, EAST SUSSEX

✻ TIP DES HERAUSGEBERS ✻

Little Hemingfold Farmhouse
∼ Landhotel ∼

Telham, Battle, East Sussex, TN33 0TT
Tel.: (01424) 77 43 38 **Fax:** (01424) 775 35

Lassen Sie sich nicht von dem Titel »Farmhouse« irreführen: Abgesehen von der Gegend ist nicht viel Bäuerliches an diesem weitläufigen Gebäude, das teils aus dem 17. Jahrhundert, teils aus früher viktorianischer Zeit stammt. Das Haus befindet sich inmitten friedvoller Umgebung von 16 Hektar Farmland und Wäldern. Es ist umrahmt von Gärten, und man blickt auf einen Hektar großen Forellensee (die Slaters verleihen gerne Angelruten). Innen geben faszinierende Winkel und Ecken dem Haus einen eigenen Charme. Die beiden Aufenthaltsräume und das gemütliche Speisezimmer sind mit Holzöfen ausgestattet. Ebenso vier der neun Schlafzimmer, die alle verschieden eingerichtet sind. Sie befinden sich in der umgebauten Remise und den ehemaligen Ställen, gruppiert um einen Hof voller Blumen. Allison und Paul verwenden für ihre traditionellen Küche frische Zutaten. Ein Leser schrieb: »Das Rindfleisch, das wir zum Abendessen bestellten, war das beste, das wir je aßen. ... Am Sonntag, nach einem Spaziergang auf ihrem herrlichen Gelände schwelgten wir in einem riesigen Frühstück, das ebenfalls vorzüglich war.« Ein anderer glücklicher Gast nennt die Wirte »fleißig, freundlich und zurückhaltend; sie haben die Kunst perfektioniert, einladend und hilfsbereit zu sein, ohne aufdringlich zu werden«.

∼

Umgebung: Bodiam Castle; Great Dixter; Rye; Sissinghurst • **Lage:** 3 km südöstlich von Battle über die A2100; auf 16 ha großem Gelände, mit Forellensee, Feldern und Wäldern; großer Parkplatz • **Mahlzeiten:** Frühstück, leichtes Mittagessen, Abendessen • **Preise:** ££ • **Zimmer:** 13 Doppelzimmer, 1 Familienzimmer; 10 mit Bad; alle Zimmer haben Telefon, Fernseher, Heizdecken; 4 Zimmer mit Holzofen • **Anlage:** 2 Aufenthaltsräume, Speisezimmer, Bar, Garten; Bootfahrten, Forellenangeln, Tennis, Krocket • **Kreditkarten:** AE, DC, MC, V • **Kinder:** willkommen **Behinderte:** Zugang schwierig • **Tiere:** gestattet • **Geschlossen:** 6. Jan. bis 12. Feb. **Eigentümer:** Paul und Allison Slater

Südengland

DER SÜDOSTEN

BEPTON, WEST SUSSEX

Park House
~ Landhotel ~

Bepton, bei Midhurst, West Sussex GU29 0JB
Tel.: (01730) 81 28 80 **Fax:** (01730) 81 56 43
E-mail: reservations@parkhouse.com **Website:** www.parkhouse.com

Das Park House ist seit über 50 Jahren im Besitz der Familie O'Brien und bewahrt bis heute das Ambiente eines privaten Landhauses – dank der liebevollen Aufmerksamkeit, die Ioné O'Brien dem Hotel schenkte. Heute wird es mit derselben Umsicht von ihrem Sohn Michael geleitet.

Das Gebäude ist ein Bauernhaus aus dem 16. Jahrhundert mit Ergänzungen aus viktorianischer Zeit und wirkt mit seinem cremefarbenen Rauhputz auf den ersten Blick eher vorstädtisch. Die Gemeinschaftsräume im Inneren sind dagegen in einem sehr eleganten Stil gehalten. Die urige Bar ist bestens sortiert. Sehr stimmungsvoll, besonders abends, ist der Salon: In samtgepolsterten Nischen stehen Bücher und Porzellan, die Wände sind in weichem Gelb gehalten, und Tischlampen tauchen den Raum in goldenes Licht. Die Schlafzimmer sind traditionell eingerichtet; am besten sind die beiden Zimmer im Nebengebäude, eines besitzt eine eigene Veranda. Zum Menü am Abend werden z. B. Pilz- oder Tomatensuppe, Melone mit Parmaschinken oder Krabbencocktail, Roastbeef, Lamm oder eine einfache Fischplatte angeboten. Diese relativ bescheidene Auswahl ist typisch für den Stil dieses unprätentiösen Hauses.

~

Umgebung: Petworth; Goodworth; Cowdray Park; Chichester • **Lage:** in ländlicher Umgebung, an der B2226 nördlich von Bepton, 5 km südwestlich von Midhurst; großer Parkplatz • **Mahlzeiten:** Frühstück, Mittagessen, Abendessen; Zimmerservice • **Preise:** £££ • **Zimmer:** 12 Doppelzimmer, 1 Einzelzimmer, 1 Familienzimmer, alle mit Bad; alle Zimmer haben Telefon, Fernseher, Haartrockner
Anlage: Speisezimmer, Aufenthaltsraum, Bar, Garten; Schwimmbad, Tennis, Krocket, kleiner Rasen zum Putten, 9-Loch-Golfplatz und Puttinganlage, Kunstgalerie
Kreditkarten: AE, DC, MC, V • **Kinder:** willkommen • **Behinderte:** ein speziell ausgestattetes Schlafzimmer im Erdgeschoß • **Tiere:** gestattet • **Geschlossen:** nie
Eigentümer: Michael O'Brien

Südengland

DER SÜDOSTEN

BUCKLERS HARD, HAMPSHIRE

Master Builder's House
~ Hotel am Flußufer ~

Bucklers Hard, Beaulieu, Hampshire SO42 7XB
Tel.: (01590) 61 62 53 **Fax:** (01590) 61 62 97

Erstmals wird in diesem Führer das Master Builder's House aufgeführt, das mit einer wunderschönen Lage gesegnet ist. Das Gebäude war schon lange Zeit reif für eine gründliche Renovierung. Und als der Pachtvertrag des Hotels zur Erneuerung anstand, übernahmen Jeremy Willcock und John Illsley, Besitzer des »George« in Yarmouth auf der Isle of Wight (siehe Seite 137), das Ruder. Die Tochter des Grundbesitzers Lord Montagu von Beaulieu, die Innenarchitektin Mary Montagu, übernahm die Neugestaltung. Sie schuf einen geradlinigen, traditionellen Stil mit maritimem Thema, das in Einklang mit dem Geist von Bucklers Hard steht. In dem malerischen Jachthafen wurden im 18. Jahrhundert einige der Schiffe für Nelsons Armada gebaut.

Das Master Builder's House stammt aus dem 18. Jahrhundert, vor einigen Jahren wurde ein unansehnliches Nebengebäude, der Henry-Adams-Flügel, errichtet. Selbst mit größter Anstrengung bei der Inneneinrichtung mangelt es den Schlafzimmern an Charakter, und obwohl sie jetzt komfortabel und attraktiv gestaltet sind, finden wir ihren Preis für ihre Größe ziemlich hoch angesetzt. Die Schlafzimmer im Hauptgebäude besitzen viel mehr Charakter. Die neue Rezeption ist eine enorme Verbesserung gegenüber der alten. Das elegante Speisezimmer bietet schöne Ausblicke auf den Fluß, die Küche ist klassisch mit modernen Akzenten.

~

Umgebung: New Forest; Beaulieu; Lymington • **Lage:** Blick auf den Fluß Beaulieu bei Bucklers Hard, 3 km südöstlich von Beaulieu, 14 km südöstlich von Lyndhurst; großer Parkplatz • **Mahlzeiten:** Frühstück, Mittagessen, Abendessen • **Preise:** £££
Zimmer: 25 Doppelzimmer, alle mit Bad; alle Zimmer haben Telefon, Fernseher, Haartrockner; 2 Cottages für Selbstversorger • **Anlage:** Aufenthaltsraum, Speisezimmer, Bar, Terrasse, Garten; eigener Ponton • **Kreditkarten:** AE, MC, V • **Kinder:** willkommen • **Behinderte:** Zugang schwierig • **Tiere:** nicht gestattet
Geschlossen: nie • **Eigentümer:** Jeremy Willcock und John Illsley

Der Südosten

CRANBROOK, KENT

Kennel Holt
~ Hotel im Gutsherrenstil ~

Goudhurst Road, Cranbrook, Kent TN17 2PT
Tel.: (01580) 71 20 32 **Fax:** (01580) 71 54 95

Nachdem es vor einigen Jahren Beschwerden von Gästen gab, wurde dieses Hotel aus dem Führer gestrichen. Über die neue Leitung hörten wir sehr gute Dinge, weshalb wir das Kennel Holt gerne wieder aufnehmen. Das elisabethanische Backsteinhaus mit Ergänzungen aus edwardianischer Zeit ist umgeben von einem fast zwei Hektar großen blumenreichen Garten, der eine beeindruckende Eibenhecke besitzt. Sicherlich hat sich keiner der Gäste über das Gebäude oder dessen Lage beschwert; es könnte keine bessere Ausgangsbasis für eine Erkundung Südostenglands geben als Cranbrook. Zudem fügt sich das Hotel sehr harmonisch in seine Umgebung ein.
Der Gutshof wirkt anheimelnd und nicht zu imposant. Gemütliche Sofas stehen vor den offenen Kaminen der Aufenthaltsräume, die mit Antiquitäten eingerichtet sind. Die Chalmers leiten das Hotel seit 1992, und nach jüngsten Berichten halten sie den hohen Standard, den sie bei Übernahme des Hotels setzten. »Sie haben das erreicht, was so viele vergeblich versuchen; wir schieden mit Wehmut.« Neil Chalmers brachte sich das Kochen selbst bei, als er das Hotel übernahm, und serviert heute vollendete Menüs mit frischen Zutaten der Saison. Jeder Gang bietet sechs oder sieben Gerichte zur Auswahl. Wir bitten um weitere Berichte.

Umgebung: Sissinghurst Castle Gardens; Hole Park; Weald of Kent; Rye • **Lage:** 2,5 km nordwestlich von Cranbrook, nahe der A262; auf großem Gartengelände; großer Parkplatz • **Mahlzeiten:** Frühstück, Mittagessen, Abendessen; Zimmerservice • **Preise:** £££ • **Zimmer:** 10; 8 Doppelzimmer, 2 Einzelzimmer, 7 mit Bad, 3 mit Dusche; alle Zimmer haben Telefon, Fernseher, Haartrockner • **Anlage:** 2 Aufenthaltsräume, Speisezimmer, Gärten; Krocket, Puttingrasen • **Kreditkarten:** AE, MC, V • **Kinder:** willkommen, jedoch keine Kinder unter 6 Jahren zum Abendessen im Restaurant • **Behinderte:** Zugang schwierig • **Tiere:** nicht gestattet
Geschlossen: 3 Wochen im Jan. • **Eigentümer:** Neil und Sally Chalmers

Südengland

DER SÜDOSTEN

CRANBROOK, KENT

Old Cloth Hall
~ Gästehaus im Gutsherrenstil ~

Cranbrook, Kent TN17 3NR
Tel. und Fax: (01580) 71 22 20

Katherine Morgans freundlicher Empfang macht den ehrfurchtgebietenden Eindruck wieder wett, den dieser prunkvolle Fachwerkgutshof aus dem 15. Jahrhundert mit seiner weit geschwungenen Kiesauffahrt vermittelt. Zu den Gästen des Hotels zählte übrigens bereits Königin Elisabeth I.
Von innen blickt man durch rautenförmige Fensterscheiben auf einen mehr als fünf Hektar großen prachtvollen Garten mit Rhododendren und Azaleen, Rosengarten, Swimmingpool, Tennisplatz und einem hervorragenden Krocketrasen.
Die Innenräume sind ebenfalls außergewöhnlich. Kaminecken mit offenem Holzfeuer; gebohnerte Eichenböden, Vertäfelungen, Antiquitäten, feine Chintzvorhänge, schönes Porzellan und Blumenarrangements zeigen das Haus von seiner besten Seite. Die Schlafzimmer sind außergewöhnlich schön mit Antiquitäten eingerichtet und bieten allen nur erdenklichen Komfort. Ein Hochzeitspaar, das eine Nacht im Old Cloth Hall verbrachte, berichtete uns begeistert von seinem Aufenthalt und lobte einfach alles, von der beschaulichen Lage bis zu den frischen Früchten aus dem Garten. Ein kürzlicher Besuch bestätigte, daß das Hotel seinen Platz in diesem Führer absolut verdient hat. Katherine Morgan baut momentan die angrenzende Scheune und den Trockenschuppen um, wo sie selbst einziehen wird, um das Hotel von dort aus zu leiten.

Umgebung: Sissinghurst; Scotney Castle Gardens • **Lage:** in ländlicher Gegend, 1,5 km östlich von Cranbrook auf der Straße nach Tenterden, vor einem Friedhof; auf über 5 ha großem Grund; großer Parkplatz • **Mahlzeiten:** Frühstück, Abendessen nach Vereinbarung • **Preise:** ££ • **Zimmer:** 3 Doppelzimmer, alle mit Bad; alle Zimmer haben Fernseher, Haartrockner • **Anlage:** Aufenthaltsraum, Speisezimmer, Terrasse, Garten; Schwimmbad, Tennisplatz, Krocket • **Kreditkarten:** keine **Kinder:** nach Vereinbarung • **Behinderte:** Zugang schwierig • **Tiere:** nicht gestattet • **Geschlossen:** Weihnachten • **Eigentümerin:** Katherine Morgan

Der Südosten

Cuckfield, West Sussex

Ockenden Manor
~ Hotel im Gutsherrenstil ~

Ockenden Lane, Cuckfield, West Sussex RH17 5LD
Tel.: (01444) 41 61 11 **Fax:** (01444) 41 55 49
E-mail: ockenden@hshotels.co.uk **Website:** www.hshotels.co.uk

Der Bericht unseres Inspektors, der das Ockenden Manor kürzlich besuchte, spricht für sich: »Anne Goodman kümmert sich selbst um die Ausstattung und verleiht dem Haus eine persönliche Note, ohne im Prunk zu schwelgen.« Seit sie dieses ansprechende Herrenhaus aus dem 16./17. Jahrhundert übernommen hat, hat sich vieles verbessert.
Die Schlafzimmer sind weiträumig und individuell gestaltet. Es gibt eine große Suite mit dunkler Vertäfelung, die Einrichtung ist in hellen Rot- und Grüntönen gehalten. Einige der Badezimmer sind sehr weiträumig, alle sind mit Molton-Brown-Toilettenartikeln ausgestattet. Im großen Aufenthaltsraum herrscht eine persönliche Atmosphäre, obwohl er etwas aufwendig möbliert ist. Das Personal ist freundlich und zuvorkommend. Das Abendessen stellt einen weiteren Höhepunkt des Hotels dar, es wird im eichengetäfelten Restaurant serviert, das mit einem Deckengemälde und Buntglasfenstern ausgestattet ist. Grundlage der Küche sind heimische Produkte sowie Gemüse und Kräuter aus dem eigenen Garten.
Obwohl die Gäste im Ockenden Manor hauptsächlich Geschäftsleute sind, herrscht eine familiäre, gemütliche Atmosphäre. Der Geschäftsführer Kerry Turner ist ein sehr sympathischer junger Mann. Abschließend beschrieb unser Mitarbeiter das Hotel als »idyllisch hinter Bäumen ... verborgen; ruhig und preiswert«.

Umgebung: Nyman's; Sissinghurst; Wakehurst Place; Gatwick; Brighton • **Lage:** 3 km westlich von Hayward's Heath nahe der Dorfmitte, über die A272 zu erreichen; auf über 3,5 ha großem Grund; großer Parkplatz • **Mahlzeiten:** Frühstück, Mittagessen, Abendessen • **Preise:** £££ • **Zimmer:** 21 Doppelzimmer, 1 Einzelzimmer, alle mit Bad; alle Zimmer haben Telefon, Fernseher, Haartrockner **Anlage:** Aufenthaltsraum, Bar, Speisezimmer, Terrasse, Garten • **Kreditkarten:** AE, DC, MC, V • **Kinder:** willkommen • **Behinderte:** keine speziellen Einrichtungen **Tiere:** nicht gestattet • **Geschlossen:** nie • **Eigentümer:** Sandy und Anne Goodman

Der Südosten

East Grinstead, West Sussex

Gravetye Manor
~ Hotel im Gutsherrenstil ~

Vowels Lane, bei East Grinstead, West Sussex RH19 4LJ
Tel.: (01342) 81 05 67 **Fax:** (01342) 81 00 80 **E-mail:** gravetye@relaischateaux.fr
Website: www.relaischateaux.fr/gravetye

Das ländliche Gästehaus ist heute aus der englischen Touristikbranche nicht mehr wegzudenken. Vor über 40 Jahren, als Peter Herbert die Pforten dieses heiteren Gästehauses öffnete, das aus elisabethanischer Zeit stammt, gab es diesen Hoteltypus noch so gut wie gar nicht. Es ist jedoch bemerkenswert, daß das Gravetye durch jüngere Konkurrenz keineswegs in den Schatten gestellt wird, in jeder Hinsicht erfüllt das Hotel bis heute höchste Ansprüche. Das Personal ist sehr aufmerksam, ohne dabei aufdringlich zu sein. Die renommierte Küche zählt zu den besten der Gegend. Beeindruckt meinte vor kurzem ein Besucher, der das Hotel seit 30 Jahren kennt: »Ein perfektes Unternehmen, das keine Kompromisse eingeht.« Ein anderer Beobachter bemäkelte jedoch, das Hotel sei »voller reich aussehender Leute mit Sonnenbrillen und seltsamen Jogginganzügen«.

Der bedeutende Gartenarchitekt William Robinson lebte ein halbes Jahrhundert in diesem Haus, bis er 1935 starb. Die Gärten, die er hier anlegte, werden bis heute mit größter Sorgfalt gepflegt. Robinson schuf außerdem viele Besonderheiten des Hauses, die heute noch bestehen, z. B. die Eichenvertäfelung und die schönen Kamine in den ruhigen, eleganten Aufenthaltsräumen. Die durchweg tadellosen Schlafzimmer variieren beträchtlich in Größe und Preis.

Umgebung: Wakehurst; Nyman's Gardens • **Lage:** 7 km südwestlich von East Grinstead über die B2110 nach Gravetye; auf über 12 ha Grund, großer Parkplatz
Mahlzeiten: Frühstück, Mittagessen, Abendessen; Zimmerservice • **Preise:** ££££
Zimmer: 16 Doppelzimmer, 2 Einzelzimmer, alle mit Bad; alle Zimmer haben Telefon, Fernseher, Fax/Modem-Anschluß, Haartrockner; 2 Zimmer mit Klimaanlage
Anlage: 2 Aufenthaltsräume, Bar, Speisezimmer; Krocket, Forellenfischen • **Kreditkarten:** MC, V • **Kinder:** über 7 Jahre willkommen • **Behinderte:** Zugang möglich
Tiere: Hunde im Zwinger gestattet • **Geschlossen:** nie • **Eigentümer:** Familie Herbert

DER SÜDOSTEN

FLETCHING, EAST SUSSEX

Griffin Inn
~ Dorfgasthof ~

Fletching, bei Uckfield, East Sussex TN22 3SS
Tel.: (01825) 72 28 90 **Fax:** (01825) 72 28 00
Website: www.thegriffininn.co.uk

Dieser gemütliche, einladende und lebendige Dorfgasthof aus dem 16. Jahrhundert gehört seit über 20 Jahren der Familie Pullan (Nigel Pullan ist der Direktor der Ebury Wine Bars). Die Küche ist sehr gut, und die Zimmer wirken mit ihren niedrigen Decken, Balken und Himmelbetten anheimelnd. Nahe Glyndebourne gelegen, ist es sehr beliebt für romantische Wochenendausflüge. Alles ist ein wenig uneben, zierlich und klein, aber dennoch sehr liebenswert. Die Remise, »The Coach House« hinter dem Pub, wurde 1998 umgebaut, um vier neue Schlafzimmer zu schaffen. Sie sind ausgestattet mit Wandgemälden und attraktiven kleinen Badezimmern in viktorianischem Stil, die schwarz und weiß gekachelt und mit Eichenböden ausgelegt sind. Die Schlafzimmer im Hauptgebäude werden bald mit dem selben Standard ausgestattet, sie sind jedoch zur Hauptstraße hin ausgerichtet und deshalb weniger ruhig.
Im Pub, mit Balken, Holzvertäfelung, Kaminen und Jagdbildern ausgestattet, umfängt Sie eine lebhafte Atmosphäre, es herrscht ein reges Treiben. Die ehemalige Bar wurde in eine Art Aufenthaltsraum mit Sofas, Armsesseln und Backgammonspiel umgewandelt. Gutes Essen gibt es entweder im Pub oder im Restaurant, es werden frische saisonale Zutaten und biologisch angebautes Gemüse aus der Gegend verwendet.

Umgebung: Sheffield Park; Glyndebourne; Ashdown Forest • **Lage:** in einem Dorf; über die A22 und die A275 zwischen East Grinstead und Uckfield erreichbar; Parkplatz vorhanden • **Mahlzeiten:** Frühstück, Mittagessen, Abendessen • **Preise:** ££ **Zimmer:** 8 Doppelzimmer und Zweibettzimmer, 3 mit Bad, 5 mit Dusche; alle Zimmer haben Fernseher, Haartrockner • **Anlage:** Bars, Restaurant, Billard in der Bar, Terrasse, Veranda, Garten • **Kreditkarten:** AE, DC, MC, V • **Kinder:** willkommen **Behinderte:** 2 geeignete Schlafzimmer im Erdgeschoß • **Tiere:** außer in den Schlafzimmern gestattet • **Geschlossen:** 1. Weihnachtsfeiertag • **Geschäftsführer:** James Pullan und John Gatti

Der Südosten

Frant, Kent

The Old Parsonage
~ Ländliches Gästehaus ~

Frant, Tunbridge Wells, Kent TN3 9DX
Tel. und **Fax:** (01892) 75 07 73

Im Herzen des reizenden Dorfes Frant liegt The Old Parsonage inmitten einer mehr als einen Hektar großen Gartenanlage. Das vornehme georgianische Landhaus wurde wunderschön von Tony und Mary Dakin renoviert. Die hohen und weiten Rezeptionsräume sind mit Pflanzen, Lithographien und Aquarellen dekoriert, außerdem kann man hier Marys ungewöhnliche Wandteppiche und Tonys atmosphärische Photographien von Dorfszenen bewundern. Kern des Gebäudes ist das weite und luftige Atrium; es versorgt die Haupttreppe, den Gang und die Halle mit Licht. Der Salon ist reizend, elegant ausgestattet, ohne jedoch überladen zu wirken. Die entzückend dekorierten Schlafzimmer (zwei davon mit Himmelbett) haben große Badezimmer (eines davon, mit eingelassener Badewanne, hat fast die Ausmaße eines Wohnzimmers). Ausstattung und Dekoration der Zimmer werden ständig auf den neuesten Stand gebracht.

Die Dakins widmen sich hingebungsvoll ihrer Aufgabe: »Dies ist unser Zuhause, deshalb möchten wir es von seiner besten Seite zeigen«, wie Mary meint. Tony ist verantwortlich für das Frühstück und für den schönen Garten. (Auf der Terrasse gibt es Sherry gratis.) Das Hotel ist die ideale Ausgangsbasis für Besichtigungen der zahlreichen berühmten Besitztümer des National Trust, die unten aufgeführt sind.

Umgebung: Bodiam, Leeds, Hever und Scotney Castles; Sissinghurst und Sheffield Park Gardens; Bateman's; Penshurst Place; Knole • **Lage:** nahe der Kirche im Dorf, 3 km südlich von Tunbridge Wells, auf großem Gartengrund; großer Parkplatz
Mahlzeiten: Frühstück • **Preise:** ££ • **Zimmer:** 2 Doppelzimmer, 1 Zweibettzimmer, alle mit Bad; alle Zimmer haben Fernseher, Haartrockner • **Anlage:** Aufenthaltsraum, Frühstücksraum, Wintergarten • **Kreditkarten:** MC, V • **Kinder:** willkommen
Behinderte: Zugang schwierig • **Tiere:** in den Schlafzimmern gestattet
Geschlossen: nie • **Eigentümer:** Tony und Mary Dakin

Der Südosten

Langrish, Hampshire

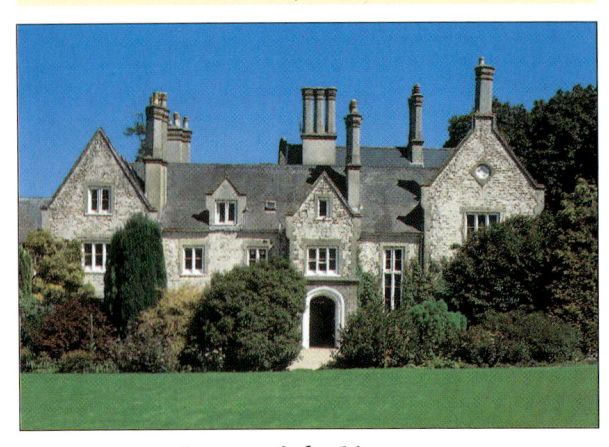

Langrish House
~ Hotel im Gutsherrenstil ~

Langrish, Petersfield, Hampshire GU32 1RN
Tel.: (01730) 26 69 41 **Fax:** (01730) 26 05 43

Am Langrish House muß noch einiges getan werden; die ersten, die das zugeben werden, sind die Eigentümer selbst. Dennoch führen wir das Hotel hier auf, weil das Engagement und der Ehrgeiz von Nigel und Robina Talbot-Ponsonby bemerkenswert sind.

Nigel wuchs in diesem ausgebauten Herrenhaus aus dem 17. Jahrhundert auf und hoffte schon immer, es eines Tages zu besitzen. Aber die Umstände brachten es mit sich, daß sein Vater es verkaufte und es in ein Hotel umgewandelt wurde. 1997 stand es wieder zum Verkauf, und das Paar entschloß sich zum Kauf. Trotz seiner fehlenden Erfahrung leitet es das Hotel mit dem Humor, der Freundlichkeit und den Führungsqualitäten von Profis. Nach und nach, wenn das Geld es erlaubt, modernisiert er die Schlafzimmer. Diejenigen, die Robina bereits eingerichtet hat, sind reizend und (jedenfalls die Zimmer im Dachgeschoß) originell. Auch die Zimmer, die noch fertiggestellt werden müssen, sind uneingeschränkt annehmbar, sie sind komfortabel, wenn auch etwas altmodisch. Es ist geplant, den Salon (momentan zwei Schlafzimmer) als eleganten Gemeinschaftsraum wieder instand zu setzen und den etwas zu farbenfrohen alten Teppichboden auszumustern. Die Küche ist exzellent, das Personal höflich und zuvorkommend, und es herrscht eine entspannte und ungezwungene Stimmung. Wir wünschen den beiden alles Gute!

Umgebung: Winchester; Chawton; Selbourne; Portsmouth; Chichester • **Lage:** ausgeschildert; erreichbar über die A272, Ausfahrt Langrish; großer Parkplatz **Mahlzeiten:** Frühstück, Mittagessen, Abendessen; Zimmerservice • **Preise:** ££ **Zimmer:** 13; 11 Doppelzimmer und Zweibettzimmer, 1 Einzelzimmer, 1 Familienzimmer, alle mit Bad; alle Zimmer haben Telefon, Fernseher • **Anlage:** Aufenthaltsraum, Speisezimmer, Bar, Terrasse, Garten • **Kreditkarten:** AE, DC, MC, V • **Kinder:** willkommen • **Behinderte:** ein geeignetes Schlafzimmer im Erdgeschoß • **Tiere:** gestattet • **Geschlossen:** nie • **Eigentümer:** Nigel und Robina Talbot-Ponsonby

Der Südosten

Littlestone, Kent

Romney Bay House
~ Hotel am Meer ~

Coast Road, Littlestone, New Romney, Kent TN28 8QY
Tel.: (01797) 36 47 47 **Fax:** (01797) 36 71 56
Website: www.uk-travelguide.co.uk/rombayho.htl

Die Anfahrt durch Littlestone ist nicht sehr vielversprechend, ganz besonders wenn es schon dunkel ist und man nicht weiß, wo man hinfährt. Aber dieses ehrwürdige Haus aus den 1920er Jahren, das von Clough Williams Ellis für die amerikanische Kolumnistin Hedda Hopper erbaut wurde, befindet sich in wunderbarer Lage zwischen dem Meer und Romney Marsh. Beim Eintreten bemerkt man einen Duft von Holzfeuerrauch und frischen Blumen. Jennifer Gorlichs Innenausstattung erinnert mit den französischen Möbeln und Stoffen an ein kleines Hotel in der Provence. Gewöhnlich findet man sie in der Küche, gerade dabei, den Nachmittagstee vorzubereiten oder ihre köstlichen Vier-Gänge-Menüs zu zaubern.
Jennifers Mann Helmut liest seinen Gästen vergnügt jeden Wunsch von den Augen ab. Es war seine Idee, Telefone aus dem Haus zu verbannen, Sie müssen also Ihr Handy benutzen.
Die Schlafzimmer sind mit cremefarbenen Baumwollstoffen, weißen Bettüchern und Antiquitäten eingerichtet. Im oberen Stockwerk gibt es einen Aussichtsraum, der die Atmosphäre eines Strandhauses hat: ganze Stapel von Strandtüchern, ausgebleichte Kissen aus Jeansstoff auf den Korbsesseln und Meeresmuscheln. All dies und dazu noch der Strand, was will man mehr?

Umgebung: Rye; Dungeness Lighthouse; Sandwich • **Lage:** in New Romney die Station Road in Richtung Meer nehmen, links abbiegen und den Schildern zum Hotel folgen; Parkplatz vorhanden • **Mahlzeiten:** Frühstück, am Wochenende mittags Sandwiches, Abendessen • **Preise:** ££ • **Zimmer:** 10 Doppelzimmer und Zweibettzimmer, alle mit Bad oder Dusche; alle Zimmer haben Fernseher, Haartrockner • **Anlage:** Aufenthaltsraum, Speisezimmer, Aussichtsraum, Terrasse, Garten; Krocket, Boule, Strand • **Kreditkarten:** DC, MC, V • **Kinder:** über 14 Jahre gestattet **Behinderte:** Zugang schwierig • **Tiere:** nicht gestattet • **Geschlossen:** Weihnachten **Eigentümer:** Jennifer und Helmut Gorlich

DER SÜDOSTEN

LONDON

The Beaufort
~ Bed & Breakfast in der Stadt ~

33 Beaufort Gardens, London SW3 1PP
Tel.: (020) 75 84 52 52 **Fax:** (020) 75 89 28 34
E-mail: thebeaufort@nol.co.uk **Website:** www.thebeaufort.co.uk/index.htm

Unser Mitarbeiter konnte bei seinem Besuch das Beaufort gar nicht verfehlen: Drei Portiers von Harrods in einer Reihe wiesen ihm den 100 Meter langen Weg zu dem Hotel, das Teil einer viktorianischen Häuserreihe ist, die in einer stillen Sackgasse in Knightsbridge liegt. Es muß eines der wenigen Hotels auf der Welt sein, das Sie damit überrascht, was alles später nicht auf der Rechnung erscheint. Haben Sie Lust auf ein Glas Champagner? Es kostet nichts. Nachmittagstee? Limousine zum Flughafen? Eine leichte Mahlzeit auf dem Zimmer? Auch das ist kostenlos. Und gerade wenn Sie sich so wohl fühlen, daß Sie jetzt gerne ein Trinkgeld geben würden, werden Sie Opfer einer »No tipping«-Vorschrift.

Alle Zimmer sind verschieden gestaltet, einige sind in gedämpften Pastelltönen gehalten, andere im heiteren Stil der Gemeinschaftsbereiche. Jeder Raum ist mit CD-Spieler, Video und tragbarer Stereoanlage ausgestattet, und für diejenigen, die sich gegen das englische Wetter wappnen möchten, stehen Regenschirme, Schokolade, Kekse und Brandy bereit. Für eine heitere Atmosphäre sorgen auch die vielen Blumen. Viele davon sind echt, die meisten aber hängen als Teil der enormen Sammlung von englischen Aquarellen an der Wand. Ein Beleg für die Freundlichkeit des größtenteils weiblichen Personals ist die große Stammkundschaft.

Umgebung: Harrods; Victoria and Albert Museum • **Lage:** über die Brompton Road, westlich von Harrods; Parkplatz mit Parkscheinsystem auf der Straße • **Mahlzeiten:** Frühstück; Zimmerservice • **Preise:** ££££ • **Zimmer:** 28 Doppelzimmer, Zweibettzimmer, Einzelzimmer und Suiten, alle mit Bad oder Dusche; alle Zimmer haben Telefon, Fernseher, Video, CD-Spieler, Klimaanlage, Haartrockner; Fax/Anrufbeantworter auf Anfrage • **Anlage:** Aufenthaltsraum, Bar • **Kreditkarten:** AE, DC, MC, V **Kinder:** gestattet • **Behinderte:** einige geeignete Schlafzimmer im Erdgeschoß **Tiere:** nicht gestattet • **Geschlossen:** nie • **Eigentümer:** Sir Michael Wilmot und Diana Wallis

Der Südosten

London

Covent Garden
~ Stadthotel ~

10 Monmouth Street, London WC2II 9HB
Tel.: (020) 78 06 10 00 **Fax:** (020) 78 06 11 00
E-mail: covent@firmdale.com **Website:** www.firmdale.com

Die Monmouth Street ist eine schöne, ziemlich ruhige Straße, die eine ideale Ausgangsbasis für Theater- und Kinobesuche ist. Das Gebäude des Covent Garden war früher ein französisches Krankenhaus, das Tim und Kit (sie ist verantwortlich für die ganze Inneneinrichtung) in ein Hotel umgewandelt haben. Auf den ersten Blick wirkt das Covent Garden mondän, gleichzeitig aber einladend und nicht im geringsten einschüchternd. Ein atemberaubender Salon erstreckt sich über den ersten Stock mit einer gut mit Drinks und Snacks ausgestatteten Bar an einem Ende, wo sich die Gäste jederzeit selbst bedienen können. Im Erdgeschoß befindet sich das kleine Bar/Bistro »Max's«, wo köstliche, einfach zubereitete *à la mode*-Gerichte serviert werden. Sie können aber auch zu jeder Zeit von der ausgewogenen Speisekarte des Zimmerservice bestellen.

Die Schlafzimmer sehen alle verschieden aus, obwohl jedes eine passend bekleidete Schaufensterpuppe enthält (das Hotel ist bei Models sehr beliebt). Jedes Zimmer hat ein prächtiges Badezimmer aus Granit, mit doppelten Waschbecken und großen Spiegeln. Ein Schlafzimmer hat versetzte Etagen, ein anderes besitzt ein bemerkenswertes Himmelbett; wundervoll sind auch die gemütlichen Mansardenzimmer.

~

Umgebung: Covent Garden; Royal Opera House; die Theater des West End • **Lage:** in ziemlich ruhiger Straße zwischen Shaftesbury Avenue und St Martin's Lane; gebührenpflichtiger Parkplatz oder öffentliches Parkhaus in der Nähe • **Mahlzeiten:** Frühstück, Mittagessen, Abendessen; Zimmerservice • **Preise:** ££££ • **Zimmer:** 50; 38 Doppelzimmer und Zweibettzimmer, 4 Suiten, 8 Einzelzimmer, alle mit Bad; alle Zimmer haben Telefon, Fernseher, Video, CD-Spieler, Fax/Modem-Anschluß, Klimaanlage, Minibar, Haartrockner • **Anlage:** Salon, Restaurant, Bar, Bibliothek, Fitneßraum, Aufzug • **Kreditkarten:** AE, DC, MC, V • **Kinder:** gestattet • **Behinderte:** Zugang möglich • **Tiere:** nicht gestattet • **Geschlossen:** nie • **Eigentümer:** Tim und Kit Kemp

… Südengland

Der Südosten

London

Dorset Square
~ Stadthaus-Hotel ~

39 Dorset Square, London NW1 6QN
Tel.: (020) 77 23 78 74 **Fax:** (020) 77 24 33 28
E-Mail: dorset@firmdale.com **Website:** www.firmdale.com

Das Hotel, ein vollständig instand gesetztes Haus der Regentschaftszeit des Prinzen of Wales 1811–1820, bietet Ausblick auf den Originalschauplatz des Lord's Kricketfelds. Es ist eines dieser geometrischen Wunder, die innen größer sind, als sie von außen erscheinen; und es wirkt dennoch sehr gemütlich. Das Haus bietet allen Komfort eines modernen Hotels. Kit Kemp und ihr Mann Tim (die u.a. auch das Covent Garden, Seite 105, besitzen) haben bei der Einrichtung einfach an alles gedacht: Stoffe und Möbel ergänzen in ihrem Stil das Gebäude, die Badezimmer strahlen in solch marmorner Pracht, daß selbst die strengsten Kritiker keinen Makel finden werden, frische Blumen leuchten überall und in jedem der großzügig proportionierten Zimmer gibt es Radios. Kein Wunder, daß das Dorset Square für die Kemps lediglich den Startschuß ihrer Hotelierkarriere bedeutete.

Wenn Sie sich nicht nur mit einem Drink aus der offenen Bar im Aufenthaltsraum versorgen wollen, können Sie das Potting Shed Restaurant im Souterrain aufsuchen, das so genannt wird, weil die Platzwarte des Lord's-Kricketfelds hier ihre Geräte aufbewahrten. Heute ist das Restaurant mit Kricket- und Ballonfahrtszenen geschmückt, es werden moderne englische Gerichte serviert.

Umgebung: Regent's Park; Madame Tussaud's; Oxford Street • **Lage:** nahe Marylebone und Baker Street Station, an einem Platz mit Zugang zu fast 1 ha privatem Gartengrund; Parkplatz in nahe gelegener Garage • **Mahlzeiten:** Frühstück; Zimmerservice • **Preise:** £££ • **Zimmer:** 38; 32 Doppelzimmer und Zweibettzimmer, 6 Einzelzimmer, alle mit Bad oder Dusche; alle Zimmer haben Telefon, Fernseher, Klimaanlage, Minibar, Haartrockner, Safe; einige mit Fax/Modem-Anschluß • **Anlage:** Aufenthaltsraum, Restaurant, Bar • **Kreditkarten:** AE, MC, V • **Kinder:** willkommen **Behinderte:** keine geeigneten Einrichtungen • **Tiere:** nicht gestattet • **Geschlossen:** nie • **Geschäftsführerin:** Sharon Dolan

Südengland

DER SÜDOSTEN

LONDON

Dukes
~ Stadthotel ~

35 St James's Place, London SW1A 1NY
Tel.: (020) 74 91 48 40 **Fax:** (020) 74 93 12 64
E-Mail: enquiries@dukeshotel.co.uk **Website:** www.dukeshotel.co.uk

Diskret zurückgesetzt in einem mit Gaslaternen beleuchteten Hof, ist dieses kultivierte edwardianische Hotel eine exzellente Adresse im prestigebewußten West End. Es wird vom Geschäftsführer Andrew Phillips und seinem jungen, freundlichen Team effizient und mit viel Aufmerksamkeit gegenüber den Gästen geleitet. Ein besonderes Juwel ist der meisterhafte Barmann Gilberto Preti, der angeblich den besten Dry Martini von ganz London zubereitet, was er mit großer Lässigkeit jeden Abend unter Beweis stellt.

Die Atmosphäre des Dukes ist die eines englischen Landhauses. Seine Einrichtung verzichtet glücklicherweise auf unnötige Übertreibungen. Das fällt besonders in den zurückhaltenden, aber reizenden Schlafzimmern auf, die eher wie Gästezimmer in einem privaten Haus wirken, aber als Bonuspunkt riesige Betten enthalten. Das Penthouse mit seinen phantastischen Ausblicken ist perfekt geeignet, um sich hier einige Tage zu verkriechen – wenn die Geldbörse es erlaubt.

Kürzlich wurden im Hotel ein Fitneßraum und ein Schönheitssalon eingerichtet, um mit viel größeren Luxushotels gleichzuziehen. Die Gemeinschaftsräume sind klein, aber das macht das gemütliche Ambiente des Ortes aus. Das Personal ist liebenswürdig und hilfsbereit; wir würden Berichte über das Essen begrüßen.

Umgebung: St James's; Picadilly Circus; Royal Academy; Green Park • **Lage:** im West End, nahe St James's Street; Parkplatz in nahe gelegenem öffentlichem Parkhaus • **Mahlzeiten:** Frühstück, Mittagessen, Abendessen; Zimmerservice • **Preise:** ££££ • **Zimmer:** 81; 74 Doppelzimmer und Zweibettzimmer, 7 Suiten, alle mit Bad; alle Zimmer haben Telefon, Fernseher, Fax/Modem-Anschluß, Minibar, Klimaanlage, Haartrockner • **Anlage:** Aufenthaltsraum, Restaurant, Bar, Aufzug, Fitneßraum, Sauna, Schönheitssalon • **Kreditkarten:** AE, DC, MC, V • **Kinder:** gestattet **Behinderte:** Zugang möglich • **Tiere:** nicht gestattet • **Geschlossen:** nie **Geschäftsführer:** Andrew Phillips

DER SÜDOSTEN

LONDON

Five Sumner Place
~ Bed & Breakfast in der Stadt ~

5 Sumner Place, London SW7 3EE
Tel.: (020) 75 84 75 86 **Fax:** (020) 78 23 99 62
E-mail: no.5@dial.pilpex.com **Website:** www.sumnerplace.com

Wenn Sie vorhaben sollten, richtig einkaufen zu gehen, oder wenn Sie planen, eine Auktion bei Christie's (deren Verkaufsräume um die Ecke sind) zu besuchen und Sie eine Unterkunft suchen, die für Ihren Geldbeutel weniger schmälernd wirkt als einige der Gästehäuser in der Nähe, dann ziehen Sie das Sumner Place in Betracht. Die Zimmer in diesem Stadthaus sind hübsch dekoriert, in traditionellem Stil möbliert und für diese Gegend verhältnismäßig vernünftig im Preis. Trotz seiner zentralen Lage (nur einige Meter vom turbulenten South Kensington entfernt) ist es ruhig und zurückhaltend. Es gibt keine Schilder außen, und Sie können kommen und gehen, wann Sie wollen, da Sie einen eigenen Schlüssel für die geschlossen gehaltene Vordertür ausgehändigt bekommen.
Innen finden Sie einen wirklich behaglichen Aufzug (so sind auch die Zimmer), was eine ziemlich seltene Einrichtung in frühen viktorianischen Häusern wie diesem ist. Das Frühstück besteht aus einem paneuropäischen Buffet, mit Aufschnitt und Käse ebenso wie dem typisch englischen Toast, außerdem Müsli, Früchte und Joghurt. Es wird in einem ruhigen und (manchmal) sonnigen Wintergarten serviert, der die Hälfte des kleinen Gartens beansprucht. Der Geschäftsführer Tom Tyranowicz leitet das Hotel ruhig und effizient von seinem winzigen Büro aus, und er wird Ihnen gerne alle Wünsche erfüllen, von der Tasse Tee bis zum Bügelbrett.

Umgebung: Science Museum; Natural History Museum; Knightsbridge • **Lage:** in Wohngegend nahe Old Brompton Road; öffentlicher Parkplatz und gebührenpflichtige Parkplätze in der Nähe • **Mahlzeiten:** Frühstück • **Preise:** £££ • **Zimmer:** 13; 10 Doppelzimmer und Zweibettzimmer, 3 Einzelzimmer, alle mit Bad oder Dusche; alle Zimmer haben Telefon, Fernseher, Haartrockner • **Anlage:** Wintergarten, Aufzug, Veranda • **Kreditkarten:** AE, MC, V • **Kinder:** über 6 Jahre gestattet **Behinderte:** geeignete Schlafzimmer im Erdgeschoß • **Tiere:** nicht gestattet **Geschlossen:** nie • **Geschäftsführer:** Tom Tyranowicz

Der Südosten

London

The Franklin
~ Stadthaus-Hotel ~

28 Egerton Gardens, London SW3 2DB
Tel.: (020) 75 84 55 33 **Fax:** (020) 75 84 54 49
E-mail: booking@thefranklin.co.uk **Website:** www.franklinhotel.co.uk

In London gibt es mehr als nur eine Hand voll kleiner, netter Gästehäuser, und es kann sehr schwer sein, sich zwischen ihnen zu entscheiden, wo sie doch alle zentral gelegen sind, im Überfluß mit Luxusstoffen geschmückt sind, elegante, etwas formelle Gemeinschaftsräume besitzen und freundlichen, professionellen Service bieten. Die unattraktivsten sind fast schon klaustrophobisch vor lauter Geziertheit; in den besten herrscht eine gelassene, natürliche Atmosphäre, man fühlt sich geborgen und entspannt. Und genau das ist es, was wir am Franklin so mögen.

Was das Franklin von anderen Hotels abhebt, sind seine Schlafzimmer. Einige haben enorme Ausmaße, einige besitzen noch ihre Originaldekoration, wie Stuck und Holzvertäfelung, einige erstrecken sich auf versetzte Geschosse mit dem Bett auf der oberen und der Sitzgruppe auf der unteren Etage. Die besten sind die Garden Rooms im Erdgeschoß, die sich direkt zu den Gemeinschaftsgärten des Hauses öffnen, in denen im Sommer weiße Rosen blühen. Alle Schlafzimmer sind mit Blumen- und Streifenmustern dekoriert und mit großen Betten, einige davon mit Baldachin, ausgestattet. Der Service ist prompt und das junge Personal sehr hilfsbereit. Neuerdings gibt es einen kleinen Internetraum, in dem immer ein Gast arbeiten kann.

Umgebung: Victoria and Albert Museum; Natural History Museum; Knightsbridge; Hyde Park • **Lage:** in einer Seitenstraße der Brompton Road, gegenüber dem Brompton Oratory; kostenpflichtiger öffentlicher Parkplatz • **Mahlzeiten:** Frühstück; Zimmerservice • **Preise:** £££ • **Zimmer:** 50; 41 Doppelzimmer und Zweibettzimmer, 9 Einzelzimmer, alle mit Bad; alle Zimmer haben Telefon, Fernseher, Fax/Modem-Anschluß, Minibar, Klimaanlage, Haartrockner • **Anlage:** Aufenthaltsraum, Frühstücksraum, Bar, Internetraum, Aufzug • **Kreditkarten:** AE, DC, MC, V
Kinder: gestattet • **Behinderte:** Zugang möglich • **Tiere:** nicht gestattet
Geschlossen: Weihnachten • **Geschäftsführerin:** Karen Marshall

Der Südosten

London

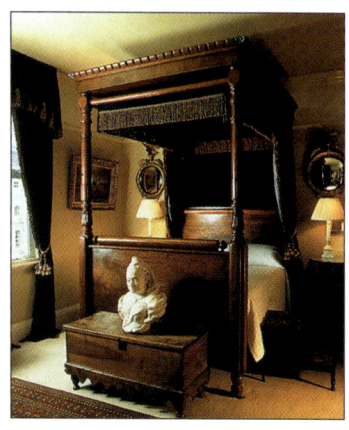

The Gore
~ Stadthaus-Hotel ~

189 Queen's Gate, London SW7 5EX
Tel.: (020) 75 84 66 01 **Fax:** (020) 75 89 81 27
E-mail: reservations@gorehotel.co.uk

1990 kaufte das gleiche Team, das auch das Hazlitt's (siehe nebenstehende Seite) eröffnete, dieses viktorianische Stadthaus (schon lange als Hotel etabliert), das sich in einer baumgesäumten Straße nahe den Kensington Gardens befindet. In der Einrichtung orientiert es sich am Hazlitt's: Die Schlafzimmer sind mit Antiquitäten bestückt, die Wände belebt mit Bildern. Das junge Personal ist freundlich und bietet effizienten, aber persönlichen Service.

Das Hotel hat viel Charakter; jeder Quadratzentimeter der Wände ist mit Kunstdrucken und Ölgemälden bedeckt; die Schlafzimmer haben einen sehr individuellen Stil – in einem Zimmer gibt es eine Galerie, in einem anderen ein Judy-Garland-Bett. In jedem Zimmer gibt es außerdem ein umfangreiches Dossier mit Vorschlägen für Besichtigungen und Aktivitäten in der Nähe. Die holzvertäfelte Bar im Erdgeschoß ist ein beliebter Treffpunkt für Einwohner und Hotelgäste. Auf der anderen Seite der Halle gibt es das »Bistrot 190«, das die gleichen Besitzer hat und im selben Stil eingerichtet ist wie das Hotel, aber unabhängig fungiert. Zwischen 7.30 und 23.30 Uhr bietet es neben Frühstück verschiedene leichte, moderne Gerichte der internationalen Küche.

Das Restaurant 190, das berühmt für seine Fischspezialitäten ist, wirkt mit seinen Rosenholzpaneelen und dunkelroten Samtsesseln sehr stilvoll.

Umgebung: Kensington Gardens; Hyde Park; Albert Hall; Harrods • **Lage:** südlich der Kensington Gardens; gebührenpflichtiger Parkplatz und öffentliches Parkhaus in der Nähe • **Mahlzeiten:** Frühstück, Mittagessen, Abendessen • **Preise:** £££ **Zimmer:** 54; 31 Doppelzimmer, 23 Einzelzimmer (32 mit Bad und 22 mit Dusche); alle Zimmer haben Telefon, Fernseher, Minibar, Haartrockner, Safe • **Anlage:** Aufenthaltsraum, Bar, Restaurant, Bistro, Aufzug • **Kreditkarten:** AE, DC, MC, V **Kinder:** willkommen • **Behinderte:** Zugang möglich • **Tiere:** nach Vereinbarung **Geschlossen:** Weihnachten • **Eigentümer:** Peter McKay und Douglas Blaine

DER SÜDOSTEN

LONDON

Hazlitt's
~ Stadthaus-Hotel ~

Ashwater, Beaworthy, Devon EX21 5DF
Tel.: (01409) 21 12 24 **Fax:** (01409) 21 16 34
E-mail: stay@blagdon.com **Website:** www.blagdon.com

Es gibt kein charaktervolleres Viertel im Zentrum Londons als Soho; und es gibt nur wenige Gästehäuser, die mehr Charakter besitzen als das Hazlitt's in der Nähe des Soho Square, das drei georgianische Häuser in einer Reihe umfaßt. Die unebenen, knarrenden Fußbodenbretter sind noch original (der Gang ins Bett kann mühsam werden), und die Räume sind mit passenden Antiquitäten, Büsten und Kunstdrucken geschmückt. Die Schlafzimmer sind nach Personen benannt, die in dem Haus Gast waren, in dem der berühmte Essayist Hazlitt selbst lebte. Sie unterscheiden sich angenehm von den meisten Hotelzimmern in London, einige besitzen kunstvoll geschnitzte Kopfteile am Bett, eines hat ein herrliches Himmelbett, alle sind mit frei stehenden Badewannen und viktorianischen Badezimmereinrichtungen ausgestattet.

Wie es für ein Establissement mit solch literarischer Referenz angemessen ist, wird das Hazlitt's viel von Autoren frequentiert, die bei ihrer Abreise stets signierte Exemplare ihrer Werke hinterlassen. Leider mußte der Schrank in dem kleinen Aufenthaltsraum, in dem sie aufbewahrt werden, abgesperrt werden, um die Bücher, die zuweilen abhanden gekommen waren, zu schützen.

Ein kleines Frühstück wird in den Zimmern serviert, ebenso leichte Gerichte wie Blinis und belegte Baguettes. Das Hazlitt's ist ein Hotel für Leute, die authentischen, stilvollen Komfort schätzen.

Umgebung: Oxford Street; Picadilly Circus; Covent Garden; Theater • **Lage:** in Soho, zwischen Oxford Street und Shaftesbury Avenue; öffentliche Parkplätze in der Nähe
Mahlzeiten: Frühstück; Zimmerservice • **Preise:** £££ • **Zimmer:** 17 Doppelzimmer (1 Zweibettzimmer), alle mit Bad; alle Zimmer haben Telefon, Fernseher, Fax-/Modem-Anschluß, Haartrockner, Safe • **Anlage:** Aufenthaltsraum • **Kreditkarten:** AE, DC, MC, V • **Kinder:** willkommen • **Behinderte:** keine geeigneten Einrichtungen
Tiere: nach Vereinbarung • **Geschlossen:** Weihnachten • **Eigentümer:** Peter McKay und Douglas Blaine

Der Südosten

London

L'Hotel
~ Gästehaus in der Stadt ~

28 Basil Street, London SW3 1AS
Tel.: (020) 75 89 62 86 **Fax:** (020) 78 23 78 26

Bei einem erneuten Besuch vor kurzer Zeit bestätigte sich unser Eindruck, daß das L'Hotel ein wunderbar ruhiger Hafen inmitten des geschäftigen Knightsbridge ist; vor allem wenn man bedenkt, daß sein schickes kleines Restaurant »Metro« im Souterrain das Hotel schon seit langem zu einer beliebten Adresse bei Anwohnern und Kauflustigen macht. Der Eingang ist angenehm unaufdringlich und gibt dem Hotel den Anschein eines privaten Hauses. Innen verschönern Handdrucke die gestreiften Wände. Die kleinen, aber gut ausgestatteten Schlafzimmer sind mit Stoffen in sanften Creme- und Beigefarben behangen. Antike Kiefermöbel, Lärmschutzfenster, hölzerne Fensterläden und Ventilatoren runden die Ausstattung ab. Einige Räume können miteinander zu einer Suite verbunden werden, eine besonders bei Familien beliebte Möglichkeit.

Das Restaurant wirkt wie eine helle französische Brasserie, hier wird den Gästen das Frühstück serviert. Von den nackten Wänden heben sich Schwarzweißphotographien vorteilhaft ab. Sitzgelegenheit bieten gepolsterte Bänke, mintgrüne und chromblitzende Stühle, die einen optischen Kontrast zu den Holzplatten der Tische darstellen, und die Hocker an der Bar aus schwarzem Marmor. Die modernen englischen Gerichte werden von Küchenchef Eric Chavot zusammengestellt. Er wurde bereits mit einem Michelin-Stern ausgezeichnet und ist außerdem für das Schwesterhotel des L'Hotel, das benachbarte Capital Hotel, zuständig.

Umgebung: Knightsbridge; Hyde Park; Buckingham Palace • **Lage:** zwischen Sloane Street und Harrods; öffentlicher Parkplatz gegenüber • **Mahlzeiten:** Frühstück, Mittagessen, Abendessen • **Preise:** £££ • **Zimmer:** 12; 11 Doppelzimmer, 1 Suite; alle mit Bad; alle Zimmer haben Telefon, Fernseher, Minibar, Safe • **Anlage:** Restaurant/Bar • **Kreditkarten:** AE, DC, MC, V • **Kinder:** willkommen • **Behinderte:** keine geeigneten Einrichtungen • **Tiere:** nach Vereinbarung • **Geschlossen:** Restaurant So mittag und abend • **Eigentümer:** David Levin

Der Südosten

London

London Bridge
~ Stadthotel ~

8-10 London Bridge Street, London SE1 9SG
Tel.: (020) 78 55 22 00 **Fax:** (020) 78 55 22 33 **E-mail:** sales@london-bridge-hotel.co.uk **Website:** www.london-bridge-hotel.co.uk

Wo bringen die nur all ihre Zimmer unter? Dieses große, gemütliche, zu keiner Kette gehörende Hotel wurde Ende 1998 eröffnet und verbirgt sich in einer kleinen Straße neben der London Bridge Station. Trotz seiner Größe herrscht eine behagliche, intime Atmosphäre. 1999 wurden Zimmer für besonders gehobene Ansprüche und ein Fitneßcenter angefügt; außerdem gibt es im Erdgeschoß das Restaurant »Simply Nico«. Das Hotel ist also perfekt geeignet für Geschäftsleute, die über die London Bridge in die Stadtmitte wollen. Rechts vom Eingang finden Sie alle Attraktionen von Bankside, wie die neue Tate Gallery und die Millenium Bridge nach St Paul's. Die Wochenendpreise sind für die zentrale Lage verhältnismäßig günstig. Die Standardzimmer sind eher klein und haben Lärmschutzfenster; die Zimmer, die nach hinten hinausgehen, bieten Ausblick auf die Dächer Londons, auf Kirchturmspitzen und Bäume. Zu den Doppelzimmern gehören gepflegte, schwarzweiß gehaltene Badezimmer mit granitverkleideten Waschbecken. Die Zimmer sind mit karierten Vorhängen, bemalten Holzmöbeln und marineblauen Bettlaken ausgestattet. Verborgen in Schränken befinden sich spezielle Safes für Laptops. Auf dem Weg hinunter zum Frühstück im Souterrain können Sie römische Funde, die unter dem Gebäude ausgegraben wurden, bewundern.

Umgebung: City; Tower of London; Globe Theatre; Bankside; Tate • **Lage:** neben der London Bridge Station; öffentlicher Parkplatz • **Mahlzeiten:** Frühstück, Mittagessen, Abendessen; Zimmerservice • **Preise:** £££ • **Zimmer:** 138; 134 Doppelzimmer und Zweibettzimmer, alle mit Bad, 4 Einzelzimmer mit Dusche; alle Zimmer haben Telefon, Fax/Modem-Anschluß, Fernseher, Klimaanlage, Haartrockner, Safe **Anlage:** Lobby, Speisezimmer, Restaurant, 2 Aufzüge, Fitneßcenter • **Kreditkarten:** AE, DC, MC, V • **Kinder:** willkommen • **Behinderte:** 6 speziell ausgestattete Schlafzimmer • **Tiere:** nach Vereinbarung • **Geschlossen:** nie • **Geschäftsführer:** Nicholas Cowell

Südengland

Der Südosten

London

Tip des Herausgebers

Millers
Bed & Breakfast in der Stadt

111a Westbourne Grove, London W2 4UW
Tel.: (020) 72 43 10 24 **Fax:** (020) 72 43 10 64
E-mail: enquiries@millersuk.com **Website:** www.millersuk.com

Wenn Sie ein Liebhaber von Antiquitäten sind und glauben, daß Ihr Haus bereits übervoll ist, dann wird Ihr Aufenthalt in Martin Millers Haus (er ist der Autor eines renommierten Antiquitätenführers) Sie eines Besseren belehren. Schon die Sänfte in der Halle und die orientalischen Teppiche und Kunstdrucke im Treppenaufgang bereiten Sie – unzureichend – auf die eklektische Pracht im großen Salon im ersten Stock vor. Er ist vollgestopft mit Antiquitäten, und es überkommt einen das Gefühl, daß auch nur eine Schnupftabakdose mehr den Raum bersten ließe. Am Abend erstrahlt das Hotel im Schein Dutzender Kerzen (leicht unterstützt von elektrischer Beleuchtung): Ein Aufenthalt im Millers ist wirklich eine einzigartige Erfahrung.
Die Begrüßung durch Geschäftsführerin Anthea Pouli und ihr Personal könnte nicht herzlicher sein. Die Schlafzimmer (alle sind nach Dichtern benannt) im zweiten Stock sind elegant, wenn auch weniger reichlich möbliert, jedes in dem Stil, der seinem namensgebenden Poeten entspricht. Frühstück gibt es an einem großen Tisch, und die Gäste bedienen sich selbst. Außerdem gibt es eine enorme Auswahl an Restaurants, die man vom Hotel aus leicht zu Fuß erreichen kann – vergessen Sie nur nicht Ihren Schlüssel, denn die Eingangstür ist immer verschlossen.

Umgebung: Portobello Road Market; Notting Hill Gate; Kensington Gardens; Kensington High Street • **Lage:** im ersten Stock über einem Restaurant an der Kreuzung von Westbourne Grove und Hereford Road (Eingang in der Hereford Road); gebührenpflichtiger Parkplatz • **Mahlzeiten:** Frühstück • **Preise:** £££
Zimmer: 8 Doppelzimmer und Zweibettzimmer, alle mit Bad; alle Zimmer haben Telefon, Fernseher • **Anlage:** Aufenthaltsraum, Bibliothek • **Kreditkarten:** AE, MC, V
Kinder: gestattet • **Behinderte:** keine geeigneten Einrichtungen • **Tiere:** nicht gestattet • **Geschlossen:** Weihnachten • **Eigentümer:** Martin Miller und Carey Ravden

Der Südosten

London

Number Sixteen
Gästehaus in der Stadt

16 Sumner Place, London SW7 3EG
Tel.: (020) 75 89 52 32 **Fax:** (020) 75 84 86 15 **E-mail:** reservations@numbersixteenhotel.co.uk **Website:** www.numbersixteenhotel.co.uk

Das Number Sixteen ist auch für Londoner Verhältnisse ein sehr charaktervolles, luxuriöses Gästehaus. Sein frühviktorianisches Originalgebäude umfaßt vier zusammenhängende Häuser in South Kensington, die in den letzten Jahren alle von Grund auf erneuert wurden. Die Gemeinschaftsräume sind ebenso wie die Schlafzimmer reichlich mit Bildern dekoriert, am auffälligsten ist ein riesiges abstraktes Gemälde in der Rezeption. Unten empfangen Sie immer große Vasen voller frischer Blumen – beispielsweise Gartenwicken und Rosen. Im hinteren Teil gibt es eine große Veranda, die gepflegt und farbenfroh dekoriert ist. Innen ist die Dekoration traditionell und harmonisch abgestimmt. Eine Reihe kleiner Aufenthaltsräume mit viktorianischen Stuckdecken, Antiquitäten und luxuriösen Vorhängen führen zu einem wunderschönen Salon. Hier können Sie an Sommertagen sitzen und die verschwenderische Fülle an Blumen draußen bewundern.

Die Schlafzimmer sind großzügig geschnitten, komfortabel und stilvoll. Sie sind reichlich mit antiken Möbeln und Stilmöbeln eingerichtet; einige besitzen Verandatüren, die sich zum Garten hin öffnen lassen. Die gekachelten Badezimmer wurden erst kürzlich erneuert. Das Frühstück wird in den Zimmern serviert; das Hotel besitzt kein Speisezimmer, aber es gibt eine Menge Restaurants in der nahe gelegenen Old Brompton Road.

Umgebung: South Kensington Museums; Knightsbridge; Kings Road • **Lage:** nahe Old Brompton Road; kein eigener Parkplatz • **Mahlzeiten:** Frühstück; Zimmerservice **Preise:** £££ • **Zimmer:** 36; 27 Doppelzimmer, 23 mit Bad, 4 mit Dusche; 9 Einzelzimmer mit Dusche; alle Zimmer haben Telefon, Fernseher, Minibar, Haartrockner; Safe • **Anlage:** Aufenthaltsraum, Bar, Wintergarten, Aufzug, kleiner Garten **Kreditkarten:** AE, DC, MC, V • **Kinder:** über 12 Jahre gestattet • **Behinderte:** Zugang schwierig • **Tiere:** nicht gestattet • **Geschlossen:** nie • **Geschäftsführer:** Jean Branham

Der Südosten

London

Pembridge Court
Stadthotel

34 Pembridge Gardens, London W2 4DX
Tel.: (020) 72 29 99 77 **Fax:** (020) 77 27 49 82
E-mail: reservations@pemct.co.uk **Website:** www.pemct.co.uk

Das Pembridge Court wird von der temperamentvollen Valerie Gilliat geleitet, die Aufsicht führen aber Spencer und Churchill, ein Paar riesiger, würdevoller, ingwerfarbener Katzen. Das von Lorbeerbäumen gesäumte Stadthaus aus dem 19. Jahrhundert ist weit genug vom Trubel der Busse und U-Bahnen von Notting Hill Gate entfernt, um Ruhe zu bieten. Die Zimmer variieren in Größe und Preis, aber – was für ein so kleines Hotel ungewöhnlich ist – die Zimmer, die als groß ausgeschrieben sind, sind sogar groß genug, um darin ein Geschäftstreffen oder eine kleine Party abzuhalten, wenn Ihnen danach ist; und für beide Zwecke sind sie auch elegant und gut genug ausgestattet. Das kleinste Zimmer ist ebenfalls sehr ehrlich beschrieben: Es heißt The Last Resort.

Im Erdgeschoß befindet sich der gemütlich eingerichtete Aufenthaltsraum, der in Gelb und Blau gehalten ist und der auch für private Treffen gemietet werden kann. Überall in den Räumen sind Erzeugnisse englischer Putzmacherkunst ausgestellt: Dazu gehören viktorianische Spitzenhandschuhe, Fächer, Perlenarbeiten und andere faszinierende Stücke. Unten ist die »Darling Bar« mit ihren nackten Backsteinwänden, und daneben finden Sie das Restaurant »Caps« (hier werden abwechslungsreiche, orientalisch beeinflußte Gerichte serviert, die Sie ohne weiteres auch auf Ihr Zimmer bestellen können).

Umgebung: Kensington Gardens; Kensington High Street; Portobello Road • **Lage:** in Wohngegend nördlich von Notting Hill Gate; Parkplatz für 2 Autos in Garage
Mahlzeiten: Frühstück, Mittagessen, Abendessen; Zimmerservice • **Preise:** £££
Zimmer: 20; 17 Doppelzimmer und Zweibettzimmer, 3 Einzelzimmer, alle mit Bad; alle Zimmer haben Telefon, Fernseher, Haartrockner; einige Zimmer mit Klimaanlage
Anlage: Aufenthaltsraum, Bar • **Kreditkarten:** AE, DC, MC, V • **Kinder:** willkommen
Behinderte: Zugang schwierig • **Tiere:** nach Vereinbarung • **Geschlossen:** nie
Geschäftsführer: Valerie Gilliat

Der Südosten

London

Portobello
~ Stadthaus-Hotel ~

22 Stanley Gardens, London W11 2NG
Tel.: (020) 77 27 27 77 **Fax:** (020) 77 92 96 41 **E-mail:** reception@portobello-hotel.demon.co.uk **Website:** www.portobello-hotel.demon.co.uk

Das Hotel gehört Tim Herring, der auch die bekannte »Julie's Bar« in der Clarendon Road besitzt. Es war lange Zeit sehr beliebt bei Gästen aus der Welt des Films, der Mode und der Musikindustrie. Mit so vielen Nachteulen und Globetrottern aus aller Welt unter den Gästen hat die Rezeption, die Bar und das Restaurant fast rund um die Uhr geöffnet. Die Bar ist in Pastelltönen gehalten und mit antiken Armsesseln ausgestattet. Rohrstühle geben dem gefliesten Speisezimmer ein frisches, luftiges Ambiente. Von der Rückseite des Hotels blickt man auf die ruhigen privaten Gärten, die von einem großen Mimosenbusch umsäumt sind. Im Aufenthaltsraum herrsch ein Stilgemisch aus viktorianischen Sofas, einem großen Schreibtisch mit lederner Oberfläche, Salonpalmen und Verandatüren, die mit glänzendem rotem Stoff behangen sind, Drucke und Spiegel in vergoldeten Rahmen schmücken die Wände.

Die Schlafzimmer variieren in ihrer Größe von weiträumig (der Round Room hat ein großes rundes Bett und eine edwardianische Umkleidekabine) bis zu winzigen »Kabinen« im obersten Stockwerk. Letztere sind aber dennoch mit Kühlschränken und Farbfernsehern ausgestattet. Es gibt zwei neue Zimmer im Souterrain, eines ist in japanischem Stil, das andere im Kolonialstil gehalten.

Umgebung: Kensington Gardens; Kensington High Street; Portobello Road • **Lage:** in Wohngegend von Notting Hill Gate, nahe Kensington Road; gebührenpflichtige öffentliche Parkplätze • **Mahlzeiten:** Frühstück, Mittagessen, Abendessen; Zimmerservice • **Preise:** £££ • **Zimmer:** 22; 17 Doppelzimmer und Zweibettzimmer, 5 Einzelzimmer, alle mit Bad oder Dusche; alle Zimmer haben Telefon, Fernseher, Fax/Modem-Anschluß, Minibar, Haartrockner; einige Zimmer mit Klimaanlage • **Anlage:** Aufenthaltsraum, Speisezimmer, Bar • **Kreditkarten:** AE, MC, V • **Kinder:** gestattet **Behinderte:** keine geeigneten Einrichtungen • **Tiere:** nach Vereinbarung **Geschlossen:** Ende Dez. bis Anfang Jan. • **Eigentümer:** Tim Herring

Der Südosten

London

The Rookery
~ Stadthotel ~

Peter's Lane, Cowcross Street, London EC1M 6DS
Tel.: (020) 73 36 09 31 **Fax:** (020) 73 36 09 32
E-mail: reservations@rookery.co.uk

The Rookery wurde kürzlich von den Besitzern der Hotels The Gore und Hazlitt's (siehe Seiten 110 und 111) eröffnet. Es ist ein heimeliges kleines Hotel voller alter Kuriositäten in einer ruhigen Passage zwischen den Restaurants von Clerkenwell. Das Konglomerat georgianischer, unter Denkmalschutz stehender Cottages hat viel Charakter und birgt Details aus einer anderen Zeit: Holzvertäfelungen, originale Fensterläden, offene Kamine, gefliese Böden. Die Minibar und Arbeitsflächen in den Zimmern sind diskret hinter antiken Türen verborgen. Zu den Zimmern gehören ausgezeichnete Bäder mit viktorianischer Ausstattung. In der zweistöckigen Suite gibt es ein französisches Rokokobett, das von einer Mohrenstatue bewacht wird, und eine edwardianische Umkleidekabine hinter Spitzenvorhängen. Mit einer beweglichen Trennwand läßt sich die obere Etage für geschäftliche Treffen abtrennen, damit keine zerknitterten Laken im Schlafbereich sichtbar sind.

Als Tagesraum dient ein Wintergarten mit offenem Kamin, Ledersesseln und rustikalen Bildern, er öffnet sich zu einer kleinen Gartenterrasse. Das kontinentale Frühstück wird auf Tabletts serviert: frisch gepreßter Orangensaft, Kaffee und Croissants, die jeden Morgen in der hoteleigenen Patisserie gebacken werden.

Umgebung: City; St Paul's; Smithfield; U-Bahn Station Farringdon Road • **Lage:** in Fußgängerzone in Clerkenwell, nahe Smithfield und Innenstadt; öffentlicher Parkplatz in der Nähe • **Mahlzeiten:** Frühstück, kleine Gerichte; Zimmerservice **Preise:** £££ • **Zimmer:** 31; 24 Doppelzimmer, 6 Einzelzimmer, 1 Suite, alle mit Bad; alle Zimmer haben Telefon, Fax/Modem-Anschluß, Fernseher, Minibar, Haartrockner; Safe • **Anlage:** Wintergarten, Terrasse • **Kreditkarten:** AE, DC, MC, V • **Kinder:** gestattet • **Behinderte:** 1 geeignetes Schlafzimmer im Erdgeschoß • **Tiere:** nach Vereinbarung • **Geschlossen:** Weihnachten • **Eigentümer:** Peter McKay und Douglas Blaine

Der Südosten

London

Sydney House
~ Stadthaus-Hotel ~

9-11 Sydney Street, London SW3 6PU
Tel.: (020) 73 76 77 11 **Fax:** (020) 73 76 42 33 **E-mail:** sydneyhousehotel@see-london.com **Website:** www.sydneyhousehotel.com

Das Hotel besteht aus einer Reihe von Stadthäusern aus der Mitte des 19. Jahrhunderts in der geschäftigen Sydney Street. Es gehört einer Schweizer Firma und wurde von dem Schweizer Designer und Hotelier Jean-Luc Aeby renoviert und ausgestattet, der es bis heute leitet. Er schuf eine gemütliche, einladende und etwas wunderliche Residenz. Ein Gewirr von Stufen und dunklen, aber heimeligen Gängen führen Sie zu den viel helleren, gut geschnittenen Schlafzimmern. Jedes hat seinen eigenen Charakter und ist dekoriert mit prächtigen Stoffen, Artefakten, Drucken und Gemälden aus aller Welt. Das Penthouse hat eine große Terrasse, von der aus man über die Dächer von Chelsea blicken kann; ein anderes Zimmer hat einen sonnigen Balkon; ein weiteres ein vergoldetes Himmelbett, drapiert mit Seide und Brokat; ein anderes besticht mit Stoffen in Leopardenmuster und einer asiatischen Note. Alle Zimmer sind mit frisch gestärkten weißen Laken und flauschigen Handtüchern in den makellosen Badezimmern ausgestattet.

Die Gemeinschaftsräume sind reich dekoriert und mit interessanten Spiegeln, Teppichen, Marmorplastiken und Möbeln ausgestattet, außerdem gibt es einen sehenswerten Wandschirm aus dem marokkanischen Haus des französischen Künstlers Henri Matisse. Das Personal ist unaufdringlich, fleißig und freundlich. Das Frühstück ist exzellent, die Obstplatte ist ein Meisterwerk.

Umgebung: King's Road; Michelin Building; Museen von South Kensington • **Lage:** in einer Straße zwischen der Kings Road und der Fulham Road; fast am Ende der Fulham Road • **Mahlzeiten:** Frühstück, kleine Gerichte; Zimmerservice • **Preise:** ££££ • **Zimmer:** 21; 13 Doppelzimmer, 8 Einzelzimmer, alle mit Bad; alle Zimmer haben Telefon, Fernseher; Fax/Modem-Anschluß, Minibar, Haartrockner • **Anlage:** Aufenthaltsraum, Frühstücksraum, Restaurant/Bar • **Kreditkarten:** AE, DC, MC, V **Kinder:** willkommen • **Behinderte:** Zugang schwierig • **Tiere:** nicht gestattet **Geschlossen:** nie • **Geschäftsführer:** Jean-Luc Aeby

Der Südosten

Lymington, Hampshire

Stanwell House
~ Stadthotel ~

High Street, Lymington, Hampshire SO41 9AA
Tel.: (01590) 67 71 23 **Fax:** (01590) 67 77 56
E-mail: stanwellhouse@virgin.net

Bis zu seiner Wiedergeburt vor kurzem war das georgianische Stanwell House ein verblassendes Wahrzeichen im hübschesten Teil von Lymingtons attraktiver High Street. Als Jane McIntyre das Hotel 1995 übernahm, wurde alles umgebaut: Heute erstreckt sich ein Hof mit Steinplatten in italienischem Stil entlang dem Gebäude. Auf der einen Seite des Eingangs befindet sich ein schickes Landmodengeschäft, das Stanwells, auf der anderen Seite eine Bar und ein gemütliches Bistro im einfachen Stil des 17. Jahrhunderts – dunkle Wände, Eichenbänke, Zinnteller und ein *trompe l'oeil*-Kamin. Unsere Mahlzeit hier war hervorragend, in modernem englischem Stil zubereitet und nicht teuer.

Einen Kontrast zum Bistro bietet das Restaurant mit Kerzenleuchtern, Stahlstühlen, die mit violettem, kirschrotem, rosafarbenem und tiefrotem Samt gepolstert sind, und Schwaden von Seidenvorhängen. Auch die Schlafzimmer im Hauptgebäude sind theatralisch, um nicht zu sagen: sie schießen über das Ziel hinaus. Sie bieten dramatische Wände, reich behangen mit Seide, Samt und Brokat, Türme weißer Kissen und Badezimmer, die in noch mehr Stoff schwelgen. Die Schlafzimmer im Anbau sind dagegen ein guter Beweis, daß man einen durchschnittlichen Raum hübsch und einladend gestalten kann. Das Hotel ist vor allem bei jüngeren Leuten beliebt, besonders für Wochenendausflüge weg von der Stadt.

Umgebung: New Forest; Beaulieu; Isle of Wight • **Lage:** in der High Street, nahe Kai und Jachthafen; kein eigener Parkplatz; öffentliche Parkplätze in der Nähe **Mahlzeiten:** Frühstück, Mittagessen, Abendessen • **Preise:** ££ • **Zimmer:** 31; 26 Doppelzimmer, 3 Luxussuiten; 1 Cottage mit 2 Schlafzimmern; alle mit Bad, 1 mit Dusche; alle Zimmer haben Telefon, Fernseher, Minibar, Haartrockner **Anlage:** Wintergarten, Bar, Speisezimmer, Bistro, Garten; Jacht (18 m) kann gechartert werden • **Kreditkarten:** AE, DC, MC, V • **Kinder:** willkommen • **Behinderte:** Zugang schwierig • **Tiere:** gestattet • **Geschlossen:** nie • **Besitzerin:** Jane McIntyre

Der Südosten

Ringlestone, Kent

Ringlestone Inn
~ Gasthof auf dem Land ~

Harrietsham, Maidstone, Kent ME17 1NX
Tel.: (01622) 85 99 66 **Fax:** (01622) 85 99 00
E-mail: bookings@ringlestone.com **Website:** www.ringlestone.com

Der umgängliche Mike Millington-Buck (der früher das Leeds Castle leitete) hat noch einiges vor mit diesem abgeschiedenen kleinen Weiler. Herzstück ist das Gästehaus aus dem 16. Jahrhundert, das einst als Hospiz für Mönche benutzt wurde. In warmen, traditionellen Bars mit Eichenbalken werden hier gutes Essen, selbst gebackener Kuchen, 32 englische Obstweine und selbst importierte französische Haus- und Châteauxweine angeboten.

Ruhige, sehr komfortable Zimmer gibt es jenseits der Straße in einem umgebauten Kenter Bauernhaus, wo ein Eintrag im Gästebuch feststellt: »Sie haben an alles gedacht«. Tatsächlich verfügt das Ringlestone über herrliche Räume mit cremefarbenen Stoffen, französischen rustikalen Möbeln, schön bestickten weißen Laken und Kissenbezügen. Dazu gehören makellose Badezimmer mit kräftigen Duschen. Verschiedene Daunendecken für Sommer und Winter stehen zur Verfügung, außerdem ein komplettes Teeservice, wenn Sie Freunde einladen möchten. Drei verschiedene Frühstückssorten werden auf Wunsch auch auf Ihr Zimmer serviert. Seit neuestem gibt es auch eine Suite, und Mike hat sein Auge bereits auf eine normannische Scheune geworfen, wo er weitere Zimmer unterbringen kann. Es ist zu hoffen, daß das Ringlestone wachsen und gleichzeitig seinen Charme behalten kann.

Umgebung: Leeds Castle; Sissinghurst; Canterbury; Rochester; Rye • **Lage:** in einem kleinen Dorf, über die A20 zu erreichen, zwischen Harrietsham und Wormshill; Parkplatz vorhanden • **Mahlzeiten:** Frühstück, Mittagessen, Abendessen **Preise:** ££ • **Zimmer:** 4 Doppelzimmer und Zweibettzimmer, alle mit Bad; alle Zimmer haben Telefon, Fernseher, CD-Spieler, Haartrockner, Minibar • **Anlage:** Speisezimmer, Aufenthaltsraum, Garten, Terrasse • **Kreditkarten:** AE, DC, MC, V **Kinder:** gestattet • **Behinderte:** Zugang schwierig • **Tiere:** nicht gestattet **Geschlossen:** 1. Weihnachtsfeiertag, Silvester • **Eigentümer:** Mike Millington-Buck und Michelle Stanley

Der Südosten

RUSHLAKE GREEN, EAST SUSSEX

Stonehouse
Hotel im Landhausstil

Rushlake Green, Heathfield, East Sussex TN21 9QJ
Tel.: (01435) 83 05 53 **Fax:** (01435) 83 07 26
Website: www.stonehousesussexco.uk

Unser letzter Berichterstatter bestätigte begeistert unsere früheren Beschreibungen des Stonehouse. Das herrliche Gutsherrenhaus aus dem 16. Jahrhundert ist Peter und Jane Dunns Familienstammsitz. Jane (»reizende Umgangsformen der alten Schule«) tut genau das, was ihr am meisten Spaß macht – kochen und ihre Gäste ganz persönlich betreuen. Ihr entspanntes und freundliches Auftreten zeigt, daß das Stonehouse sehr kompetent geführt wird. Es ist sehr gefragt für Festivitäten, Besuche von Glyndebourne (üppige Picknickkörbe werden Ihnen auf Wunsch zusammengestellt), Jagdwochenenden und sogar für kleinere Vorstandskonferenzen. Kürzlich haben Jane und ihr Mann einen ummauerten viktorianischen Gemüsegarten und einen Rosengarten im Stil des 18. Jahrhunderts angelegt. Die beiden entwickelten außerdem eine Leidenschaft für Wein und sind mit Recht stolz auf ihre Weinkarte.

Die Schlafzimmer sind wunderschön ausgestattet; zwei davon haben prächtige antike Himmelbetten und sind besonders weiträumig (die Badezimmer könnten als Wohnzimmer durchgehen). Die Fernsehgeräte sind so verborgen untergebracht, daß sie den Einrichtungsstil nicht stören. Das Stonehouse vereint das authentische vornehme Landleben – Holzfeuer und Billard, Waldspaziergänge und Krocket – mit einem Gefühl, als wäre man zu Hause.

Umgebung: Battle; Glyndebourne • **Lage:** nahe dem Dorfanger, 13 km nordwestlich von Battle, auf ausgedehntem Grundstück mit großem Parkplatz • **Mahlzeiten:** Frühstück, Mittagessen nach Vereinbarung, Abendessen • **Preise:** £££ • **Zimmer:** 7; 6 Doppelzimmer und Zweibettzimmer, 1 Einzelzimmer, alle mit Bad; alle Zimmer haben Telefon, Fernseher und Haartrockner • **Anlage:** Aufenthaltsraum, Bibliothek, Speisezimmer; Billard/Snooker; Gärten; Krocket, Angeln, Jagen • **Kreditkarten:** keine • **Kinder:** über 9 Jahre willkommen • **Behinderte:** Zugang schwierig **Tiere:** nur in den Schlafzimmern gestattet • **Geschlossen:** Weihnachten bis 6. Jan. **Eigentümer:** Peter und Jane Dunn

Der Südosten

RYDE, ISLE OF WIGHT

Biskra Beach
~ Hotel am Meer ~

17 Thomas's Street, Ryde PO33 2DL
Tel.: (01983) 56 79 13 **Fax:** (01983) 61 69 76
E-mail: info@biskra-hotel.com **Website:** www.biskra-hotel.com

Auf einen vagen Tip hin besuchte eine unserer Mitarbeiterinnen das Biskra Beach und war hocherfreut über die Veränderungen, die hier in letzter Zeit stattgefunden hatten. Die reizende Eigentümerin Barbara Newman dokumentierte mit Fotos das frühere Aussehen des Hotels: eine Orgie von Velourstapeten und Plastikblumen. Die Verwandlung fällt einem sofort auf, wenn man durch den Eingang kommt und das lässige Bar-Restaurant im schicken Kolonialstil betritt. Besonders gefallen wird Ihnen jedoch der hintere Teil des Hauses. Durch Verandatüren gehen Sie eine Treppe hinab zu einer luftigen, einladenden Terrasse, die unmittelbar über dem Solent liegt. Das Wasser scheint am Hotel zu lecken, und der Blick zum Festland ist spektakulär. Hier können Sie vor dem Mittag- oder Abendessen einen Drink nehmen oder in einem warmen Schaumbad versinken: eine Badewanne steht in einer Ecke der Terrasse bereit.

Das Biskra Beach bietet einfachen Komfort und ist dabei preiswert. Die Schlafzimmer sind schlicht und charmant, aber komfortabel. Sie sind in heiteren Farben gehalten, mit Kiefermöbeln und Bodenmatten eingerichtet. Bei unserem Besuch war das Essen hervorragend und paßte sehr gut zu dem modernen britischen Ambiente. Ryde ist zwar in einem etwas heruntergekommenen Zustand, dies läßt das Hotel aber erst recht als eine Art Zuflucht erscheinen.

~

Umgebung: Ryde Pier; Seaview; Bembridge; Cowes • **Lage:** am Rande des Zentrums von Ryde, mit Garten zur Küste; beschränkte Parkmöglichkeiten, öffentlicher Parkplatz in der Nähe • **Mahlzeiten:** Frühstück, Mittagessen, Abendessen; Zimmerservice **Preise:** ££ • **Zimmer:** 14 Doppelzimmer und Zweibettzimmer, 8 mit Bad, 6 mit Dusche; alle Zimmer haben Telefon, Fernseher, Minibar, Haartrockner • **Anlage:** Aufenthaltsraum, Bar, 2 Speisezimmer, Terrasse, Garten; heißes Wannenbad draußen, Strand • **Kreditkarten:** AE, MC, V • **Kinder:** willkommen • **Behinderte:** keine geeigneten Einrichtungen • **Tiere:** nach Vereinbarung • **Geschlossen:** nie
Eigentümerin: Barbara Newman

Der Südosten

RYE, EAST SUSSEX

Jeake's House
~ Städtisches Gästehaus ~

Mermaid Street, Rye, East Sussex TN31 7ET
Tel.: (01797) 22 28 28 **Fax:** (01797) 22 26 23 **E-mail:** jeakeshouse@btinternet.com
Website: www.s-h-systems.co.uk/hotels/jeakes.html

Dieses herrliche Gebäude aus dem 17. Jahrhundert besteht eigentlich aus drei Häusern, die zu einem zusammengefaßt wurden. Liebevoll restauriert, ist es heute ein prächtiges kleines Hotel, wie eine Reihe von treuen Gästen unisono urteilten. Das Gut gehört der früheren Opernsängerin Jenny Hadfield, und obwohl das Hotel im Grunde genommen nett und beschaulich wirkt, hat sie ihm ein etwas theatralisches Flair verliehen. 1689 ursprünglich als Lagerhaus für Wolle errichtet und später als Baptistenschule genutzt, war es im frühen 20. Jahrhundert das Zuhause des amerikanischen Schriftstellers Conrad Potter Aiken.

Die Schlafzimmer mit ihren Balken variieren in Form und Größe und bieten Ausblick auf die Dächer von Rye oder Romney Marsh. Die Bettgestelle sind aus Messing oder Mahagoni, die Tagesdecken mit Spitzen besetzt, die Möbel antik. Es gibt viele sinnreiche Extras in den Zimmern. Der prachtvolle Frühstücksraum die Treppe hinunter war früher eine Kapelle und ist mit einer Galerie ausgestattet. In kalten Morgenstunden werden Sie von einem wärmenden Kaminfeuer empfangen. Es gibt einen gemütlichen Salon mit Piano und einer Bar, die Wände zieren Bücher und Gemälde. Laut unserem Berichterstatter befindet sich das Hotel »in der wichtigsten Straße von Rye, der gepflasterten Mermaid Street, von der aus man alle Sehenswürdigkeiten zu Fuß erreichen kann. … Ein liebenswerter Ort mit einer heiteren und wunderbaren Wirtin.«

~

Umgebung: Great Dixter; Ellen Terry Museum • **Lage:** im Zentrum von Rye; eigener Parkplatz in der Nähe • **Mahlzeiten:** Frühstück • **Preise:** ££ • **Zimmer:** 12; 8 Doppelzimmer und Zweibettzimmer, 1 Einzelzimmer, 2 Familienzimmer, 1 Suite; 9 Zimmer mit Bad, 3 Gemeinschaftsbäder • **Anlage:** Speisezimmer, 2 Aufenthaltsräume, Bar • **Kreditkarten:** MC, V • **Kinder:** über 12 Jahre gestattet • **Behinderte:** Zugang schwierig • **Tiere:** nach Vereinbarung • **Geschlossen:** nie • **Eigentümerin:** Jenny Hadfield

Der Südosten

Rye, East Sussex

The Old Vicarage
Gästehaus in der Stadt

66 Church Square, Rye, East Sussex TN31 7HF
Tel.: (01797) 22 21 19 **Fax:** (01797) 22 74 66
Website: http://homepages.tesco.net/-OldVicarageRye/html/

Dieses rosafarbene denkmalgeschützte Haus aus georgianischer Zeit mit seinem vorgelagerten Rosengarten liegt an einem Fußweg zum Kirchhof von St Mary-the-Virgin. Die Kirche befindet sich ganz oben auf dem Hügel, auf dem sich die Stadt Rye erhebt. So bietet das Hotel herrliche Ruhe und Abgeschiedenheit, fern von Lärm und Verkehr. Es ist ein warmes und einladendes Haus. Paul Masters, ein ehemaliger Hotelier, kocht hier. Er gewann vor kurzem sogar den »Best Breakfast in Britain«-Wettbewerb mit seinem warmen Buttergebäck, selbstgemachten Konfitüren und Joghurts und Brotaufstrich mit Pilzen. Julia, die für einen Teeimporteur arbeitete, kam dagegen ins Finale des Wettbewerbs »Landlady of the Year«. Überall im Haus bemerkt man ihre persönliche Note: Sie versorgt jeden Gast mit seiner eigenen Zeitungslektüre; in jedem Zimmer finden sich Karten und Reiseführer für Gäste, die die Gegend erkunden wollen; zu heißen Getränken serviert sie selbstgemachte Kekse. Das beliebteste Zimmer liegt im ersten Stock, es bietet neben dem Ausblick auf den Kirchhof auch ein Himmelbett. Jane hat die Zimmer hübsch mit Drucken und Stoffen von Laura Ashley eingerichtet, sogar die Duschräume fügen sich harmonisch in das Ensemble ein. Die immer wiederkehrenden Stammgäste verleihen dem Hotel ein angenehmes Gefühl von Beständigkeit.

Umgebung: Great Dixter; Ellen Terry Museum; Romney Marsh • **Lage:** auf einem Fußweg im Zentrum von Rye, über die A259 erreichbar; eigener, gebührenpflichtiger Parkplatz (£ 2,50 pro Tag) • **Mahlzeiten:** Frühstück • **Preise:** ££ • **Zimmer:** 5; 4 Doppelzimmer und Zweibettzimmer, 1 Familienzimmer, 4 mit Dusche, 1 mit Bad; alle Zimmer haben Fernseher und Haartrockner • **Anlage:** Aufenthaltsraum, Bibliothek, Fernsehraum, Speisezimmer • **Kreditkarten:** keine • **Kinder:** über 8 Jahre gestattet • **Behinderte:** Zugang schwierig • **Tiere:** nicht gestattet • **Geschlossen:** Weihnachten • **Eigentümer:** Julia und Paul Masters

DER SÜDOSTEN

St Margaret's at Cliiffe, Kent

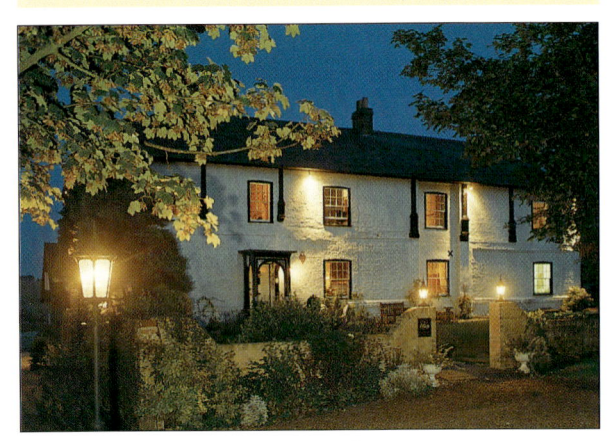

Wallett's Court
~ Hotel im Gutsherrenstil ~

Westcliffe, St Margaret's at Cliffe, Dover, Kent CT15 6EW
Tel.: (01304) 85 24 24 **Fax:** (01304) 85 34 30
E-mail: wallettscourt@compuserve.com **Website:** www.wallettscourt.com

Unser Mitarbeiter meinte: »Das Wallett's Court behebt den Mangel an anständigen Hotels in dieser Gegend, die mehr als den herkömmlichen Standard bieten. Es hat das typische Kenter Flair.« Das Ehepaar Oakley nutzte ab 1979 das stattliche alte Gutsherrenhaus als Bed & Breakfast-Gästehaus und verbesserte seinen erbärmlichen Erhaltungszustand. Schrittweise bauten sie das Haus in ein Hotel mit Restaurant um, das heute einen guten Ruf in der Umgebung und bei seinen Gästen genießt. Die Anzahl der kleinen, mit Kiefermöbeln eingerichteten Zimmer, die sich in einer umgebauten Scheune befinden, ist inzwischen auf acht angestiegen. Sie alle verbinden ihren eigenen, individuellen Charakter mit einem wunderbar rustikalen Flair. Im Hauptgebäude befinden sich drei größere Zimmer mit Holzbalken und typischem Kenter Mauerwerk sowie soliden antiken Möbeln. Zu den Gemeinschaftsräumen zählt ein vertäfelter Aufenthaltsraum mit antiker Möblierung und einer gemütlich vor sich hin tickenden Uhr aus Großvaters Zeiten. Der Frühstücksraum fügt sich gut in das Gesamtbild des Hauses ein, außerdem gibt es einen beeindruckenden alten Treppenaufgang. Kinder haben ihre Freude daran, das Baumhaus im Obstgarten zu erkunden. Innen gibt es zudem einen Swimmingpool, ein Dampf- und ein Heilbad.

Umgebung: Walmer Castle; Fähren und Eurotunnel • **Lage:** 5 km nordöstlich von Dover, auf der B2058, erreichbar über die A258; großer Parkplatz • **Mahlzeiten:** Frühstück, Mittagessen, Abendessen • **Preise:** £££ • **Zimmer:** 13 Doppelzimmer, Zweibettzimmer und Familienzimmer, alle mit Bad; alle Zimmer haben Telefon, Fernseher • **Anlage:** Aufenthaltsraum, 2 Speisezimmer, Kinderspielplatz, Tischtennis, Swimmingpool im Haus, Sauna, Solarium, Sporthalle, Garten; Tennisplatz
Kreditkarten: AE, DC, MC, V • **Kinder:** willkommen • **Behinderte:** 6 geeignete Schlafzimmer im Erdgeschoß • **Tiere:** nur in einigen Schlafzimmern gestattet
Geschlossen: Weihnachten • **Eigentümer:** Chris und Lea Oakley

Der Südosten

Seaview, Isle of Wight

Priory Bay Hotel
Hotel am Meer

Priory Drive, Seaview, Isle of Wight PO34 5BO
Tel.: (01983) 61 31 46 **Fax:** (01983) 61 65 39
E-mail: reservations@priorybay.co.uk **Website:** www.priorybay.co.uk

Als Andrew Palmers eines Tages mit seinem Motorboot eine Panne hatte und am ausgedehnten Privatstrand von Priory Bay landete, stieß er auf ein altmodisches Hotel mit ausgedehntem Grundstück, das er noch nie zuvor gesehen hatte. Er kaufte und renovierte es und eröffnete im Sommer 1998 ein völlig verwandeltes Haus. Die Schlafzimmer sind geschmackvoll und pfiffig eingerichtet, jedes in einem anderen Stil, einige schlicht, andere ein wenig aufwendiger. Zu den bemerkenswerten Details des Hauses gehören das gotische Kirchenportal, das in den 1930er Jahren aus Frankreich hierhergebracht wurde, der Kamin aus der Tudorzeit, der die Opferung des Isaak zeigt, und herrliche georgianische Wandgemälde mit ländlichen Inselszenen im Speisezimmer. Weniger schön ist – jedenfalls im Moment – das Grundstück mit seinen verstreuten Nebengebäuden, die zum Teil Kasernen gleichen. Der Höhepunkt aber ist die wundervolle Strandbucht, es gibt eine Strandbar, wo Gegrilltes und Salate serviert werden, so daß Sie auf ein Mittagessen im Hotel verzichten können.
Das Abendessen war bei unserem Besuch sehr gut. Andrew Palmer ist noch neu im Hotelgewerbe (er hat die New Covent Garden Soup Company gegründet), und wir wünschen ihm alles Gute.

Umgebung: Osborne House; Bembridge Maritime Museum; Cowes • **Lage:** auf eigenem Grundstück mit Privatstrand, auf der B3330 südlich von Seaview zwischen Nettlestone und St Helens; großer Parkplatz • **Mahlzeiten:** Frühstück, Mittagessen, Abendessen • **Preise:** £££ • **Zimmer:** 20 Doppelzimmer und Zweibettzimmer, alle mit Bad; alle Zimmer haben Telefon, Fernseher, Haartrockner; außerdem 17 Cottages für Selbstversorger und Familiensuiten • **Anlage:** Salon, Aufenthaltsraum, Bar, 2 Speisezimmer, Garten; 9-Loch-Golfplatz, Tennis, Swimmingpool, privater Strand, Segeln, Angeln, Surfen, Strandbar • **Kreditkarten:** AE, MC, V
Kinder: willkommen • **Behinderte:** Zugang möglich • **Tiere:** nicht gestattet
Geschlossen: nie • **Eigentümer:** Andrew und James Palmer

Der Südosten

Seaview, Isle of Wight

Seaview Hotel
∼ Stadthotel am Meer ∼

High Street, Seaview, Isle of Wight PO34 5EX
Tel.: (01983) 61 27 11 **Fax:** (01983) 61 37 29
E-mail: seaviewhotel@virgin.net **Website:** www.seaviewhotel.co.uk

Wenn Sie eine Vorliebe für windige altmodische englische Seebäder haben, werden Sie das Seglerparadies Seaview lieben und wahrscheinlich auch dieses Hotel. Es ist gleichzeitig der beliebteste Pub im Ort. Die Haywards leiten das Hotel seit 20 Jahren mit gleichbleibend hohem Standard, und sie sind immer noch bemüht, persönlichen, familiären Service zu bieten. Unter der Fülle an Auszeichnungen, die sie über die Jahre hinweg erhalten haben, ist der renommierte Preis für »UK Quality in Business Excellence«. Wenn man nach ihrer Freundlichkeit gehen kann, dann scheint die Belegschaft ein glückliches Team zu sein. Serviceleistungen wie ein aufgeschlagenes Bett zur Nacht und frisch gepreßten Orangensaft zum Morgentee werden von den Gästen hoch geschätzt, viele von ihnen kehren Jahr für Jahr zurück.

Im hinteren Teil des Hauses gibt es eine öffentliche Bar und zwei Restaurants, eines für Raucher und eines für Nichtraucher, in denen aber das gleiche Essen serviert wird. Das eine, trotz seines blauen Anstrichs »Sunshine Room« genannt, ist ein luftiger, moderner Raum und wirkt wie ein Schaukasten für Nick Haywards Sammlung von Modellschiffen. Das andere Restaurant wirkt etwas strenger und ist mit einer Bar in maritimem Stil ausgestattet. Die Küche ist nicht besonders aufregend, aber zufriedenstellend.

Umgebung: Osborne House; Flamingo Park; Bembridge • **Lage:** nahe dem Strand in einer kleinen Küstenstadt, 5 km östlich von Ryde; Parkplatz vorhanden • **Mahlzeiten:** Frühstück, Mittagessen, Abendessen; Zimmerservice • **Preise:** ££ • **Zimmer:** 16; 14 Doppelzimmer und Zweibettzimmer, 12 mit Bad, 2 mit Dusche; 2 Suiten mit Bad; alle Zimmer haben Telefon, Fernseher, Haartrockner • **Anlage:** 2 Aufenthaltsräume, 2 Speisezimmer, 2 Bars • **Kreditkarten:** AE, DC, MC, V • **Kinder:** willkommen • **Behinderte:** 3 geeignete Schlafzimmer im Erdgeschoß, aber enge Türen **Tiere:** außer in den Gemeinschaftsräumen gestattet • **Geschlossen:** Weihnachten; Restaurant So abend • **Eigentümer:** Nick und Nicola Hayward

Der Südosten

Storrington

Little Thakeham
~ Hotel im Landhausstil ~

Merrywood Lane, Storrington, West Sussex RH20 3HE
Tel.: (01903) 74 44 16 **Fax:** (01903) 74 50 22

Mit seinem riesigen Schild am Tor und seiner breiten Auffahrt wirkt das Little Thakeham auf den ersten Blick etwas einschüchternd. Aber sind Sie einmal an der Eingangstür angelangt, werden Sie sehr freundlich empfangen.
Das Gutsherrenhaus im Tudorstil wurde 1902-03 von Sir Edwin Lutyens errichtet und wird als eines seiner bedeutendsten Bauten angesehen. Obwohl es so imposant wirkt, hat es überschaubare Ausmaße und einen ausgesuchten Stil. Das Herzstück ist ein hoher Aufenthaltsraum mit einem riesigen Kamin und einer Galerie. Die Möbel – einige davon sind von Lutyens selbst entworfen – sind allesamt von hoher Qualität. Das Ehepaar Ratcliff sammelt Antiquitäten, und diese Leidenschaft zeigt sich überall im Haus. Die Schlafzimmer, wie nicht anders zu erwarten, fügen sich sehr gut in das übrige Erscheinungsbild und sind sehr komfortabel; die große Suite ist fast ein eigenes kleines Gästehaus mit zwei Badezimmern. Die gepflegten Gärten, wunderschön teils mit Pflaster, teils mit Rasen angelegt, sind umsäumt mit Walnußbäumen und wurden im Stil von Gertrude Jekyll gestaltet. Unserem Mitarbeiter fiel die idyllische, abgeschiedene Lage des Hotels auf, mit Ausblick über die South Downs. Im Restaurant wechselt das traditionell zubereitete Menü täglich.

~

Umgebung: Parham House; Arundell; Petworth; Goodwood; Sussex Downs
Lage: auf dem Land, über die A24 nördlich von Worthing und die B2139 zwischen Storrington und Thakeham erreichbar; großer Parkplatz • **Mahlzeiten:** Frühstück, Mittagessen, Abendessen • **Preise:** £££ • **Zimmer:** 9 Doppelzimmer, alle mit Bad; alle Zimmer haben Telefon, Fernseher, Haartrockner • **Anlage:** Aufenthaltsraum, Bar, Restaurant; Swimmingpool, Tennisplatz, Hubschrauberlandeplatz
Kreditkarten: AE, DC, MC, V • **Kinder:** willkommen • **Behinderte:** 1 Zimmer im Erdgeschoß • **Tiere:** nicht gestattet • **Geschlossen:** Weihnachten, Neujahr; Restaurant So abend und Mo mittag • **Eigentümer:** Tim und Pauline Ratcliff

Der Südosten

Tunbridge Wells, Kent

Hotel du Vin
~ Stadthotel ~

Crescent Road, Tunbridge Wells, Kent TN1 2LY
Tel.: (01892) 52 64 55 **Fax:** (01892) 51 20 44 **E-mail:** reception@tunbridgewells.hotelduvin.co.uk **Website:** www.hotelduvin.co.uk

Es gibt zwei Replikate des vielgelobten Hotel Du Vin & Bistro in Winchester (siehe Seite 135), das erste befindet sich hier in Tunbridge Wells und das andere, jüngere in Bristol (siehe Seite 41). Diese Hotels könnten also auch als Glieder einer Hotelkette (weitere sind in Planung) beschrieben werden, eine Spezies, die in diesem Führer eigentlich keinen Platz findet. Bei dem großen Elan, mit dem Robin Hutson, Gerard Besson und Peter Chittick ihre Vision eines lässigen, aber schicken und dennoch nicht zu teuren Stadthotels umsetzen, läßt uns jedoch nicht zögern, ihre Hotels aufzunehemen: Sie sind alle wunderbar.

Ebenso wie in Winchester haben sich die Eigentümer ein verblassendes altes Hotel ausgewählt, das reif für den Umbau war. Hier befand sich das Gebäude auf einer Anhöhe und bestach durch Platzreichtum und eine Reihe reizender antiker Details: einen Billardraum mit Wänden, die hübsch mit handgezeichneten Zigarrenentwürfen dekoriert sind, den Treppenaufgang, offene Kamine in den Schlafzimmern und eine herrliche Terrasse, von der aus man den Calverley Park überblicken kann. Die Schlafzimmer sind in zurückhaltendem Stil und sehr komfortabel eingerichtet, mit riesigen Badezimmern, herrlich tiefen Wannen und geräumigen Duschen. Das Bistro ist eine treue Kopie des Vorbilds in Winchester, bis hin zu den Hopfengirlanden und dem erstklassigen Sommelier. Die Küche hat einen mediterranen Einschlag.

Umgebung: Sissinghurst Castle Gardens; Rye • **Lage:** im Stadtzentrum; Parkplatz vorhanden • **Mahlzeiten:** Frühstück, Mittagessen, Abendessen • **Preise:** ££
Zimmer: 32 Doppelzimmer, alle mit Bad; alle Zimmer haben Telefon, Fernseher, CD-Spieler, Minibar, Haartrockner • **Anlage:** Aufenthaltsraum, Billardraum, Bar, Bistro, Aufzug, Terrasse • **Kreditkarten:** AE, DC, MC, V • **Kinder:** willkommen
Behinderte: Zugang möglich • **Tiere:** nicht gestattet • **Geschlossen:** nie
Eigentümer: Robin Hutson, Gerard Besson und Peter Chittick

Der Südosten

Uckfield, East Sussex

Hooke Hall
~ Bed & Breakfast in der Stadt ~

High Street, Uckfield, East Sussex TN22 1EN
Tel.: (01825) 76 15 78 **Fax:** (01825) 76 80 25

Seit Jahren schon erscheint das Hooke Hall in diesem Führer, und ein kürzlich abgestatteter Besuch bestätigte uns, daß es immer noch eine komfortable Bed & Breakfast-Unterkunft in herrlicher Umgebung ist, obwohl eine Gegenstimme laut wurde, die davon sprach, daß das Hotel in einem gewissen Trott steckengeblieben sein soll.
Das Hooke Hall ist ein elegantes Queen-Anne-Stadthaus, das im frühen 18. Jahrhundert im Zentrum von Uckfield errichtet wurde. Die Eigentümerin Juliet Percy leitet ein Inneneinrichtungsgeschäft und weiß, wie man geschmackvoll in traditionellem Stil gestaltet: Designerstoffe, Familienporträts, holzvertäfelte Räume, offene Kamine, mildes Licht, ihre eigenen reizvollen Pflanzengemälde, Andenken aus fremden Ländern und viele Blumen tragen zum Flair bei. Die Kombination aus Heim und Gästehaus ist gelungen; es herrscht eine häusliche, behagliche Stimmung trotz solcherlei Kettenhotelzubehörs wie Minibar und Hosenpresse in den Zimmern. Das anspruchsvolle italienische Restaurant, das sie und ihr Gatte auf dem Anwesen eröffnet hatten, ist nun geschlossen, und das Ehepaar Percy pflegt wieder seine Tradition, Bed & Breakfast anzubieten.
Die neun unterschiedlich großen Schlafzimmer sind reich dekoriert, einige sind mit Himmelbetten ausgestattet, andere haben eine gemütliche Dachschräge.

Umgebung: Sheffield Park; Brighton; Glyndebourne • **Lage:** an der A22, 16 km südwestlich von Tunbridge Wells; im Stadtzentrum; Parkplatz vorhanden
Mahlzeiten: Frühstück • **Preise:** ££ • **Zimmer:** 9 Doppelzimmer und Zweibettzimmer, 7 mit Bad, 2 mit Dusche; alle Zimmer haben Fernseher, Minibar, Haartrockner
Anlage: Aufenthaltsraum, Garten • **Kreditkarten:** AE, MC, V • **Kinder:** über 12 Jahre willkommen • **Behinderte:** Zugang schwierig • **Tiere:** nicht gestattet
Geschlossen: Weihnachten • **Eigentümer:** Alister und Juliet Percy

DER SÜDOSTEN

WEST DEAN, EAST SUSSEX

The Old Parsonage
~ Bed & Breakfast auf dem Land ~

West Dean, Alfriston, bei Seaford, East Sussex BN25 4AL
Tel. und **Fax:** (01323) 87 04 32

Es ist ein langer Weg von Ostafrika – wo die Eigentümer herkommen – zum wunderschönen frühangelsächsischen Dorf West Dean. Neben der Kirche aus dem 12. Jahrhundert befindet sich dieses ehemalige Haus eines Priesters, das aus dem 13. Jahrhundert stammt (mit Zusätzen aus viktorianischer Zeit). Das Ehepaar Woodhams hat es für Gäste geöffnet, die dadurch in den Genuß dieser historischen Stätte kommen; samt einer steinernen Wendeltreppe (so gebaut, daß genügend Spielraum für Schwertträger vorhanden ist) und der winzigen »Great Hall« im oberen Geschoß. Das Haus ist mit antiken Möbeln ausgestattet, die Schlafzimmer sind reizend und bieten alle möglichen Kleinigkeiten wie Alka Seltzer, Schuhputzgerät und Nähkörbchen. Die Badezimmer sind nicht mit den Schlafzimmern verbunden, aber privat, und es gibt Morgenmäntel für Ihre »Reise« über den Korridor. Zum Frühstück können die Gäste Raymonds selbstgemachte Konfitüre auf Toast und frischen Rharbarber aus dem Garten genießen.
Obwohl schon dieses kleine Haus genügend Geschichte bietet, um einen für eine Weile zu unterhalten, ist der Rest von West Dean ebenso faszinierend. In der Nähe kann man Spaziergänge durch den Wald machen, und die Mündung des Cuckmere ist nicht weit entfernt. Ein reizendes Hotel, das seine Gäste herzlich empfängt.

~

Umgebung: Charleston Farmhouse; Cuckmere Valley; Glyndebourne • **Lage:** über die Küstenstraße A259 von Brighton nach Hastings zu erreichen, östlich von Seaford; Parkplatz vorhanden • **Mahlzeiten:** Frühstück • **Preise:** ££ • **Zimmer:** 3; 2 Doppelzimmer mit Bad, 1 mit Dusche; alle Zimmer haben Haartrockner • **Anlage:** Aufenthaltsraum/Frühstücksraum, Garten • **Kreditkarten:** keine • **Kinder:** über 12 Jahre willkommen • **Behinderte:** Zugang schwierig • **Tiere:** nicht gestattet **Geschlossen:** Weihnachten und Neujahr • **Eigentümer:** Raymond und Angela Woodhams

Der Südosten

WHITSTABLE, KENT

Hotel Continental
∽ Hotel am Meer ∽

29 Beach Walk, Whitstable, Kent CT5 2BP
Tel.: (01227) 28 02 80 **Fax:** (01227) 28 02 57

Whitstable mit seinen Cottages und Strandhütten hat in letzter Zeit Kultstatus erreicht. Trendbewußte Leute um die dreißig schwören auf dieses aufregende kleine Hotel aus den 1920er Jahren, das im Stil des Art déco restauriert wurde und im Sommer 1998 eröffnet wurde. Der Meeresbiologe James Green brachte mit hellen Farben, einfacher Dekoration und exzellenter Küche wieder Licht, Leben und Freude zurück in dieses einst so verwahrloste Gebäude nahe dem Strand, das somit ideal für Familien ist. Von der großen, senfgelb und rot gehaltenen Bar im unteren Geschoß kann man durch hohe Fenster das Meer überblicken. Zehn der Schlafzimmer haben ebenfalls Meerblick, vier besitzen einen Balkon. Die Zimmer sind etwas zu schlicht, ohne Bilder an den Wänden und nur einem Minimum an Möbeln – man hängt seine Kleider an einen Messinghaken an der Wand. Die kleinen Badezimmer sind in elegantem Weiß gehalten. Nachts können Sie die blauen Vorhänge zurückziehen, sich in Ihr Bett legen, die Schiffe in der Ferne betrachten und dem Meeresrauschen zuhören. Sie können dem Meer aber noch näher kommen und sich eine der schlicht umgebauten Fischerhütten am Strand mieten, was besonders für Kinder ein Spaß ist. Das vegetarische Frühstück – Eier, Pilze und Tomaten – kommt bei den Gästen sehr gut an. In der Bar wird den ganzen Tag über Essen serviert, das Abendessen wird im Restaurant eingenommen.

∽

Umgebung: Canterbury; Margate; North Downs • **Lage:** direkt am Meer; großer Parkplatz • **Mahlzeiten:** Frühstück, Mittagessen, Abendessen • **Preise:** ££
Zimmer: 23; 21 Doppelzimmer und Zweibettzimmer, 1 Suite, 1 Familienzimmer, alle mit Bad; alle Zimmer haben Telefon, Fernseher, Haartrockner • **Anlage:** Bar, Brasserie/Restaurant • **Kreditkarten:** AE, DC, MC, V • **Kinder:** willkommen
Behinderte: keine speziell geeigneten Einrichtungen • **Tiere:** nicht gestattet
Geschlossen: nie • **Eigentümer:** James Green

Der Südosten

Wickham, Hampshire

Old House
~ Stadthotel ~

The Square, Wickham; Hampshire PO17 5JG
Tel.: (01329) 83 30 49 **Fax:** (01329) 83 36 72

Das Old House, seit Jahren in diesem Führer vertreten, besitzt vieles, was wir an einem Hotel schätzen: eine interessante Lage in einem der schönsten Städtchen Hampshires, ein wundervolles Gebäude (ein frühgeorgianisches Haus, das unter Denkmalschutz steht), einen herrlichen abgeschiedenen Garten, ein makellos gepflegtes Inneres, mit Antiquitäten und Kunstobjekten, die effektvoll präsentiert sind, und ein anspruchsvolles Restaurant, im originalen Fachwerkseitengebäude und den früheren Ställen.

Nichts wirkt übertrieben – außer vielleicht die üppigen Blumenarrangemants, die die Gemeinschaftsräume zieren. Die Schlafzimmer sind sehr unterschiedlich, einige sind luxuriös, andere besitzen gewaltige Balken, eines oder zwei sind eher verkrampft – aber alles in allem herrscht eine kultiviert-komfortable Atmosphäre vor. Unser Mitarbeiter war bei seinem Besuch von der mit Schnitzereien verzierten Bar und dem Speisezimmer mit seinen schönen Holzbalken beeindruckt. Doch auch im Old House bleibt die Zeit nicht stehen. Die Skipwiths, die hier fast 30 Jahre lang waren, zogen sich vor einigen Jahren aus dem Geschäft zurück, und seitdem hat das Hotel zweimal den Besitzer gewechselt. Obwohl die Dekoration, das Ambiente und sogar die französische Küche sich zum Glück kaum verändert haben, bleibt abzuwarten, ob der alte Geist hier weiterleben wird. Wir würden weitere Berichte begrüßen.

Umgebung: Portsmouth (Fähren); South Downs; Winchester; Chichester • **Lage:** 4 km nördlich von Fareham, am zentralen Platz des Städtchens; Parkplatz vorhanden
Mahlzeiten: Frühstück, Mittagessen, Abendessen • **Preise:** ££ • **Zimmer:** 9; 7 Doppelzimmer und Zweibettzimmer, 2 Einzelzimmer, alle mit Bad; alle Zimmer haben Telefon, Fernseher, Haartrockner • **Anlage:** 2 Aufenthaltsräume, Speisezimmer, Bar • **Kreditkarten:** AE, DC, MC, V • **Kinder:** gestattet • **Behinderte:** Zugang schwierig • **Tiere:** nicht gestattet • **Geschlossen:** Weihnachten
Eigentümer: John und Gloria Goodacre

Südengland

DER SÜDOSTEN

WINCHESTER, HAMPSHIRE

Hotel du Vin
~ Stadthotel ~

14 Southgate Street, Winchester, Hampshire SO23 9EF
Tel.: (01962) 84 14 14 **Fax:** (01962) 84 24 58
E-mail: admin@winchester.hotelduvin.co.uk **Website:** www.hotelduvin.co.uk

Dieses stilvolle georgianische Stadthaus hat eine faszinierende Atmosphäre, es ist das Vorzeigehotel der boomenden Hotel-du-Vin-Gruppe (siehe Seiten 41 und 130). Es besitzt viel Schwung: Mit jungem, hauptsächlich französischem Personal herrscht ein intimes, leicht chaotisches, aber dennoch professionelles Flair. Sie können in der üppig mit Spiegeln und Wandgemälden ausgestatteten Bar mit einem Gläschen Sekt beginnen und anschließend eine Flasche von der einfallsreichen, nicht zu teuren Weinkarte wählen, die zu der phantasievollen modernen englischen Küche paßt.

Die Schlafzimmer und Badezimmer sind allesamt ansprechend eingerichtet, mit frischen ägyptischen Bettleinen, CD-Spielern, geräumigem Bad und riesigen Duschen. Wenn Sie Ruhe suchen, fragen Sie nach dem Gartenzimmer oder gönnen Sie sich den Luxus der sinnlichen Durney Vineyards Suite mit Himmelbett, Doppeldusche in schwarzem Schiefer und erotischen Wandgemälden. Seit kurzem kann man im Bett frühstücken, abgesehen davon gibt es jedoch keinen Zimmerservice, was dabei hilft, die Preise auf einem vernünftigen Niveau zu halten. Es gibt einen großzügig geschnittenen Aufenthaltsraum, dessen Wände mit *Trompe l'œil*-Paneelen in wunderbaren Karamel- und pastellgrünen Tönen dekoriert sind.

Umgebung: Cathedral; Venta Roman Museum; Winchester College • **Lage:** im Stadtzentrum, 1 Minute von der Kathedrale entfernt; großer Parkplatz **Mahlzeiten:** Frühstück, Mittagessen, Abendessen • **Preise:** ££ • **Zimmer:** 23; 22 Doppelzimmer und Zweibettzimmer, 21 mit Bad, 1 mit Dusche, 1 Suite mit Bad; alle Zimmer haben Telefon, Fernseher, CD-Spieler, Minibar, Haartrockner • **Anlage:** Aufenthaltsraum, Speisezimmer/Frühstücksraum, privates Speisezimmer, Bar, Weinprobe im Keller; Garten; Boule • **Kreditkarten:** AE, DC, MC, V • **Kinder:** willkommen • **Behinderte:** mehrere Schlafzimmer im Erdgeschoß; ein speziell geeignetes Zimmer • **Tiere:** nach Vereinbarung • **Geschlossen:** nie • **Eigentümer:** Robin Hutson, Gerard Basset und Peter Chiddick

Der Südosten

Winchester, Hampshire

Wykeham Arms
~ Gasthof in der Stadt ~

75 Kingsgate Street, Winchester, Hampshire SO23 9PE
Tel.: (01962) 85 38 34 **Fax:** (01962) 85 44 11

Das Hotel verbirgt sich im ruhigsten und ältesten Teil der Stadt; das Winchester College ist nur einige hundert Meter entfernt und die Kathedrale ebenfalls in der Nähe. In erster Linie ist es ein gut besuchter Pub, und zwar ein erstklassiger: 250 Jahre alt mit vier gemütlichen Bars, eingerichtet mit alten Schulbänken. Die warmen Backsteinwände zeigen interessante Objekte, wie alte Squashschläger und eigenartige Spazierstöcke. Dieser originelle Charakter findet sich auch in den Schlafzimmern, die zwar klein sind und niedrige Decken besitzen, aber individuell mit einer persönlichen Note möbliert sind und genügend Platz bieten.

Das Frühstück wird im oberen Stockwerk serviert, oberhalb des Pub, in einem schönen englisch-ländlichen Frühstücksraum mit Windsorstühlen und einer guten Sammlung von Silberhumpen. Im Pub werden mittags und abends herzhafte Gerichte serviert. Dazu gibt es Real Ale und eine beeindruckende Weinkarte mit 40 Weinen, die regelmäßig wechselt und auch 22 offene Weine bietet. Draußen betritt man einen Hof mit Kopfsteinpflaster. Auf der anderen Straßenseite befindet sich der »Saint George«-Anbau mit fünf herrlichen Schlafzimmern, eine Suite mit einem etwas exzentrischen Schlafzimmer im alten College Bakehouse, ein Postamt und ein Gemischtwarenladen, der zum Pub gehört.

Umgebung: Cathedral; Venta Roman Museum; Winchester College • **Lage:** Stadtmitte, zwischen College und Kathedrale, Ecke Canon Street; kleiner Garten im Hof mit Parkplatz • **Mahlzeiten:** Frühstück, Mittagessen (außer So), Abendessen
Preise: ££ • **Zimmer:** 13; 11 Doppelzimmer mit Bad, 1 Einzelzimmer mit Dusche; 1 Cottage Suite; alle Zimmer haben Telefon, Fernseher • **Anlage:** Aufenthaltsraum, 3 Bars, Sauna, Veranda • **Kreditkarten:** AE, DC, MC, V • **Kinder:** über 14 Jahre willkommen • **Behinderte:** Zugang schwierig • **Tiere:** willkommen • **Geschlossen:** 1. Weihnachtsfeiertag • **Geschäftsführer:** Tim Manktelow-Grey und Nigel Atkinson

… Südengland

DER SÜDOSTEN

YARMOUTH, ISLE OF WIGHT

TIP DES HERAUSGEBERS

George Hotel
~ Stadthotel am Meer ~

Yarmouth, Isle of Wight, Hampshire PO41 0PE
Tel.: (01983) 76 03 31 **Fax:** (01983) 76 04 25
E-mail: res@thegeorge.co.uk

Ein stimmungsvolles Gebäude im Zentrum einer historischen Hafenstadt, einladende Räume, eine lebhafte Brasserie mit Tischen, die im Garten direkt am Meer aufgereiht stehen und ein ruhigeres, gepflegtes Restaurant, wo gutes, einfallsreiches Essen serviert wird: Nach der Übernahme der vom Verfall bedrohten früheren Gouverneursresidenz aus dem 17. Jahrhundert gaben sich die Eigentümer John Illsley (der frühere Bassist der Dire Straits) und Jeremy und Amy Willcock große Mühe bei der Restaurierung und bewiesen großes Einfühlungsvermögen. Eine getäfelte, elegant geschnittene Halle gibt den Rahmen und führt zu einem gemütlichen holzvertäfelten Aufenthaltsraum mit schweren Samtvorhängen, einer amüsanten viktorianischen Nachbildung des Hotels über dem Kamin und einem Holzfeuer im Winter. Auf der anderen Seite der Halle ist das dunkelrot gehaltene Speisezimmer und jenseits des Treppenaufgangs sind die Brasserie und der Garten.

Im oberen Geschoß finden Sie sehr einladende und verschieden gestaltete Zimmer: Eines hat ein Himmelbett, das mit Stoffen in Schottenkaro drapiert ist; ein anderes ist ein helles und sehr hübsches Eckzimmer; zwei weitere besitzen wundervolle Teakholzbalkone mit Blick über den Solent (das Hotel hat seine eigene Motoryacht für Ausflüge).

~

Umgebung: Yarmouth Castle (direkt daneben); 19 km bis Newport • **Lage:** in der Stadt, nahe dem Fährhafen, Ausblick auf den Solent; kein Parkplatz • **Mahlzeiten:** Frühstück, Mittagessen, Abendessen; Zimmerservice • **Preise:** £££ • **Zimmer:** 16; 13 Doppelzimmer und Zweibettzimmer, 2 Suiten, 1 Einzelzimmer, alle mit Bad; alle Zimmer haben Telefon, Fernseher, Haartrockner • **Anlage:** Aufenthaltsraum, Speisezimmer, Brasserie, Garten; eigener Strand, Motoryacht (12 m) kann gechartert werden • **Kreditkarten:** AE, MC, V • **Kinder:** über 8 Jahre willkommen **Behinderte:** Zugang schwierig • **Tiere:** nach Vereinbarung • **Geschlossen:** nie **Eigentümer:** Jeremy und Amy Willcock und John Illsley

Der Südosten

Yattendon, Berkshire

Royal Oak
~ Dorfgasthof ~

The Square, Yattendon, bei Newbury, Berkshire RG18 0UG
Tel.: (01635) 20 13 25 **Fax:** (01635) 20 19 26

Dieser Gasthof kam in den letzten Jahren wieder in Schuß – Robbie Macrae renovierte die Zimmer mit viel Geschmack und verbesserte auch die Küche, wofür er bis heute viel Zuspruch erhält. Es ist anzunehmen, daß die Küche heute stilvoller ist als zu der Zeit, als Oliver Cromwell hier – jedenfalls nach Angabe des Hotels – dinierte. Aus Furcht, für ein gewöhnliches Pub gehalten zu werden, weist das Schild am Eingang dieses warme Backsteinhaus als »Hotel und Restaurant« aus. Und sicherlich ist das Royal Oak auch kein ganz gewöhnliches Lokal mehr. Seine zwei Restaurants besitzen Stil und Eleganz, die keine Assoziationen mit Ale und Darts wecken. Aber es gibt immer noch eine kleine Bar, wo Hotelgäste ebenso wie Einheimische eine Auswahl an gutem Real Ale genießen können, auch ohne etwas zu essen.

Neben dem rustikalen Speisezimmer mit dem großen Kamin liegt der helle, legere und gemütliche Aufenthaltsraum (mit Zeitungen und Büchern, die man bequem von den Sofas aus erreichen kann). Dahinter befindet sich das gepflegte Restaurant mit seiner eleganten Ausstattung. Die Schlafzimmer sind sehr hübsch dekoriert und mit jedem nur denkbaren Extra ausgestattet. Eine weitere Attraktion ist der ummauerte Garten, der während der Sommermonate seine Farbenpracht entfaltet und eine wunderbare Atmosphäre besitzt.

Umgebung: Basildon Park; Donnington Castle; Snelsmore Common • **Lage:** 11 km nordöstlich von Newbury, in der Dorfmitte; großer Parkplatz • **Mahlzeiten:** Frühstück, Mittagessen, Abendessen • **Preise:** ££ • **Zimmer:** 5; 4 Doppelzimmer und Zweibettzimmer, 1 Suite, alle mit Bad; alle Zimmer haben Telefon, Fernseher, Haartrockner • **Anlage:** Restaurant, Aufenthaltsraum, Speisezimmer, Bar, ummauerter Garten • **Kreditkarten:** AE, DC, MC, V • **Kinder:** willkommen • **Behinderte:** Zugang nur zu Restaurant und Bar einfach • **Tiere:** nach Vereinbarung • **Geschlossen:** Heiligabend; Restaurant So abend • **Geschäftsführer:** Corinne und Robbie Macrae

Südengland

Der Südosten

Weitere Empfehlungen

Duncton, West Sussex
Duncton Mill
Duncton, bei Petworth, West Sussex GU28 0LF
Tel.: (01798) 34 22 94 **Fax:** (01798) 34 41 22
E-mail: dunctonmill@compuserve.com **Website:** www.dunctonmill.com ££

Kleines Gut mit reichhaltigem Freizeitangebot, z.B. Angeln in den eigenen privaten Forellenteichen. Die Gäste können zwischen Selbstversorgung und Bed & Breakfast-Verpflegung wählen.

Wartling, East Sussex
Wartling Place
Wartling, Herstmonceux, East Sussex BN27 1RY
Tel. und **Fax:** (01323) 83 25 90 **E-mail:** accom@wartlingplace.prestel.co.uk
Website: www.best-hotel.com/wartlingplace/ ££

Das georgianische Gebäude wird von den Besitzern Rowena und Barry Gittoes als anspruchsvolles Gasthaus geführt. Großzügige Zimmer, hervorragendes Frühstück.

≈

WALES

ABERGAVENNY, MONMOUTHSHIRE

Llanwenarth House
~ Ländliches Gästehaus ~

Govilon, Abergavenny, Monmouthshire NP7 9SF
Tel.: (01873) 83 02 89 **Fax:** (01873) 83 21 99

Um dieses altehrwürdige Haus zu retten, das zum größten Teil vom Ende des 16. Jahrhunderts stammt, haben die Weatherills große Anstrengungen unternommen, aber gleichzeitig dafür gesorgt, eine persönliche Atmosphäre zu erhalten. Llanwenarth House wirkt nach wie vor eher wie ein Privathaus, in dem sich Gäste zu einem Drink im schönen Salon (in kalten Nächten vor einem lodernden Kaminfeuer) versammeln, wie bei einer Abendgesellschaft im großzügigen, mit Kerzen erleuchteten Speisesaal dinieren und vor allem vermeiden, über den Hund zu stolpern. Amanda, die eine erstklassige Köchin ist, herrscht über die Küche, wo besonderer Wert auf frische, selbst produzierte lokale Zutaten gelegt wird: Fleisch und Geflügel aus der eigenen Zucht und Gemüse aus dem Garten. Die Weine lagern in Bruce' äußerst gut bestücktem Keller.
Die Schlafzimmer und Aufenthaltsräume (mit ihren zahlreichen Jagdtrophäen) sind ausgesprochen hell, geräumig und gemütlich. Sie sind mit Stilmöbeln, Chintzstoffen und raumhohen Fenstern ausgestattet, von denen man zum Teil spektakuläre Ausblicke auf das friedliche Tal des Usk hat. Die Gegend zieht Naturliebhaber an, die im Fluß Forellen und Lachs angeln, auf Pferden und Ponys ausreiten oder in der Nähe Golf spielen können. Die weniger sportlichen Gäste werden vielleicht auf dem Rasen Krocket spielen oder den hübschen Marktflecken Abergavenny besuchen.

Umgebung: Brecon Beacons; Offa's Dyke; Raglan Castle; Chepstow Castle
Lage: 6 km südwestlich von Abergavenny über die A 465; großer Parkplatz
Mahlzeiten: Frühstück, Abendessen • **Preise:** ££ • **Zimmer:** 5 Doppelzimmer mit Bad oder Dusche, alle Zimmer haben Fernseher • **Anlage:** Aufenthaltsraum, Speisezimmer, Garten • **Kreditkarten:** keine • **Kinder:** über 10 Jahre willkommen
Behinderte: ein geeignetes Schlafzimmer im Erdgeschoß • **Tiere:** nach Vereinbarung • **Geschlossen:** Feb • **Eigentümer:** Bruce und Amanda Weatherill

WALES

ABERSOCH, GWYNEDD

Porth Tocyn
~ Hotel am Meer ~

Bwlchtocyn, Abersoch, Rwllheli, Gwynedd LL53 7BU
Tel.: (01758) 71 33 03 **Fax:** (01758) 71 35 38
E-Mail: porthtocyn.hotel@virgin.net **Website:** www.porth-tocyn-hotel.co.uk

Das weiß angestrichene Gebäude mit seinem Schieferdach blickt von der Halbinsel Lleyn weit hinaus aufs Meer in Richtung Snowdonia. Es ist ein Unikum: Die Familie Fletcher-Brewer, die es schon seit über 50 Jahren besitzt, nennt es ein Landhaus-Hotel, doch die meisten Leute würden darunter etwas anderes verstehen. Sicherlich enthält Porth Tocyn genausoviele Antiquitäten wie ein typisches Landhaus-Hotel und wird mit so viel Enthusiasmus und Können betrieben wie nur wenige andere. Das Anwesen jedoch besteht aus einem Sammelsurium alter Häuschen für die Arbeiter der Bleiminen und wurde über die Jahre kräftig erweitert. Mit ihrer Dekoration aus Chintzstoffen schaffen sie eine gemütliche, heimelige Atmosphäre. Die Lage am Meer hat die Fletcher-Brewers ermutigt, sowohl die Bedürfnisse von Kindern als auch die ihrer Eltern im Auge zu behalten, die die Annehmlichkeiten eines gepflegten Hotels genießen wollen. Dazu zählt vor allem das ausgezeichnete Essen der Dinnerpartys mit den beiden Spezialitäten Meeresfrüchte und verführerisch voluminöse Puddings. Erwarten Sie nicht, hier abnehmen zu können!
Die Schlafzimmer wurden bewußt einfach und sparsam möbliert gehalten, sind aber ihren Preis mehr als wert. Überall gibt es großartige Ausblicke auf das Meer und die Gipfel von Snowdonia.

Umgebung: Plas Yn Rhiw; Criccieth Castle; Snowdonia • **Lage:** 4 km südlich von Abersoch; im eigenen Farmland mit großem Parkplatz • **Mahlzeiten:** Frühstück, Mittagessen, Abendessen, Picknick • **Preise:** ££ • **Zimmer:** 17, 13 Doppelzimmer, 3 Einzelzimmer, 1 Familienzimmer, alle mit Bad; alle Zimmer haben Telefon, TV **Anlage:** 6 Aufenthaltsräume, Fernsehzimmer, Speisezimmer, Bar, Garten; Swimmingpool, Tennisplatz • **Kreditkarten:** MC, V • **Kinder:** willkommen • **Behinderte:** 3 Schlafzimmer im Erdgeschoß • **Tiere:** nach Vereinbarung • **Geschlossen:** Anfang Nov. bis 1 Woche vor Ostern • **Eigentümer:** Familie Fletcher-Brewer

Wales

Boncath, Pembrokeshire

Llancych
~ Ländliches Gästehaus ~

Boncath, Pembrokeshire SA37 0LJ
Tel.: (01239) 69 83 78 **Fax:** (01239) 69 86 86

Wenn Sie es bis nach Llancych schaffen, sind Sie entweder sehr versiert im Umgang mit Landkarten oder Ihre Aussprache walisischer Ortsnamen stieß auf einen verständnisvollen Hörer, als Sie das letzte Mal um Auskunft baten. Versteckt in einem engen, waldreichen Tal, das seinen festen Platz in walisischen Legenden hat, liegt das weiß angestrichene Herrenhaus von Llancych inmitten von Rasenflächen im Talgrund. Von außen könnte man meinen, daß seit vielen Generationen jeder neue Bewohner einen neuen Flügel angebaut hat (oder wenigstens einen neuen Giebel, wenn die Zeiten hart waren); wie der Höllenhund Zerberus sieht es aus allen Richtungen unterschiedlich aus. Im Inneren werden Sie jedoch neben den freundlichen Besitzern, Sarah und Tony Jones-Lloyd, eine ruhige und gut eingerichtete Oase vorfinden.

Im Empfangsraum, der einen großen Teil des Erdgeschosses einnimmt, befindet sich ein Flügel und eine offene Feuerstelle; im Speisezimmer finden bis zu 14 Personen am Mahagonytisch Platz. Im oberen Stockwerk liegen 5 komfortable Doppelzimmer mit Ausblick auf die Umgebung. Nur wenige Schritte von der Haustüre entfernt können Sie nach Vereinbarung Flußforellen angeln; wenn Sie bereit sind, etwas weitere Wege auf sich zu nehmen, finden Sie in dieser Gegend auch Lachsforellen und Lachse. Im nahe gelegenen Cenarth treffen sich im August die einheimischen Fischer mit ihren Booten zum jährlichen – und sehenswerten – Wettrennen.

Umgebung: Cenarth; Küste von Pembrokeshire; Newcastle Emlyn; Cilgerran Castle
Lage: 10 km südöstlich von Cardigan über die B4332; großer Parkplatz • **Mahlzeiten:** Frühstück • **Preise:** ££ • **Zimmer:** 5 Doppelzimmer und Zweibettzimmer, 3 mit Bad • **Anlage:** 2 Aufenthaltsräume, Speisezimmer, Frühstückszimmer, Garten
Kreditkarten: MC, V • **Kinder:** nach Vereinbarung • **Behinderte:** ungeeignet
Tiere: nach Vereinbarung • **Geschlossen:** Anfang Nov. bis Anfang März
Eigentümer: Sarah und Tony Jones-Lloyd

WALES

BONTDDU, GWYNEDD

Borthwnog Hall
~ Hotel im Landhausstil ~

Bontddu, Dolgellau, Gwynedd LL40 2TT
Tel.: (01341) 43 02 71 **Fax:** (01341) 43 06 82 **E-Mail:** borthwnoghall@enterprise.net **Website:** www.homepages.enterprise.net/borthwnoghall

Direkt an der Kante über der wunderschönen Flußmündung des Mawddach (bei Springflut erreicht das Wasser gerade noch die Stützmauer des kleinen Parkplatzes) blickt dieses elegante kleine Gebäude aus dem späten 17. Jahrhundert gegen Süden. Es liegt inmitten üppiger Gärten in einer absolut einzigartigen Lage. Der Blick reicht von der Flußmündung etwas weiter im Westen hinüber zu den Bergen der Cader-Idris-Kette im Süden und im Osten bis nach Barmouth Bridge. Die Gezeiten und das Licht verändern die Umgebung dauernd; die beeindruckende Vielfalt der Vogelwelt erklärt, warum die Besitzer, Derek und Vicki Hawes, den Gästen gern ein leistungsstarkes Fernglas zur Verfügung stellen.

Borthwnog Hall ist in vielerlei Hinsicht ungewöhnlich: Obwohl es nur drei Zimmer gibt, die (wie auch die übrigen Räume des Hauses) hervorragend eingerichtet sind, wie es nur in einem Privathaus denkbar ist, wird es als ein richtiges Hotel geführt. Es gibt für die Gäste einen geschmackvollen Salon mit offener Feuerstelle, poliertem Silber und Bildern von Vorfahren, die von den Wänden blicken. Es gibt auch ein eigenes Speisezimmer mit einem guten Abendessen und einer preisverdächtigen Weinkarte. In der Bibliothek ist sogar eine Kunstgalerie untergebracht, die sich auf alles Walisische, namentlich Gemälde, Skulpturen und Töpferwaren, spezialisiert hat. Für alle, die die walisische Natur kennenlernen wollen, gibt es schöne Wanderungen direkt ab der Haustür.

Umgebung: Cymer Abbey; Snowdonia; Lake Vyrnwy • **Lage:** an der Flußmündung, außerhalb des Dorfes; 3 km von der Kreuzung der A470 und der A496; Parkplatz **Mahlzeiten:** Frühstück, Abendessen • **Preise:** ££ • **Zimmer:** 5 Doppelzimmer und Zweibettzimmer mit Bad oder Dusche; alle Zimmer haben Telefon, TV • **Anlage:** Aufenthaltsraum, Speisezimmer, Bar, Garten • **Kreditkarten:** AE, MC, V • **Kinder:** willkommen • **Behinderte:** ungeeignet • **Tiere:** nach Vereinbarung • **Geschlossen:** Weihnachten • **Eigentümer:** Derek und Vicki Hawes

WALES

BRECHFA, CARMARTHENSHIRE

Ty Mawr
~ Ländliches Hotel ~

Brechfa, Carmarthenshire SA32 7RA
Tel.: (01267) 20 23 32/20 23 30 **Fax:** (01267) 20 24 37 **E-Mail:** tymawr@tymawrcountryhotel.co.uk **Website:** www.tymawrcountryhotel.co.uk

Im rechten Winkel zur Hauptstraße des kleinen Dorfes am Rande des Brechfa Forest sowie am Ufer des Marlais liegt Ty Mawr mit seinem reizenden Garten und dem schönen Ausblick auf die umliegenden Hügel. Im Inneren künden die Eichenbalken, Steinwände und Fliesenböden von der mehr als 300jährigen Geschichte des Hauses. Die Gemeinschaftsräume sind gemütlich und stimmungsvoll und umfassen eine holzverkleidete Bar und einen komfortablen, schmucken Aufenthaltsraum mit offenem Kamin. Im langgestreckten schiefergefliesten Restaurant zeigen sich die kulinarischen Fähigkeiten von Veronica Weston: Frische, meist walisische Zutaten werden ohne übertriebenes Getue, aber mit viel Phantasie verarbeitet. Die appetitsteigernde Präsentation frischer Brotsorten erklärt sich daraus, daß Roger Weston früher Bäcker war. Wohlbegründet ist auch die Auswahl der Weine, die zu ausgesprochen günstigen Preisen angeboten werden. Im oberen Stockwerk liegen die hellen, bequemen und erfreulich schlichten Schlafzimmer. Das morgendliche Frühstück bietet jedem etwas: den Verwöhnten, die nur da und dort etwas probieren wollen, aber auch den richtig Ausgehungerten. Die Blumenkübel im Garten sind schon beeindruckend genug, man sollte aber nicht vergessen, daß ein paar Kilometer entfernt seit Frühjahr 2000 die National Botanical Gardens von Wales geöffnet haben.

Umgebung: Dinas Nature Reserve; National Botanical Gardens; Kidwelly Castle; Llansteffan Castle; Brecon Beacons • **Lage:** 16 km nordöstlich von Carmarthen über die B4310 im Dorf; großer Parkplatz • **Mahlzeiten:** Frühstück, leichtes Mittagessen, Abendessen • **Preise:** ££ • **Zimmer:** 5; 3 Doppelzimmer, 1 Zweibettzimmer, 1 Familienzimmer, alle mit Bad; alle Zimmer haben TV und Haartrockner **Anlage:** Aufenthaltsraum, Speisezimmer, Bar, Garten • **Kreditkarten:** MC, V **Kinder:** willkommen • **Behinderte:** ungeeignet • **Tiere:** nach Vereinbarung **Geschlossen:** nie • **Eigentümer:** Roger und Veronica Weston

Wales

Crickhowell, Powys

The Bear
~ Städtischer Gasthof ~

Crickhowell, Powys NP8 1BW
Tel.: (01873) 81 04 08 **Fax:** (01873) 81 16 96
E-Mail: bearhotel@aol.com

Auf welcher Route auch immer Sie nach Crickhowell gelangen – wie die meisten anderen Reisenden der letzten ungefähr 500 Jahre werden auch Sie zu guter Letzt im Gasthof The Bear landen. Das Haus, das sich im Besitz und unter der Leitung von Judith Hindmarsh und ihrem Sohn Steve befindet, ist eines dieser vielseitigen Gebilde, die sich in alles verwandeln können, was Sie sich nur vorstellen. Wenn Ihnen nach einem Drink ist, ist es ein ausgezeichnetes, lebendiges Pub voller schimmerndem Kupfer und Zinn. Steht Ihnen der Sinn nach einer einfachen Mahlzeit, bekommen Sie einen exzellenten Imbiß in der Bar oder im Küchenrestaurant. Wünschen Sie sich etwas Exklusiveres, müssen Sie sich nur in das schickere A-la-Carte-Restaurant begeben, das auf den Innenhof blickt und im Sommer voller Blumen ist. Hier werden Ihnen, wenn Sie über 8 Jahre alt sind, an einem blumengeschmückten Tisch Mahlzeiten serviert, die internationalen Einflüssen offen sind und mit viel Phantasie und Leichtigkeit komponiert wurden – ganz im Gegensatz zu den traditionellen Verzierungen außerhalb des Restaurants. Auch wenn Sie ein Hotel suchen, wird das The Bear Ihre Erwartungen leicht übertreffen: Die Schlafzimmer gibt es in jeder Größe und jedem Stil, alt oder neu, das Mobiliar und die Dekoration genügen jedoch immer höchstem Standard. Ein ruhiger Salon sorgt für Rückzugsmöglichkeiten.

Umgebung: Brecon Beacons; Offa's Dyke; Hay-on-Wye • **Lage:** im Stadtzentrum an der A40 zwischen Abergavenny und Brecon; großer Parkplatz • **Mahlzeiten:** Frühstück, Mittagessen, Abendessen, Imbiß an der Bar • **Preise:** ££ • **Zimmer:** 35 Doppelzimmer und Zweibettzimmer mit Bad oder Dusche; alle Zimmer haben Telefon, TV und Haartrockner • **Anlage:** Aufenthaltsraum, 2 Speisezimmer, Bar, Garten • **Kreditkarten:** AE, MC, V • **Kinder:** gestattet • **Behinderte:** 2 geeignete Schlafzimmer im Erdgeschoß • **Tiere:** gestattet • **Geschlossen:** 25 Dez., das Restaurant sonntags • **Eigentümer:** Judith und Steve Hindmarsh

WALES

DOLGELLAU, GWYNEDD

Plas Dolmelynllyn
~ Hotel im Landhausstil ~

Ganllwyd, Dolgellau, Gwynedd LL40 2HP
Tel.: (01341) 44 02 73 **Fax:** (01341) 44 06 40
E-Mail: info@dolly-hotel.co.uk **Website:** www.dolly-hotel.co.uk

Schon über ein Jahrzehnt betreibt das Team von Vater Jon Barkwith und Tochter Jo Reddicliffe das »Dolly« mit bemerkenswertem Geschmack. Teile des Gebäudes sind über ein halbes Jahrtausend alt. Es liegt äußerst günstig auf einer Terrasse über Ganllwyd und bietet herrliche Ausblicke über das Tal. Im überwiegend viktorianischen Inneren vermischen sich die antiken Stücke ebenso gelungen mit modernerem Mobiliar und erzeugen eine warme, freundliche Atmosphäre. Überall blinken Porzellan und Kristall. Der Salon ist elegant, aber es ist vor allem der Speisesaal, wo das Team die meisten Punkte sammelt. Jos preisgekrönte Kochkunst, die man am besten als »phantasievolle moderne britische Küche« bezeichnet, hat einen weit verbreiteten Fanklub, und wir konnten als Gäste, darunter Vegetarier, verstehen, die flehend um eine Verlängerung ihrer Buchung baten. Es gibt einen großen Weinkeller, in dem sich auf jeden Fall der entsprechende Wein zu Ihren Gerichten finden lassen sollte; die kleineren Gäste werden an einem eigenen Tisch plaziert. Die Schlafzimmer sind nach lokalen Flüssen benannt und individuell eingerichtet; die meisten verfügen über eine tolle Aussicht. Großartige Wanderungen kann man direkt vom Haupteingang aus machen, und alle Gäste haben Zugang zu einer essentiellen walisischen Einrichtung: dem Trockenraum. Das Haus ist ein erklärtes Nichtraucherhotel.

Umgebung: Cymer Abbey; Snowdonia; Lake Vyrnwy • **Lage:** auf dem Land, 8 km nördlich von Dolgellau über die A470; großer Parkplatz • **Mahlzeiten:** Frühstück, Mittagessen nach Vereinbarung, Abendessen • **Preise:** ££ • **Zimmer:** 10; 9 Doppelzimmer und 1 Einzelzimmer, alle mit Bad; alle Zimmer haben Telefon, TV und Haartrockner • **Anlage:** Aufenthaltsraum, Speisezimmer, Bar im Wintergarten, Garten; Angeln • **Kreditkarten:** AE, DC, MC, V • **Kinder:** über 8 Jahre willkommen **Behinderte:** ungeeignet • **Tiere:** in 2 Schlafzimmern gestattet • **Geschlossen:** Nov. bis März • **Eigentümer:** Jon Barkwith und Jo Reddicliffe

WALES

EGLWYSFACH, POWYS

Ynyshir Hall
~ Hotel im Landhausstil ~

Eglwysfach, Machynlleth, Powys SY20 8TA
Tel.: (01654) 78 12 09 **Fax:** (01654) 78 13 66
E-Mail: info@ynyshir-hall.co.uk **Website:** www.ynyshir-hall.co.uk

Die Reens betreiben Ynyshir Hall nun schon seit einigen Jahren und haben glücklicherweise ihre genauen Vorstellungen. In dieser Zeit haben sie die Räume im Inneren und die Schlafzimmer beträchtlich verschönert. Beide sind ehemalige Lehrer – Joan für Geographie, Rob für Kunst und Design; seine Gemälde sind es auch, die die Wände des ganzen Hauses verzieren. Wenn man Robs Vergangenheit kennt, kann man von der Einrichtung des Hotels etwas Besonderes erwarten – und man wird auch nicht enttäuscht werden. Die Farbgestaltung ist abenteuerlich, die Motive sind kühn, der Gebrauch von Stoffen ist opulent, und das Auge für Details ist verblüffend. Die Schlafzimmer, darunter zwei neue, sind nach bekannten Künstlern benannt und entsprechend möbliert.
Das weiß verputzte Haus stammt ursprünglich aus dem 16. Jahrhundert, weist aber überwiegend georgianische und viktorianische Stilelemente auf. Es liegt in herrlich gestalteten, fünf Hektar umfassenden Gärten nahe der Flußmündung des Dovey.
Die preisgekrönte Küche ist mutig, aber nicht zu kompliziert, also modern britisch. Sie stützt sich auf frische lokale Zutaten, vor allem Fisch, Wild, Schalentiere und walisisches Lamm.

~

Umgebung: Llyfnant Valley; Aberystwyth • **Lage:** 18 km nordöstlich von Aberystwyth über die Abzweigung von der A487; großer Parkplatz
Mahlzeiten: Frühstück, Mittagessen, Abendessen • **Preise:** ££ • **Zimmer:** 10;
6 Doppelzimmer, 4 Suiten, alle mit Bad; alle Zimmer haben Telefon, TV
Anlage: Aufenthaltsraum, Speisezimmer, Bar, Wintergarten • **Kreditkarten:** AE, DC, MC, V • **Kinder:** über 9 Jahre willkommen • **Behinderte:** ein Schlafzimmer im Erdgeschoß geeignet • **Tiere:** in 1 Schlafzimmer gestattet • **Geschlossen:** nie
Eigentümer: Rob und Joan Reen

WALES

FISHGUARD, PEMBROKESHIRE

Three Main Street
~ Restaurant mit Gästezimmern ~

3 Main Street, Fishguard, Pembrokeshire SA65 9HG
Tel.: (01348) 87 42 75 **Fax:** (01348) 87 40 17

Die beiden einzigen Sehenswürdigkeiten in Fishguard sind der bunte alte Hafen und dieses unwiderstehliche Restaurant genau darüber. Wenn Sie der Meinung sind, daß Sie sich, z. B. beim Warten auf die frühmorgendliche Fähre nach Rosslare, die Beine in den Bauch stehen, dann ist dieses dreistöckige georgianische Stadthaus mit seiner Fassade aus Natursteinen und den hübschen Hängekörben der richtige Ort sowohl zum Essen als auch zum Übernachten. Sie verdanken dies zwei Frauen: Inez Ford und Marion Evans haben sich zusammengetan, um »eine Art Restaurant zu erschaffen, in das wir selbst gerne gehen würden«; wir unsererseits bewundern ihren Geschmack. Meistens begrüßt Inez die Gäste und führt sie in die kleine Bar, wo sie einen Aperitif nehmen und die Speisekarte durchgehen können, während Marion und ihre kleine, gut organisierte Mannschaft die Sklavenarbeit am Herd verrichten.

Das Essen ist so phantasievoll und wird so liebevoll dargereicht, ohne in die Falle einer prätentiösen oder komplizierten Küche zu geraten, daß sich das Restaurant als eines der führenden in Südwales etablieren konnte. Wie zu erwarten ist, sind die Spezialitäten einheimischer Fisch und Meeresfrüchte. Tagsüber werden in den beiden einfach, aber geschmackvoll eingerichteten Speisezimmern Kaffee, Tee, leckere selbstgebackene Kuchen und kleinere Speisen serviert. Im oberen Stockwerk befinden sich drei genauso geschmackvolle, gut ausgestattete Schlafzimmer im Stil des Art déco.

Umgebung: Küste von Pembrokeshire; Preseli Hills • **Lage:** im Stadtzentrum; begrenzte Parkplätze • **Mahlzeiten:** Frühstück, Mittagessen, Abendessen • **Preise:** £ **Zimmer:** 3; 2 Doppelzimmer, 1 Zweibettzimmer, alle mit Dusche; alle Zimmer haben TV, Haartrockner • **Anlage:** Speisezimmer, Bar, Garten • **Kreditkarten:** keine **Kinder:** willkommen • **Behinderte:** keine besonderen Einrichtungen • **Tiere:** nicht gestattet • **Geschlossen:** Ende Jan. bis Anfang Feb.; das Restaurant Sonntag abend, Montag abend • **Eigentümer:** Marion Evans und Inez Ford

WALES

FISHGUARD, PEMBROKESHIRE

Tregynon
~ Bauernhaus-Hotel ~

Gwaun Valley, Fishguard, Pembrokeshire SA65 9TU
Tel.: (01239) 82 05 31 **Fax:** (01239) 82 08 08 **E-mail:** tregynon@online-holidays.net
Website: www.online-holidays.net/tregynon

Im 6. Jahrhundert soll der heilige Brynach auf dem Gipfel des benachbarten Carn Ingli mit den Engeln Zwiesprache gehalten haben; doch so weit brauchen Sie nicht hinaufzusteigen, um den entrückten Zufluchtsort der beiden Heards zu erreichen, der sich seit der Öffnung im Jahr 1980 so prächtig entwickelt hat. Er liegt in unverdorbener »Bluestone«-Landschaft (wo die Menhire von Stonehenge aus dem Fels gehauen wurden) und beherbergt auf seinem Grundstück sogar eine Festung aus der Eisenzeit an einem 65-Meter-Wasserfall. Im Haus selbst halten die Balken und Steinwände das neue Millenium auf Distanz, und im Winter muß das Feuer in der gewaltigen Kaminecke eine magische Anziehungskraft auf Gäste ausüben, die gerade vom Hügel herabkommen. Die gesamte Möblierung ist angemessen gemütlich-rustikal.

Nur das kleinste der Schlafzimmer befindet sich im steinernen Hauptgebäude aus dem 16. Jahrhundert, die größeren sind in nahe gelegenen Einzelgebäuden untergebracht. Janes Speisen sind ein echter Lichtblick: an der Tradition orientiert, gesund und einfallsreich, mit genügend Rücksicht auf Vegetarier; dazu gibt es eine gut abgestimmte Weinkarte. Kinder essen zur Teestunde zu Abend, wodurch die Erwachsenen beim Abendessen ihre Ruhe haben. Im Speisezimmer und den Schlafzimmern ist Rauchen verboten.

Umgebung: Küste von Pembrokeshire; Pen-Lan-Uchaf; Pentre Ifan (Grabkammer); Carnhuan Farm Park • **Lage:** in einsamer Landschaft 11 km südöstlich von Fishguard, 5 km südlich von Newport (fragen Sie sich durch!); Parkplatz • **Mahlzeiten:** Frühstück, Lunchpakete, Abendessen • **Preise:** ££ • **Zimmer:** 6; 4 Doppelzimmer und Zweibettzimmer, 2 Familienzimmer, alle mit Bad; alle Zimmer haben Telefon, TV, Haartrockner • **Anlage:** Aufenthaltszimmer, 2 Speisezimmer, Bar, Garten
Kreditkarten: MC, V • **Kinder:** über 8 Jahre willkommen • **Behinderte:** ungeeignet
Tiere: nicht gestattet • **Geschlossen:** 2 Wochen im Winter • **Eigentümer:** Peter und Jane Heard

WALES

GARTHMYL, POWYS

Garthmyl Hall
~ Ländliches Hotel ~

Garthmyl, bei Montgomery, Powys, Wales SY15 6RS
Tel.: (01686) 64 05 50 **Fax:** (01686) 64 06 09

Wenn Sie die historische Stadt Montgomery hinter sich lassen und direkt in Richtung Snowdonia fahren, werden Sie nach kurzer Zeit das Plateau des River Severn überqueren, der hier nach Norden fließt. Gleich dahinter befindet sich Garthmyl Hall, ein von Zedern umstandenes georgianisches Juwel, hinter dem sich ein ummauerter Garten und Waldland erstreckt; es liegt hoch genug, um einen Blick über sanft gewelltes Farmland bis hinunter auf den Fluß zu bieten. Die offene, mit Steinplatten ausgelegte Halle und die helle steinerne Treppe geben Ihnen bereits einen Eindruck von den architektonischen Besonderheiten, die Sie hier erwarten. Außer auf die Wiederherstellung der alten Gebäudestruktur legten Nancy und Tim Morrow besonderen Wert auf dazu passende Möbel und Dekorationsstoffe. Als Kontrast zum riesigen Salon mit seiner vergoldeten Decke dient die kleinere, intimere Bibliothek.

Sowohl Abendessen (paneuropäisch, mit vielen frischen Zutaten und bewußt klein gehaltener Speisekarte) als auch Frühstück werden im grünen Speisezimmer eingenommen. Die Schlafzimmer zeigen genausoviel Aufmerksamkeit und Planung: ein bemerkenswertes Arrangement aus antiken Bettgestellen, frischen Bettlaken, weichen Badetüchern, Blumen, Schokolade – sogar in den Badezimmern könnte man sich schlafen legen. Es ist ein freundliches, unkompliziertes Hotel, das Kinder nicht nur duldet und wo Qualität und Preis in einem sympathischen Verhältnis stehen.

Umgebung: Powis Castle; Welshpool and Llanfair Light Railway • **Lage:** 9 km südlich von Welshpool auf der A483; großer Parkplatz • **Mahlzeiten:** Frühstück, Abendessen • **Preise:** ££ • **Zimmer:** 9; 8 Doppelzimmer und Zweibettzimmer, 1 Einzelzimmer, alle mit Bad oder Dusche; alle Zimmer haben Telefon; TV, Fax/Modemanschluß auf Anfrage • **Anlage:** Aufenthaltszimmer, Bar, Speisezimmer, Garten • **Kreditkarten:** MC, V • **Kinder:** gestattet • **Behinderte:** ungeeignet **Tiere:** nicht gestattet • **Geschlossen:** nie • **Eigentümer:** Tim und Nancy Morrow

Zentralengland und Wales

WALES

Llanbrynmair, Powys

Barlings Barn
～ Ländliches Gästehaus ～

Llanbrynmair, Powys SY19 7DY
Tel.: (01650) 52 14 79 **Fax:** (01650) 52 15 20 **E-Mail:** barlbarn@zetnet.co.uk
Website: www.telecentres.com/business/newtownbiz/barlingsbarn

Außer dem Blöken der Schafe auf den umliegenden Hügeln und dem Plätschern des nahe gelegenen Bachs stört kein Geräusch den Frieden. Es ist eine ländliche Idylle mit einem Garten voller Rosen und Geißblatt – ein malerischer Ort für Aktivitäten im Freien, wie Wandern, Vogelbeobachtung oder Angeln.
Die vollständige Ruhe an diesem Ort ist in der Tat der Grund, warum er auf diesen Seiten vorgestellt wird, obwohl die Gebäude von den Margolis vor ein paar Jahren in Einheiten für Selbstversorger umgewandelt wurden. Selbstgebackene Plätzchen erwarten Sie bei der Ankunft in den beiden abgesonderten »Barnlets« gegenüber dem Farmhaus von Felicity und Terry Welsh; eines davon verfügt über eine steinerne Feuerstelle mit Eichenbalken und einen Holzofen. Ihr neustes Projekt war die Umfassung des von einer Quelle gespeisten beheizten Swimmingpools durch ein beeindruckendes neues Gebäude, wodurch die Gäste ihn jetzt das ganze Jahr über benutzen können, genauso wie die Sauna, Sonnenbank und den Squashplatz. Beide »Barnlets« sind perfekt ausgestattet mit Kühlschrank/Tiefkühlgerät, Mikrowelle und Grillgeräten. Obwohl die Anlage für Selbstversorger gedacht ist, serviert Felicity auf Anfrage tiefgefrorene eigene Gerichte, und der örtliche Bäcker bringt köstliches warmes Brot an die Tür. Jeden Mittwoch findet in Machynlleth ein farbenfroher Markt statt.

Umgebung: Snowdonia; Aberdovey Beach • **Lage:** 3 km nordöstlich von Llanbrynmair am Ende der Privatstraße, die von der Straße nach Pandy abzweigt; großer Parkplatz • **Mahlzeiten:** selbstgekochte Tiefkühlgerichte • **Preise:** £-££
Zimmer: 2 »Barnlets«, Sunnyside beherbergt 2-6 Gäste, Brookside 8-12 Gäste, beide haben TV • **Anlage:** Garten, Swimmingpool, Sqash, Sauna, Sonnenbank **Kreditkarten:** keine • **Kinder:** willkommen • **Behinderte:** Brookside hat 1 geeignetes Schlafzimmer im Erdgeschoß und spezielle Einrichtungen • **Tiere:** nach Vereinbarung • **Geschlossen:** nie • **Eigentümer:** Terry und Felicity Margolis

WALES

LLANDRILLO, DENBIGHSHIRE

Tyddyn Llan
~ Ländliches Hotel ~

Llandrillo, bei Corwen, Denbighshire LL21 0ST
Tel.: (01490) 44 02 64 **Fax:** (01490) 44 04 14
E-Mail: tyddynlanhotel@compuserve.com

Seit unserer ersten Auflage gehört dieses georgianische Steinhaus zu den Lieblingen unserer Leser. Es wurde von den Kindreds mit Gespür für Eleganz, Stilmöbeln und schönen Gemälden ausgestattet, wodurch eine würdige Atmosphäre entstand. Trotz der Zahl der Gäste, die es beherbergen kann, ist es immer noch heimelig; der große Anbau ist klugerweise im Gegensatz zum Originalhaus mit Schiefer, Stein und Schmiedeeisen gestaltet worden.

Unser letzter Bericht von Tyddyn Llan schwärmt: »Keine aufdringliche Empfangstheke; geräumige, stilvoll möblierte Aufenthaltsräume; der Speisesaal zeigt viel Feingefühl; die Schlafzimmer sind mit antiken Möbelstücken ausgestattet; kleine, aber moderne und sehr ansprechende Badezimmer; angenehmer, friedlicher Aufenthalt; herzliche Atmosphäre durch die aufmerksamen Gastgeber; großer Charme.«

Küchenchef Sean Ballington folgt den Spuren seines talentierten Vorgängers Jason Hornbuckle und erweitert die Palette der walisischen Landhausküche mit einfallsreichen und gut konzipierten kleinen Menüs, die auf Qualitätsprodukten lokaler Herkunft beruhen und das hohe Ansehen dieser Küche weiter sichern.

Um das Hotel erstreckt sich ein großes Grundstück; der Rasen ist groß genug, um darauf diverse Arten von Sport zu treiben; man hat auch die Möglichkeit, an einem sieben Kilometer langen Abschnitt des Dee zu angeln.

Umgebung: Bala Lake und Railway; Snowdonia • **Lage:** 8 km südwestlich von Corwen über die B4401; großer Parkplatz • **Mahlzeiten:** Frühstück, Mittagessen, Abendessen • **Preise:** £££ • **Zimmer:** 10 Doppelzimmer, 8 mit Bad, 2 mit Dusche; alle Zimmer haben Telefon, TV • **Anlage:** Aufenthaltszimmer, Bar, Restaurant; Krocket, Angeln • **Kreditkarten:** AE, DC, MC, V • **Kinder:** willkommen
Behinderte: ungeeignet • **Tiere:** in Zimmern nach Vereinbarung geduldet
Geschlossen: nie • **Eigentümer:** Bridget und Peter Kindred

WALES

LLANDUDNO, CONWY

St Tudno
~ Hotel am Meer ~

Promenade, Llandudno, Conwy LL30 2LP
Tel.: (01492) 87 44 11 **Fax:** (01492) 86 04 07
E-mail: sttudnohotel@btinternet.com **Website:** www.st-tudno.co.uk

Die Blands achten geradezu peinlich genau auf jede Kleinigkeit in ihrem preisgekrönten Strandhotel, das sie seit über 30 Jahren betreiben. An der Lage des Hotels können aber auch sie nichts mehr verbessern: Es steht an Llandudnos ehrwürdiger Promenade, gegenüber dem viktorianischen Pier, und wird durch die Landzunge von Great Orme vor rauhen Winden geschützt. Die hübschen Räume sind mit Designertapeten und dazu passenden Stoffen ausgestattet und halten so das Gleichgewicht zwischen viktorianischem Charme und modernem Komfort.

Das klimatisierte Garden Room Restaurant ist hell und einladend und wird seinem Namen durch eine Fülle an Pflanzen und Stühlen mit Lehnen aus Korbgeflecht gerecht. Die Speisekarte ist von der Jahreszeit abhängig und wechselt täglich; ihre Grundlage bilden die besten lokalen Zutaten. Am besten studiert man sie aufmerksam in der komfortablen Bar. Das Essen ist zwar nicht billig, jedoch seinen Preis wert. Wenn Sie etwas zu sehr gesündigt haben, können Sie versuchen, die Kalorien bei ein paar Bahnen im hübschen Schwimmbad mit seinen Wandgemälden wieder loszuwerden. Selbst ohne Berücksichtigung der Leistung des jungen und aufmerksamen Personals könnte man all dem nur schwer widerstehen.

Umgebung: ein Übungsskihügel; Conwy Castle; Bodnant Gardens; Snowdonia
Lage: am Meeresufer gegenüber dem Pier und den Promenadegärten; Parkplatz für 12 Wagen und uneingeschränkte Parkmöglichkeit auf der Straße • **Mahlzeiten:** Frühstück, Mittagessen, Abendessen • **Preise:** ££-£££ • **Zimmer:** 22; 15 Doppelzimmer und Zweibettzimmer, 2 Einzelzimmer, 1 Suite, 4 Familienzimmer, alle mit Bad oder Dusche; alle Zimmer haben Telefon, TV, Kühlschrank, Haartrockner
Anlage: 3 Aufenthaltszimmer, Speisezimmer, Bar, Fahrstuhl, Garten, Schwimmbad
Kreditkarten: AE, DC, MC, V • **Kinder:** willkommen • **Behinderte:** ungeeignet
Tiere: nach Vereinbarung • **Geschlossen:** nie • **Eigentümer:** Martin und Janette Bland

Wales

Llansanffraid Glan Conwy, Conwy

The Old Rectory
Ländliches Pfarrhaus

Llansanffraid Gland Conwy, Colwyn Bay, Conwy LL28 5LF
Tel.: (01492) 58 06 11 **Fax:** (01492) 58 45 55
E-Mail: OldRect@aol.com **Website:** www.wales.com/oldrectory/

Dieses hübsche ehemalige Pfarrhaus erfreut sich einer außergewöhnlichen Panoramalage. Es steht in gut einem Hektar blumenreicher Gärten und genießt herrliche Ausblicke über die Flußmündung des Conwy auf Conwy Castle vor der Kulisse von Snowdonia. Von den meisten Schlafzimmern, von denen zwei in einem separaten Gebäude liegen, hat man diese Aussicht. Die Zimmer mit ihren massiven Betten aus Walnuß, Mahagoni oder Eiche verbreiten eine alterwürdige Stimmung. Im Erdgeschoß befindet sich ein eleganter vertäfelter Salon mit der Sammlung viktorianischer Aquarelle des Ehepaars Vaughan.

Die Entwicklung des Paares als Hoteliers und namentlich die von Wendy als Küchenchefin ist bemerkenswert. Die ehemalige Krankenschwester ohne jegliche kulinarische Ausbildung begann das Handwerk, indem sie für vorbeikommende Gruppen amerikanischer Touristen kochte. Dann nahmen sie Bed & Breakfast-Gäste auf, und in der gleichen Zeit verfeinerten sich Wendys kulinarische Fähigkeiten, bis sie im Januar 2000 die stolze Besitzerin eines Michelin-Sterns wurde. Wendy bereitet ganz alleine jeden Abend ein köstliches und einfallsreiches 3-Gänge-Menü zu, wobei ihr Michael lediglich beim Abwasch und beim Gemüseputzen helfen darf; er überwacht daneben die Weinkarte, die ihre Speisen begleitet. Die Gäste essen bei Kerzenlicht an Mahagonitischen. Rauchen ist außer in der Remise verboten.

Umgebung: Bodnant Gardens; Betwys-y-Coed; Llandudno • **Lage:** an der A470 1 km südlich der Kreuzung mit der A55; großer Parkplatz • **Mahlzeiten:** Frühstück, Abendessen • **Preise:** £££ • **Zimmer:** 6 Doppelzimmer, 5 mit Bad, eines mit Dusche; alle Zimmer haben Telefon, TV, Haartrockner • **Anlage:** Aufenthaltszimmer, Speisezimmer, Garten • **Kreditkarten:** MC, V • **Kinder:** über 6 Jahre gestattet **Behinderte:** 2 geeignete Zimmer im Erdgeschoß • **Tiere:** nur in der Remise gestattet • **Geschlossen:** Dez. bis Feb. • **Eigentümer:** Michael und Wendy Vaughan

WALES

Llanthony, Gwent

Abbey Hotel
~ Ländlicher Gasthof ~

Llanthony, Abergavenny, Gwent NP7 7NN
Tel.: (01873) 89 04 87 **Fax:** (01873) 89 08 44

Die Priorei Llanthony liegt hoch und versteckt im Vale of Ewyas, tief in den Black Mountains am Westufer des Afon Hoddu in der Nähe von Offa's Dyke. Die spektakulärste Anreise erfolgt in südlicher Richtung, von den vielbesuchten Buchläden von Hay-on-Wye aus. Die Stiftung der Familie De Lacy war einst eines der ersten Gebäude der Augustiner in Britannien, doch seit der Zeit der Klosterschließungen durch Heinrich VIII. wurde es kaum noch bewohnt. Die Räume des Vorstehers überlebten inmitten der Ruinen und werden jetzt als Hotel genutzt. Die Freunde von Gruselgeschichten werden nicht nur von der Lage begeistert sein, sondern auch davon, daß das höchstgelegene Schlafzimmer nur über mehr als 60 Stufen einer Wendeltreppe im Südturm erreicht werden kann. Dies ist kein Hotel für Verwöhnte oder Ängstliche: es liegt sehr abgeschieden und wird vor allem von Wanderern aufgesucht, die von der phantastischen Landschaft angezogen werden. Wenn Sie nicht per pedes anreisen, sollten Sie Verständnis dafür aufbringen, daß der Appetit der anderen Gäste vermutlich durch die frische Luft angeregt und ihre Kritikfähigkeit durch Übermüdung eingeschläfert worden ist. Bei einem so moderaten Preis sollte man jedoch die Möglichkeit nicht auslassen, in diesem einzigartigen, geschichtsträchtigen Gebäude, vielleicht in einem Himmelbett, zu übernachten und am Morgen den Blick vom Turm zu genießen.

Umgebung: Offa's Dyke; Brecon Beacons; Hay-on-Wye • **Lage:** über die A465 von Abergavenny nach Hereford, Bergstraße nach Norden ab Llanfihangel Crucorney; großer Parkplatz • **Mahlzeiten:** Frühstück, Mittagessen; Abendessen • **Preise:** £ **Zimmer:** 5 Doppelzimmer und Zweibettzimmer • **Anlage:** Aufenthaltszimmer, Speisezimmer, Bar, Garten • **Kreditkarten:** keine • **Kinder:** über 10 Jahre gestattet **Behinderte:** Zugang nicht möglich • **Tiere:** nicht gestattet • **Geschlossen:** So bis Do von Nov. bis Ostern; das Restaurant Montag abends • **Eigentümer:** Ivor Prentice

WALES

PENALLY, PEMBROKESHIRE

Penally Abbey
~ Hotel im Landhausstil ~

Penally, bei Tenby, South Pembrokeshire SA70 7PY
Tel.: (01834) 84 30 33 **Fax:** (01834) 84 47 14
E-Mail: penally.abbey@binternet.com

Seit dem Mittelalter schon ist dieser Fleck als Aussichtspunkt über die weite Fläche der Küste Pembrokeshires von Tenby bis nach Giltar Point bekannt gewesen. Der Golfplatz, der parallel zur Küste verläuft, war natürlich noch nicht hier, aber die Ruinen der mittelalterlichen Kapelle, die dem gotischen Landsitz ihren Namen gab, befinden sich weiterhin in seinen abgeschiedenen und gepflegten Gärten. Die Fenster und Türen weisen die für die Gotik charakteristischen Bogen auf – selbst Bela Lugosi würde sich in den Gängen und Treppenstiegen heimisch gefühlt haben. Es gibt einen komfortablen Salon mit offenem Kamin, eine einladende Bar fern von allen irdischen Sorgen und Nöten und einen hohen, kerzenerleuchteten Speisesaal, wo geschickt zusammengestellte und zubereitete Speisen serviert werden, zu denen eine große Auswahl von walisischen Wildgerichten gehören.
Alle Schlafzimmer, in denen ein angemessen vornehmer Stil vorherrscht, sind neu eingerichtet und perfekt ausgestattet; in einigen könnte man Kricket spielen. Steve Warren und seine Familie haben ein elegantes, aber unkompliziertes und ungezwungenes Hotel geschaffen, das auch kinderfreundlich ist (Babysitter und Babyphone verfügbar). Im Speisesaal sind Kinder zum (ausgezeichneten) Frühstück gern gesehen, doch das Abendessen wird für sie früher als für die Erwachsenen serviert.

Umgebung: Tenby; Colby Woodland Garden; Upton Castle • **Lage:** im Dorf, 2,5 km südwestlich von Tenby; großer Parkplatz • **Mahlzeiten:** Frühstück, Abendessen
Preise: ££ • **Zimmer:** 12 Doppelzimmer und Zweibettzimmer mit Bad; alle Zimmer haben Telefon, TV, Fax/Modemanschluß, Haartrockner • **Anlage:** Aufenthaltszimmer, Billardzimmer, Speisezimmer, Bar, Schwimmbad, Garten • **Kreditkarten:** AE, MC, V
Kinder: gestattet • **Behinderte:** Zugangsmöglichkeit zu zwei Schlafzimmern im Erdgeschoß • **Tiere:** nicht gestattet • **Geschlossen:** nie • **Eigentümer:** Steve und Elleen Warren

Wales

Penmaenpool, Gwynedd

George III
~ Ländlicher Gasthof ~

Penmaenpool, Dolgellau, Gwynedd LL40 1YD
Tel.: (01341) 42 25 25 **Fax:** (01341) 42 35 65

Penmaenpool schmiegt sich an das Südufer der Flußmündung des Mawddach und blickt nach Norden über das Wasser. Es bietet unzähligen Vogelarten Lebensraum; in einiger Entfernung sieht man die Silhouette der Diffwys Mountains. Es gab hier früher eine florierende Schiffsbauindustrie, und bis in die 1960er Jahre gab es einen Bahnhof. Die Linie, die damals das Hotel von der Küste trennte, wurde stillgelegt und der Warteraum, die Fahrscheinausgabe und das Haus des Stationsvorstehers Stück für Stück aufgekauft und in zusätzliche Schlafräume umgewandelt. An der Bar des Pubs gibt es ausgezeichnetes Essen von einer abwechslungsreichen Speisekarte. Wenn Sie für einen Drink von der Nordseite der Flußmündung herübergekommen sind, sollten Sie im Kopf behalten, daß die lange hölzerne Mautbrücke, die Ihren Rückweg um etliche Kilometer verkürzt, um 19 Uhr geschlossen wird. »Richtige« Mahlzeiten werden im Restaurant serviert, das durch Terrassentüren mit einem langen Balkon mit Blick über die Flußmündung verbunden ist. Im oberen Stockwerk haben die meisten der hellen Schlafzimmer die gleiche Aussicht – einige leidenschaftliche Vogelbeobachter haben darüber bereits das Frühstück verpaßt. Die Gäste haben freien Zugang zu über 18 Kilometern Angelgrund an Fluß und See; direkt an der Tür beginnen wunderbare Wanderwege.

Umgebung: Fairburne Railway; Snowdonia; Lake Vyrnwy • **Lage:** 3 km westlich von Dolgellau an der A493, an der Kante des Mawddach Estuary; großer Parkplatz **Mahlzeiten:** Frühstück, Mittagessen, Abendessen • **Preise:** ££ • **Zimmer:** 12 Doppelzimmer und Zweibettzimmer mit Bad oder Dusche; alle Zimmer haben Telefon, TV, Haartrockner • **Anlage:** Aufenthaltszimmer, Speisezimmer, 3 Bars; Angeln, Mountainbike-Verleih • **Kreditkarten:** MC, V • **Kinder:** willkommen • **Behinderte:** Zugangsmöglichkeit zu den Schlafzimmern der Lodge • **Tiere:** auf Anfrage gestattet • **Geschlossen:** nie • **Eigentümer:** Julia und John Cartwright

WALES

PENMAENPOOL, GWYNEDD

TIP DES HERAUSGEBERS

Penmaenuchaf Hall
~ Hotel im Landhausstil ~

Penmaenpool, Dolgellau, Gwynedd LL40 1YB
Tel.: (01341) 42 21 29 **Fax:** (01341) 42 27 87
E-Mail: relax@penhall.co.uk

Nicht weit vom Marktstädtchen Dolgellau windet sich die Zufahrtsstraße zu Penmaenuchaf Hall von der Mündung des Mawddach einen bewaldeten Hügel bis zu diesem robusten viktorianischen Herrengut aus Graustein hinauf. Es liegt auf einem Grundstück von 8,5 Hektar in mehreren Terrassen; der Blick hinüber nach Snowdonia war es wohl, der den damaligen Erbauer an diesen friedlichen Flecken am Fuß des Cader Idris führte. Zum Reiz des Ortes tragen auch ein Rosen- und ein Wassergarten bei.

Im Inneren haben Mark Watson und Lorraine Fielding den viktorianischen Charakter des Hauses einerseits erhalten, andererseits etwas abgemildert; von der imposanten Haupthalle locken den Besucher Wärme und Licht in das elfenbeinfarbene Morgenzimmer, die Aufenthaltszimmer und die Bibliothek. Das gleiche einfühlsame Arrangement wird in den Schlafzimmern fortgesetzt: Kostbare Stoffe werden mit edlen Möbeln zusammengebracht, nur die Betten sind etwas pompös. Wenn Sie sich nicht von den herrlichen Wanderwegen in die umliegenden Hügel herauslocken lassen, können Sie sich im Billardzimmer umtun oder einfach im sonnigen Wintergarten vor sich hin dösen. Ein Abendessen in modischem britischem Stil wird in dem getäfelten Speisezimmer serviert.

Umgebung: Mawddach Estuary; Snowdonia; Lake Vyrnwy • **Lage:** Zufahrt biegt von der A493 Dolgellau-Tywyn ab; großer Parkplatz • **Mahlzeiten:** Frühstück, Mittagessen, Abendessen • **Preise:** ££ • **Zimmer:** 14 Doppelzimmer und Zweibettzimmer mit Bad; alle Zimmer haben Telefon, TV, Haartrockner; Minibar in den höher gelegenen Zimmern • **Anlage:** Aufenthaltszimmer, Bibliothek, Billardzimmer, 2 Speisezimmer, Bar, Garten, Hubschrauberlandeplatz; Angeln • **Kreditkarten:** AE, DC, MC, V • **Kinder:** Säuglinge und Kinder über 6 Jahre gestattet **Behinderte:** Zugangsmöglichkeit zum Restaurant • **Tiere:** auf Anfrage in einem Schlafzimmer gestattet • **Geschlossen:** 10 Tage im Juni • **Eigentümer:** Mark Watson und Lorraine Fielding

Wales

Portmeirion, Gwynedd

Portmeirion Hotel
~ Hotel am Meer ~

Portmeirion, Gwynedd LL48 6ET
Tel.: (01766) 77 02 28 **Fax:** (01766) 77 13 31
E-Mail: hotel@portmeirion-village.com **Website:** www.portmeirion-village.com

Im Zentrum von Clough Williams-Ellis' reizendem pseudoitalienischem Phantasiedorf steht das Portmeirion Hotel. Die magische weiße Villa befindet sich auf einer Landzunge dicht am Meer und wird vom »Gwyllt«, 28 Hektar subtropischer baumreicher Gärten, umgeben, in denen Kamelien, Rhododendren und Magnolien gedeihen. Nach seiner Eröffnung 1926 zog das Hotel die Literaten wie ein Magnet an, darunter George Bernard Shaw, H.G. Wells und Noel Coward, der 1941 bei seinem hiesigen Aufenthalt »Blythe Spirit« schrieb.

Die Gäste können im Hotel oder in einem der farbenfroh angestrichenen Häuschen wohnen, die um das Dorf herum verstreut liegen, wobei sie aber alle Annehmlichkeiten des Hotels genießen können. Dazu gehört der hübsche, kreisförmige Swimmingpool im Freien, der von Mai bis September beheizt ist, und der großartige Speisesaal »Ocean Liner« (Passagierdampfer), der in den 1930er Jahren hinzugefügt wurde. Das Innere des Hotels ist in kräftigen Farben gehalten; sie reichen vom schwarz-weißen Marmorboden in der Halle zum eisblauen Spiegelzimmer und der exotischen Jaipur Bar, einem Stückchen Radschasthan in Wales. Die Schlafzimmer im Hauptgebäude sind ebenso elegant und dadurch teurer als die weniger farbenprächtigen Zimmer in den Häuschen.

Umgebung: Ffestiniog Railway; Harlech Castle • **Lage:** im Dorf Portmeirion; großer Parkplatz • **Mahlzeiten:** Frühstück, Mittagessen, Abendessen • **Preise:** ££-£££ **Zimmer:** 26 Doppelzimmer und Zweibettzimmer, 14 Suiten, alle mit Bad; alle Zimmer haben Telefon, TV, Haartrockner; einige haben eine Minibar; Häuschen für Selbstversorger erhältlich • **Anlage:** 2 Aufenthaltszimmer, Bibliothek, Wintergarten, Speisezimmer, Garten; Swimmingpool, Tennis • **Kreditkarten:** AE, DC, MC, V **Kinder:** willkommen • **Behinderte:** keine besonderen Einrichtungen • **Tiere:** in vier Häuschen gestattet • **Geschlossen:** die letzten 3 Wochen im Jan. • **Eigentümer:** Robin Llywelyn

WALES

REYNOLDSTON, WEST GLAMORGAN

Fairyhill
~ Hotel im Landhausstil ~

Reynoldston, Gower, near Swansea, West Glamorgan SA3 1BS
Tel.: (01792) 39 01 39 **Fax:** (01792) 39 13 58
E-Mail: postbox@fairyhill.net **Website:** www.fairyhill.net

Unsere letzte Besichtigung bestätigte, daß das Niveau dieses Hotels immer noch so hoch geblieben ist wie seit seiner Übernahme durch die jetzigen Besitzer Ende 1993. Es bildet einen ruhigen und äußerst kultivierten Zufluchtsort mitten auf der Halbinsel von Gower und nur 25 Minuten von der M4.

Das dreistöckige georgianische Haus wird von knapp 10 Hektar Landbesitz mit ummauertem Garten, Obstbäumen, einem Forellenbach und einem See umgeben und bietet eine Reihe geräumiger, gut eingerichteter Aufenthaltsräume, die zum Speisesaal führen.

Paul Davies, einer der Besitzer, ist der Küchenchef; seit kuzem unterstützt ihn dabei Adrian Coulthard. Sie stimmen ihre Speisekarte auf die Jahreszeiten ab und nutzen auf ausgezeichnete Weise die hiesigen Spezialitäten wie Hummer und Krebse von Gower, Herzmuscheln von Penclawdd sowie walisisches Lamm und Tanggebäck. Unter den zahlreichen Weinsorten, die in den alten Gewölben des Hauses gelagert werden, befinden sich auch fünf Erzeugnisse aus Wales. Die meisten Schlafzimmer bieten Ausblicke über den Park und die Wälder und sind bequem und perfekt ausgestattet; sie enthalten sogar CD-Spieler, auf denen man seine Lieblings-CDs aus der großen und umfangreichen Sammlung des Hotels abspielen kann. Wir freuen uns über weitere Berichte.

~

Umgebung: Weobley Castle; Gower-Halbinsel; Long Cairn Water Mill; Swansea **Lage:** 19 km westlich von Swansea, 1,5 km nordwestlich des Dorfs; inmitten von 10 ha Park- und Waldlandschaft; großer Parkplatz • **Mahlzeiten:** Frühstück, Mittagessen, Abendessen • **Preise:** £££ • **Zimmer:** 8 Doppelzimmer mit Bad; alle Zimmer haben Telefon, TV, CD-Spieler • **Anlage:** Aufenthaltszimmer, Bar, 2 Speisezimmer, Konferenzzimmer; Krocketplatz • **Kreditkarten:** AE, MC, V • **Kinder:** über 8 Jahre gestattet • **Behinderte:** Zugang nur ins Restaurant möglich • **Tiere:** nicht gestattet **Geschlossen:** 24. bis 27. Dez. • **Eigentümer:** P. und J. Camm, P. Davies und A. Hetherington

WALES

TALSARNAU, GWYNEDD

Maes-y-Neuadd
Ländliches Hotel

Talsarnau, Gwynedd, Wales LL47 6YA
Tel.: (01766) 78 02 00 **Fax:** (01766) 78 02 11
E-Mail: macs@neuadd.com **Website:** www.neuadd.com

Wenn Sie noch nie in Maes-Y-Neuadd waren, werden Sie unterwegs Zweifel über Ihre Fähigkeiten im Kartenlesen befallen, denn die schmale, kurvenreiche Straße von der Küste zieht sich endlos durch Wälder dahin. Fürchten Sie nichts, und halten Sie durch, die Reise ist es bestimmt wert. Sie werden an einem steingemauerten Herrenhaus mit Schieferdach ankommen, das teilweise mit Kletterpflanzen zugewuchert und nur etwa ein Jahrhundert jünger ist als Harlech Castle. Auch wenn hier draußen das rauhe Snowdonia liegt, im Inneren ist alles nur vom Allerfeinsten. Chintzstoffe im Salon, Leder in der Bar sowie die auserwählten Gaumenfreuden von Peter Jackson, dem Mitbesitzer und Küchenchef, ergänzen sich zum Gesamteindruck eines besonders komfortablen Hotels.
Viele der frischen Lebensmittel kommen aus dem eigenen Garten. Beim Tagesmenu kann man bei jedem der potentiell fünf Gänge zwischen verschiedenen Alternativen wählen, beim abschließenden großen Finale »Diweddglo Mawreddog« bedient man sich nach Herzenslust von den diversen Puddingsorten. Merken Sie sich den Weg zu Ihrem Schlafzimmer gut, da die Gänge im oberen Stockwerk alle gleich aussehen. Das Gegenteil läßt sich über die modischen, verschieden großen Schlafzimmer sagen, die individuell eingerichtet und möbliert sind.

Umgebung: Portmeirion; Ffestiniog Railway; Harlech Castle • **Lage:** 5 km nordöstlich von Harlech über eine schmale Straße, die von der B4573 abzweigt; großer Parkplatz • **Mahlzeiten:** Frühstück, Abendessen; Zimmerservice • **Preise:** £££
Zimmer: 16, 15 Doppelzimmer und Zweibettzimmer, ein Einzelzimmer, alle mit Bad oder Dusche; alle Zimmer haben Telefon, TV, Fax/Modemanschluß, Klimaanlage, Haartrockner • **Anlage:** Aufenthaltszimmer, Wintergarten, Speisezimmer, Bar, Terrasse, Garten; Hubschrauberlandeplatz, Fahrstuhl • **Kreditkarten:** AE, DC, MC, V
Kinder: gestattet • **Behinderte:** 3 Zimmer im Erdgeschoß • **Tiere:** in den Schlafzimmern gestattet • **Geschlossen:** nie • **Eigentümer:** Lynn und Peter Jackson

WALES

THREE COCKS, POWYS

Old Gwernyfed
Hotel im Gutsherrenstil

Felindre, Three Cocks, Brecon, Powys LD3 0SG
Tel. und **Fax:** (01497) 84 73 76

Seit sie den Pachtvertrag 1979 von seinen Eltern übernommen hatten, betrieben Roger und Dawn Beetham dieses prächtige elisabethanische Herrenhaus auf unauffällige Weise. 1986 ergab sich aber die Möglichkeit, Old Gwernyfed ganz aufzukaufen, und seitdem bemühen sich die beiden, daraus »das beste und persönlichste kleine Hotel der Gegend« zu machen.

Glücklicherweise gingen die Verbesserungen bis jetzt nicht auf Kosten des geschichtsträchtigen Charakters des Ortes. Die Dekoration wird auf ein Minimum beschränkt und die etwas planlose Sammlung stilvoller alter Möbel wächst beständig. Die vier neuesten Schlafzimmer, die an die Stelle der alten Küchen traten, haben dieselben hohen Decken und sind genauso geräumig wie die größeren der alten Schlafzimmer (die insgesamt in der Größe zwischen sehr klein und geradezu gewaltig differieren). Die öffentlichen Räume sind besonders beeindruckend – der eichengetäfelte Aufenthaltsraum wird von einer Empore für die Spielleute überragt, das Speisezimmer birgt eine riesige Feuerstelle mit einem Holzofen. Als Hintergrund zu Dawns einfallsreichen und sättigenden festen Menüs (»die für Leute gedacht sind, die gerade die Hälfte von Offa's Dyke abmarschiert haben«, wie unser Gewährsmann berichtet), die nur wenige Auswahlmöglichkeiten einräumen, wird alte Musik gespielt.

Umgebung: Brecon Beacons; Hay-on-Wye • **Lage:** 18 km nordöstlich von Brecon über die A438 in offener Landschaft; großer Parkplatz • **Mahlzeiten:** Frühstück, Lunchpakete nach Absprache, Abendessen • **Preise:** ££ • **Zimmer:** 10, 9 Doppelzimmer und Familienzimmer, 7 mit Bad, eins mit Dusche, ein Einzelzimmer mit Bad **Anlage:** Aufenthaltszimmer, Spielezimmer, Speisezimmer, Bar, Garten; Krocketplatz **Kreditkarten:** keine • **Kinder:** gestattet, wenn wohlerzogen • **Behinderte:** Zugang schwierig • **Tiere:** in den Schlafzimmern auf Anfrage gestattet • **Geschlossen:** Jan. und Feb. • **Eigentümer:** Dawn und Roger Beetham

WALES

THREE COCKS, POWYS

Three Cocks
～ Dörflicher Gasthof ～

Three Cocks, bei Brecon, Powys LD3 0SL
Tel.: (01497) 84 72 15 **Fax:** (01497) 84 73 39
Website: www.hay-on-wye.co.uk/3cocks

Dieser reizende, mit Efeu bewachsene Gasthof aus dem 15. Jahrhundert in den walisischen Hügeln wurde um einen Baum herum gebaut, was in der Küche noch sichtbar ist. Im Inneren wird das natürliche Aussehen des Äußeren durch geschnitzte Balken und Steinwände fortgesetzt; besonders die in seltsamen Winkeln verlaufenden Torwege zeugen von dem Alter des Hauses. Heute ist die Küche unter der Leitung von Michael Winstone das beherrschende Merkmal des Gasthofs und zieht Leute aus beträchtlichen Entfernungen zur herzlichen Begrüßung in das geräumige Restaurant mit seinen spitzenbedeckten Tischen an. Die Schlafzimmer sind bescheiden, aber bequem und mit dunklen Eichenmöbeln und blassen Stoffen wohl ausgestattet.

Doch das Besondere an den Three Cocks ist der belgische Einfluß in der Küche und der Atmosphäre. Marie-Jeanne stammt aus Belgien, wo sie und ihr Mann Michael früher auch lebten und arbeiteten. Die Küche ist überraschend einfach und legt großen Wert auf die Qualität und Frische ihrer Zutaten. Auf der Speisekarte tauchen immer wieder Wild und Schaltiere auf, das Lamm aus der Region wird mit einem kontinentalen Touch zubereitet. Die gut ausgewogene und kühn kalkulierte Weinkarte wird durch eine große Auswahl belgischer Biere ergänzt.

Umgebung: Brecon Beacons; Hay-on-Wye; Hereford Cathedral; Black Mountains
Lage: im Dorf, 18 km nordöstlich von Brecon an der A438; großer Parkplatz
Mahlzeiten: Frühstück, Mittagessen, Abendessen • **Preise:** ££ • **Zimmer:** 7 Doppelzimmer und Familienzimmer, 6 mit Bad, eins mit Dusche • **Anlage:** 2 Aufenthaltszimmer, Fernsehzimmer, Speisezimmer, Frühstückszimmer, Garten • **Kreditkarten:** MC, V • **Kinder:** willkommen • **Behinderte:** Zugang schwierig • **Tiere:** nicht gestattet • **Geschlossen:** Dez. bis Mitte Feb.; Restaurant Sonntag mittags, dienstags
Eigentümer: Michael und Marie-Jeanne Winstone

MITTELENGLAND

ASHBOURNE, DERBYSHIRE

Callow Hall
Hotel im Landhausstil

Mappleton, Ashbourne, Derbyshire DE6 2AA
Tel.: (01335) 30 09 00 **Fax:** (01335) 34 36 24

Die Spencers arbeiten schon seit Generationen in der Ernährungsbranche. Seit 1724 wirkten sie als Bäckermeister in Ashbourne, und einen der Höhepunkte beim Aufenthalt in diesem gepflegten viktorianischen Landhaus bietet folglich das wunderbare Speisezimmer. Die Spencers bauen nicht nur einen Großteil der Zutaten selbst an, sie räuchern oder pökeln auch Fische und Fleisch.

Das Hotel, das auf ausgedehntem Grundbesitz am Eingang des Peak-Nationalparks liegt, bietet Aussicht auf die beeindruckende Landschaft des Dove-Tales. Die Aufenthaltsräume wie die Schlafzimmer sind in einem angemessenen und nicht zu überladenen Landhausstil gehalten. Die Wände der Eingangshalle werden von Hirschgeweihen bewacht, und auf den Steinfliesen liegen persische Teppiche. Im Winter knistert ein offenes Feuer, während die Gäste im Glanz des dunkelroten Speisesaales zu Abend speisen. Der Salon bietet mit seinen bequemen Sofas und Sesseln mehr als genug Raum zur Entspannung. Fragen Sie bei Ihrer Buchung nach einem ausreichend großen Raum, es gibt ein oder zwei Zimmer, die im Verhältnis zum Preis eher klein sind. Das Personal ist hilfsbereit, dabei aber nicht aufdringlich, und die Spencers legen als Besitzer die Hände nicht in den Schoß: Dorothy kümmert sich in erster Linie um das Haus, David und Anthony leiten die Küche.

Umgebung: Chatsworth House; Haddon Hall; Hardwick Hall • **Lage:** 1km nördlich von Ashbourne an der A 515; großer Parkplatz • **Mahlzeiten:** Frühstück, sonntags und auf Nachfrage Mittagessen, Abendessen • **Preise:** £££ • **Zimmer:** 16; 15 Doppel- und Zweibettzimmer, eine Suite, alle mit Bad oder Dusche; alle Zimmer haben Telefon, Fernseher und Haartrockner • **Anlage:** Aufenthaltsraum, Speisezimmer, Bar, Garten; Angeln möglich • **Kreditkarten:** AE, D, MC, V • **Kinder:** willkommen • **Behinderte:** ein besonders eingerichtetes Schlafzimmer • **Tiere:** nach Vereinbarung • **Geschlossen:** 25. u. 26. Dezember, Neujahr • **Eigentümer:** David, Dorothy und Anthony Spencer

MITTELENGLAND

ASHFORD-IN-THE-WATER, DERBYSHIRE

Riverside House
~ Ländliches Hotel ~

Fennet Street, Ashford-in-the-Water, Bakewell, Derbyshire, DE4 1QF
Tel.: (01629) 81 42 75 **Fax:** (01629) 81 28 73
E-Mail: riversidehouse@enta.net **Website:** info@riversidehousehotel.co.uk

Mitten in einem der hübschesten Dörfer des Peak District steht dieses efeubewachsene Steinhaus am Ufer des Wye. Das Dorf hat einen treffenden Namen – während unserer Inspektionsreise drohte der Fluß bei heftigen Regenfällen über die Ufer zu treten; die Geschäftsführerin, Sonia Banks, wurde mit der möglichen Überschwemmung, die Sandsäcke schon einsatzbereit, auf bewundernswerte Weise fertig.

Penelope Thornton, die das Hotel 1997 übernommen hat, setzte einen erfrischend klaren Stil durch. Ein geräumiger Wintergarten führt zu einem gemütlichen Nebenraum, wo in einer Nische eine geschnitzte Kamineinfassung mit einem offenen Feuer zu finden ist. Es gibt einen eleganten, behaglichen Aufenthaltsraum und eine Vielzahl von gut ausgestatteten Schlafzimmern verschiedener Größe. Die Räume im neueren Gartenflügel bieten einen Ausblick zum Fluß. Wichtig für das Riverside House ist der ausgezeichnete Ruf seiner köstlichen Mahlzeiten, die in zwei gemütlichen Speisezimmern serviert werden. Der Chefkoch John Whelan kreiert einfallsreiche Gerichte wie das *mille-feuille* von mariniertem Lachs mit Rote-Rüben-Confit oder einen Strudel mit Sellerie und Wildpilzen; daneben bietet er eine verführerische Auswahl von Käse an. Zum Kaffee wird eine kleine Schachtel mit Thornton-Konfekt gereicht, das vor Ort hergestellt wird.

Umgebung: Chatsworth; Haddon Hall; Bakewell • **Lage:** 3 km nordwestlich von Bakewell an der A6, im oberen Teil des Dorfes, nahe der Sheepwash-Brücke; großer Parkplatz • **Mahlzeiten:** Frühstück, Mittagessen, Abendessen • **Preise:** £££
Zimmer: 15 Doppel- und Zweibettzimmer, davon 13 mit Bad, 2 mit Dusche; alle Zimmer haben Telefon, Fernseher und Haartrockner • **Anlage:** 2 Aufenthaltsräume, Wintergarten, Bar, 2 Speisezimmer, Garten • **Kreditkarten:** AE, DC, MC, V
Kinder: ab 10 Jahren willkommen • **Behinderte:** Zugang zu 4 Schlafzimmern möglich • **Tiere:** keine • **Geschlossen:** nie • **Eigentümerin:** Penelope Thornton

Mittelengland

Atherstone, Warwickshire

Chapel House
~ Städtisches Hotel ~

Friar's Gate, Atherstone, Warwickshire CV9 1EY
Tel.: (01827) 71 89 49 **Fax:** (01872) 71 77 02

Vom Marktplatz von Atherstone aus erhaschen Sie einen unwiderstehlichen Blick auf die Bäume und Blumen in dem phantastischen, von Mauern begrenzten Garten, der dieses hübsche Stadthaus aus dem 18. Jahrhundert umgibt. Das Haus, das als Mitgift von Atherstone Hall gebaut wurde, zeigt deutliche Zeichen seiner Herkunft aus dem 18. Jahrhundert, besonders im Eingangsbereich mit dem schönen Säulengang und der dahinter liegenden Halle mit dem Boden aus Steinfliesen. Sowohl die Innendekoration als auch die Möblierung betonen diese Atmosphäre: Die Räume voller Stilmöbel, goldener Spiegel und Sesselschoner auf den Sitzen sind in matten Farben gehalten.

Jedes der hübschen, heimeligen Schlafzimmer ist verschieden. Manche sind klein, und manche haben nur eine Dusche, kein Bad, aber das machen sie mit ihrem Charme wieder wett, vor allem die unter dem Dach gelegenen. Hinzu kommen all die kleinen persönlichen Dinge wie Bücher, Zeitschriften, Mineralwasser und Kekse, die das aufmerksame Personal niemals vergißt. Die Mahlzeiten werden in einem gemütlichen, in Rosa gehaltenen Speisesaal serviert, von dem aus man in den Garten blickt. Sie sind sättigend und phantasievoll; manchmal folgen sie einem bestimmten Motto.

Umgebung: Schlachtfeld von Bosworth; Arbury Hall; Tamworth Castle; Coventry Cathedral; Lichfield Cathedral • **Lage:** neben der Kirche an der nordöstlichen Seite des Marktplatzes; großer Parkplatz • **Mahlzeiten:** Frühstück, Mittagessen nach Vereinbarung, Abendessen • **Preise:** ££ • **Zimmer:** 14; 9 Doppel- und Zweibettzimmer, 5 Einzelzimmer, davon 5 mit Bad, 9 mit Dusche; alle Zimmer haben Telefon und Fernseher • **Anlage:** Aufenthaltsraum, Wintergarten, Speisesaal, Garten • **Kreditkarten:** AE, D, MC, V • **Kinder:** gestattet • **Behinderte:** Zugang nur zu Gemeinschaftsräumen möglich • **Tiere:** keine • **Geschlossen:** 25. und 26. Dezember; Restaurant sonntags (einmal im Monat für Mittagessen geöffnet), Bankfeiertag Montag • **Eigentümer:** David Arnold

Mittelengland

Baslow, Derbyshire

The Cavendish
~ Hotel im Landhausstil ~

Baslow, Derbyshire DE 45 1SP
Tel.: (01246) 58 23 11 **Fax:** (01246) 58 23 12
E-Mail: info@cavendish-hotel.net **Website:** www.cavendish-hotel.net

The Cavendish – das klingt nicht nach einem intimen, kleinen Hotel. Aber der vornehme Name ist nicht bloßer Snobismus – es ist der Familienname des Herzogs von Devonshire, auf dessen prächtigem Besitz Chatsworth das Hotel liegt. Weder die Größe des Hotels noch seine Ausstattung beeinträchtigen seine wesentliche Anziehungskraft als ein elegantes, dabei zwangloses und mit großem Enthusiasmus geführtes Hotel – streng genommen eigentlich ein Gasthaus, eine Feststellung, auf die Eric Marsh Wert legt.

Von außen wirkt das solide Steingebäude schlicht und maßvoll. Innen herrschen Anmut und guter Geschmack vor: Die einladende Eingangshalle schlägt den Ton an – gestreifte Sofas vor einem offenen Kamin, elegante antike Tische auf dem Steinfliesenboden, während die Wände als Ausstellungsfläche für Eric Marshs eklektische Sammlung von mehr als 300 Gemälden dienen. Das ganze Erdgeschoß wurde vor kurzem umgestaltet, und ein Wintergarten im Kaffeehausstil wurde angebaut. Die Schlafzimmer sind durchweg attraktiv und bequem, sie unterscheiden sich jedoch in Größe und Gepräge – die älteren sind geräumiger.

Das elegante, teure Restaurant bietet eine durchaus »umstrittene«, mit Sicherheit aber anspruchsvolle Speisekarte. Jedenfalls hat sie die volle Anerkennung von Besuchern gefunden, die das Essen so charakterisierten: »Unübertroffen – wir wurden zu Tode verwöhnt!«. Der Garden Room ist weniger formell.

~

Umgebung: Chatsworth; Haddon Hall; Peak District • **Lage:** 16 km westlich von Chesterfield an der A 619; großer Parkplatz • **Mahlzeiten:** Frühstück, Mittagessen, Abendessen • **Preise:** £££ • **Zimmer:** 23 Doppelzimmer mit Bad, alle Zimmer haben Telefon, Fernseher, Minibar und Haartrockner • **Anlage:** Aufenthaltsraum, Speisesaal, Garden Room, Garten; Übungsrasen zum Einputten, Angeln • **Kreditkarten:** AE, D, MC, V • **Kinder:** willkommen • **Behinderte:** Zugang schwierig • **Tiere:** keine **Geschlossen:** nie • **Eigentümer:** Eric Marsh

MITTELENGLAND

BLOCKLEY, GLOUCESTERSHIRE

Lower Brook House
~ Dörfliches Gästehaus ~

Lower Street, Blockley, Moreton-in-Marsh, Gloucestershire GL56 9DS
Tel. und **Fax:** (01386) 70 02 86
E-Mail: Lowerbrookhouse@compuserve.com

Für ungefähr 300 Jahre lag Lower Brook House friedlich in Blockley zwischen der Kirche und dem Fluß, der ihm den Namen gegeben hat. Vor kurzer Zeit jedoch kam Leben in das alte Haus: genauer gesagt, Marie Mosedale-Cooper erschien. Mit ihr kamen Glas, Porzellan und Silber, nicht zu reden von Nippes, Kunstgegenständen und antiken Möbeln. Oder den Teppichen. Oder den Gemälden. Irgendwie paßte alles zusammen. Was sie ebenfalls mitbrachte, ist ihre warmherzige und einnehmende Art.

Das Haus selbst ist typisch für die Cotswold Hills; es besteht aus den hiesigen Steinen und befindet sich mit seinen Holzbalken, Steinfliesenböden und Feuerstätten (im Salon gibt es eine riesige Kaminecke) immer noch in sehr gutem Zustand. Die Schlafzimmer sind nicht groß, aber gemütlich. Das zartrote, mit Balken versehene Restaurant ist gemütlich, aber nicht beengt. Die Küche ist neubritisch und benutzt häufig Gemüse aus dem Garten; es gibt eine überschaubare, ansprechende Speisekarte, ergänzt von einer exzellenten Weinkarte. Kaffee nach Belieben kann man im Salon nehmen. Lower Brook House ist kinderfreundlich (Babysitterdienst und Babyphon stehen zur Verfügung), und es wird eine frühe Kindermahlzeit angeboten, um für ein wenig Ruhe zu sorgen. Alle Schlafräume sind Nichtraucherzimmer.

~

Umgebung: Garten von Hidcote Manor; Snowshill Manor; Broadway; Stratford-upon-Avon; Evesham; Cheltenham • **Lage:** auf der rechten Seite, wenn Sie von Moreton-in-Marsh in das Dorf kommen, 6,5 km nordwestlich von Moreton-in-Marsh; Parkplatz • **Mahlzeiten:** Frühstück, Abendessen • **Preise:** ££ • **Zimmer:** 5 Doppel- und Zweibettzimmer mit Bad oder Dusche; alle Zimmer haben Fernseher und Haartrockner • **Anlage:** Aufenthaltsräume, Speisezimmer, Bar, Garten **Kreditkarten:** MC, V • **Kinder:** gestattet • **Behinderte:** nicht geeignet • **Tiere:** keine • **Geschlossen:** nie • **Eigentümer:** Marie Mosedale-Cooper

MITTELENGLAND

BLOCKLEY, GLOUCESTERSHIRE

The Old Bakery
Dörfliches Gästehaus

High Street, Blockley, Moreton-in-Marsh, Gloucestershire GL56 9EU
Tel. und Fax: (01386) 70 04 08

Teile von Blockley sehen aus, als wären sie nur gebaut worden, um zu beweisen, daß man an so steilen Hängen bauen kann. An einer Stelle irgendwo auf der talwärts gelegenen Seite der Blockley High Street (einer engen Straße, die nirgends hinführt) sieht man vier von Rosen überwucherte viktorianische Häuschen, die sich an den Berg klammern und zusammen heute das Gästehaus The Old Bakery bilden. Linda Helme und John Benson sind begeisterte Köche, und ihr herzlicher Empfang vermittelt einem das Gefühl, daß sie einem sogar eine Wüsteninsel schmackhaft zu machen verstünden. Stattdessen aber suchen sie die ganze Gegend nach den besten Genüssen der Jahreszeit ab, und manch einen Besucher führte sein Weg zuerst in den in Rot und Rosa gehaltenen Speisesaal, um das Vier-Gänge-Menü zu würdigen, das bei der behutsamen und kreativen Zubereitung der Ergebnisse dieser Suche entstanden ist, und letztendlich doch in eines der drei prächtigen Schlafzimmer. Die Weinkarte wurde sorgfältig ausgewählt, und die Preise pro Flasche können wohl nur eine geringe Verdienstspanne bieten.

Die Schlafzimmer sind nicht überladen, aber auch nicht dürftig ausgestattet. Alle haben eine ausreichende Größe, und jedes verfügt über ein Badezimmer, wie Sie es am liebsten mit nach Hause nehmen würden. Im ganzen Hotel darf nicht geraucht werden.

Umgebung: Garten von Hidcote Manor; Snowshill Manor; Broadway; Stratford-upon-Avon; Evesham; Cheltenham • **Lage:** im Zentrum des Dorfes, 6,5 km nordwestlich von Moreton-in-Marsh, Parkplätze begrenzt, sonst auf der Straße **Mahlzeiten:** Frühstück, Abendessen • **Preise:** £ • **Zimmer:** 3 Doppel- und Zweibettzimmer mit Bad ; alle Zimmer haben Fernseher • **Anlage:** Aufenthaltsraum, Speisezimmer, Bar, Garten • **Kreditkarten:** AE, MC, V • **Kinder:** über 12 Jahre geduldet • **Behinderte:** nicht geeignet • **Tiere:** keine • **Geschlossen:** von Mitte Dezember bis Mitte Januar, zwei Wochen im Juni • **Eigentümer:** Linda Helme und John Benson

Mittelengland

Broad Campden, Gloucestershire

Malt House
~ Ländliches Gästehaus ~

Broad Campden, Chipping Campden, Gloucestershire GL55 6UU
Tel.: (01386) 84 02 95 **Fax:** (01386) 84 13 34
E-Mail: Nick@the-malt-house.freeserve.co.uk

Leicht könnte man dieses Cotswold-Haus aus dem 17. Jahrhundert (tatsächlich ein Ensemble aus drei Cottages) übersehen, in einem winzigen Dörfchen wie aus dem Bilderbuch, das aus wenig mehr als einer Handvoll strohgedeckter und von Glyzinen umrankter Häuschen, einer Kirche und einem Pub besteht. Hat man es einmal gefunden, ist das Malt Haus wirklich reizend, mit seinen niedrigen Deckenbalken, dem antiken Mobiliar und den Bleiglasfenstern, die auf einen Traumgarten blicken, wo die Katzen der Familie zufrieden herumtollen.

Die Schlafräume, die fast alle eine Aussicht über die Gärten, Koppeln und Obstgärten bieten, sind individuell in kraftvollen Farben ausgestattet und mit edlen Antiquitäten bestückt, ein Raum verfügt über ein Himmelbett. Die Gemeinschaftsräume sind gemütlich, wenn auch etwas klein, in den Vasen stehen frische Blumen, und im Winter gibt es Holzfeuer. Als Unterkunft steht auch eine gefällig hergerichtete Gartensuite mit einem eigenen Wohnzimmer zur Verfügung. Die Gäste nehmen ihr Frühstück und Abendessen in dem mit Balken und einer großen Kaminecke ausgestatteten Speisesaal ein. Julian, der Sohn der Browns, ist ein erfahrener Küchenchef, der abends einfallsreiche Drei-Gänge-Menüs mit frischen Zutaten aus dem Küchengarten zubereitet.

Umgebung: Batsford Park Arboretum; Sezincote Garden; Snowshill Manor; Stratford-upon-Avon; Cotswold-Dörfer; Cheltenham • **Lage:** 1,5 km südöstlich von Chipping Campden, kurz vor dem Dorf; großer Parkplatz • **Mahlzeiten:** Frühstück, Abendessen • **Preise:** ££ • **Zimmer:** 9; 7 Doppel- und Zweibettzimmer, 1 Einzelzimmer, 1 Suite bzw. Familienzimmer, alle mit Bad oder Dusche; alle Zimmer haben Fernseher und Haartrockner • **Anlage:** 2 Aufenthaltsräume, Speisezimmer; Krocket **Kreditkarten:** AE, DC, MC, V • **Kinder:** bei gutem Benehmen willkommen **Behinderte:** Zugang schwierig • **Tiere:** geduldet • **Geschlossen:** Weihnachten **Eigentümer:** Nick und Jean Brown

Mittelengland

Broadway, Worcestershire

Collin House
~ Ländliches Hotel ~

Collin Lane, Broadway, Worcestershire WR1 7PB
Tel.: (01386) 85 83 54 **Fax:** (01386) 85 86 97 **E-Mail:** collin.house@virgin.net
Website: www.broadway-cotswold.co.uk/collin.html

Dieses steinerne Herrenhaus aus dem 16. Jahrhundert liegt schön versteckt jenseits des kommerzialisierten Broadway inmitten von Obstwiesen und ländlichen Gärten. Die Bar ist ein warmer und angenehmer Aufenthaltsort, es gibt Eichenbalken, glänzendes Kupfer und behagliche Sessel, die um eine beeindruckende Kaminecke gruppiert sind, wo an kalten Abenden ein offenes Feuer wärmt. Ein weiterer Aufenthaltsraum zeichnet sich durch einen herrlichen alten Steinkamin und ein altes Fenster mit Mittelpfosten aus, das auf den Garten hinausgeht.

Keith und Tricia Ferguson haben das Haus 1998 übernommen und die Renovierung der Bäder und Schlafräume in Angriff genommen. In zwei Zimmern gibt es ein Himmelbett, und alle Räume sind im traditionellen Stil hübsch eingerichtet. Sie sind, wie das ganze Haus, voller bemerkenswerter Einzelstücke. Appetitanregende Gerichte können im Barbereich eingenommen werden, während im kerzenbeleuchteten Speisesaal eher förmliche Drei-Gänge-Menüs serviert werden.

Collin House wird wärmstens empfohlen: »Es überstieg bei weitem unsere Bedürfnisse und Erwartungen«; »Der Service war hervorragend und unaufdringlich«; »Unser Favorit unter den kleinen Hotels«; »Reizendes Personal, immer freundlich … genau, was wir uns erhofft hatten«, schreiben verschiedene begeisterte Besucher.

Umgebung: Snowshill Manor; Batsford Park Arboretum; Sudeley Castle • **Lage:** 1,5 km nordwestlich von Broadway, abseits der A44; großer Privatparkplatz **Mahlzeiten:** Frühstück, Mittagessen, Abendessen • **Preise:** ££ • **Zimmer:** 7; 6 Doppel- und Zweibettzimmer, 1 Einzelzimmer, alle mit Bad oder Dusche; alle Zimmer haben Fernseher und Haartrockner • **Anlage:** Aufenthaltsraum, Speisesaal, Bar, Garten; Krocket • **Kreditkarten:** MC, V • **Kinder:** willkommen • **Behinderte:** keine besonderen Einrichtungen • **Tiere:** keine • **Geschlossen:** Weihnachten **Eigentümer:** Keith und Tricia Ferguson

Mittelengland

Burford, Oxfordshire

Burford House
~ Stadthaus-Hotel ~

High Street, Burford, Oxfordshire OX18 4QA
Tel.: (01993) 82 31 51 **Fax:** (01993) 82 32 40

Ohne seine historische Würde anzutasten, haben Simon und Jane Henty es geschafft, in ihr Cotswold-Haus aus dem 15. Jahrhundert im Herzen von Burford, das ganz aus Stein und schwarz-weißem Fachwerk errichtet ist, den Komfort des 21. Jahrhunderts hineinzuschmuggeln. Das ganze Anwesen hat eine positive Ausstrahlung aus persönlicher Fürsorge und Aufmerksamkeit; in den elegant ausgestatteten Schlafzimmern mit den dunklen Balken gibt es frische Blumen, Bücher und Zeitschriften, auch persönliche Gegenstände der Hentys, einschließlich der Familienphotos, sind verstreut zwischen dem Mobiliar. Im unteren Stock befinden sich zwei gemütliche, ganz unterschiedliche Aufenthaltsräume. Einer davon führt in einen ummauerten und gepflasterten Garten (ebenso wie das Schlafzimmer im Erdgeschoß). Dort befinden sich auch eine Bar und, als willkommene Wiederbelebung für den naß gewordenen Wanderer, ein Trockenraum.

Im oberen Stock sind sechs weitere Schlafräume, vier davon mit Himmelbett, von diesen wiederum eines mit einer riesigen, frei stehenden Badewanne. Jedes der Zimmer ist wohl durchdacht eingerichtet und voller Atmosphäre, alle verfügen über ein tadelloses Badezimmer. Das Frühstück (im Zimmerpreis inbegriffen) ist ausgezeichnet. Im Hotel selbst wird kein Abendessen angeboten, aber es gibt eine große Zahl von Restaurants und Pubs in der Nähe.

Umgebung: Cotswold Wildlife Park; Blenheim Palace; Broadway • **Lage:** in der Mitte der High Street in Burford; Parken auf der Straße oder auf einem kostenlosen Parkplatz in der Nähe • **Mahlzeiten:** Frühstück, einfaches Mittagessen **Preise:** ££ • **Zimmer:** 7 Doppelzimmer mit Bad; alle Zimmer haben Telefon, Fernseher, Fax/Modemanschluß und Haartrockner • **Anlage:** Aufenthaltsraum, Frühstückszimmer, Garten im Innenhof • **Kreditkarten:** AE, MC, V • **Kinder:** willkommen • **Behinderte:** 1 geeigneter Raum im Erdgeschoß • **Tiere:** keine **Geschlossen:** 2 Wochen im Februar • **Eigentümer:** Jane und Simon Henty

… Zentralengland und Wales

MITTELENGLAND

BURFORD, OXFORDSHIRE

The Lamb
～ Städtischer Gasthof ～

Sheep Street, Burford, Oxfordshire OX18 4LR
Tel.: (01993) 82 31 55 **Fax:** (01993) 82 22 28

Sie werden kaum überrascht sein, in den von Kletterpflanzen überwucherten Steinhäuschen traditionelle Wirtshausgegenstände zu finden (immerhin ist The Lamb schon seit dem 15. Jahrhundert ein Gasthaus); weniger zu erwarten sind 15 geräumige Schlafzimmer mit Holzbalkendecken, in denen Dekorationsstoffe mit floralen Mustern und Antiquitäten dominieren. Alle Räume sind unterschiedlich – das »Shepherds« beispielsweise bietet ein breites altes Himmelbett und ein kleines, mansardenähnliches Badezimmer. Das »Malt« (in dem einst die benachbarte Brauerei untergebracht war) verfügt über ein schmuckes Messingbett und große Fenster mit steinernen Mittelpfosten.

Das Hotel wird von Caroline und Richard De Wolf geführt, unter Mithilfe von Carolines Mutter Bunty. Es ist ein richtiger Familienbetrieb, obwohl vier Küchenchefs (darunter ein Franzose) angestellt sind, um die eindrucksvoll klingenden, täglich wechselnden Mahlzeiten zuzubereiten. Serviert wird im Speisesaal, der auf den geraniengeschmückten Innenhof blickt. Hier kann man auch den Kaffee zu sich nehmen, genauso wie im Aufenthaltsraum oder im Fernsehzimmer. In diesen beiden Räumen stehen bequeme Sessel und Sofas, die um offene Kamine gruppiert sind. The Lamb schafft es, die gesellige Atmosphäre eines Pubs mit dem Komfort eines Hotels zu verbinden.

Umgebung: Minster Lovell Hall; Cotswold-Dörfer; Blenheim Palace • **Lage:** im Dorf; Parkplatz für 6 Autos im Hof • **Mahlzeiten:** Frühstück, Mittagessen, Abendessen • **Preise:** ££ • **Zimmer:** 15 Doppel- und Zweibettzimmer mit Bad oder Dusche; alle Zimmer haben Telefon, Fernseher und Haartrockner • **Anlage:** 3 Aufenthaltsräume, Speisesaal, Bar, Garten • **Kreditkarten:** MC, V • **Kinder:** willkommen **Behinderte:** 3 Schlafzimmer im Erdgeschoß • **Tiere:** Hunde nach vorheriger Absprache auf dem Zimmer möglich • **Geschlossen:** 25. u. 26. Dez. • **Eigentümer:** Richard und Caroline De Wolf

MITTELENGLAND

CHIPPING CAMPDEN, GLOUCESTERSHIRE

Cotswold House
~ Stadthotel ~

The Square, Chipping Campden, Gloucestershire GL55 6AN
Tel.: (01386) 84 03 30 **Fax:** (01386) 84 03 10
E-Mail: reception@Cotswold-house.demon.co.uk

Cotswold House, in einer vornehmen Straße gelegen, stammt aus dem Jahr 1650 und wurde in den späten 1980er Jahren sorgfältig und mit besonderer Liebe zum Detail renoviert. Im September 1999 wechselte das Haus den Besitzer. Die neuen Eigentümer, Ian und Christa Taylor, weisen eine beachtliche Erfahrung in der Führung eines Hotels auf und haben mit der Übernahme von Cotswold House ihren Traum verwirklicht, selbst ein Hotel zu besitzen. Sie haben bereits ihren ersten Coup gelandet, indem sie als Chefkoch den im Michelinführer ausgezeichneten Alan Dann verpflichteten, der die bereits gute Küche zum Außergewöhnlichen hin verbessert hat. Seine Kreationen werden in zwei Speisezimmern serviert: in einer Brasserie (mit Innenhof), die auch für nachmittägliche Teestunden genutzt wird, und im vornehmeren Garden Room Restaurant (Marmorsäulen, exquisite Stoffe, Verandatüren mit Blick auf den Garten und häufig Begleitmusik auf dem Piano). Die Aufenthaltsräume im Stil der Regentschaftszeit des Prinzen of Wales 1811–1820 sind groß, luftig und voller Sammlerstücke.
Jeder der Schlafräume untersteht einem anderen Thema – militärisch, indisch, amerikanischer Kolonialstil –, das bis ins letzte Detail eingehalten wird. Die letzte Inspektion ergab, daß »manche Zimmer ein wenig abgenutzt aussehen«, aber die tatkräftigen Taylors haben schon Pläne, sie zu verschönern. Wir freuen uns über weitere Berichte.

~

Umgebung: Broadway; Stratford-on-Avon • **Lage:** an der Hauptstraße der Stadt; Parkplatz für 12 Autos • **Mahlzeiten:** Frühstück, Mittagessen, Abendessen • **Preise:** £££ • **Zimmer:** 15; 12 Doppel-, 3 Einzelzimmer mit Bad; alle Zimmer mit Telefon, TV und Haartrockner • **Anlage:** 2 Aufenthaltsräume, Bar; Krocket • **Kreditkarten:** AE, DC, MC, V • **Kinder:** ab 6 Jahren gestattet • **Behinderte:** Zugang schwierig • **Tiere:** keine • **Geschlossen:** Weihnachten • **Eigentümer:** Ian und Christa Taylor

Mittelengland

Corse Lawn, Gloucestershire

Corse Lawn House
~ Hotel auf dem Land ~

Corse Lawn, Gloucestershire GL19 4LZ
Tel.: (01452) 78 07 71 **Fax:** (01452) 78 08 40
E-Mail: hotel@corselawnhouse.u-net.com **Website:** www.corselawnhouse.co.uk

Das hohe rote Backsteinhaus aus der Zeit von Königin Anne, das durch Gemeindeland von einer heutigen Nebenstraße abgetrennt liegt, muß zu seiner Zeit eine der vornehmsten Kutschenstationen gewesen sein. Die Hines sind seit den späten 1970er Jahren hier. Zuerst haben sie das Haus nur als Restaurant betrieben, später eröffneten sie vier Schlafräume, und in den letzten Jahren kamen verschiedene Ausbauten dazu, um mehr und mehr Schlafzimmer und Platz zum Essen, Trinken sowie Aufenthaltsmöglichkeiten anbieten zu können. Denis Hine, ein Falstaff-Typ und Mitglied der berühmten französischen Cognacdynastie, und sein Sohn Giles sorgen für einen herzlichen Empfang der Gäste, Baba Hines ist die Köchin. Ihr Repertoire besteht in einer eklektischen Mischung aus englischer und französischer, moderner und ländlicher Küche; alles wird sorgfältig zubereitet und in beträchtlichen Portionen serviert. Sowohl mittags als auch abends gibt es Menüs zu festem Preis (immer mit einer vegetarischen Alternative) und Gerichte à la carte zu ausgesprochen vernünftigen Preisen.

Die Schlafzimmer sind groß, mit einer Mischung aus antiken und modernen Möbeln eingerichtet, und die Atmosphäre des Hauses ist ruhig und entspannend. Das Frühstück ist ein hausgemachtes kleines Fest. Ein kürzlicher Besucher äußerte sich ganz begeistert.

Umgebung: Tewkesbury Abbey; Malvern Hills • **Lage:** 8 km westlich von Tewkesbury an der B 4211; großer Parkplatz • **Mahlzeiten:** Frühstück, Mittagessen, Abendessen • **Preise:** ££ • **Zimmer:** 19; 17 Doppel- und Zweibettzimmer, 2 Suiten, alle mit Bad; alle Zimmer haben Telefon, Fernseher und Haartrockner • **Anlage:** 3 Salons, Bar; Restaurant, 2 Konferenzräume, Garten; Krocket, Swimmingpool, Tennis • **Kreditkarten:** AE, DC, MC, V • **Kinder:** bei gutem Benehmen willkommen **Behinderte:** 5 Schlafzimmer im Erdgeschoß geeignet • **Tiere:** auf dem Zimmer möglich • **Geschlossen:** 24.-26. Dez. • **Eigentümer:** Denis, Baba und Giles Hine

MITTELENGLAND

DIDDLEBURY, SHROPSHIRE

Delbury Hall
~ Ländliches Gästehaus ~

Diddlebury, Craven Arms, Shropshire SY7 9DH
Tel.: (01584) 84 12 67 **Fax:** (01584) 84 14 41
E-Mail: wrigley@delbury.demon.co.uk **Website:** www.delbury.com

In diesem Teil Shropshires war das Leben lange Zeit hindurch sehr gefährlich: Offa's Dyke erinnert daran, wie schwer es war, die Waliser fernzuhalten, und entlang den Marken erstreckt sich eine Linie von Burgen. Glücklicherweise hatte sich die Lage beruhigt, als zur Mitte des 18. Jahrhunderts Delbury in Corvedale gebaut wurde. Dieses ländliche georgianische Prachtstück ist ganz offensichtlich eher dazu bestimmt, den Anblick der wunderschönen Landschaft einzufangen, als feindliche Geschosse abzuwehren. Hat man das Pförtnerhaus passiert, so liegt ein großer Park vor einem; auf knirschenden Kieswegen erreicht man das Haus und den ersten von nicht weniger als drei Seen.

Lucinda und Patrick Wrigley haben jeden Bereich des Hauses in Ordnung gebracht, innen und außen. In dem ummauerten Garten wächst Gemüse für die Küche, die Hühner legen Eier fürs Frühstück, der Schinken wird selbst gepökelt, der Lachs geräuchert, und sogar die Butter ist hausgemacht. Im Haus findet man eine erstaunlich hohe Halle mit Galerien an drei Seiten, einen Speisesaal und einen prächtigen Salon. Antiquitäten sind im Überfluß vorhanden, sogar in den Schlafzimmern, und Sie bekommen Ihr eigenes Badezimmer, obwohl dafür keine Ecke Ihres genau richtig proportionierten Zimmers geopfert wurde. Patrick ist der Koch und Kellermeister: Er berücksichtigt Ihre Wünsche für das Abendessen und bietet Ihnen eine große Auswahl dazu passender Getränke an.

Umgebung: Ludlow; Stokesay Castle; Much Wenlock • **Lage:** im Ort, 8 km nordöstlich von Craven Arms; großer Parkplatz • **Mahlzeiten:** Frühstück, Abendessen **Preise:** ££ • **Zimmer:** 3 Doppel- und Zweibettzimmer mit Bad; alle Zimmer haben Telefon, Fernseher und Haartrockner • **Anlage:** 2 Aufenthaltsräume, Spielezimmer, Speisezimmer, Garten • **Kreditkarten:** MC, V • **Kinder:** willkommen • **Behinderte:** nicht geeignet • **Tiere:** keine • **Geschlossen:** Weihnachten • **Eigentümer:** Patrick und Lucinda Wrigley

MITTELENGLAND

GREAT RISSINGTON, GLOUCESTERSHIRE

Lamb Inn
～ Landgasthof ～

Great Rissington, Gloucestershire GL54 2LP
Tel.: (01451) 82 03 88 **Fax:** (01451) 82 07 24

Wenn Sie dem Windrush von Burford aus flußaufwärts nach Westen folgen und dann ungefähr seiner Biegung vom Norden her (wo er dem Ort Bourton-on-the-Water seinen Namen gegeben hat) nachfahren, kommen Sie nach Great Rissington, tief in den Cotswolds. Die ursprünglichen Bestandteile dieses aus Steinen der Umgebung errichteten Gasthofes, der über sanft wogendes Ackerland blickt, sind 300 Jahre alt. Vor 20 Jahren wurde The Lamb von Richard und Kate Cleverly übernommen und ist noch immer in erster Linie ein Pub – jedenfalls Pub genug, um eine Empfehlung in einem britischen Bierführer zu erhalten. Es verfügt jetzt aber über zwei weitere Merkmale, die vielen anderen Gasthöfen fehlen: gute Kost und Logis. Erstere wird in dem überraschend großen und gut besuchten Restaurant serviert. Die traditionellen Gerichte werden aus den besten örtlichen Produkten frisch zubereitet, manchmal mit einem modernen Beiklang; das beliebteste Gericht ist eine halbe Lammschulter. Die Weinkarte ist umfassend (aber es wird nach Richards Verdikt kein französischer Wein angeboten, solange das Einfuhrverbot für britisches Rindfleisch in Frankreich bestehen bleibt). Die hellen und frischen Schlafzimmer wurden von Kate individuell eingerichtet, und mehr als die Hälfte bietet nicht nur Platz zum Schlafen, sondern auch als Wohnzimmer.

Umgebung: The Slaughters; Stow-on-the-Wold; Burford; Sudeley Castle • **Lage:** 6 km südöstlich von Bourton-on-the-Water, 5 km nördlich der A 40; großer Parkplatz • **Mahlzeiten:** Frühstück, kleines Mittagessen oder Lunchpakete, Abendessen **Preise:** ££ • **Zimmer:** 14; 7 Doppel-, 1 Zweibettzimmer und 6 Suiten, alle mit Bad oder Dusche; die Suiten haben Fernseher • **Anlage:** Aufenthaltsraum, Bar, Garten **Kreditkarten:** AE, MC, V • **Kinder:** willkommen, aber nicht in der Bar • **Behinderte:** nicht geeignet • **Tiere:** nach vorheriger Absprache auf dem Zimmer möglich **Geschlossen:** 25. und 26. Dez. • **Eigentümer:** Richard und Kate Cleverly

MITTELENGLAND

HAMBLETON, RUTLAND

Hambleton Hall
~ Hotel im Landhausstil ~

Hambleton, Oakham, Rutland LE15 8TH
Tel.: (01572) 75 69 91 **Fax:** (01572) 72 47 21
E-Mail: hotel@hambletonhall.com **Website:** www.hambletonhall

Wenn Sie eine zweite Hochzeitsreise, eine Erholungspause von der Arbeit oder ein Wochenende ohne Kinder planen, ist die viktorianische ehemalige Jagdhütte, die in der Tradition der Hotelpaläste steht, genau das richtige: ein Paradies für Genießer, in dem lediglich Ihre Brieftasche und Ihre schlanke Linie leiden werden. Die Lage ist einzigartig: Das Hotel thront in imposanter Erhabenheit auf einem bewaldeten Hügel, umgeben von sorgsam getrimmten Rasenflächen, und überwacht einen großen See: Rutland Water. Die Räume besitzen noch immer ihre ursprüngliche Form und ihre alten Kamine. Sie sind mit geschmackvollen Antiquitäten und Gemälden ausgestattet. Die Schlafzimmer mit Blick auf das Wasser sind am beliebtesten und teuersten; allerdings war eine unserer Berichterstatterinnen mit ihrem kleineren, billigeren Zimmer, das auf Rasen und Zedern hinausging, sehr zufrieden. Eine Liste notiert die besonderen Vorlieben und Abneigungen der Stammgäste.

Viele Gäste werden von den Zauberkünsten des Michelin-dekorierten Küchenchefs Aaron Patterson angezogen. Er verwendet für seine Magie ausschließlich die frischesten Zutaten, sei es Fleisch von Angus-Rindern, Seebarsch oder Kalbsbries. Ein besonderes Vergnügen ist ein Spaziergang in der Umgebung: Man geht direkt von der Hoteltüre los entlang dem See, so weit man möchte, und kann dabei eine Vielzahl von Vögeln beobachten.

Umgebung: Burghley House; Rockingham Castle; Stamford • **Lage:** 3 km östlich von Oakham auf einer Halbinsel, die in den See hineinragt; großer Parkplatz
Mahlzeiten: Frühstück, Mittagessen, Abendessen • **Preise:** ££££ • **Zimmer:** 15 Doppel- und Zweibettzimmer mit Bad; alle Zimmer haben Telefon, Fernseher und Haartrockner • **Anlage:** Aufenthaltsräume, 3 Speisezimmer, Bar, Aufzug, Garten, Swimmingpool, Tennis; Angeln, Hubschrauberlandeplatz • **Kreditkarten:** AE, DC, MC, V • **Kinder:** willkommen • **Behinderte:** geeignet • **Tiere:** nach Vereinbarung • **Geschlossen:** nie • **Eigentümer:** Tim und Stefa Hart

MITTELENGLAND

HOPESAY, SHROPSHIRE

The Old Rectory
~ Ländliches Gästehaus ~

Hopesay, Craven Arms, Shropshire SY7 8HD
Tel.: (01588) 66 02 45 **Fax:** (01588) 66 05 02

Das Haus wurde zu einer Zeit gebaut, als der Pfarrer in der örtlichen Rangordnung gleich nach dem Gutsherrn kam und in einem Gebäude wohnte, das das auch deutlich machte. Noch bevor Sie es betreten, können Sie feststellen, daß dies kein Haus ist, in dem an irgendwelchen Ecken gespart wurde. Im Inneren steht Ihnen der Salon mit einem Kamin von Adam und das Speisezimmer mit seinem großen eichenen Refektoriumstisch zur freien Verfügung. Bei entsprechendem Wetter können Sie im Salon durch ein georgianisches Schiebefenster, das bis zum Boden reicht, auf eine erhöhte Terrasse gehen, die mit Steinen aus York gepflastert ist. Das ganze Haus wurde mit einem scharfsichtigen Auge und in angenehmem Einklang mit der Architektur dekoriert, wobei all die herrlichen Möbelstücke zur Geltung kommen, die man Ihnen hier anvertraut. Außer wenn es schon Zeit für einen Drink ist (bedienen Sie sich selbst!), wird Ihnen bei der Ankunft Tee serviert. Das Abendessen ist ein besonderer Genuß. Es wird um 20 Uhr an der großen, einzigen Tafel eingenommen und kommt zwar nicht mit Fanfarenbegleitung, aber doch stilvoll aus Romas Küche auf den Tisch; das gleiche gilt für das Frühstück, für das Michael verantwortlich ist. Die gemütlichen Schlafzimmer (und die Betten selbst) sind groß proportioniert und haben dazu passende Badezimmer.

Umgebung: Ludlow; Offa's Dyke; Stokesay Castle; Stretton Hills; Stiperstones
Lage: im Dorf neben der Kirche, 6 km nordöstlich von Craven Arms; Parkplatz
Mahlzeiten: Frühstück, Mittagessen auf Anfrage, Abendessen • **Preise:** ££
Zimmer: 3 Doppel- und Zweibettzimmer mit Bad; alle Zimmer haben Fernseher und Haartrockner • **Anlage:** Aufenthaltsraum, Speisezimmer, Terrasse, Garten
Kreditkarten: keine • **Kinder:** ab 12 Jahren willkommen • **Behinderte:** nicht geeignet • **Tiere:** keine • **Geschlossen:** von Weihnachten bis März • **Eigentümer:** Michael und Roma Villar

MITTELENGLAND

KEMERTON, GLOUCESTERSHIRE

Upper Court
~ Hotel im Landhausstil ~

Kemerton, bei Tewkesbury, Gloucestershire GL20 7HY
Tel.: (01386) 72 53 51 **Fax:** (01386) 72 54 72
E-Mail: uppercourt@compuserve.com **Website:** www.travel-uk.net/uppercourt

Kemerton ist ein hübsches Dorf auf dem Bredon Hill, am Rande des Vale of Evesham. Das überwältigende georgianische Herrenhaus dient den Besitzern, Bill und Diane Herford, und ihren Kindern als Zuhause, als Laden und als Hotel. Das Hausinnere ist voller edler Möbel und Kunstgegenstände, die teils aus ihrem Handel mit Antiquitäten übrig geblieben sind und zum Teil zu kaufen sind. Die Schlafzimmer sind im luxuriösen Landhausstil eingerichtet, in drei von ihnen stehen romantische Himmelbetten. Auf dem bezaubernden, nahezu naturbelassenen 6 Hektar großen Grundstück kann man die Überreste einer tausend Jahre alten Wassermühle und einen riesigen See mit zwei Inseln finden, auf dem die Gäste umherrudern und in der Forellensaison mit Fliegen angeln können. Das Abendessen wird – nach vorheriger Absprache – in dem freundlichen kerzenbeleuchteten Speisezimmer an einer großen Gemeinschaftstafel serviert; das Vier-Gänge-Menü zeichnet sich durch die Verwendung von Zutaten aus dem eigenen Garten oder aus der näheren Umgebung aus. Ebenso wie im Haupthaus ist auch eine bequeme Unterkunft in den angeschlossenen Cottages und der früheren Remise im Hof möglich; hier kann man sich selbst verpflegen, es wird aber auf Wunsch auch Essen geliefert.

Umgebung: Cotswold-Dörfer; Malvern Hills; Tewkesbury Abbey • **Lage:** 6,5 km nordöstlich der M 5, Ausfahrt Nr. 9, 1,5 km östlich von Bredon; von Bredon kommend, biegen Sie beim Kriegerdenkmal in Kemerton rechts ab; das Haus liegt hinter der Pfarrkirche; großer Parkplatz • **Mahlzeiten:** Frühstück, Abendessen nach Vereinbarung • **Preise:** ££ • **Zimmer:** 5; 3 Doppel-, 2 Zweibettzimmer mit Bad; alle Zimmer haben Fernseher und Haartrockner • **Anlage:** Aufenthaltsraum, Raucherzimmer, Speisezimmer, Billardzimmer, Garten, See; Swimmingpool, Tennisplatz **Kreditkarten:** MC, V • **Kinder:** willkommen • **Behinderte:** 2 geeignete Erdgeschoßzimmer • **Tiere:** nach Vereinbarung • **Geschlossen:** Weihnachten • **Eigentümer:** Bill, Diana und Hamish Herford

MITTELENGLAND

KINGTON, HEREFORDSHIRE

Penrhos Court
~ Hotel auf dem Land ~

Kington, Herefordshire HR5 3LH
Tel.: (01544) 23 07 20 **Fax:** (01544) 23 07 54
E-Mail: martin@penrhos.co.uk **Website:** www.penrhos.co.uk

Penrhos Court ist eher eine Lebenseinstellung als ein Hotel. 1971 war es in einem solch furchtbaren Zustand, daß es abgerissen werden sollte. Martin Griffiths und Daphne Lambert haben die vergangenen 30 Jahre damit verbracht, die Zeit zurückzudrehen, aber vielleicht nicht ganz bis zum Jahr 1280, in welchem das Haus vermutlich gebaut wurde. Heute ist es nicht nur ein gewissenhaft renoviertes Beispiel mittelalterlicher Architektur, sondern auch ein biologisch-organisch bewirtschafteter Bauernhof mit einem beglaubigten biologischen Restaurant (eine Seltenheit!). Die Menüs wechseln nach Jahreszeit, damit jeweils das Beste der Saison auf den Tisch kommt. Es wäre falsch, den Ort, an dem man speist, als »Eßzimmer« zu bezeichnen, denn es handelt sich vielmehr um einen veritablen, mit Holzbalken und einer Empore versehenen Saal, in den das Tageslicht durch bunte Glasfenster auf die Eichentische fällt. Die hübsch ausgestalteten und möblierten Schlafräume haben alle etwa die gleiche Größenordnung und reichen von »einfach groß« bis »gigantisch«. Es ist ein erholsames, friedvolles Fleckchen Erde in unberührter Grenzlandschaft, und wenn Sie ein Stück Natur erleben möchten, ohne weit reisen zu müssen, beobachten Sie einfach eine Weile den Teich der Farm: Hier läuft ständig ein Mini-Wildlife-Programm.

Umgebung: Offa's Dyke Path; Hergest Croft Garden • **Lage:** 1,5 km östlich von Kington an der A 44; auf einem 2,5 ha umfassenden Gelände mit großem Parkplatz **Mahlzeiten:** Frühstück, Mittagessen nach Vereinbarung, Abendessen • **Preise:** ££ **Zimmer:** 15; 12 Doppel- und Zweibettzimmer, 3 Familienzimmer, alle mit Bad; alle Zimmer haben Telefon, Fernseher und Haartrockner; Fax/Modem-Anschluß auf Anfrage • **Anlage:** 2 Aufenthaltsräume, 3 Speisezimmer, Bar, Garten • **Kreditkarten:** AE, DC, MC, V • **Kinder:** willkommen • **Behinderte:** leicht zugänglich **Tiere:** keine • **Geschlossen:** nie • **Eigentümer:** Martin Griffiths und Daphne Lambert

MITTELENGLAND

LANGAR, NOTTINGHAMSHIRE

TIP DES HERAUSGEBERS

Langar Hall
~ Hotel im Landhausstil ~

Langar, Nottinghamshire NG13 9HG
Tel.: (01949) 86 05 59 **Fax:** (01949) 86 10 45
E-Mail: langarhall-hotel@ndirect.co.uk

Als Imogen Skirvings Vater starb, der vor dem Krieg Kapitän des Kricketklubs von Nottinghamshire County und der letzte Besitzer von Langar Hall gewesen war, konnte sie den Gedanken nicht ertragen, das Haus zu verlieren. Sie konnte es aber auch nicht erhalten, außer wenn sie es mit Gästen teilen würde. So wurde die Idee von Langar Hall als Hotel geboren, und trotz des durchschlagenden Erfolgs fühlen sich die Besucher hier eher wie Gäste in einem wunderschönen und stuckverzierten georgianischen Landhaus und nicht wie die Klientel eines Hotels. Die Bibliothek scheint völlig unverändert, mit Hunderten von Büchern, die man bei einem oder zwei Drinks vor dem Essen durchblättern kann. Das Essen ist ausgezeichnet und die Weinkarte mit Kennerschaft ausgewählt.

Die schönsten Schlafzimmer sind hell und luftig, das Mobiliar paßt zu dem Haus, wie Imogen es erhalten wollte, und aus den Fenstern bieten sich phantastische Ausblicke über das Tal des Belvoir. Das Beste von allem ist aber die Freundlichkeit der Gastgeberin und ihrer Angestellten. Als unser Inspektor um ein Uhr nachts, nach einem ausgezeichneten Mahl, bemerkte, daß er seinen Waschbeutel vergessen hatte, wurde ihm ein ganzes Sortiment an Zahnbürsten, Zahnpasta und Rasierzeug zur Verfügung gestellt.

Umgebung: Belton House; Chatsworth; Sherwood Forest; Lincoln Cathedral
Lage: im Dorf, hinter der Kirche; großer Parkplatz • **Mahlzeiten:** Frühstück, Mittagessen, Abendessen • **Preise:** ££ • **Zimmer:** 10; 9 Doppel- und Zweibettzimmer, 1 Suite, alle mit Bad; alle Zimmer haben Telefon, Fernseher und Haartrockner • **Anlage:** Aufenthaltsräume, Speiseräume, Garten; Krocket, Angeln, Hubschrauberlandeplatz • **Kreditkarten:** AE, DC, MC, V • **Kinder:** willkommen
Behinderte: 1 Erdgeschoßraum zugänglich • **Tiere:** nach Vereinbarung
Geschlossen: nie • **Eigentümerin:** Imogen Skirving

MITTELENGLAND

LEAMINGTON SPA, WARWICKSHIRE

The Lansdowne
~ Stadthotel ~

Clarendon Street, Leamington Spa, Warwickshire CV32 4PF
Tel.: (01926) 45 05 05 **Fax:** (01926) 42 13 13

Ein Haus aus der Regentschaftszeit des Prinzen of Wales 1811–1820 im Herzen von Leamington Spa – »nur gut, daß es Lärmschutzfenster gibt«, sagt unser Berichterstatter, dem das Hotel nicht wegen seiner Lage, sondern wegen des guten Essens gefiel. David Allen (ein in der Schweiz ausgebildeter Küchenchef) und seine Frau Gillian achten sehr auf Qualität und Leistung. Auf der Speisekarte, die jeden Abend wechselt, könnten folgende Gerichte stehen: Nierchen von jungen Lämmern aus dem Cornwall mit Speckscheiben und karamellisierten roten Zwiebeln in einer Rotwein-Sahne-Sauce, marinierte Heringsfilets mit Äpfeln, Sellerie und Walnüssen in Sauerrahm oder vorzügliche Barbarie-Entenbrust, im Ofen gebraten und mit Heidelbeer- und Johannisbeerjus angerichtet.

Die Allens haben Hotel und Zuhause miteinander kombiniert. Die Aufenthaltsräume sind geschmackvoll in lebhaften Farben eingerichtet; die Schlafzimmer sind gemütlich und bequem, mit Kiefernmöbeln und hübschen Stoffen ausgestattet. Viele Leser betonten die freundliche, entspannte Atmosphäre.

Leamingtons Blütezeit als beliebter Kurort sind zwar vorüber, aber die Royal Pump Rooms wurden 1999 als Kulturzentrum wiedereröffnet, und auch in der näheren Umgebung gibt es viel Sehenswertes. Das Lansdowne ist der ideale Ausgangspunkt, um es zu erforschen.

Umgebung: Warwick Castle; Upton House; Stratford-upon-Avon; Kenilworth Castle • **Lage:** im Zentrum der Stadt in der Nähe der A 425 (Warwick Road); Parkplatz • **Mahlzeiten:** Frühstück, Abendessen, Snacks • **Preise:** ££ • **Zimmer:** 9 Doppel-, 4 Einzelzimmer, 1 Familienzimmer, alle mit Bad oder Dusche; alle Zimmer haben Telefon, Fernseher und Haartrockner • **Anlage:** Aufenthaltsraum, Speiseraum, Bar; verbilligte Eintrittskarten für Warwick Castle • **Kreditkarten:** MC, V • **Kinder:** ab 5 Jahren willkommen • **Behinderte:** 2 Erdgeschoßräume geeignet • **Tiere:** nach Vereinbarung • **Geschlossen:** nie • **Eigentümer:** David und Gillian Allen

Mittelengland

Leonard Stanley, Gloucestershire

Grey Cottage
~ Dörfliches Gästehaus ~

Leonard Stanley, Stonehouse, Gloucestershire GL10 3LU
Tel. und **Fax:** (01453) 82 25 15

Andrew und Rosemary Reeves sind die Besitzer dieses steinernen Cottage aus dem Jahr 1824, das makellos und angenehm eingerichtet ist. Während der Renovierungsarbeiten wurden das Original-Mauerwerk und ein mit Mosaiken bedeckter Saalboden freigelegt. Dies ist ein sehr privates Gästehaus mit einer gemütlichen Cottage-Atmosphäre; es gibt kein werbendes Hinweisschild an der Straße, und es werden nur Vorausbuchungen akzeptiert.

Die Küche beinhaltet deftige Gerichte wie geschmorte Rouladen von Scholle und Räucherlachs mit Kreuzkümmelsauce, gefolgt von Pflaumen-Kaffee-Mousse. Die Reeves leisten ihren Gästen beim Kaffee nach dem Abendessen oft Gesellschaft. Ein zweifellos anspruchsvolles Paar aus New York äußert folgende schwärmerische Kritik über Grey Cottage: »Noch besser, als der Reiseführer versprach. Ein wunderschöner Garten mit einer 30 Meter hohen Wellingtonie, die vor fast 150 Jahren gepflanzt wurde. Die Ausstattung ist angemessen, und es gibt interessante Einzelstücke ... zusätzlich wurden Verbesserungen vorgenommen, die den Komfort der Gäste noch erhöhen: stabile Betten, fließend warmes Wasser, beheizte Handtuchhalter und frisches Obst. Das Essen ist frisch zubereitet, von sehr guter Qualität und reichlich. Die Reeves sind kompetent, liebenswürdig und engagiert – aber nicht aufdringlich.«

Umgebung: Cotswold-Dörfer; Owlpen Manor; Gloucester; Tetbury • **Lage:** 6,5 km südwestlich von Stroud, 1,5 km von der A 419 zwischen Leonard Stanley und King Stanley; großer Parkplatz • **Mahlzeiten:** Frühstück, Abendessen nach Vereinbarung • **Preise:** £ • **Zimmer:** 1 Doppel-, 1 Zweibett-, 1 Einzelzimmer, alle mit Bad oder Dusche; alle Zimmer haben Fernseher und Haartrockner • **Anlage:** Aufenthaltsraum, Gartenzimmer, Speisezimmer, Garten • **Kreditkarten:** keine **Kinder:** nach Vereinbarung • **Behinderte:** nicht möglich • **Tiere:** keine **Geschlossen:** gelegentliche Ferien • **Eigentümer:** Andrew und Rosemary Reeves

MITTELENGLAND

LINCOLN, LINCOLNSHIRE

D'Isney Place
～ Städtisches Gästehaus ～

Eastgate, Lincoln, Lincolnshire LN2 4AA
Tel.: (01522) 53 88 81 **Fax:** (01522) 51 13 21 **E-Mail:** info@disney-place.freespace.co.uk **Website:** www.disney-place.freespace.co.uk

Seit David und Judy Payne – er ein Anlageberater, sie eine ehemalige Antiquitätenhändlerin – in dieses schöne georgianische Haus aus roten Backsteinen einzogen, haben sie laufend daran ausgebessert und angebaut. Vor wenigen Jahren haben sie aus dem früheren Billardzimmer eine Familiensuite gemacht; jetzt haben sie ein komplett ausgestattetes Cottage für Gäste, die länger bleiben möchten. Für das Konzept des vorliegenden Reiseführers ist das D'Isney Place, dessen Name auf den Begründer des Hauses im 15. Jahrhundert, John D'Isney, zurückgeht, eigentlich schon fast zu groß. Und leider verfügt es auch weder über Aufenthaltsräume noch über ein Restaurant – allerdings gibt es eine Vielzahl davon in bequemer Reichweite. Aber wir möchten es doch weiterhin empfehlen: wegen seiner komfortablen, vornehmen Schlafräume, der wunderbar aufeinander abgestimmten Einrichtungsgegenstände und Dekorationsstoffe, wegen dem Frühstück, das nach Wunsch zubereitet, auf Knochenporzellan serviert und mit der Morgenzeitung aufs Zimmer gebracht wird – und sicherlich nicht zuletzt wegen des eindrucksvollen, von Mauern eingefaßten Gartens, in dem sich ein 700 Jahre alter Turm aus der Einfriedung der alten Kathedrale befindet.

Umgebung: Cathedral; Bishop's Palace; Usher Gallery • **Lage:** mitten in der Stadt, östlich der Kathedrale; ausreichende Parkmöglichkeiten • **Mahlzeiten:** Frühstück, am Abend kleine Snacks; keine Schankerlaubnis • **Preise:** ££ • **Zimmer:** 16 Doppel- und Zweibettzimmer, alle mit Bad oder Dusche (3 mit Mineralwasserbad), 1 Einzelzimmer mit Bad; verfügbare Familienzimmer; alle Zimmer haben Telefon und Fernseher; manche Zimmer haben Haartrockner • **Anlage:** ummauerter Garten **Kreditkarten:** AE, DC, MC, V • **Kinder:** willkommen • **Behinderte:** Erdgeschoßräume geeignet • **Tiere:** willkommen • **Geschlossen:** nie • **Eigentümer:** David und Judy Payne

MITTELENGLAND

LITTLE MALVERN, WORCESTERSHIRE

Holdfast Cottage
~ Hotel auf dem Land ~

Little Malvern, bei Malvern, Worcestershire WR13 6NA
Tel.: (01684) 31 02 88 **Fax:** (01684) 31 11 17

»Cottage« scheint ein sehr dehnbarer Begriff zu sein – und doch besitzt dieses viktorianische Bauernhaus trotz seiner Größe tatsächlich die gemütliche Intimität eines Cottage, Stephen und Jane Knowles schaffen eine Atmosphäre von freundlicher Ungezwungenheit. In der Halle des Hauses entsprechen die niedrigen Balkendecken aus Eichenholz und der polierte Steinfliesenboden den Anforderungen an ein Cottage; dahinter werden die Decken höher, wenn auch die geblümte Innendekoration den Cottage-Status unterstreicht. Die Schlafzimmer sind hell und luftig, mit sorgfältig aufeinander abgestimmten Textilien und Tapeten; manche der Badezimmer sind klein. Der Garten – wohl kaum im Cottage-Stil – verstärkt die generelle Anziehungskraft dieses Ortes dank seiner Rasenflächen, Sträucher, Obstbäume und seiner reizenden »Wildnis« enorm. Danach beginnt offenes Ackerland mit herrlichen Ausblicken über die Malvern Hills.

Die täglich wechselnde Speisekarte basiert auf kontinentaler wie auf traditioneller englischer Küche, wobei die besten heimischen Produkte zum Zuge kommen. Es könnte beispielsweise eine Kaltschale von Roten Beten und Äpfeln geben, serviert mit Naturjoghurt und Schnittlauch, Engelbarsch in einem Mantel aus geräuchertem Schinken mit sahnigem Parmesan-Dressing oder Päckchen mit Lachs und Thymian in Tomatenbutter.

Umgebung: Eastnor Castle; Worcester; Hereford; Gloucester • **Lage:** 6,5 km südlich von Great Malvern an der A 4104; großer Parkplatz • **Mahlzeiten:** Frühstück, Abendessen • **Preise:** ££ • **Zimmer:** 8; 7 Doppelzimmer mit Bad, 1 Einzelzimmer mit Dusche, alle Zimmer haben Telefon, Fernseher und Haartrockner • **Anlage:** Aufenthaltsraum, Bar, Speisezimmer, Wintergarten; Krocket • **Kreditkarten:** MC, V
Kinder: willkommen • **Behinderte:** Zugang schwierig • **Tiere:** willkommen
Geschlossen: 2-3 Wochen Anfang Januar • **Eigentümer:** Stephen und Jane Knowles

MITTELENGLAND

LUDLOW, SHROPSHIRE

Number Twenty Eight
~ Bed & Breakfast in der Stadt ~

28 Lower Broad Street, Ludlow, Shropshire SY8 1PQ
Tel.: (01584) 87 69 96 **Fax:** (01584) 87 68 60
E-Mail: ross.no28@btinternet.com **Website:** www.numbertwentyeight.co.uk

Ob Sie wegen der Gebäude oder der Pferde nach Ludlow kommen, Sie werden genug von beidem finden – und alle sind »reinrassig«. Das ganze Zentrum von Ludlow steht unter Denkmalschutz (ein wenig zu spät für das Schloß, das nur noch eine Ruine ist). Das Number Twenty Eight ist, in seiner letzten Inkarnation, ein georgianisches Haus am Fuß der Lower Broad Street, die selbst unterhalb des Broadgate-Bogens aus dem 13. Jahrhundert liegt. Eigentlich müßten drei Hausnummern in seinem Namen vorkommen, denn außer dem Hauptgebäude gehört noch ein Paar ehemaliger Ställe aus der Tudor-Zeit und ein viktorianisches Terrassenhaus zum Hotel, die beide in derselben Straße liegen. Jedes Haus verfügt über zwei komfortabel ausgestattete Doppelzimmer, dazu ein gemütliches Wohnzimmer und einen Garten. Aber die Nummer 28 ist das Hauptquartier, und hier werden Sie auch von Patricia und Philip Ross herzlich in Empfang genommen, während Diana, ihre schwarze Labradorhündin, Sie überprüft, ob Sie zum Spazierengehen taugen. Hierher müssen Sie auch kommen, wenn Sie ein (exzellentes) Frühstück mit allem Drum und Dran möchten – eine einfachere Version wird Ihnen auf Wunsch im Zimmer serviert. Für das Mittag- oder Abendessen können Sie sich Tips von Ihren Gastgebern holen, sie werden Ihnen sagen, welches der drei Michelin-dekorierten Restaurants zur Zeit angesagt ist.

Umgebung: Ludlow Castle; Stokesay Castle; Berrington Hall; Ironbridge; Stiperstones; Stretton Hills • **Lage:** im Stadtzentrum, nahe am River Teme; Parken in der Straße • **Mahlzeiten:** Frühstück • **Preise:** ££ • **Zimmer:** 6 Doppel- und Zweibettzimmer mit Bad oder Dusche, alle Zimmer haben Telefon, Fernseher und Haartrockner **Anlage:** Aufenthaltsräume, Frühstückszimmer, Gärten • **Kreditkarten:** MC, V **Kinder:** willkommen • **Behinderte:** nicht geeignet • **Tiere:** in den Stallhäuschen gestattet • **Geschlossen:** nie • **Eigentümer:** Patricia und Philip Ross

Mittelengland

Malvern Wells, Worcestershire

❊ Tip des Herausgebers ❊

The Cottage in the Wood

Hotel auf dem Land

Holywell Road, Malvern Wells, Worcestershire WR14 4LG
Tel.: (01684) 57 58 59 **Fax:** (01684) 56 06 62
E-Mail: manager@cottageinthewood.co.uk **Website:** www.cottageinthewood.co.uk

Drei Gebäude und eine Familie gehören zu diesem kleinen herausgeputzten Hotel, das sehr zurückgezogen auf drei Hektar bewaldetem Grund hoch über dem Tal des Severn liegt und einen vorzüglichen Blick hinüber zu den etwa 50 km entfernten Cotswolds bietet. In allen drei Häusern gibt es Schlafräume, wodurch das Hotel die für diesen Reiseführer sonst übliche Größe übersteigt; aber das wohldurchdacht eingerichtete georgianische Mitgifthaus als sein Kernstück ist so persönlich, ruhig und bequem, daß wir uns haben erweichen lassen.

Bummelt man ein kleines Stück weiter, findet man die Remise, die bald renoviert werden soll. Die Zimmer darin sind kleiner, haben aber den besten Ausblick. Außerdem gibt es noch das Beech Cottage mit vier Schlafzimmern im Cottage-Stil. Die Familie besteht aus John und Sue Pattin, ihren Töchtern Maria und Rebecca, dem Sohn und Chefkoch Dominic und dessen Ehefrau Romy. Außer dem Essen hat das Restaurant (moderne englische Küche) zwei weitere beträchtliche Vorzüge: Fenster, die Ihnen einen herrlichen Ausblick eröffnen, und eine Weinkarte, die Sie die ganze Welt umrunden läßt. Wanderer können direkt vor der Tür zu einer ordentlichen Tour durch die Malvern Hills aufbrechen, und für die Kulturinteressierten halten die Pattins Prospekte über alles bereit, was sich im Umkreis von 80 km zu besichtigen lohnt.

Umgebung: Malvern Hills; Eastnor Castle; Worcester Cathedral • **Lage:** 3 km südlich von Great Malvern abseits der A 449; großer Parkplatz • **Mahlzeiten:** Frühstück, Mittagessen, Abendessen • **Preise:** ££ • **Zimmer:** 20 Doppel- und Zweibettzimmer mit Bad oder Dusche, alle Zimmer haben Telefon, Fernseher und Haartrockner; eines hat eine Klimaanlage • **Anlage:** Aufenthaltsraum, Speisezimmer, Bar, Garten • **Kreditkarten:** AE, MC, V • **Kinder:** willkommen • **Behinderte:** Erdgeschoßräume in den Anbauten geeignet • **Tiere:** in einigen Zimmern gestattet **Geschlossen:** nie • **Eigentümer:** John und Sue Pattin

MITTELENGLAND

Matlock, Derbyshire

Riber Hall
～ Hotel im Gutsherrenstil ～

Matlock, Derbyshire DE4 5JU
Tel.: (01629) 58 27 95 **Fax:** (01629) 58 04 75
E-Mail: info@riber-hall.co.uk

Vor fast drei Jahrzehnten rettete Alex Biggin dieses friedvolle, massive elisabethanische Herrenhaus vor dem Verfall, richtete es stimmig ein und eröffnete darin ein Restaurant – unter dem Applaus örtlicher Gourmets, die sonst nicht gerade durch ein Überangebot an anspruchsvoller Kochkunst verwöhnt sind. Die Schlafräume kamen später dazu – in den Nebengebäuden auf der anderen Seite des nicht überdachten Hofes. Die Palette reicht hierbei vom bloß reizenden, komfortablen kleinen Zimmer bis hin zum riesigen, wundervollen Raum mit tiefen Sesseln. Freiliegendes Gebälk, Steinmauern und antike Himmelbetten sind die Norm. Jegliches gut durchdachte Zubehör, das Sie sich wünschen könnten, ist zur Hand. Es gibt nur große französische Betten; zu fünf Zimmern gehören exotische Bäder mit Whirlpool.

Der geräumige neue Hauptspeisesaal, der »Garden Room«, hat Fenster mit Mittelpfosten und ist mit antiken Möbeln ausgestattet. Feinstes Wedgwoodsteingut und exklusiv gestaltete geschliffene Gläser zieren den Eßtisch. Das Frühstück wird im traditionellen alten Speisezimmer eingenommen; durch den vor kurzem hinzugekommenen neuen Aufenthaltsraum hat sich der Bereich, wo man sich innerhalb der Gemeinschaftsräume ausruhen kann, erweitert.

Umgebung: Chatsworth House; Haddon Hall; Calke Abbey; Carsington Water
Lage: 3 km südöstlich von Matlock auf der A 615 (20 Minuten von der Ausfahrt Nr. 28 auf der M 1); nehmen Sie in Tansley die kleinere Straße nach Süden; Parkplatz im Hof • **Mahlzeiten:** Frühstück, Mittagessen, Abendessen • **Preise:** £££
Zimmer: 11 Doppelzimmer mit Bad; alle Zimmer haben Fernseher, Minibar und Haartrockner • **Anlage:** Aufenthaltsraum mit Bar-Service, Wintergarten, Speisezimmer; Tennisplatz mit Ballmaschine fürs Training • **Kreditkarten:** AE, DC, MC, V
Kinder: ab 10 Jahren gestattet • **Behinderte:** nicht geeignet • **Geschlossen:** nie
Eigentümer: Alex Biggin

MITTELENGLAND

MOULSFORD-ON-THAMES, OXFORDSHIRE

Beetle and Wedge
~ Gasthof am Flußufer ~

Ferry Lane, Moulsford-on-Thames, Oxfordshire OX10 9JF
Tel.: (01491) 65 13 81 **Fax:** (01491) 65 13 76

Das Beste an diesem großen viktorianischen Gasthof, in dem Jerome K. Jerome sein berühmtes Werk »Three Men in a Boat« schrieb, ist seine herrliche Lage am Themseufer. Eine fast durchgehende Wand aus riesigen Fenstern und Glastüren, die über einen hübschen Garten auf den Fluß darunter blicken, nutzt die Wirkung des Schauplatzes nahezu perfekt. Um essen zu gehen, können die Gäste sich zwischen zwei Möglichkeiten entscheiden: dem Dining Room, in dem die »cuisine« von Richard Smith der Kultiviertheit der Dekoration in nichts nachsteht, und dem Boathouse, einem Restaurant im Stil einer Brasserie mit freiliegendem Gebälk und Mauerwerk, einer angenehmen Atmosphäre und einer Speisekarte, auf der leckere Gerichte vom Holzkohlegrill angeboten werden. Besonders herrlich ist es, wenn an schönen Sommertagen das Mittagessen im Freien, dem Watergarden, serviert wird.

Die geräumigen Schlafzimmer wurden von Richard und Kate Smith individuell und geschmackvoll eingerichtet; in den Badezimmern, von denen einige so groß sind, daß eine Frisierkommode hineinpaßt, stehen wunderbare riesige Gußeisenwannen. Die besten Zimmer haben eine Aussicht zum Fluß.

Das Beetle and Wedge hat immer begeisterte Zustimmung erhalten, obwohl neuerdings abweichende Meinungen, vor allem wegen der »schwindelerregend hohen Preise«, geäußert wurden. Wir bitten um weitere Berichte. Im ganzen Hotel darf nicht geraucht werden.

Umgebung: Abingdon; Oxford; Tal der Themse • **Lage:** 3 km nördlich von Goring an der A 329; Parkplatz • **Mahlzeiten:** Frühstück, Mittagessen, Abendessen **Preise:** £££ • **Zimmer:** 10; 9 Doppelzimmer, 1 Suite, alle mit Bad; alle Zimmer haben Telefon, Fernseher und Haartrockner • **Anlage:** 2 Restaurants, Aufenthaltsraum, Garten • **Kreditkarten:** AE, DC, MC, V • **Kinder:** gestattet • **Behinderte:** Erdgeschoßräume und geeignetes WC • **Tiere:** nach Vereinbarung • **Geschlossen:** nie; Restaurant Sonntag abends, Montag • **Eigentümer:** Richard und Kate Smith

MITTELENGLAND

OXFORD

Old Bank
~ Stadthotel ~

92-94 High Street, Oxford OX1 4BN
Tel.: (01865) 79 95 99 **Fax:** (01865) 79 95 98 **E-Mail:** info@oldbank-hotel.co.uk
Website: www.oxford-hotels-restaurants.co.uk

Alles neu in Oxford: Mit der Öffnung des Old Bank Hotel im Dezember 1999 hat sich weltstädtischer Chic schamlos gegenüber den verträumten Turmspitzen durchgesetzt. Wir haben das Haus hier aufgenommen, weil es frischen Wind in die Innenstadt von Oxford gebracht hat. Was bis vor kurzem eine ehrwürdige Bank mit vornehmer georgianischer Fassade und elisabethanischem Inneren war, mutierte zu einem kühlen, kultivierten Hotel, dessen Herzstück eine Brasserie mit lebhaftem Betrieb ist.

Es gibt viele Gründe, das Haus zu empfehlen. Die besten Zimmer sind mit raumhohen Fenstern geschmückt oder, im Tudor-Teil, mit Balken und tiefen Fensterbänken unter Gitterfenstern. Alle Räume – auch die Badezimmer – sind mit Understatement, aber tadellos im chic-rustikalen Stil unserer Tage eingerichtet. Sie vermitteln einen eleganten, luxuriösen Eindruck und wirken makellos.

Ebenso wie als Hotel ist das Old Bank auch als Restaurant der angesagteste Ort in Oxford geworden. Die Quod Bar and Grill erstreckt sich über die frühere Schalterhalle, und während sich die Hotelgäste vielleicht nach einem eigenen Aufenthaltsraum zur Entspannung sehnen, werden doch die meisten das Stimmengemurmel und die Bonhomie genießen, die von dem neuen, italienisch beeinflußten und gut besuchten Treffpunkt ausstrahlen.

~

Umgebung: Die Colleges von Oxford; Botanischer Garten; Sheldonian Theater
Lage: im Zentrum der Stadt; großer Parkplatz • **Mahlzeiten:** Frühstück, Mittagessen, Abendessen; Zimmerservice • **Preise:** £££-££££ • **Zimmer:** 44; 43 Doppel- und Zweibettzimmer, 1 Suite; alle Zimmer haben Telefon, Fernseher, CD-Spieler, Fax/Modem-Anschluß, Klimaanlage, Safe und Haartrockner • **Anlage:** Restaurant, Bar, Innenhof, Aufzug • **Kreditkarten:** AE, DC, MC, V • **Kinder:** gestattet
Behinderte: 3 speziell ausgestattete Räume • **Tiere:** nicht gestattet
Geschlossen: nie • **Eigentümer:** Jeremy Mogford

Mittelengland

Oxford

Old Parsonage
~ Stadthotel ~

1 Banbury Road, Oxford OX2 6NN
Tel.: (01865) 31 02 10 **Fax:** (01865) 31 12 62 **E-Mail:**
oldparsonage@dial.pipex.com **Website:** www.oxford-hotels-restaurants.co.uk

Was für ein Gegensatz! Jeremy Mogford gehören nun die beiden besten Hotels in Oxford, die kürzlich eröffnete Old Bank (siehe S. 191) und dieses hier, das viel eher in unseren Reiseführer paßt und in einem von Glyzinien bewachsenen Haus voll Charakter untergebracht ist, das seit 1320 im Besitz des University College war. Verglichen mit seinem glatten und modischen jüngeren Geschwister scheint es auf den ersten Blick etwas wunderlich und altmodisch, obwohl sich, trotz des hohen Alters des Gebäudes, keinerlei betont altväterlicher Charme darin vorfindet. Das Personal ist jung und freundlich, die Atmosphäre zwanglos, und die coole Bar/Brasserie (teils Aufenthaltsraum, teils Speisezimmer) vermittelt den Eindruck eines kosmopolitischen Klubs. Hier werden den ganzen Tag über Getränke und ein wechselndes Speisenangebot serviert – Lachsfrikadellen, Tarte mit Wildpilzen und Pizza. Die Hotelgäste können im Sommer auch den Dachgarten nutzen.
Die Schlafzimmer sind alle etwas klein, aber hübsch und haben mit ihren hellen Paneelen, dezenten Möbelstoffen und den Marmorbädern (mit Telefon) eine traditionelle Ausstrahlung. Möglicherweise stehen hier Änderungen bevor: Wir haben gehört, daß Gladys Wagner, die Innenarchitektin der Old Bank, ihre Arbeit demnächst auch im Old Parsonage aufnehmen soll.

Umgebung: Die Colleges von Oxford; Botanischer Garten; Sheldonian Theater
Lage: 5 Minuten zu Fuß vom Stadtzentrum, am westlichen Ende von St Giles, nahe der Kreuzung von Woodstock- und Banbury Road; begrenzte Parkmöglichkeit
Mahlzeiten: Frühstück, Mittagessen, Abendessen; Zimmerservice • **Preise:** £££
Zimmer: 30; 25 Doppel- und Zweibettzimmer, 1 Einzelzimmer, 4 Suiten, alle mit Bad; alle Zimmer haben Telefon, Fernseher und Haartrockner • **Anlage:** Aufenthaltsraum, Speisezimmer, Bar, Terrasse, Dachgarten • **Kreditkarten:** AE, DC, MC, V
Kinder: gestattet • **Behinderte:** Zugang schwierig • **Tiere:** nicht gestattet
Geschlossen: Weihnachten • **Eigentümer:** Jeremy Mogford

Mittelengland

Painswick, Gloucestershire

❋ Tip des Herausgebers ❋

Cardynham House
~ Bed & Breakfast im Dorf ~

The Cross, Painswick, Gloucestershire GL6 6XX
Tel.: (01452) 81 40 06 **Fax:** (01452) 81 23 21
E-Mail: info@cardynham.co.uk **Website:** www.cardynham.co.uk

Painswick ist ein klassisches Cotswold-Städtchen, das von dem Geld, das die Wolle einbrachte, und mit den mattgoldenen Steinen aus dem örtlichen Steinbruch gebaut wurde. Es thront abenteuerlich auf (und über dem Rand von) einem steilen Abhang. Wenn Sie nicht aufpassen, könnten Sie leicht an Cardynham House vorbeigehen – ein diskretes Hinweisschild über der ehrwürdigen Eingangstür des blumenbehangenen denkmalgeschützten Gebäudes direkt an der Straße wird kaum Ihre Aufmerksamkeit erregen können, weil es darum herum so vieles Sehenswertes gibt. Aber das wahre Vergnügen beginnt erst, wenn Sie eingetreten sind.

Irgendwie wurden in diesem offensichtlich nicht gerade großen Gebäude neun einzigartige Schlafräume geschaffen, und jeder einzelne ist ein leuchtendes Beispiel für die Kraft der Phantasie. Mit Antiquitäten und Wandgemälden übersät, wurde jedes Zimmer einem anderen Thema unterstellt. Die Wirkung ist unvergleichlich, obwohl sich alles im gleichen Haus, Tür an Tür befindet. Das exzentrischste Zimmer von allen, das mit Klimaanlage ausgestattet ist, weil es kein eigenes Fenster besitzt, wurde als Wüstenzelt eingerichtet. Ein anderes verfügt über einen privaten Innenhof, der größtenteils von einem überdachten Tauchbecken (beheizt und mit Gegenstromanlage) ausgefüllt wird. Das Frühstück wird im Restaurant eingenommen, das an den Abenden, an denen es geöffnet ist, thailändische Gerichte anbietet.

Umgebung: Cheltenham; Römische Villa in Chedworth; Cirencester • **Lage:** im Dorf, 5 km nördlich von Stroud; Parkmöglichkeiten an der Straße • **Mahlzeiten:** Frühstück • **Preise:** ££ • **Zimmer:** 9; 6 Doppelzimmer, 3 Familienzimmer, alle mit Bad oder Dusche; alle Zimmer haben Telefon und Fernseher • **Anlage:** Aufenthaltsraum, Frühstückszimmer • **Kreditkarten:** MC, V • **Kinder:** gestattet • **Behinderte:** nicht geeignet • **Tiere:** nicht gestattet • **Geschlossen:** Weihnachten; Restaurant Sonntag abends, Montag abends • **Eigentümer:** John und Sharon Paterson

MITTELENGLAND

PAINSWICK, GLOUCESTERSHIRE

Painswick Hotel
~ Hotel im Landhausstil ~

Kemps Lane, Painswick, Gloucestershire GL6 6YB
Tel.: (01452) 81 21 60 **Fax:** (01452) 81 40 59
E-Mail: reservations@painswickhotel.com **Website:** www.painswickhotel.com

Dieses georgianische Pfarrhaus liegt versteckt in den abgelegenen Gassen des wohlhabenden Painswick. Die anmutigen Proportionen der Räume – wunderschön und kostspielig möbliert in einer eleganten Mischung aus klassischen Reproduktionen, Antiquitäten und sorgfältig ausgewählten Einzelstücken –, die heitere Ruhe des Parks und der herrliche Blick auf die westlichen Hänge der Cotswolds, dies alles trägt zu der besonderen Wirkung bei.

Unsere letzte Überprüfung ergab, daß es dem Painswick trotz seiner Noblesse gelingt, den Eindruck eines freundlichen Familienbetriebs zu bewahren. Es befindet sich in einem der schönsten Cotswold-Dörfer, und manche der besseren Zimmer boten die beste Aussicht, die unser Mitarbeiter auf seinen mehrwöchigen Reisen erlebt hat. Der getäfelte Speisesaal ist »eher elegant als gemütlich« und das Essen sehr annehmbar, wobei auf Produkte aus Gloucestershire Wert gelegt wird, darunter Lämmer aus der Umgebung und hausgeräucherter Lachs. In einem Salzwasserbassin wird frischer Meeresfisch vorrätig gehalten, und auf der Käseplatte finden sich auch Spezialitäten der örtlichen Farmen, die teilweise wirklich ungewöhnlich sind.

Das Painswick wurde 1998 von neuen Besitzern, Gareth und Helen Pugh, übernommen. Über detailliertere Berichte würden wir uns freuen.

Umgebung: Cotswold-Dörfer; Gloucester • **Lage:** nahe dem Dorfzentrum, 5 km nördlich von Stroud an der A 46; Parkplatz vor dem Hotel • **Mahlzeiten:** Frühstück, Abendessen, sonntags Mittagessen • **Preise:** ££ • **Zimmer:** 19; 14 Doppel- und Zweibettzimmer, alle mit Bad; 2 Einzelzimmer, 1 mit Bad, 1 mit Dusche; 3 Familienzimmer, alle mit Bad; alle Zimmer haben Telefon und Fernseher
Anlage: Aufenthaltsraum, 2 Speisezimmer, Bar • **Kreditkarten:** AE, MC, V
Kinder: willkommen • **Behinderte:** Zugang schwierig • **Tiere:** nach Vereinbarung
Geschlossen: nie • **Eigentümer:** Gareth und Helen Pugh

Mittelengland

Shipton-under-Wychwood, Oxfordshire

Lamb Inn
Dorfgasthof

Upper High Street, Shipton-under-Wychwood OX7 6DQ
Tel.: (01993) 83 04 65 **Fax:** (01993) 83 20 25

Shipton-under-Wychwood ist ein Cotswold-Dorf im Norden von Burford, das vom Fluß Evenlode umgeben ist. Abseits der Hauptstraße, am ruhigen Ende einer Sackgasse gelegen, bestand das aus dem frühen 17. Jahrhundert stammende Lamb Inn ursprünglich aus drei Häusern, die heute zu einem einzigen Konglomerat voller Winkel, Ecken und Stufen verbunden sind. Michael und Marnie Frith führen das Gasthaus für die »Good Pub Company«. Von den Deckenbalken hängen Hopfendolden und Zaumzeug, die Wände sind aus Stein und die Böden aus poliertem Holz. Das Lamb Inn ist ein florierender Pub, hat aber außerdem einen großen Speisesaal, in dem frische, sehr gut zubereitete Gerichte, vor allem Meeresfisch und Wild aus der Umgebung, angeboten werden und ein wirklich ordentliches Weinsortiment zur Auswahl steht. Das Mittagsbuffet in der Bar ist so etwas wie eine Spezialität des Hauses, und auch am Abend gibt es hier eine Auswahl an Speisen für diejenigen, die lieber dort essen, wo sie trinken, statt umgekehrt. Den Übernachtungsgästen steht ein behaglicher Aufenthaltsraum zur Verfügung, in dem im Winter ein Feuer angezündet wird. Keines der Schlafzimmer, in die man über eine enge, steile Treppe gelangt, ist besonders groß, aber sie sind durchdacht ausgestattet und hübsch eingerichtet, in zwei davon gibt es Himmelbetten. Die Badezimmer sind ganz eindeutig jünger als der Gasthof.

Umgebung: Römische Villa in North Leigh; Bruern Abbey; Blenheim Palace; Oxford; Bourton-on-the-Water • **Lage:** am Rand des Ortes, 6,5 km nördlich von Burford; Parkplatz • **Mahlzeiten:** Frühstück, Mittagessen, Abendessen • **Preise:** ££ • **Zimmer:** 5 Doppel- und Zweibettzimmer mit Bad; alle Zimmer mit Telefon, Fernseher und Haartrockner • **Anlage:** Bar, Restaurant, Garten • **Kreditkarten:** AE, MC, V • **Kinder:** gestattet • **Behinderte:** nicht geeignet • **Tiere:** nicht gestattet • **Geschlossen:** nie; Restaurant Sonntag abends und Montag abends • **Geschäftsführer:** Michael und Marnie Frith

MITTELENGLAND

SHIPTON-UNDER-WYCHWOOD, OXFORDSHIRE

The Shaven Crown
Hotel im Landhausstil

Shipton-under-Wychwood, Oxfordshire OX7 6BA
Tel.: (01993) 83 03 30 **Fax:** (01993) 83 21 36

The Shaven Crown hat, worauf schon der Name hindeutet, klösterliche Wurzeln. Es wurde 1384 als Hospiz der nahe gelegenen Abtei Bruern errichtet, und vieles von der originalen Einrichtung blieb erhalten. Besonders beeindruckend ist die mittelalterliche Halle, deren schönes Gewölbe mit doppelten Querbalken verstrebt ist und deren Steinwände mit Tapisserien und schmiedeeisernen Arbeiten geschmückt sind. Die Halle nimmt eine Seite des Hofgartens ein, der an sonnigen Tagen einen lieblichen Ort bildet, um ein kleines Mittagessen zu sich zu nehmen. Manche der Schlafräume blicken auf den Hof, andere liegen an der Vorderseite des Hauses, wo man den Straßenlärm mitbekommt – was allerdings selten ein Problem darstellt. Die Zimmer wurden mit viel Fingerspitzengefühl eingerichtet, wobei die niedrigen Decken, unebenen Dielen, freiliegenden Balken und offenen Kamine unangetastet blieben. Als Möbel dienen Antiquitäten und Stücke aus der Zeit Jakobs I.

Das Abendessen wird im Speisesaal mit seinen Eichenbalken eingenommen, der von der Halle abgeht. Die Speisekarte bietet eine große Auswahl und wechselt mit den Jahreszeiten – das Essen ist nicht besonders kunstvoll, aber interessant und fachmännisch zubereitet. Und wenn Sie nach vier oder fünf Gängen noch genügend Energie haben, können Sie sich in der engen, kapellenähnlichen Bar unter die Einheimischen mischen oder in die Halle übersiedeln, die auch als Aufenthaltsraum dient.

Umgebung: Römische Villa in North Leigh • **Lage:** mitten im Dorf; großer Parkplatz • **Mahlzeiten:** Frühstück, Mittagessen, Abendessen • **Preise:** ££ **Zimmer:** 9; 7 Doppel- und Zweibettzimmer, 1 Einzelzimmer, 1 Familienzimmer, alle mit Bad; alle Zimmer haben Fernseher • **Anlage:** Restaurant, Bar, mittelalterliche Halle, Hofgarten; Bowlingrasen • **Kreditkarten:** AE, MC, V • **Kinder:** willkommen • **Behinderte:** 1 Schlafzimmer im Erdgeschoß • **Tiere:** nur auf dem Zimmer • **Geschlossen:** nie • **Eigentümer:** Robert und Jane Burpitt

MITTELENGLAND

STRATFORD-UPON-AVON, WARWICKSHIRE

Caterham House
~ Bed & Breakfast in der Stadt ~

58-59 Rother Street, Stratford-upon-Avon, Warwickshire CV37 6LT
Tel.: (01789) 26 73 09 **Fax:** (01789) 41 48 36

Zwei georgianische Häuser wurden zusammengezimmert, um dieses freundliche Bed & Breakfast zu bilden, das trotz seiner zentralen Lage eine überraschend friedvolle Atmosphäre hat. Es gibt einen kleinen wintergartenähnlichen Aufenthaltsraum mit einer eklektischen Mischung an Möbelstücken, in dem jeden Nachmittag Tee serviert wird. Es gibt zwar keinen Garten, aber der Aufenthaltsraum führt auf eine farbenfrohe Terrasse. Man kann die Schlafzimmer nicht als groß bezeichnen, aber alle sind geräumig genug für einen gemütlichen Sessel. Jedes ist individuell mit alten Möbeln eingerichtet (sogar in den modernen Badezimmern gibt es Antiquitäten). Die Betten sind luxuriös und daunenweich, viele davon im französisch-ländlichen Stil, ein Tribut an die Herkunft des Besitzers Dominique Maury. Ohne aufdringlich zu sein, ist er immer gerne für ein Gespräch zu haben, besonders über die neuesten Shakespeare-Aufführungen.

Außer dem Nachmittagstee gibt es nur Frühstück, aber die Gäste schätzen es sehr. Einer von ihnen schrieb: »Ich würde schon allein wegen des Frühstücks wieder dort hingehen.« Besonders preist er die Mischung aus getrockneten Früchten in einem Saft mit Zimtgeschmack, die hausgemachte Marmelade, die »in ganzen Gläsern, nicht in kleinen Portionen serviert wird«, und die »herrlich cremigen« Rühreier. Außerdem meint er, seine Rechnung sei geradezu ein »Schnäppchen« gewesen.

Umgebung: Royal Shakespeare Theatre; Shakespeares Geburtshaus • **Lage:** im Stadtzentrum; Parkplatz vorhanden • **Mahlzeiten:** Frühstück • **Preise:** ££ **Zimmer:** 14; 13 Doppel- und Zweibettzimmer, 1 Familienzimmer, alle mit Bad oder Dusche; alle Zimmer haben Fernseher • **Anlage:** Aufenthaltsraum, Frühstückszimmer, Bar • **Kreditkarten:** MC, V • **Kinder:** gestattet • **Behinderte:** nicht geeignet • **Tiere:** nach Vereinbarung auf den Zimmern gestattet • **Geschlossen:** 25. Dez. **Eigentümer:** Dominique und Olive Maury

MITTELENGLAND

TETBURY, GLOUCESTERSHIRE

Calcot Manor
~ Hotel im Landhausstil ~

bei Tetbury, Gloucestershire GL8 8YJ
Tel.: (01666) 89 03 91 **Fax:** (01666) 89 03 94
E-Mail: reception@calcotmanor.com **Website:** www.calcotmanor.co.uk

Dieses Cotswold-Bauernhaus aus dem 15. Jahrhundert ist seit 1984 ein Hotel. Richard Ball übernahm das Calcot Manor von seinen Eltern und bietet nun mit seinem engagierten Team von Mitarbeitern weiterhin Komfort und Service auf höchstem Niveau, ohne die ruhige, entspannte Atmosphäre zu zerstören. Das wunderschöne alte Haus selbst ist eine sichere Wahl – die Zimmer sind geräumig und elegant, ohne protzig zu sein –, und auch die Lage zwischen Rasenflächen und alten Scheunen, eingebettet in eine sanfte Hügellandschaft, läßt nichts zu wünschen übrig.

Möblierung und Dekoration sind sorgsam aufeinander abgestimmt, wobei schwere Stoffe und Pastelltöne vorherrschen. In einem umgebauten Cottage stehen mehrere Familiensuiten zur Verfügung, die speziell für Familien mit kleinen Kindern eingerichtet wurden. Zu deren Unterhaltung gibt es auch ein Spielzimmer im Haus.

Michael Croft ist Küchenchef sowohl im Conservatory Restaurant als auch im angrenzenden Gumstool Inn, das etwas ungezwungener und preisgünstiger ist. Im Restaurant können Sie sich ein Risotto mit Spargel, Kräutern und Zitrone schmecken lassen, gefolgt von kurzgebratenem Seebarsch auf Parmesanpüree mit einer Spinatsauce. Im Gasthaus könnten Sie sich für ein überbackenes Soufflé von reifem Cheddarkäse entscheiden oder für Würste nach Art von Gloucestershire mit einer Soße aus Salbei und Rotwein.

~

Umgebung: Chavenage; Owlpen Manor; Westonbirt Arboretum • **Lage:** 5 km westlich von Tetbury an der A 4135; großer Parkplatz • **Mahlzeiten:** Frühstück, Mittagessen, Abendessen • **Preise:** £££ • **Zimmer:** 21; 16 Doppelzimmer, mehrere Familiensuiten, alle mit Bad oder Dusche; alle Zimmer haben Telefon, Fernseher und Haartrockner • **Anlage:** 2 Aufenthaltsräume, Speisezimmer, Garten; Swimmingpool, Krocket, 2 überdachte Tennisplätze; Spielzimmer **Kreditkarten:** AE, DC, MC, V • **Kinder:** willkommen • **Behinderte:** 4 Schlafzimmer im Erdgeschoß **Tiere:** nicht gestattet • **Geschlossen:** nie • **Eigentümer:** Richard Ball

Mittelengland

Uley, Gloucestershire

Owlpen Manor
~ Landhaus-Cottages ~

Owlpen, bei Uley, Gloucestershire GL11 5BZ
Tel.: (01453) 86 02 61 **Fax:** (01453) 86 08 16
E-Mail: sales@owlpen.demon.co.uk **Website:** www.owlpen.com

Nicholas und Karin Mander haben mehrere aneinandergrenzende Cottages, Scheunen, Bauernhäuser und eine Mühle umgebaut, um im idyllischen Cotswold-Tal luxuriöse Ferienwohnungen für Selbstversorger »mit Service« anzubieten. Im Herzen des Ensembles steht ihr denkmalgeschütztes Tudor-Herrenhaus, in dem große Schlafräume, manche davon mit Himmelbetten, zur Verfügung stehen. Das Herrenhaus stammt aus dem 15. und 16. Jahrhundert. Nachdem es mehr als hundert Jahre leergestanden hatte, wurde es 1926 im Arts and Crafts-Stil restauriert, wovon viele der Einrichtungsgegenstände Zeugnis ablegen. Weitere materielle Relikte der Vergangenheit sind die prachtvolle Eingangshalle aus der Tudor-Zeit und ein Seitenflügel aus der Ära Jakobs I.

Das Owlpen hat neun Cottages für Selbstversorger, die in der Größe stark variieren: von der »Tithe Barn«, einem Studio über zwei Etagen mit massiven Eichenbalken und reichlich rustikalem Charme, bis zur »Grist Mill« aus dem 18. Jahrhundert, die Platz für neun Gäste bietet und noch immer mit Wasserrad und Mahlwerk aufwarten kann. Alle sind hübsch möbliert und haben eigene Terrassen oder Gärten. Im Cyder House Restaurant im Zentrum des Fleckens stehen auf Karin Manders Speisekarte Produkte der Saison vom eigenen Grundstück. Spezialitäten sind Fasan, Wildbret und Fischgerichte aus ihrer Heimat Schweden, gewürzt mit Kräutern aus dem elisabethanischen Kräutergarten.

Umgebung: Cirencester; Bath; Cheltenham • **Lage:** 1 km östlich von Uley abseits der B 4066; großer Parkplatz • **Mahlzeiten:** Frühstück, Mittagessen, Abendessen **Preise:** ££ • **Zimmer:** 9 Cottages für 2-9 Personen; alle haben Telefon, Fernseher, Haartrockner und eine Küche • **Anlage:** Restaurant, Garten • **Kreditkarten:** AE, DC, MC, V • **Kinder:** gestattet • **Behinderte:** nicht geeignet • **Tiere:** nicht gestattet **Geschlossen:** nie; Restaurant montags und gelegentlich sonst; Reservierung empfohlen • **Eigentümer:** Nicholas und Karin Mander

Mittelengland

Waterhouses, Staffordshire

Old Beams
Restaurant mit Gästezimmern

Leek Road, Waterhouses, Staffordshire ST10 3HW
Tel.: (01538) 30 82 54 **Fax:** (01538) 30 81 57

Die Küche ist das Herz des Old Beams. Der Küchenchef und Besitzer, Nigel Wallis, beschreibt seine Künste als »moderne englische Küche mit einem Einschlag in die klassische französische« und er legt Wert auf ansprechende Darbietung und Frische – Brot wird zweimal am Tag gebacken. Auf der Speisekarte können Sie Gerichte wie Hummer-und-Jakobsmuschel-Soufflé oder einen gefüllten Kaninchenrücken mit Estragonjus finden. Nigel Wallis bietet auch eine erstklassige Auswahl an Weinen zu vernünftigen Preisen an. Seine Leistung und Kunstfertigkeit haben ihm einen Michelin-Stern eingebracht. Essen können Sie im eichengetäfelten Speisesaal im Haupthaus aus dem 18. Jahrhundert oder dem angebauten Wintergarten mit seinen Phantasie-Wandgemälden.

Die meisten der etwas kompakten, aber stilvollen Schlafzimmer befinden sich in einem modernen Gebäude, dem »Les Chambres«, auf der anderen Seite der Straße. Jedes ist nach einer der Porzellanfirmen in der Umgebung benannt – Royal Stafford, Wedgwood, Royal Doulton – und natürlich mit dem entsprechenden Porzellan ausgestattet. Diese Zimmer wurden vor kurzem neu eingerichtet, in sonnigen Farben mit hellen Blumenstoffen und einer Unzahl Kleinigkeiten: Zeitschriften, Schalen mit Obst, Süßigkeiten, frische Blumen und Stapel von flauschigen Handtüchern in den schicken Badezimmern. Im ganzen Hotel darf nicht geraucht werden.

Umgebung: Ashbourne; Garten von Biddulph Grange; Sudbury Hall • **Lage:** in der Mitte der Ortschaft, auf der A 523 11 km nordwestlich von Ashbourne; Parkplatz für 25 Autos • **Mahlzeiten:** Frühstück, Mittagessen, Abendessen; Schankkonzession **Preise:** ££ • **Zimmer:** 5 Doppelzimmer mit Bad; alle Zimmer haben Telefon und Fernseher • **Anlage:** Speisezimmer, Wintergarten, Barbereich, Garten; Angeln **Kreditkarten:** AE, DC, MC, V • **Kinder:** gestattet • **Behinderte:** Erdgeschoßräume **Tiere:** nicht gestattet • **Geschlossen:** Januar; Restaurant Sonntag abends, Montag, Samstag mittags, Dienstag mittags • **Eigentümer:** Nigel und Ann Wallis

Mittelengland

Woodstock, Oxfordshire

Feathers
~ Stadthotel ~

Market Street, Woodstock, Oxfordshire OX20 1SX
Tel.: (01993) 81 22 91 **Fax:** (01993) 81 31 58
E-Mail: enquiries@feathers.co.uk **Website:** www.feathers.co.uk

Zum Feathers gehören vier hohe Häuser, die im 17. Jahrhundert aus zartroten Ziegelsteinen erbaut wurden. Aus diesen ist heute ein außerordentlich kultiviertes Stadthotel geworden.

Der Salon im oberen Stockwerk (mit Bibliothek und offenem Kamin) hat eher die entspannte Atmosphäre eines gut erhaltenen Privathauses auf dem Land als die eines Hotels. Hier finden sich Antiquitäten, schöne Dekorationsstoffe und frische Blumen im Überfluß, während die sonst allgegenwärtige Altertümelei erfrischenderweise vor der Tür bleibt. Es gibt auch ein behagliches Arbeitszimmer, in dem man die Tageszeitung lesen oder Tee trinken kann. Wenn Sie frische Luft brauchen, gehen Sie in den reizenden Garten mit Bar im Hof. Die Schlafzimmer sind im großen und ganzen geräumig und wunderschön eingerichtet, komfortabel und auf eine unterkühlte Art elegant, die im gesamten Hotel zu spüren ist. Fünf weitere Schlafzimmer sind in dem angrenzenden Gebäude untergebracht, das vor wenigen Jahren renoviert wurde. In dem vornehm getäfelten Speisezimmer werden Gerichte der interessanten modernen Küche von Mark Treasure serviert – kürzliche Besucher zeigten sich beeindruckt.

In technischer Hinsicht bietet das Feathers allen Schnickschnack, den ein schmuckes Hotel für Geschäftsreisende haben muß – aber lassen Sie sich davon nicht abschrecken, denn es hat wirklich Charakter und eine sehr heimelige Atmosphäre.

Umgebung: Blenheim Palace; Oxford • **Lage:** mitten in der Stadt; begrenzte Parkmöglichkeit • **Mahlzeiten:** Frühstück, Mittagessen, Abendessen • **Preise:** £££-££££ **Zimmer:** 22; 17 Doppelzimmer mit Bad; 4 Suiten mit Bad; 1 Einzelzimmer mit Dusche; alle Zimmer haben Telefon und Fernseher • **Anlage:** 2 Aufenthaltsräume, Wintergarten, Bar, Speisezimmer, Restaurant • **Kreditkarten:** AE, DC, V • **Kinder:** willkommen • **Behinderte:** Zugang schwierig • **Tiere:** nach Vereinbarung gestattet **Geschlossen:** nie • **Geschäftsführer:** Martin Godward

Mittelengland

Worfield, Shropshire

Old Vicarage
~ Hotel im Landhausstil ~

Worfield, bei Bridgnorth, Shropshire WV15 5JZ
Tel.: (01746) 71 64 97 **Fax:** (01746) 71 65 52 **E-Mail:**
admin@the-old-vicarage.demon.co.uk **Website:** www.oldvicarageworfield.com

Als Peter Iles und seine Frau Christine sich 1981 entschlossen hatten, dieses solide ziegelrote Pfarrhaus in ein kleines Hotel umzubauen, unternahmen sie jegliche Anstrengung, um den edwardianischen Charakter des Ganzen zu erhalten. Sie restaurierten die originalen Holzfußböden, fügten den Schlafräumen dezente Badezimmer hinzu und möblierten die Zimmer mit hübschen viktorianischen und edwardianischen Einzelstücken. Die Remise wurde behutsam in vier luxuriöse Schlafzimmer umgewandelt, von denen eines, das »Leighton«, besonders auf die Bedürfnisse von Behinderten abgestimmt ist. Unsere Leser lobten die großen, bequemen Schlafräume, die in zarten Farben mit dazu passenden Bademänteln und sogar Seifen gehalten sind.

Die Liebe zum Detail spürt man auch in den Aufenthaltsräumen – einer davon ist der Wintergarten mit einem herrlichen Blick über das Tal des Worfe – und in den drei Speisezimmern. Das preisgekrönte Essen (ein täglich wechselndes Menü mit mehreren Wahlmöglichkeiten und eine eindrucksvolle Käseplatte) basiert auf der englischen Küche, ist ambitioniert und nicht gerade billig. Peter verfügt über einen ziemlich umfangreichen Weinkeller. Im Speisesaal wie auch in den Schlafzimmern herrscht strenges Rauchverbot.

Umgebung: Ludlow; Severn Valley Railway; Ironbridge Gorge Museum • **Lage:** im Ort, 12 km westlich von Wolverhampton, 1,5 km von der A 454, 12 km südlich der Anschlußstelle 4 der M 54; großer Parkplatz • **Mahlzeiten:** Frühstück, Mittagessen, Abendessen • **Preise:** ££ • **Zimmer:** 14 Doppelzimmer, 1 Familienzimmer, 13 mit Bad, 2 mit Dusche; alle Zimmer haben Telefon, Fernseher, Minibar und Haartrockner **Anlage:** 2 Aufenthaltsräume, 3 Speisezimmer, eines davon mit Bar • **Kreditkarten:** AE, DC, MC, V • **Kinder:** willkommen • **Behinderte:** 1 speziell ausgerüstetes Zimmer **Tiere:** auf den Zimmern gestattet • **Geschlossen:** Weihnachten • **Eigentümer:** Peter und Christine Iles

Der Osten

Beyton, Suffolk

Manorhouse
～ Bed & Breakfast auf dem Land ～

The Green, Beyton, Bury St Edmunds, Suffolk IP30 9AF
Tel.: (01359) 27 09 60 **E-Mail:** manorhouse@beyton1.freeserve.co.uk
Website: www.beyton1.freeserve.co.uk

Diese Bed & Breakfast-Pension in einem schönen, für Suffolk typischen Langhaus aus dem 15. Jahrhundert bietet Ausblicke auf den Dorfanger. Sie wird von Mark und Kay Dewsbury betrieben und ist ein eleganter, aber bodenständiger Ort. Die zum Teil holzverkleideten Räume im Hauptgebäude wurden farbig gestrichen und mit Antiquitäten ausgestattet, aber draußen auf den Kieseln des Hofs, im Garten und in den Gemüsebeeten ist das Reich der Hühner. Die Eier, die sie legen, bilden den Grundstock des Frühstücks.

Es gibt eine Menge Platz, um sich auszubreiten. Der »Yellow Room« im Hauptgebäude hat die Größe einer Suite; daneben gibt es noch den »Garden Room« und die »Dairy« in einer umgebauten Scheune, die im rechten Winkel zum Haus liegt. Die Einrichtung ist einfach, aber gemütlich: Die Fachwerkwände der »Dairy« bestehen aus Holz und Feuerstein, den traditionellen Baumaterialien der Gegend, die Möbel sind hell und freundlich, die Dusche im geräumigen Badezimmer ist besonders stark. Vom »Garden Room« führen Terrassentüren zu einer kleinen, gepflasterten Fläche, wo man im Sommer sitzen und die altehrwürdigen efeubehangenen Bäume betrachten kann. Die Dewsburys sind ausgezeichnete Gastgeber, locker und nicht aus der Ruhe zu bringen. Ihre einzige Regel verbietet das Rauchen im Haus. Gäste, die abends noch einen draufmachen wollen, finden genügend nette Pubs im Dorf.

Umgebung: Bury St Edmunds; Lavenham • **Lage:** 6 km östlich von Bury St Edmunds, von der A14 aus beschildert, großer Parkplatz • **Mahlzeiten:** Frühstück, Abendessen auf Anfrage • **Preise:** £ • **Zimmer:** 4 Doppelzimmer mit Bad oder Dusche; alle Zimmer haben TV, Haartrockner • **Anlage:** Aufenthaltsraum, Speisezimmer, Garten • **Kreditkarten:** keine • **Kinder:** über 5 Jahre gestattet
Behinderte: Zugang zu den Gartenzimmern möglich • **Tiere:** nicht gestattet
Geschlossen: nie • **Besitzer:** Mark und Kay Dewsbury

Der Osten

Burnham Market, Norfolk

Hoste Arms
~ Dorfgasthof ~

Burnham Market, North Norfolk
Tel.: (01328) 73 87 77 **Fax:** (01328) 73 01 03
E-Mail: TheHosteArms@compuserve.com **Website:** www.hostearms.co.uk

Der hübsche, gelb-weiß gestrichene Gasthof aus dem 17. Jahrhundert hat schon einige Auszeichnungen für seine Zimmer, die Bar und das Restaurant gewonnen. Er liegt direkt neben der Dorfwiese in einem Ort, dessen größter Verdienst darin besteht, daß er der Geburtsort von Admiral Nelson ist. In den unten gelegenen Räumen geht jeden Abend die Post ab, wenn sich die Einheimischen treffen, um zu trinken und zu essen – in genau dieser Reihenfolge. Die Speisekarte des Restaurants im Bistrostil vereint britische, europäische und orientalisch angehauchte Gerichte.

Der Mann, der für den guten Ruf des Gasthofs verantwortlich ist, Paul Whittome, kaufte das Hoste Arms 1989. Seine Frau Jeanne ist zuständig für den rustikalen Chic der Dekoration. Sie hat eine nicht zu übersehende Schwäche für dramatische Farbkombinationen; die Wände der unten gelegenen Räume sind dunkelrot gestrichen, in den Schlafzimmern herrschen Stoffe mit bunten Karos oder auffälligen Streifenmustern vor. Die Zimmer sind unterschiedlich groß und eingerichtet, achten Sie bei der Reservierung darauf, keines der winzigen zu bekommen. Manche Zimmer sind im Erdgeschoß, drei davon haben eine kleine Veranda, die in den hübschen ummauerten Garten führen, der sich als wahrer Segen erweist, wenn die Bar mal wieder zu voll ist. Dank wechselnder Ausstellungen sind die Wände immer mit Gemälden überladen.

Umgebung: Houghton Hall; Sandringham House; Holkham Hall; Titchwell, Holme, Naturreservate von Holkham und Cley • **Lage:** in der Ortsmitte, großer Parkplatz **Mahlzeiten:** Frühstück, Mittagessen, Abendessen • **Preise:** ££ • **Zimmer:** 18 Doppel- und. Zweibettzimmer, 4 Einzelzimmer, 4 Suiten, alle mit Bad; alle Zimmer haben Telefon, Fernsehen, Haartrockner • **Anlage:** 2 Aufenthaltsräume, Wintergarten, Speisezimmer, Bar, Garten • **Kreditkarten:** MC, V • **Kinder:** gestattet • **Behinderte:** Zimmer im Erdgeschoß geeignet • **Tiere:** nicht gestattet • **Geschlossen:** nie **Besitzer:** Paul und Jeanne Whittome

Der Osten

Bury St Edmunds, Suffolk

Ounce House
~ Stadthotel ~

Northgate Street, Bury St Edmunds, Suffolk IP33 1HP
Tel.: (01284) 76 17 79 **Fax:** (01284) 76 83 15 **E-Mail:** pott@globalnet.co.uk
Website: www.uk.aol.com/channels/travel/ghg

Ounce House ist ein dreistöckiges rotes Backsteinhaus mit Giebel, das etwas zurückgesetzt von der Straße etwa fünf Minuten zu Fuß von der Abtei und der Fußgängerzone im Zentrum von Bury St Edmunds entfernt liegt.

Im Innern wirkt es förmlich, aber auch heimelig; der Salon und das Speisezimmer sind in ruhigen Farben gehalten, die Vorhänge sind besonders kunstvoll auf Wirkung drapiert, dazu kommen noch eine Menge Lampen, Kunstgegenstände und Bilder. Die meisten Schlafzimmer sind groß, eines der attraktivsten hat blaßgelbe Wände, ein Kronenarrangement über dem Kopfteil des Bettes, zwei plüschige Sessel und einen dekorativen Kaminsims.

Zum Abendessen wird ein festgelegtes Menü angeboten und am großen, blank polierten ovalen Gemeinschaftstisch serviert; die Besitzer sind warmherzige Gastgeber, die dafür sorgen, daß sich ihre Gäste wohl fühlen. Wenn Sie nicht im Hotel essen wollen, gibt es genügend Restaurants am Ort. Die Gäste können auch die Bibliothek benutzen, die mit einem großen, ledernen Ohrensessel, einem Klavier, Regalen voller Bücher und einer Selbstbedienungsbar sehr gemütlich ist. Hierher kann man sich mit einem Freund für ein langes Gespräch zurückziehen oder etwas fernsehen; es ist auch einer der wenigen Plätze, wo man rauchen kann, obwohl es eher geduldet als begrüßt wird (man muß nach dem Sündenfall eine parfümierte Kerze anzünden).

Umgebung: Kathedrale; Abtei; Gershom-Parkington-Sammlung • **Lage:** nahe der Stadtmitte; mit großem Parkplatz • **Mahlzeiten:** Frühstück, Abendessen auf Anfrage • **Preise:** ££ • **Zimmer:** 3 Doppel- und Zweibettzimmer mit Bad; alle Zimmer haben Telefon, Fernsehen, Haartrockner • **Anlage:** 2 Aufenthaltsräume, Bibliothek/Fernsehzimmer, Speisezimmer, Garten • **Kreditkarten:** AE, DC, MC, V
Kinder: willkommen • **Behinderte:** Zugang schwierig • **Tiere:** nicht gestattet
Geschlossen: nie • **Besitzer:** Simon und Jenny Pott

Der Osten

Bury St Edmunds, Suffolk

Twelve Angel Hill
~ Stadthotel ~

12 Angel Hill, Bury St Edmunds, Suffolk IP33 1UZ
Tel.: (01284) 70 40 88 **Fax:** (01284) 72 55 49

»Hat zwar Hosenpressen auf dem Zimmer, ist aber trotzdem nicht langweilig«, berichtet einer unserer äußerst zufriedenen Inspektoren. Twelve Angel Hill ist ein Teil einer Reihe von typisch englischen backsteinernen Terrassenhäusern nahe der Kathedrale von Bury St Edmunds. Seine Fassade ist georgianisch, dahinter herrscht Tudor-Stil; nach einer aufwendigen Restaurierung wird es seit 1988 als Hotel betrieben. Die großen Schlafzimmer sind hell, großzügig geschnitten und mit eigenen Sitzbereichen ausgestattet. Sie sind in hervorragendem Zustand und mit Antiquitäten, kühnen Blumenmustern und farbenfrohen Stoffen sehr schön eingerichtet.

Das Ehepaar Clarke hat die Vorteile des ursprünglichen Hauses sehr gut betont und dabei offensichtlich immer an den Komfort der Gäste gedacht; da gibt es zum Beispiel Fensterplätze mit bequemen Kissen, von wo man in den italienischen ummauerten Garten blickt, ein Himmelbett mit Baldachin, eine eichengetäfelte Bar und den lichten Salon, der auf Angel Hill hinausgeht (Lärmschutzfenster halten die Außenwelt fern). Man fühlt sich wie in einem Privathaus und erhält doch den gesamten Komfort eines Hotels. Das Frühstück ist nach allen Berichten deutlich über dem Durchschnitt.

Es herrscht generelles Rauchverbot. Das Abendessen kann man in einem der vielen umliegenden Restaurants einnehmen. Die Clarkes sind charmante Gastgeber, und unser Mitarbeiter sah viele Anzeichen dafür, wie zufrieden die Gäste hier sind.

Umgebung: Cathedral; Museums; Abbey Gardens • **Lage:** auf dem Angel Hill, 100 m von der Kathedrale entfernt, mit Parkmöglichkeit • **Mahlzeiten:** Frühstück **Preise:** ££ • **Zimmer:** 5 Doppelzimmer, 1 Einzelzimmer, alle mit Bad oder Dusche; alle Zimmer haben Telefon, Fernsehen, Haartrockner • **Anlage:** Aufenthaltsraum, Speisezimmer, Bar, Zimmer mit Innenhof, Gartenterrasse • **Kreditkarten:** AE, DC, MC, V • **Kinder:** nicht gestattet • **Behinderte:** Zugang schwierig • **Tiere:** nicht gestattet • **Geschlossen:** Januar • **Besitzer:** Bernie und John Clarke

Zentralengland und Wales

Der Osten

Cley-next-the-Sea, Norfolk

Cley Mill
Umgebaute Windmühle

Cley-next-the-Sea, Holt, Norfolk NR25 7RP
Tel. und **Fax:** (01263) 74 02 09
Website: www.smoothhound.co.uk/hotels/cleymill.html

Stellen Sie sich vor, Sie wohnen in einer richtigen Windmühle! Das ist genau die Art von Abenteuer, die jedes englische Kind, das mit Enid Blytons »Fünf Freunde« oder der Fernsehserie »Swallows and Amazons« nach Arthur Ransome aufgewachsen ist, auch Jahre später mit Cley Mill verbinden wird. Sie klettern langsam von Stockwerk zu Stockwerk bis über die Leiter hinauf in den Aussichtsraum im vierten Stock. Dort haben Sie eine großartige Aussicht über die Cley Marshes, ein Mekka für Vogelbeobachter.

Die angenehm wohnliche Atmosphäre des Aufenthaltsraumes im Erdgeschoß der Mühle mit vielen Büchern und Zeitschriften, bequemen Sofas, TV und einem offenen Kamin lädt zum Verweilen ein. Die Zimmer sind sehr schön, mit weißen Tagesdecken aus Spitze, erinnern in Ausstattung und Möblierung allerdings ein wenig an Blockhütten. Die Badezimmer sind gekonnt in das zum Teil abenteuerlich verwinkelte Gebäude eingepaßt.

Jeremy Bolam, seit einigen Jahren die Managerin von Cley Mill, ist als ehemalige Besitzerin eines Resataurants in Battersea natürlich darauf bedacht, die Gäste auch kulinarisch zu verwöhnen, sie ist aber auch nicht gekränkt, wenn Sie nur B & B buchen.

Eine Testerin besuchte kürzlich das Boathouse, eine Ausweichmöglichkeit für viele, die nicht im Cley Mill unterkommen, und sie war wenig begeistert. Es lohnt sich also rechtzeitig zu buchen. Beachten Sie auch die andere Windmühle auf Seite 38.

Umgebung: Sheringham Hall; Leuchtturm von Cromer • **Lage:** 11 km westlich von Sheringham an der A149, am nördlichen Ortsrand; großer Parkplatz • **Mahlzeiten:** Frühstück, Abendessen auf Anfrage • **Preise:** ££ • **Zimmer:** 7 Doppelzimmer, 1 Einzelzimmer, 6 mit Bad, 1 mit Dusche • **Anlage:** Aufenthaltsraum, Speisezimmer, Garten • **Kreditkarten:** MC, V • **Kinder:** willkommen • **Behinderte:** Zugang schwierig **Tiere:** gestattet • **Geschlossen:** nie • **Geschäftsführer:** Jeremy Bolam

DER OSTEN

HARTEST, SUFFOLK

The Hatch
~ Bed & Breakfast auf dem Land ~

Pilgrims Lane, Cross Green, Hartest, Suffolk IP29 4ED
Tel. und **Fax:** (01284) 83 02 26

Auf schmalen Straßen, vorbei an Feldern und Wiesen mit grasenden Pferden, gelangt man zu diesem Fachwerkhaus mit Reetdach aus dem späten 14. Jahrhundert. Es steht an einem alten Pilgerweg, der früher einmal zur Grabstätte von St. Edmund nach Bury führte. Das Innere des Hauses, mit seinen reizvoll schiefen Böden und Wänden ist sehr schön eingerichtet und mit Antiquitäten und allerlei persönlichen Dingen ausgestattet. Obwohl Kinder unter neun Jahren nicht erwünscht sind, ist das Hatch ideal für Familien: Das obere Doppelzimmer ist mit einem kleinen Zimmer verbunden und so ideal für Eltern mit Kind geeignet, das untere Doppelzimmer hat eine eigene kleine Küche mit Kochgelegenheit und eine Waschmaschine.

Die Oatens, die bereits in Kent für viele Jahre ein B & B betrieben haben, verstehen ihr Handwerk bestens. Sie sind sehr gesellig und unterhalten sich gerne mit den Gästen, oder sie ziehen sich diskret zurück, wenn sie das Gefühl haben, die Besucher würden gerne alleine sein. Für die Gäste gibt es einen eigenen Frühstücks- und einen Aufenthaltsraum. Nachmittags werden zum Tee hausgemachte Kuchen, Buttergebäck und Marmelade serviert. Rauchen ist nicht erlaubt.

~

Umgebung: Ickworth House; Bury St Edmunds; Melford Hall; Lavenham • **Lage:** von der B1066 scharf nach links in Richtung Cross Green, von Bury aus kurz vor Hartest; mit Parkmöglichkeit • **Mahlzeiten:** Frühstück • **Preise:** £ • **Zimmer:** 3; 2 Doppelzimmer, 1 Einzelzimmer, 1 mit Bad, 2 mit gemeinsamem Bad; alle Zimmer haben Fernsehen, Haartrockner • **Anlage:** Aufenthaltsraum, Speisezimmer, Garten **Kreditkarten:** keine • **Kinder:** Säuglinge und Kinder ab 9 Jahren gestattet **Behinderte:** Zugang zu Zimmer im Erdgeschoß möglich • **Tiere:** im Erdgeschoßzimmer gestattet • **Geschlossen:** 1. und 2. Weihnachtstag • **Besitzer:** Bridget und Robin Oaten

Der Osten

King's Lynn, Norfolk

Congham Hall
Hotel im Landhausstil

Grimston, King's Lynn, Norfolk PE32 1AH
Tel.: (01485) 60 02 50 **Fax:** (01485) 60 11 91
E-Mail: reception@conghamhallhotel.demon.co.uk

Alles an diesem in Wiesen, Obstgärten und einer weitläufigen Parklandschaft gelegenen weißen Haus aus dem 18. Jahrhundert ist beeindruckend britisch. Die geräumigen Zimmer und die öffentlichen Bereiche sind luxuriös möbliert, und obwohl das Haus im Oktober 1999 den Besitzer gewechselt hat, fand unser Tester den Service so aufmerksam und das Personal so hilfsbereit und freundlich wie immer. Die moderne englische Küche ist manchmal gewagt, aber immer ausgezeichnet, mit vielen Kräutern aus dem eigenen Garten. Das großzügig und angenehm luftige Restaurant erinnert mit seinen riesigen Fenstern, die sich über die gesamte Länge erstrecken, an eine Orangerie. Von hier aus genießt man einen herrlichen Blick über die weiten Wiesen und die Kräutergärten, die eine Attraktion für sich sind. Viele Besucher kommen hierher, um die 600 verschiedenen Kräuterarten zu bewundern und Exemplare zu kaufen. Vor dem Abendessen kann man in den Gärten spazierengehen oder auf der Terrasse des Restaurants einen Drink genießen. Abendgarderobe ist erwünscht.

Für Gäste, die wandern oder fahrradfahren, läßt das Hotel das Gepäck vom vorherigen Reiseziel abholen und zum nächsten weitertransportieren. Es gibt ein Buch mit ausgesuchten Wanderungen, und wer will, kann in der Schießschule von Sandringham Unterricht nehmen.

Umgebung: Sandringham; Ely; Norwich • **Lage:** 10 km nordöstlich von King's Lynn nahe der A148; mit Parkmöglichkeit für 50 Autos • **Mahlzeiten:** Frühstück, Mittagessen (außer Samstag) • **Preise:** ££ • **Zimmer:** 14; 11 Doppelzimmer, 2 Suiten, alle mit Bad, ein Einzelzimmer mit Dusche; alle Zimmer haben Telefon, Fernsehen **Anlage:** 2 Aufenthaltsräume, Bar, Speisezimmer, Garten, Mineralbad, Swimmingpool, Tennis, Krocket, Putten • **Kreditkarten:** AE, DC, MC, V • **Kinder:** über 12 Jahre willkommen • **Behinderte:** leichter Zugang zum Restaurant • **Tiere:** nicht gestattet • **Geschlossen:** nie • **Geschäftsführer:** Andrew Chanterell

Der Osten

Lavenham, Suffolk

The Great House
~ Restaurant mit Gästezimmern ~

Market Place, Lavenham, Suffolk CO10 9QZ
Tel.: (01787) 24 74 31 **Fax:** (01787) 24 80 07 **E-Mail:** greathouse@clara.co.uk
Website: www.s-h-systems.co.uk/hotles/greathse.html

Die alten Fachwerkhäuser, die im Perpendicular style erbaute »Wool Church« und die vielen Antiquitätengeschäfte und Galerien, machen Lavenham zum Höhepunkt einer jeden Reise durch Ostengland. Great House am Marktplatz stammt aus der Blütezeit des Wollhandels. Im 18. Jahrhundert wurde es vollständig renoviert und erinnert deshalb, zumindest von außen, an den georgianischen Baustil. John Spice, ein Texaner mit Wurzeln in Suffolk, hatte die großartige Idee, dieses ehemalige Privathaus (Stephen Spender hat in den 1930er Jahren darin gewohnt) in ein Restaurant mit Gästezimmern umzubauen.
Der jetzige Besitzer, Régis Crépy, ist Koch, und das Essen (überwiegend französische Küche) ist das Beste weit und breit – »phantastisch gut«, so das begeisterte Urteil eines Gastes aus dem Hotelgewerbe. Die vier Zimmer sind ebenfalls phantastisch. Alle sind hell, geräumig und unterschiedlich eingerichtet. Alte Balken und Antiquitäten verbreiten den Charme vergangener Zeiten. Jedes Zimmer hat seinen eigenen Kamin mit Sofa oder Polstersessel. Im Speiseraum gibt es eine Kaminecke, wo im Winter das Holzfeuer lodert; im Sommer werden Drinks, Mittag- und Abendessen im schönen Innenhof serviert.

Umgebung: Little Hall, Guildhall Priory (Lavenham); Melford Hall; Gainsborough's House; Sudbury • **Lage:** 26 km nordwestlich von Colchester, in der Dorfmitte; mit Parkmöglichkeit • **Mahlzeiten:** Frühstück, Mittagessen, Abendessen • **Preise:** ££ **Zimmer:** 4 Suiten in Familiengröße mit Bad, alle Zimmer haben Telefon, Fernseher **Anlage:** Aufenthaltsraum/Bar, Speisezimmer, Veranda, Garten • **Kreditkarten:** AE, MC, V • **Kinder:** willkommen • **Behinderte:** Zugang schwierig • **Tiere:** willkommen **Geschlossen:** Januar • **Besitzer:** Régis Crépy

Der Osten

LAVENHAM, SUFFOLK

❖ TIP DES HERAUSGEBERS ❖

Lavenham Priory
~ Bed&Breakfast auf dem Dorf ~

Water Street, Lavenham, Suffolk CO10 9RW
Tel.: (01787) 24 74 04 **Fax:** (01787) 24 84 72
E-Mail: tim.pitt@tinternet.com **Website:** www.btinternet.com/~lavpriory

Wenn man sieht, mit wieviel Engagement und Fingerspitzengefühl Gilli Pitt das Lavenham Priory betreibt, ist die Bezeichnung B & B für diesen besonderen Ort nicht ganz zutreffend. Das Gebäude aus dem 13. Jahrhundert wurde zuerst von Benediktinermönchen bewohnt, später war es das Zuhause eines elisabethanischen Kaufmanns. Trotz Renovierung blieb die Atmosphäre des Hauses mit seinen originalen Wandmalereien, dem Tudor-Kamin und den Sofas erhalten. Viel wichtiger allerdings ist der warmherzige Empfang, den Gilli und Tim Pitt ihren Gästen bereiten, und ihre Freude, den größten Teil ihres Zuhauses mit den Gästen zu teilen.

Hier fühlt man sich wohl, egal zu welcher Jahreszeit. Im Sommer duftet der Garten im Innenhof nach Kräutern, und im Winter kann man einen heißen Grog am Kaminfeuer genießen. In dem großen Haus gibt es zwei Aufenthaltsräume, mit genügend Platz und einer riesigen Auswahl an Brettspielen. Die Betten sind ausgezeichnet. In einem Zimmer steht ein Himmelbett, in einem anderen ein massiver Schlitten aus Kirschholz, beides ist alleine schon eine Reise wert. Das Frühstück ist ein Gedicht. Es gibt ein typisches englisches Frühstück und viele Früchte, entweder frisch, kandiert oder als Kompott. Rauchen ist nicht erlaubt.

Umgebung: Guildhall; »Wool Church« SS Peter and Paul • **Lage:** in der Ortsmitte neben dem »Schwan«; großer Parkplatz • **Mahlzeiten:** Frühstück • **Preise:** ££ **Zimmer:** 5 Doppelzimmer, 4 mit Bad, 1 mit Dusche; alle Zimmer haben Fernseher, Haartrockner • **Anlage:** 2 Aufenthaltsräume, Speisezimmer, Garten • **Kreditkarten:** MC, V • **Kinder:** über 10 Jahre gestattet • **Behinderte:** nicht geeignet • **Tiere:** nicht gestattet • **Geschlossen:** Weihnachten und Neujahr • **Besitzer:** Tim und Gilli Pitt

Der Osten

Long Melford, Suffolk

The Black Lion
~ Hotel auf dem Land ~

The Green, Long Melford, Suffolk CO10 9DN
Tel.: (01787) 31 23 56 **Fax:** (01787) 37 45 57

The Black Lion liegt im Herzen des schönen kleinen Ortes Long Melford, umgeben von einer herrlichen Landschaft. Das Gebäude aus dem 19. Jahrhundert ist geschmackvoll und mit viel Fingerspitzengefühl eingerichtet. Craig Jarvis, seit Dezember 1999 der neue Besitzer, hat dem Hotel, das unter den vorherigen Besitzern »The Countrymen« hieß, wieder seinen ursprünglichen Namen zurückgegeben. Von den beiden Speiseräumen wird einer überwiegend privat genutzt. Die Küche ist modern, mit klassischen Einflüssen und einer großen Auswahl an Weinen.

Unsere Testerin war von den Zimmern begeistert. Sie sind komfortabel, aber nicht durchgestylt: »Auf eine angenehme Weise paßt nichts so richtig zusammen.« Auf dem Korridor entdeckte sie einen halb offenen Schrankkoffer, vollgestopft mit Hüten und Kostümen, auf einem Tisch eine antike Schreibmaschine und in der Weinbar Kisten voll mit alten Büchern.

Craig Jarvis möchte die Zimmer erneuern lassen, und es wäre sehr schade, wenn dabei etwas von ihrem Charakter verlorenginge. Bleibt zu hoffen, daß die lebendige und lustige Atmosphäre des Hauses auch unter dem neuen Besitzer erhalten bleibt. Berichte sind willkommen.

Umgebung: Kirche von Long Melford; Melford Hall; Kentwell Hall • **Lage:** in einem Ort 5 km nördlich von Sudbury, mit Blick über die Dorfwiesen; mit Parkmöglichkeit **Mahlzeiten:** Frühstück, Mittagessen, Abendessen • **Preise:** ££ • **Zimmer:** 9; 7 Doppelzimmer, 1 Suite, 1 Familienzimmer, alle mit Bad; alle Zimmer haben Fernseher, Telefon • **Anlage:** Aufenthaltsraum, 2 Speisezimmer, Bar • **Kreditkarten:** AE, MC, V • **Kinder:** willkommen • **Behinderte:** keine besonderen Einrichtungen **Tiere:** in den Zimmern gestattet • **Geschlossen:** Januar • **Besitzer:** Craig Jarvis

Der Osten

Melbourn, Hertfordshire

Melbourn Bury
~ Ländliches Gästehaus ~

Melbourn, bei Royston, Hertfordshire SG8 6DE
Tel.: (01763) 26 11 51 **Fax:** (01763) 26 23 75
E-Mail: mazecare@aol.com

Dieser schöne Gutshof stammt großteils aus der viktorianischen Epoche, seine Ursprünge liegen jedoch viel weiter zurück. Das weißgetünchte und mit Zinnen geschmückte Haus, dessen Eingangstür von Rosen umrankt wird, liegt in einer herrlichen Parklandschaft mit eigenem See und Gartenanlagen.

Alle Gemeinschaftsräume sind mit Antiquitäten möbliert, haben aber genau den richtigen Grad an Ungezwungenheit. Daher fühlt man sich wie in einem bewohnten Haus und nicht wie im Museum – was nicht überrascht, wenn man weiß, daß die Familie von Sylvia Hopkinson seit 150 Jahren hier lebt. Es gibt nicht nur einen eleganten Salon, sondern auch ein prächtiges viktorianisches Billardzimmer, das auch eine Bibliothek mit jeder Menge Lesestoff enthält, und einen sonnigen Wintergarten. Die drei Schlafzimmer sind groß und gemütlich eingerichtet. Besonders entzückend ist der »Pink Room« mit seiner schönen Aussicht auf See und Garten. Hier finden sich Drucke von Sanderson und Antiquitäten in Hülle und Fülle, das dazugehörige Badezimmer ist geräumig.

Das Essen (für Abendgesellschaften, nach vorheriger Absprache) ist ausnahmslos hausgemacht, bis hin zur Eiskrem und den Sorbets, und wird – ganz stilgerecht für eine Dinnerparty – an der großen gemeinsamen Mahagonitafel im Speisezimmer serviert.

Umgebung: Colleges und Fitzwilliam Museum in Cambridge; Duxford Air Museum; Wimpole Hall; Audley End • **Lage:** 16 km südwestlich von Cambridge, an der südlichen Seite des Ortes, abseits der A10; großer Parkplatz • **Mahlzeiten:** Frühstück, Abendessen • **Preise:** ££ • **Zimmer:** 3; 2 Doppel-, 1 Einzelzimmer, alle mit Bad oder Dusche; alle Zimmer haben Fernseher • **Anlage:** 2 Aufenthaltsräume, Wintergarten, Speisezimmer, Billardzimmer, Garten • **Kreditkarten:** AE, MC, V • **Kinder:** über 8 Jahre willkommen • **Behinderte:** nicht geeignet • **Tiere:** nicht gestattet **Geschlossen:** Weihnachten, Neujahr, Ostern • **Eigentümer:** Anthony und Sylvia Hopkinson

Der Osten

Morston, Norfolk

Morston Hall
~ Hotel auf dem Land ~

Morston, Norfolk NR25 7AA
Tel.: (01263) 74 10 41 **Fax:** (01263) 74 04 19 **E-Mail:**
reception@morstonhall.demon.co.uk **Website:** www.morstonhall.demon.co.uk

Lassen Sie sich von dem ziemlich streng wirkenden Äußeren dieses soliden Hauses aus der Zeit Jakobs I. nicht beirren. Im Inneren sind die Zimmer unerwartet hell und luftig, in frischen Sommerfarben gestrichen, und sie bieten eine Aussicht über den hübschen Garten, wo die Rosen blühen und ein Springbrunnen in einem Lilienteich plätschert.
Die Existenzgrundlage von Morston Hall ist die Küche, die im Verantwortungsbereich von Galton Blackiston liegt. Er ist als Endrundenteilnehmer des Wettbewerbs zum »Chefkoch des Jahres« zu Ruhm gekommen. Seither hat er sich viel Beifall für seine hervorragende moderne europäische Kochkunst erworben und – als Krönung – 1999 sogar einen Michelin-Stern. Der sorgfältig bestückte Weinkeller bietet eine kenntnisreiche Auswahl von Weinen aus der ganzen Welt zu gemäßigten Preisen. Galton und seine Frau Tracy organisieren auch Abendessen mit Weinprobe und Kochkurse; halbtägige Demonstrationen seiner Kochkunst veranstaltet er häufig, die dreitägigen Kochkurse mit Unterkunft zweimal im Jahr. Die meisten Schlafräume sind mit Chintzstoffen dekoriert und überraschen durch Sessel und lauter kleine Extras wie Mineralwasser, Bademäntel sowie große, warme und flauschige Handtücher.

Umgebung: Sandringham; Felbrigg Hall; Holkham Hall; Brickling • **Lage:** 3 km westlich von Blakeney an der A149; großer Parkplatz • **Mahlzeiten:** Frühstück, sonntags Mittagessen, Abendessen • **Preise:** £££ • **Zimmer:** 6; 5 Doppel- und Zweibettzimmer, 1 Suite, 5 mit Bad, 1 mit Dusche; alle Zimmer haben Telefon, Fernseher, Videogerät, CD-Spieler und Haartrockner • **Anlage:** 2 Aufenthaltsräume, Wintergarten, Speisezimmer, Garten; Krocket • **Kreditkarten:** AE, DC, MC, V **Kinder:** willkommen • **Behinderte:** Zugang nur zu den Gemeinschaftsräumen **Tiere:** auf den Zimmern gestattet • **Geschlossen:** 31. Dezember, 3 Wochen im Januar • **Eigentümer:** Galton und Tracy Blackiston

Der Osten

Needham Market, Suffolk

Pipps Ford
~ Hotel im Gutsherrenstil ~

Needham Market, bei Ipswich, Suffolk IP6 8LJ
Tel.: (01449) 760208 **Fax:** (01449) 76 05 61

Dieses schwarz-weiße fachwerkverzierte Herrenhaus wurde 1540 für Richard Hakluyt erbaut, den Leiter des Kartographischen Amts, der viele Erdteile für Reisende erst erschlossen hat. Als Raewyn Hackett-Jones und ihr Mann 1974 das Haus kauften, war der Brunnen vor der Tür die Hauptwasserquelle. Auch heute wirkt das Pipps Ford trotz modernster Ausstattung und der Nähe zur A14 immer noch so, als läge es nicht auf dieser Welt. Der Fluß Gipping mäandert durch den Garten, in dem Rosen wuchern, und die Zimmer sind nach Gartenpflanzen benannt. Weitere Räume befinden sich in einem angeschlossenen Stallgebäude. Alle Gäste haben Zugang zu der Flucht von Aufenthaltsräumen; im größten findet man einen Flügel und einen Kamin.

Fernseher wird man in den Schlafzimmern vergeblich suchen, da Raewyn es schätzt, wenn ihre Gäste nach dem Abendessen noch etwas sitzen bleiben und miteinander plaudern. Die Atmosphäre fördert die Geselligkeit; wenn Sie mit den anderen Gästen speisen wollen, können Sie an der großen Tafel Platz nehmen. Sollten Sie es bevorzugen, zu zweit zu dinieren, wählen Sie einen der kleineren Tische. Das Essen ist ausgezeichnet, mit selbstgebackenem Brot, hausgemachter Marmelade und Honig, der von den Bienenstöcken im Garten stammt. Wild- und Schweinefleisch kommen von benachbarten Lieferanten, und der Fisch wird im Ort geräuchert.

Umgebung: Gärten von Blakenham Woodland • **Lage:** 1,5 km östlich von Needham Market, vom Kreisverkehr weg, wo die A 140 auf die A 14 trifft; Parkplatz **Mahlzeiten:** Frühstück, Abendessen montags bis samstags • **Preise:** £ • **Zimmer:** 9; 5 Doppel-, 3 Zweibettzimmer, 1 Einzelzimmer, alle mit Bad oder Dusche; Haartrockner • **Anlage:** 3 Aufenthaltsräume, Speisezimmer, Wintergarten, Garten; Tennisplatz • **Kreditkarten:** keine • **Kinder:** über 5 Jahre gestattet • **Behinderte:** nicht geeignet • **Tiere:** nicht gestattet • **Geschlossen:** Weihnachten bis Mitte Januar • **Eigentümerin:** Raewyn Hackett-Jones

Der Osten

Norwich, Norfolk

By Appointment
~ Restaurant mit Zimmern ~

25-29 St Georges Street, Norwich, Norfolk NR3 1AB
Tel. und **Fax:** (01603) 63 07 30

Es gibt so viel zu sehen in Norwich, und wenn Sie gern mittendrin im Geschehen sind, könnte dieses schrullige Etablissement das richtige für Sie sein. Das Kaufmannshaus aus dem 15. Jahrhundert gehört Timothy Brown und Robert Culyer und liegt in der St Georges Street, die mit Kopfsteinen gepflastert und von historischen Häusern gesäumt ist: ein idealer Ausgangspunkt, um die Sehenswürdigkeiten der Stadt zu besichtigen.

Wenn Sie durch die Küche hineingehen, werden Sie von der freundlichen Atmosphäre beeindruckt sein, die auch die fünf Räume durchzieht, aus denen das Restaurant besteht. Sie haben eine etwas theatralische Einrichtung – schwere, prunkvolle Vorhänge, tiefdunkle Farben, glänzendes Kristall und Silber auf den tadellos gedeckten Tischen. In diesem Ambiente wählen Sie Ihre Gerichte aus der umfangreichen Speisekarte. Aber übernehmen Sie sich nicht! Denn sonst werden Sie das wunderbar zubereitete Festessen nicht bewältigen können, das am nächsten Morgen unter dem Namen Frühstück auf den Tisch kommt.

Die Aufteilung des Gebäudes erinnert eher an ein Labyrinth als an ein Wohnhaus. Entsprechend sind die Empfangsräume und Schlafzimmer, alle exotisch und farbenfroh dekoriert, mit viktorianischen Antiquitäten und Fundstücken vollgestopft. Es wird nicht jedem gefallen, aber es ist durch und durch originell und nach unserer Meinung wirklich erfrischend.

~

Umgebung: Cathedral; Castle; Guildhall; Bridewell Museum • **Lage:** im Zentrum der Stadt; Parkplatz • **Mahlzeiten:** Frühstück, Abendessen • **Preise:** ££ • **Zimmer:** 4; 3 Doppelzimmer, 1 Einzelzimmer, alle mit Bad; alle Zimmer haben Telefon, Fernseher und Haartrockner • **Anlage:** Aufenthaltsraum, Speisezimmer • **Kreditkarten:** MC, V • **Kinder:** über 12 Jahre gestattet • **Bchinderte:** nicht geeignet • **Tiere:** nicht gestattet • **Geschlossen:** 25. Dez., Restaurant sonntags und montags **Eigentümer:** Timothy Brown und Robert Culyer

Der Osten

Norwich, Norfolk

Old Catton Hall
Hotel im Landhausstil

Lodge Lane, Old Catton, Norwich, Norfolk NR6 7HG
Tel.: (01603) 41 93 79 **Fax:** (01603) 40 03 39
E-Mail: enquiries@catton-hall.co.uk **Website:** www.catton-hall.co.uk

Das eindrucksvolle Herrenhaus aus dem 17. Jahrhundert wurde mit importierten Steinen aus Caen, Feuerstein aus der Umgebung und Eichenholzbalken erbaut und erfolgreich zu einem vornehmen Hotel in Familienhand umgebaut. Es liegt zwar in einem wenig gewinnenden Vorort von Norwich, hat aber den doppelten Vorteil, einerseits nah beim Stadtzentrum, andererseits aber abseits von dessen geschäftigem Treiben zu liegen. Das Innere des Hauses wirkt persönlich und einladend: Die Fenster haben Mittelpfosten, die Balken an den Decken liegen frei, es gibt große Kaminecken, glänzende antike Möbel und überall warme Farben. Die Besitzer, Anthea und Roger Cawdron, verwöhnen die Gäste während ihres Aufenthaltes gehörig, sei es mit Büchern und Illustrierten auf dem Nachttisch oder einer verführerischen Sammlung von Seifen, Schaumbädern, Lotionen und Wässerchen im Badezimmer. Die Schlafzimmer wurden nach früheren Bewohnern des Hauses benannt. Anthea hat sie kühn und schwungvoll im Landhausstil eingerichtet, und die Betten, manche davon Himmelbetten, sind mit herrlichen ägyptischen Baumwollaken bezogen.
Antheas Talent zeigt sich auch in der Küche, wo sie interessante Gerichte zubereitet. Sie verarbeitet die Zutaten aus der näheren Umgebung und Kräuter aus dem eigenen Garten. Es gibt auch eine klug ausgewählte und nicht zu kostspielige Weinkarte.

Umgebung: Cathedral; Castle; The Broads • **Lage:** 4 km nordöstlich von Norwich, abseits der B1150; großer Parkplatz • **Mahlzeiten:** Frühstück, Mittagessen, Abendessen • **Preise:** ££ • **Zimmer:** 7 Doppel-, Zweibett- und Familienzimmer mit Bad; alle Zimmer haben Telefon, Fernseher und Haartrockner • **Anlage:** Aufenthaltsraum, Speisezimmer, Garten • **Kreditkarten:** AE, D, MC, V • **Kinder:** über 12 Jahre gestattet • **Behinderte:** nicht geeignet • **Tiere:** nicht gestattet • **Geschlossen:** nie, Restaurant Sonntag abends • **Eigentümer:** Roger und Anthea Cawdron

Der Osten

Snape, Suffolk

Crown Inn
~ Dorfgasthof ~

Snape, Suffolk IP17 1SL
Tel.: (01728) 68 83 24

Snape ist ein winziges Nest an der Flußmündung des Alde, der sich bei Ebbe seinen Weg durch die salzigen Marschen bis ins Meer bahnt. Im Zentrum des Dorfes steht das Crown Inn, das einerseits mit der Speisekarte und der kultivierten Küche eines Restaurants aufwartet und andererseits die Lebhaftigkeit eines örtlichen Pubs besitzt. Die drei kleinen Schlafzimmer befinden sich oberhalb einer steilen Wendeltreppe, zu der man durch die Salonbar gelangt. Sie sind einfach ausgestattet und bieten viel Holz, Stoffe mit Zweig- und Blumenmustern und ungepolsterte Stühle. Die Badezimmer sind eher dürftig und die Teppiche abgenutzt, aber die Zimmer sind gut beheizt und behaglich genug für eine oder zwei Nächte.

Das Herz des Gasthofs sind die Bar und das Restaurant im unteren Stockwerk, wo an den Wochenenden ein reger Betrieb herrscht. Auf der großen Speisekarte stehen oftmals Gans, Wachteln, Langusten, Seebarsch und Steak, unter den Beilagen Polenta, Rauke und Waldpilze. Die Biere der Adnams-Brauerei und eine Weinkarte mit 60 Sorten könnten ein Grund dafür sein, hier zu übernachten und nicht mehr nach Hause zu fahren. Das Crown Inn ist aber auch ideal für Besucher des Aldeburgh Festival (das nicht in Aldeburgh, sondern etwas weiter die Straße hinauf bei Snape Maltings veranstaltet wird). Sie können das Abendessen vor oder nach dem Konzert einnehmen und anschließend hier übernachten.

Umgebung: Aldeburgh; Orford; Dunwich; Vogelschutzgebiet von Minsmere
Lage: im Dorfzentrum, an der B1069; Snape ist von der A12 aus gut ausgeschildert
Mahlzeiten: Frühstück, Mittagessen, Abendessen • **Preise:** £ • **Zimmer:** 3; 2 Doppel-, 1 Zweibettzimmer, alle mit Bad • **Anlage:** Speisezimmer, Bar, Garten • **Kreditkarten:** MC, V • **Kinder:** über 14 Jahre gestattet • **Behinderte:** nicht geeignet • **Tiere:** nicht gestattet • **Geschlossen:** 25. und 26. Dez. • **Eigentümerin:** Diane Maylott

Der Osten

Southwold, Suffolk

The Swan
~ Stadthotel ~

High Street, Southwold, Suffolk IP18 6EG
Tel.: (01502) 72 21 86 **Fax:** (01502) 72 48 00
E-Mail: hotels@adnams.co.uk

Einer der einladendsten Räume im Swan ist der Salon mit seinen holzgeschnitzten Kaminsimsen, den Querbalken, Kronleuchtern aus Muranoglas, den chintzbespannten Sofas und Sesseln und seiner entspannten Atmosphäre. Sonntag morgens, wenn Hotelgäste und andere Besucher Kaffee und Gebäck bestellen und Zeitung lesen, ist der Raum am meisten mit Leben erfüllt; an schönen Tagen fällt die Sonne vom Marktplatz her durch die Fenster. The Swan ist das ideale Hotel für einen längeren Aufenthalt – die Schlafzimmer an der Vorderseite sind am größten, wobei alle, auch die von mittlerer Größe, einladend und hübsch eingerichtet sind. Von vielen der Zimmer sieht man das Meer, den Leuchtturm oder den Marktplatz. Es gibt auch moderne Gartenzimmer, die um einen ehemaligen Bowlingrasen angeordnet sind. Sie haben große Aussichtsfenster, die allerdings nicht nur bewirken, daß Sie einen schönen Blick nach draußen haben, sondern auch, daß alle anderen hineinschauen können.

Die Angestellten arbeiten professionell und sind hilfsbereit; sie sorgen dafür, daß das Hotel seine menschliche Note nicht verliert. Wenn Sie im Schwesterhotel The Crown essen, verrechnen die beiden Häuser das gegenseitig; Sie müssen nur daran denken, an der Rezeption Bescheid zu sagen, bevor Sie hinübergehen.

Umgebung: »Cathedral of the Marshes«; Naturreservate von Dunwich Heath und Minsmere • **Lage:** beim Marktplatz; Parkplatz • **Mahlzeiten:** Frühstück, Mittagessen, Abendessen • **Preise:** ££-£££ • **Zimmer:** 43 Doppelzimmer, 26 im Hauptgebäude und 17 Gartenzimmer, 40 mit Bad oder Dusche; alle Zimmer haben Telefon, Fernseher und Haartrockner • **Anlage:** Aufenthaltsräume, Speisezimmer, Bar, Aufzug, Garten; Krocket • **Kreditkarten:** AE, DC, MC, V • **Kinder:** willkommen • **Behinderte:** Zugang möglich • **Tiere:** nach Absprache in den Gartenzimmern gestattet
Geschlossen: nie • **Geschäftsführer:** Carole Ladd

Der Osten

Stoke by Nayland, Suffolk

Angel Inn
~ Dorfgasthof ~

Stoke by Nayland, Suffolk CO6 4SA
Tel.: (01206) 26 32 45 **Fax:** (01206) 26 33 73

Das Angel Inn ist schon seit dem 16. Jahrhundert im Geschäft. Mit seinen blitzsauberen Schlafzimmern im oberen Stockwerk ist es jedoch eher ein richtiges Gasthaus als ein Pub. Die Bar ist verwinkelt. Eine große Auswahl an Sitzgelegenheiten bietet sich in den vielen miteinander verbundenen Aufenthaltsräumen; zum Beispiel Gruppen von Sofas und Sesseln, die in einer Ecke nahe am Feuer und der Standuhr zusammenstehen. Die Schlafzimmer sind angemessen groß, individuell eingerichtet und ideal für ein oder zwei Übernachtungen auf einer Reise durch Suffolk.

Die Gemeinschaftsräume im unteren Stock haben viel Atmosphäre, es gibt interessante Bilder und eine gedämpfte Beleuchtung. Das Essen ist ausgezeichnet; wann immer es möglich ist, werden Produkte aus der näheren Umgebung verwendet. Hierzu gehören frischer Fisch und Schaltiere von den Häfen und Wild aus den Wäldern der Umgebung. Es gibt Gerichte wie gebackenen Seehecht mit roten Zwiebeln oder kurzgebratene junge Ente mit feinem Blattsalat, Cumberland-Sauce und neuen Kartoffeln. Die Bedienungen sind ungezwungen, freundlich und hilfsbereit. Kinder haben keinen Zutritt zur Bar, und es gibt Regeln, was kleine Kinder im Speisesaal betrifft; Sie sollten dies schon bei Ihrer Buchung besprechen.

Umgebung: Guildhall; Dedham Vale; Flatford Mill; East Bergholt • **Lage:** im Dorfzentrum, an der B1068 zwischen Sudbury und Ipswich; einige Parkplätze auf der nächstgelegenen Straße • **Mahlzeiten:** Frühstück, Mittagessen, Abendessen **Preise:** £ • **Zimmer:** 7; 6 Doppel-, 1 Zweibettzimmer, alle mit Bad; alle Zimmer mit Telefon, Fernseher und Haartrockner • **Anlage:** Aufenthaltsraum, Speisezimmer, Bar, Garten • **Kreditkarten:** AE, DC, MC, V • **Kinder:** gestattet • **Behinderte:** nicht geeignet • **Tiere:** nicht gestattet • **Geschlossen:** 25. und 26. Dez., Neujahrstag **Eigentümer:** Peter Smith, Richard Wright und Mark Johnson

Der Osten

Swaffham, Norfolk

Strattons
~ Hotel auf dem Land ~

Ash Close, Swaffham, Norfolk PE37 7NH
Tel.: (01760) 72 38 45 **Fax:** (01760) 72 04 58

Das Strattons verkörpert alles, worauf wir in diesem Führer Wert legen. Vielleicht, weil Les und Vanessa Scott geborene Gastgeber sind, die gerne ihre Besucher unterhalten. Vielleicht auch wegen ihres künstlerischen Flairs – sie haben sich als Kunststudenten kennengelernt. Oder aber, weil sie eine sehr klare Vorstellung davon hatten, was sie daraus machen wollten, als sie 1990 diese elegante denkmalgeschützte Villa gekauft haben.

Die Schlafzimmer, von denen einige gerade renoviert werden, sind luxuriös. Dicke Polster und Kissen machen sich auf antiken Betten den Platz streitig, Bücher und Zeitschriften füllen die Regale, und die gut abgestimmte Dekoration findet ihre Fortsetzung in den gepflegten Badezimmern, von denen eines an ein Beduinenzelt erinnert. Die beiden wunderschön möblierten Aufenthaltsräume, der Flur mit *Trompe-l'œil*-Effekten und die Wandgemälde, die ein Künstler aus der Umgebung kürzlich geschaffen hat, sind gleichermaßen eindrucksvoll. Trotzdem ist das Strattons ein familiäres Zuhause, und Sie teilen es mit den Katzen und den Kindern der Scotts. Das Essen ist auch etwas Besonderes. Vanessa, die auch Kochbücher verfaßt, gewinnt laufend Preise für ihre Künste. Jeden Tag gibt es frische Eier von eigenen Hühnern, und das täglich wechselnde Menü ist einfallsreich und schön angerichtet. Das Essen wird von Les in dem gemütlichen Restaurant im Untergeschoß serviert. Es herrscht Rauchverbot.

Umgebung: Norwich; Nordküste von Norfolk • **Lage:** ein schmales Sträßchen zwischen den Läden an der Hauptstraße hinunter; großer Parkplatz • **Mahlzeiten:** Frühstück, Mittagessen, Abendessen • **Preise:** ££ • **Zimmer:** 7; 6 Doppelzimmer, 1 Suite, alle mit Bad oder Dusche; alle Zimmer haben Telefon, Fernseher und Haartrockner • **Anlage:** 2 Aufenthaltsräume, Speisezimmer, Bar • **Kreditkarten:** MC, V
Kinder: willkommen • **Behinderte:** Zugang schwierig • **Tiere:** willkommen
Geschlossen: Weihnachten • **Eigentümer:** Vanessa und Les Scott

Der Osten

Woodbridge, Suffolk

Ramsholt Arms
~ Ländlicher Pub mit Zimmern ~

Dock Road, Ramsholt, Woodbridge, Suffolk IP12 3AB
Tel.: (01394) 41 12 29 **Fax:** (01394) 411 81

Das Ramsholt Arms ist eines der wenigen Gebäude, die im Umkreis von vielen Kilometern an der Küste um die Mündung des Deben zu sehen sind. Es liegt am Ende einer langen Straße, die das Suffolk Breckland, eine einsame Heidelandschaft, durchschneidet. Der Pub steht direkt am Wasser, bei Ebbe staken Wattvögel über die silbrig spiegelnde Oberfläche des Schlicks. Das Innere ist mit kunstvoller Schlichtheit eingerichtet. Vor den riesigen Aussichtsfenstern sind braune Segeltuchrollos an hölzernen Vorhangschienen befestigt, und auf den Böden liegt Seegras. Alles ist sehr gepflegt und anziehend, aber dennoch ist dies ein Ort, an dem niemand die Stirn runzelt, wenn Sie in Gummistiefeln oder Segelkleidung auftauchen oder Ihren nassen Hund in die Bar mitbringen.
Jedes Schlafzimmer hat zwar ein eigenes Bad, aber sie schließen nicht direkt an. Bei einigen soll das noch in diesem Jahr anders werden, aber bis dahin verspricht der Besitzer, James Adeane, Unmengen von heißem Wasser zu liefern, um die Gäste für den Gang über den Korridor zu entschädigen.
Das Essen ist wundervoll: glänzende, frische, ungeschälte Garnelen; Orkney-Heringe; Fischfrikadellen; als Hauptgerichte auch mit Pommes frites – genau das richtige nach einer Segeltour, einer Vogelbeobachtung oder Wanderungen am Flußufer.

~

Umgebung: Felixstowe; Orford; Aldeburgh • **Lage:** abseits der B1083, folgen Sie ab Woodbridge den Schildern nach Bawdsey und biegen Sie rechts ab nach Ramsholt Dock; großer Parkplatz • **Mahlzeiten:** Frühstück, Mittagessen, Abendessen
Preise: ££ • **Zimmer:** 4 Doppelzimmer, alle mit Bad; die Zimmer haben Fernseher und Haartrockner auf Anfrage; Ferienhaus für Selbstversorger (8 Personen) kann gemietet werden • **Anlage:** Speisezimmer, Bar, Garten • **Kreditkarten:** AE, MC, V
Kinder: willkommen • **Behinderte:** nicht geeignet • **Tiere:** gestattet • **Geschlossen:** Januar und Februar; Restaurant montags, dienstags • **Eigentümer:** James Adeane

Zentralengland, der Osten, Wales

Weitere Empfehlungen

Holywell, Cambridgeshire
Old Ferry Boat Inn
Holywell, St Ives, Huntingdon, Cambridgeshire PE17 3TG
Tel.: (01480) 46 32 27 ££

Altehrwürdiges Gasthaus am malerischen Ufer des Great Ouse mit Kamin, Eichentäfelung und interessantem Angebot an Gerichten und Bieren.

Lavenham, Suffolk
The Angel
Market Place, Lavenham, Sudbury, Suffolk CO10 9QZ
Tel.: (01787) 24 73 88 **Fax:** (01787) 24 83 44 **E-Mail:** angellav@aol.com ££

Restaurant mit ausgezeichneter Küche, einer gemütlichen Bar und acht schlichten, aber komfortablen Zimmern.

Llanberis, Gwynedd, Wales
Pen-y-Gwryd
Nant Gwynant, Gwynedd, Wales LL55 4NT
Tel.: (01286) 87 02 11 £

Kleine, angenehme alte Poststation im Herzen von Snowdonia – ein bekannte Herberge für Bergsteiger.

Llanddeiniolen, Gwynedd, Wales
Ty'n Rhos
Seion, Llanddeiniolen, bei Caenarfon, Gwynedd, Wales LL55 3AE
Tel.: (01248) 67 04 89 **Fax:** (01248) 67 00 79 **E-Mail:** enquiries@tynrhos.co.uk
Website: www.tynrhos.co.uk ££

Hervorragende Küche (selbst angebautes Gemüse, frisches Fleisch und Fisch aus der Cardigan-Bucht) in einem hübsch eingerichteten traditionellen walisischen Gasthaus.

Norton, Shropshire
Hundred House
Norton, bei Shifnal, Shropshire TF11 9EE
Tel.: (01952) 73 03 53 **Fax:** (01952) 73 03 55
E-Mail: hphundredhouse@compuserve.com £££

Hotel mit ausgefallener Inneneinrichtung, herzlichen Besitzern und grandiosem Kräuter- und Blumengarten.

Shurdington, Gloucestershire
The Greenway
Shurdington, bei Cheltenham, Gloucestershire GL51 5UG
Tel.: (01242) 86 23 52 **Fax:** (01242) 86 27 80
E-Mail: relax@greenway-hotel.demon.co.uk ££££

Hotel in einem kleinen elisabethanischen Landgut unweit von Cheltenham mit schönem Garten, extravaganter Küche und angenehmen Zimmern.

Der Nordwesten

Bassenthwaite Lake, Cumbria

The Pheasant
~ Landgasthof ~

Bassenthwaite Lake, bei Cockermouth, Cumbria CA13 9YE
Tel.: (017687) 762 34 **Fax:** (017687) 760 02

Hinter Bäumen versteckt, nicht weit von der A 66, war das Pheasant ursprünglich eine alte Kutschstation, und in seinem Inneren erinnert vieles daran, besonders in der kleinen Bar aus Eichenholz, die voll dunkler Ecken und Winkel ist – ein greifbares Stück Geschichte, das sich seit seinen frühesten Zeiten wenig verändert hat. Das Gebäude hat eine langgestreckte, niedrige, scheunenähnliche Konstruktion, die außergewöhnlich gut erhalten blieb. Nach hinten hinaus gibt es einen kleinen, aber gut gepflegten Garten sowie einen Grundbesitz, der sich über 24 Hektar erstreckt.

Einer der Hauptanziehungspunkte des Pheasant ist sein großzügiger Aufenthaltsbereich. An der Vorderseite gibt es zwei Wohnräume für die Gäste, beide mit niedrigen Decken und schmalen Fenstern. Ein dritter Aufenthaltsraum, wo Sessel vor einem offenen Kamin stehen, genießt den Vorzug einer Durchreiche zur Bar. Zu Beginn des Jahrs 2000 hat die neue Geschäftsführung ein großes Verschönerungsprogramm in Angriff genommen, wobei die 20 alten Schlafzimmer in 16 größere, hellere und modernere Räume umgebaut werden sollen.

Auch das Speisezimmer wurde umgestellt, um das Beste aus seinem etwas ungemütlichen Schnitt herauszuholen. Das Personal zeichnet sich nach wie vor durch besondere Freundlichkeit aus.

Umgebung: Bassenthwaite Lake; Keswick • **Lage:** 8 km östlich von Cockermouth, nahe der A 66; großer Parkplatz • **Mahlzeiten:** Frühstück, Mittagessen, Abendessen, kleine Snacks in der Bar • **Preise:** ££ • **Zimmer:** 16 Doppel- und Zweibettzimmer mit Bad; alle Zimmer haben Haartrockner; in manchen Zimmern Telefon; Fernseher auf Anfrage • **Anlage:** Aufenthaltsräume, Speisezimmer, Bar, Garten • **Kreditkarten:** MC, V • **Kinder:** willkommen, aber nicht in der Bar • **Behinderte:** Zugang möglich zu den öffentlichen Räumen und 1 Zimmer im angebauten Bungalow • **Tiere:** nur in den öffentlichen Räumen gestattet • **Geschlossen:** 25. Dez. • **Geschäftsführer:** Matthew Wylie

DER NORDWESTEN

BLAWITH, CUMBRIA

Appletree Holme
∽ Gästehaus auf dem Bauernhof ∽

Blawith, bei Ulverston, Cumbria LA12 8EL
Tel.: (01229) 88 56 18

Die Carlsens kamen 1979 hierher, nachdem sie viele Jahre ein viel größeres und prächtigeres Hotel am Ullswater betrieben hatten. Sie wollten, wie Roy sagt, »sich wieder um die Leute kümmern können«. Das Bauernhaus liegt auf einem herrlichen und völlig abgeschiedenen Gelände am Rande des Lake Districts; ringsum sind nur felsige Hügel zu sehen. Das niedrige Steinhaus wurde liebevoll restauriert und mit antiken Möbeln ansprechend eingerichtet. Es gibt unzählige Bilder und Bücher; offene Feuer in den Steinkaminen dienen als Ergänzung zur Zentralheizung. Zwei von den gleichermaßen einladenden Badezimmern bieten den ungewöhnlichen Luxus eines riesigen Whirlpools.
Roy hält viel davon, sein Speisenangebot auf den Geschmack seiner Gäste und auf das saisonale Angebot an Produkten aus der Gegend abzustimmen – Gemüse stammt aus dem eigenen Garten, Fleisch, Geflügel und Molkereiprodukte von benachbarten Farmen. Leider ist Pooch, der Schäferhund, nicht mehr da, um Ihnen Gesellschaft zu leisten; Sie können aber – um den Appetit anzuregen – seinem Lieblingsweg über die kahlen Felsenhügel nach Beacon Tarn folgen (eine Wanderkarte wird gestellt).
Im Interesse ihrer Gäste sind die Carlsens zu zufällig vorbeikommenden Reisenden abweisend. Sie sollten sich also vorher anmelden, wenn Sie sich einmal hier umsehen wollen.

∽

Umgebung: Rusland Hall; Coniston Water; Lake Windermere • **Lage:** 10 km südlich von Coniston abseits der A 5084, in freier Landschaft; großer Parkplatz
Mahlzeiten: Frühstück, Picknick auf Anfrage, Abendessen • **Preise:** ££ • **Zimmer:** 3 Doppelzimmer mit Bad; alle Zimmer haben Telefon und Fernseher • **Anlage:** 2 Aufenthaltsräume, Speisezimmer, Garten • **Kreditkarten:** AE, MC, V • **Kinder:** nicht geeignet • **Behinderte:** Zugang schwierig • **Tiere:** nicht gestattet
Geschlossen: nie • **Eigentümer:** Roy und Shirley Carlsen

Der Nordwesten

Borrowdale, Cumbria

The Leathes Head
~ Hotel auf dem Land ~

Borrowdale, Keswick, Cumbria CA12 5UY
Tel.: (017687) 772 47 **Fax:** (017687) 773 63
E-Mail: eng@leatheshead.co.uk **Website:** www.leatheshead.co.uk

Roy und Janice Smith haben vor kurzem das Leathes Head im schönen Tal von Borrowdale übernommen. Es wurde ursprünglich für einen Liverpooler Reeder erbaut. Das edwardianische Haus aus Steinen des Lakeland liegt versteckt auf eigenem bewaldetem Grund in der Nähe von Derwent Water. Manches von der ursprünglichen Ausstattung ist noch erhalten, z.B. die Stuckarbeiten, das bunte Fensterglas und die holzgetäfelte Hallendecke. Es ist zwanglos genug, um Wanderer und Kletterer anzuziehen, die Jahr für Jahr wiederkehren. Kinder aller Altersstufen sind willkommen (das Hotel verfügt über die notwendigen Kinderbettchen und Hochstühle), und es gibt für sie ein frühes Abendessen, damit ihre Eltern die Chance haben, selbst in Ruhe zu dinieren. Alle Zimmer sind bequem eingerichtet (das größte befindet sich an der Vorderseite), und meist paßt auch noch ein Beistellbett hinein.

Der über einen Hektar große Besitz bietet Rasenflächen, die weit und eben genug sind, um darauf Boule oder Krocket zu spielen – und ebene Flächen sind äußerst rar in dieser Gegend. Eine echte Herausforderung stellen natürlich die felsigen Hügel dar, die gleich hinterm Tor beginnen. Auch hier erweist sich das Hotel mit seiner großen Sammlung von Wanderführern als nützlich.

Umgebung: Derwent Water; Buttermere; Castlerigg Stone Circle • **Lage:** 5,5 km südlich von Keswick, abseits der B 5289 nach Borrowdale; in einem Garten mit großem Parkplatz • **Mahlzeiten:** Frühstück, Abendessen; an Wochenenden nur Halbpension • **Preise:** ££ • **Zimmer:** 11 Doppel- und Zweibettzimmer, 6 mit Bad, 5 mit Dusche; alle Zimmer haben Telefon, Fernseher und Haartrockner • **Anlage:** 3 Aufenthalsräume, Speisezimmer, Bar, Garten; Krocket, Boule • **Kreditkarten:** MC, V • **Kinder:** gestattet • **Behinderte:** 2 Erdgeschoßräume • **Tiere:** gestattet **Geschlossen:** nie • **Eigentümer:** Roy und Janice Smith

Der Nordwesten

Bowness-on-Windermere, Cumbria

Lindeth Fell
Hotel im Landhausstil

Bowness-on-Windermere, Cumbria LA23 3JP
Tel.: (015394) 432 86 **Fax:** (015394) 474 55
E-Mail: kennedy@lindethfell.co.uk **Website:** www.lindethfell.co.uk

Der Aufenthalt in Lindeth Fell ist wie der Besuch bei einem alten, wohlhabenden Freund, dem es Vergnügen bereitet dafür zu sorgen, daß sich seine Gäste so wohl wie möglich fühlen, der Freude am Essen hat und eine unvernünftige Vorliebe für guten Pudding hegt, der einen wohlsortierten Weinkeller sein eigen nennt – und der zu Recht stolz ist auf den Blick, den man von seinem Haus aus genießen kann. Auf das Hotel von Pat und Diana Kennedy trifft alles dies zu, und ihre Einstellung sowie die warme, herzliche Aufnahme werden von einer entsprechend treuen Anhängerschaft belohnt.
Lindeth Fell liegt zwischen alten Bäumen in einem großen Park, in dem im Frühling die Azaleen und Rhododendren leuchten. Seine holzgetäfelte Eingangshalle führt zu zwei komfortablen, attraktiven Aufenthaltsräumen und einem Restaurant, dessen große Fenster eine phantastische Aussicht eröffnen. Wenn das Wetter es erlaubt, kann man seinen Drink oder Tee auf der Terrasse einnehmen, bei solchen Temperaturen könnte man aber auch ein Tennis- oder Krocketspiel wagen. Im oberen Stockwerk unterscheiden sich die Räume in der Größe und der Aussicht. Die Preise tragen dieser Tatsache Rechnung, wobei als allgemeine Regel gilt: Je weiter Sie im Haus nach oben steigen, desto kleiner werden die Räume, aber desto besser der Rundblick. Alle Zimmer sind behaglich möbliert und angenehm gestaltet.

Umgebung: Windermere Steamboat Museum; Lake Windermere • **Lage:** 1,5 km südlich von Bowness, abseits der A 5074; großer Parkplatz • **Mahlzeiten:** Frühstück, Mittagessen, Abendessen • **Preise:** ££ • **Zimmer:** 14; 12 Doppel- und Zweibettzimmer, 2 Einzelzimmer, 12 mit Bad, 2 mit Dusche; alle Zimmer mit Telefon, Fernseher und Haartrockner • **Anlage:** Aufenthaltsräume, Speisezimmer, Bar, Garten; Krocket, Tennis • **Kreditkarten:** MC, V • **Kinder:** gestattet • **Behinderte:** Zugang möglich zu Schlafzimmer im Erdgeschoß • **Tiere:** nicht gestattet
Geschlossen: Januar bis Anfang Februar • **Eigentümer:** Pat und Diana Kennedy

Der Nordwesten

Bowness-on-Windermere, Cumbria

Linthwaite House
~ Hotel im Landhausstil ~

Crook-Road, Bowness-on-Windermere, Cumbria LA23 3JA
Tel.: (015394) 886 00 **Fax:** (015394) 886 01
E-Mail: admin@linthwaite.com **Website:** www.linthwaite.com

Man könnte Mike Bevans nachsagen, ihm habe die Aussicht so sehr gefallen, daß er den besten Platz gekauft hat, von dem aus er sie genießen kann. Zu unser aller Glück haben er und seine Frau in diesem edwardianischen Landhaus außerdem ein sehr professionell geführtes Hotel mit einzigartiger Atmosphäre eingerichtet. Die Empfangsräume stehen voller Palmen und Korbmöbel, und neben alten Kuriositäten finden sich auch Antiquitäten. Weitgereiste Überseekoffer und orientalische Vasen helfen, die vergangenen Zeiten des alten Empire wachzurufen. Dem Personal hier gelingt es, gleichzeitig zuverlässig und liebenswürdig zu sein: Man läßt Sie spüren, daß Sie in den Ferien sind und nicht bei einer öffentlichen Veranstaltung. Ob Sie im Speisezimmer essen, das prachtvoll ausgemalt wurde, oder in dem neuen Mirror Room, die Mahlzeiten kommen aus der Küche von Ian Bravey – ausgeklügelte und sehr schön präsentierte Gerichte.

Einige der Schlafzimmer (die besten mit Blick auf Lake Windermere) befinden sich in einem modernen Anbau, wobei es ziemliche Unterschiede in der Größe gibt. Aber sie alle haben Atmosphäre, die Möblierung und Dekoration sind gut durchdacht, und sie besitzen Badezimmer, die nicht nur streng auf Nützlichkeit ausgerichtet, sondern hübsch sind. Hinter der Terrasse liegen über 5 Hektar mit Rasenflächen, Sträuchern, Wäldchen und einem kleinen See.

Umgebung: Windermere Steamboat Museum; Lake Windermere • **Lage:** 1,5 km südlich von Bowness abseits der A 5074 • **Mahlzeiten:** Frühstück, Mittagessen, Abendessen • **Preise:** ££ • **Zimmer:** 26 Doppel- und Zweibettzimmer mit Bad; alle Zimmer haben Telefon, Fernseher und Haartrockner; manche haben Fax/Modem-Anschluß • **Anlage:** Aufenthaltsräume, Wintergarten, Speisezimmer, Bar, Terrasse, Garten • **Kreditkarten:** AE, MC, V • **Kinder:** gestattet • **Behinderte:** 1 besonders ausgerüsteter Raum • **Tiere:** nicht gestattet • **Geschlossen:** nie • **Eigentümer:** Mike Bevans

DER NORDWESTEN

BRAMPTON, CUMBRIA

Farlam Hall
~ Hotel im Landhausstil ~

Brampton, Cumbria CA8 2NG
Tel.: (016977) 462 34 **Fax:** (016977) 466 83
E-Mail: farlamhall@dial.pipex.com **Website:** www.farlamhall.co.uk

»Ganz außergewöhnlich«, lautet der Kommentar unseres Mitarbeiters, »in jeder Hinsicht perfekt«. Seit jetzt schon über 20 Jahren haben die Familien Quinion und Stevenson ihr solides, dabei elegantes Landhaus gewissenhaft verschönert. Es hat seinen Ursprung im elisabethanischen Zeitalter, aber was man heute sehen kann, ist im wesentlichen ein großes viktorianisches Wohnhaus, das für eine vielköpfige Familie und ihre häufigen Gesellschaften ausgebaut wurde. So ist es kein Zufall, daß daraus solch ein vorzügliches Hotel hervorgegangen ist.

»Ein absolut herrliches, sehr großes Landhaus, das auf einem phantastischen Gelände liegt«, fährt unser Berichterstatter fort. »Das ganze Haus ist geschmackvoll möbliert, es gibt sehr hübsche Einzelstücke. Alle Schlafzimmer sind luxuriös. Das Speisezimmer und die Aufenthaltsräume wirken dezent, und es herrscht eine Atmosphäre von traditionellem englischem Service und Komfort. Die Gastgeberfamilie sorgt für eine herzliche Aufnahme.«

Die Küche von Barry Quinion reicht von schlichter Hausmannskost bis zu leicht Extravagantem, außerdem gibt es eine bemerkenswerte Käseauswahl.

Farlam Hall liegt ideal für die Erkundung der Seen, Täler und der Küste von Northumberland.

Umgebung: Naworth Castle; Hadrian's Wall • **Lage:** 5 km südöstlich von Brampton an der A 689, nordöstlich von (nicht in) Farlam; großer Parkplatz • **Mahlzeiten:** Frühstück, Abendessen; leichtes Mittagessen auf Anfrage • **Preise:** ££££ • **Zimmer:** 12 Doppelzimmer mit Bad; alle Zimmer haben Telefon, Fernseher und Haartrockner
Anlage: 2 Aufenthaltsräume, Speisezimmer, Garten; Krocket • **Kreditkarten:** MC, V
Kinder: über 5 Jahre gestattet • **Behinderte:** 2 Schlafzimmer im Erdgeschoß
Tiere: in manchen Zimmern willkommen • **Geschlossen:** Weihnachtswoche
Eigentümer: Familien Quinion und Stevenson

Der Nordwesten

Carlisle, Cumbria

Number Thirty One
~ Gästehaus in der Stadt ~

31 Howard Place, Carlisle, Cumbria CA1 1HR
Tel. und Fax: (01228) 59 70 80 **E-Mail:** bestpep@aol.com
Website: www.smoothhound.co.uk/hotels/31.html

Seit die erfahrenen Hoteliers Philip und Judith Parker Mitte der 1990er Jahre ihr viktorianisches Stadthaus eröffneten, haben sie schon mehrere hoch angesehene Auszeichnungen gewonnen, darunter 1999 die vom English Tourism Council für das beste »Bed&Breakfast« Englands. Tatsächlich ist das Number Thirty One mehr als ein B&B, und die erlesenen Abendessen von Philip (er kreiert jeden Abend ein festes 3-Gänge-Menü ohne Auswahl) könnten einer der Gründe für die sofortige Beliebtheit des Hauses sein. Das Essen basiert darauf, was an diesem Tag besonders frisch und gut ist, und es wird besonderer Wert darauf gelegt, so viel als möglich selbst zu machen.

Es gibt nur drei Schlafzimmer, die alle mit Gespür und Geschmack eingerichtet wurden. Das blaue ist mit einem begehbaren Schrank das geräumigste; im gelben gibt es ein Bett mit Baldachin und ein mediterran wirkendes Badezimmer; das grüne ist am kleinsten, dafür aber besonders wirkungsvoll in orientalischem Stil gehalten. Der Aufenthaltsraum im unteren Stockwerk ist auf liebenswerte Weise mit Gegenständen und Erinnerungsstücken überladen, die ihm das passende viktorianische Flair verleihen. Es gibt einen hübschen Patio-Garten. Mit dem Number Thirty One ist den Parkers etwas wirklich seltenes gelungen – die einnehmende Kombination von Gastfreundlichkeit und praktischem Professionalismus. Das ganze Gästehaus ist Nichtraucherbereich.

Umgebung: Cathedral; Castle; Tullie House; Hadrian's Wall • **Lage:** im Stadtzentrum; kostenloses Parken auf der Straße für Gäste • **Mahlzeiten:** Frühstück, Abendessen • **Preise:** ££ • **Zimmer:** 3 Doppel- und Zweibettzimmer mit Bad; alle Zimmer haben Fernseher und Haartrockner • **Anlage:** Aufenthaltsraum, Speisezimmer, Patio-Garten • **Kreditkarten:** AE, MC, V • **Kinder:** über 16 Jahre gestattet **Behinderte:** nicht geeignet • **Tiere:** nicht gestattet • **Geschlossen:** Dezember bis März • **Eigentümer:** Philip und Judith Parker

Der Nordwesten

Crosthwaite, Cumbria

Crosthwaite House
~ Ländliches Gästehaus ~

Crothwaite, bei Kendal, Cumbria LA8 8BP
Tel. und **Fax:** (015395) 682 64
E-Mail: crosthwaite.house@kencomp.net

Im Frühling ist das Lyth Valley ganz weiß von den Blüten der Damaszenerpflaumenbäume. Es ist eine liebliche Landschaft, in der einen nur die fernen Felshügel daran erinnern, wo man sich befindet. Crosthwaite House ist ein anziehendes georgianisches Gebäude mit klassischen Proportionen und vornehmen, hohen Räumen. Robin und Marnie Dawson heißen die immer gelassenen Besitzer, die ihre Gäste mit großer Herzlichkeit bei sich aufnehmen. Im gemütlichen Aufenthaltsraum gibt es einen offenen Kamin, daneben eine vielfältige Auswahl an Büchern und Spielen. Man hat das Gefühl, daß man hier nicht zum Sonderling erklärt würde, wenn man nach einer langen Wanderung und einer heißen Dusche vor dem Fernseher einschlafen würde, bis es Zeit zum Essen ist.

Morgens gibt es ein gutes, herzhaftes Frühstück immer im Speisezimmer mit seinem Holzboden, aber die Abendmahlzeiten werden flexibel gehandhabt: Sollte es nicht genügend Interessenten geben, kann es vorkommen, daß man Ihnen einen kleinen Spaziergang zum Punch Bowl Inn ans Herz legt, um dort zu Abend zu essen. Glücklicherweise spielt es eigentlich keine Rolle, wo Sie essen – Sie werden in jedem Fall eine ausgezeichnete Mahlzeit erhalten. Es gibt sechs hell und schlicht eingerichtete Schlafzimmer, jedes mit seinem eigenen Duschraum (obwohl manche ganz schön eng sind). Im hinteren Teil des Hauses wurden seitliche Fenster eingebaut, damit man den gleichen Ausblick genießen kann wie an der Vorderseite.

Umgebung: Lake Windermere; Hill Top; Sizergh Castle • **Lage:** auf dem Land, nahe der A 5074, 8 km westlich von Kendal; großer Parkplatz • **Mahlzeiten:** Frühstück, Abendessen • **Preise:** £ • **Zimmer:** 6; 5 Doppel- und Zweibettzimmer, 1 Einzelzimmer, alle mit Dusche; alle Zimmer haben Fernseher • **Anlage:** Aufenthaltsraum, Speisezimmer, Garten • **Kreditkarten:** keine • **Kinder:** willkommen • **Behinderte:** Zugang schwierig • **Tiere:** gestattet • **Geschlossen:** Ende November bis Februar
Eigentümer: Robin und Marnie Dawson

DER NORDWESTEN

GRASMERE, CUMBRIA

White Moss House
~ Hotel im Landhausstil ~

Rydal Water, Grasmere, Cumbria LA22 9SE
Tel.: (015394) 352 95 **Fax:** (015394) 355 16
E-Mail: dixon@whitemoss.com **Website:** www.whitemoss.com

Wordsworth, aus den grauen Steinen des Lakeland gebaut und heute ganz von Kletterpflanzen überwuchert, liegt in einem hübschen Garten voller Rosen oberhalb der Straße von Grasmere nach Ambleside. Das kleine Hotel von Sue und Peter Dixon genießt im Verhältnis zu seiner Größe ein beachtliches, jedoch wohlverdientes Ansehen wegen der Qualität des Essens und des Umfangs des Weinkellers. Es gibt einen festen Zeitrahmen für die ausgezeichneten Fünf-Gänge-Menüs am Abend (ohne Wahlmöglichkeit, bis Sie beim Nachtisch angekommen sind), die in dem gemütlichen Speisezimmer serviert werden und immer mit einer Auswahl der besten britischen Käsesorten enden. Es ist kaum eine Überraschung, daß auch das Frühstück ein wahres Meisterwerk darstellt. Deshalb ist es von Vorteil, daß gleich vor der Haustür Wanderwege beginnen, die für jedes Alter geeignet sind.

Das ganze Haus scheint einem Losungswort verpflichtet zu sein: Komfort. Keines der hübschen Schlafzimmer ist besonders groß, aber alle lassen durch zahllose Kleinigkeiten, von den frischen Blumen bis zum Badesalz, eine persönliche Note spüren. Wenn man die beiden größten Schlafzimmer zusammennimmt, hat man ein Wohnzimmer exklusiv für sich. Zwei weitere Schlafräume befinden sich in einem Cottage etwas weiter den Berg hinauf, von wo aus man die beste Aussicht genießt.

Umgebung: Rydal Mount; Dove Cottage • **Lage:** 1,5 km südlich von Grasmere an der A 591; großer Parkplatz • **Mahlzeiten:** Frühstück, Abendessen (Halbpension obligatorisch außer sonntags) • **Preise:** £££ • **Zimmer:** 9; 7 Doppelzimmer, 6 mit Bad, 1 mit Dusche; Cottage-Suite mit 2 Schlafräumen; alle Zimmer haben Telefon, Fernseher und Haartrockner • **Anlage:** Aufenthaltsraum, Speisezimmer, Bar, Garten; Angeln • **Kreditkarten:** AE, MC, V • **Kinder:** ältere Kinder willkommen • **Behinderte:** Zugang schwierig • **Tiere:** nur in der Cottage-Suite gestattet • **Geschlossen:** Dezember bis Februar • **Eigentümer:** Sue und Peter Dixon

DER NORDWESTEN

GREAT LANGDALE, CUMBRIA

Old Dungeon Ghyll
~ Hotel auf dem Land ~

Great Langdale, Ambleside, Cumbria LA22 9JY
Tel. und **Fax:** (015394) 372 72

Langdale ist ein herrliches Tal in der Mitte des Lake District, das von den Langdale Pikes beherrscht wird. Wanderer und Bergsteiger strömen in Massen hierher, um einige der höchsten Berge Englands zu erwandern und zu erklettern (einschließlich der Scafell Range). Im Jahr 1885 leitete noch der bekannte Bergführer John Bennett das Old Dungeon Ghyll Hotel, damals unter dem Namen Middlefell. In den ersten Jahren des 20. Jahrhunderts kaufte es der Historiker G. M. Trevelyan und vermachte es dem National Trust. Das Hotel war praktisch die inoffizielle Hochburg aller britischen Klettervereine, weshalb sich sein Gästebuch wie eine Aufzählung der führenden britischen Bergsteiger las.

Neil und Jane Walmsley sind seit 1983 seine Besitzer und haben seitdem das beliebte Familienhotel ständig verschönert und ausgebaut, wobei sie soviel wie möglich von der alten Ausstattung erhalten haben. Die Bergsteiger waren ein ziemlich unkritischer Haufen, schließlich bedeutet für sie jede Art von Dach über dem Kopf schon Luxus. Aber heute gibt es einen behaglichen Aufenthaltsraum mit einem offenen Kamin für die Übernachtungsgäste, eine gut beheizte, lebhafte Bar, die allen offen steht, und ein gemütliches Speisezimmer, in dem gesundheitsbewußte, unkomplizierte Speisen angeboten werden. Es gibt weniger Badezimmer als Schlafräume, allerdings haben vier Zimmer ihre eigene Dusche.

Umgebung: Lake Windermere; Grasmere; Kendal • **Lage:** 11 km nordwestlich von Ambleside abseits der B 5343; in ländlicher Umgebung, mit beschränkten Parkmöglichkeiten • **Mahlzeiten:** Frühstück, Lunchpakete, Abendessen, kleine Gerichte in der Bar • **Preise:** ££ • **Zimmer:** 17; 14 Doppel- Zweibett- und Familienzimmer, 4 mit Dusche, 3 Einzelzimmer • **Anlage:** Aufenthaltsraum, Speisezimmer, 2 Bars, Garten • **Kreditkarten:** AE, MC, V • **Kinder:** willkommen • **Behinderte:** Zugang schwierig • **Tiere:** willkommen • **Geschlossen:** 24.–26. Dezember • **Eigentümer:** Neil und Jane Walmsley

DER NORDWESTEN

NAHE SAWREY, CUMBRIA

TIP DES HERAUSGEBERS

Ees Wyke
~ Hotel im Landhausstil ~

bei Sawrey, Ambleside, Cumbria LA22 0JZ
Tel. und **Fax:** (015394) 363 93

Esthwaite Water, westlich von Windermere, war stets in privater Hand, so daß der Fortschritt, der an vielen der anderen Seen verheerende Auswirkungen hatte, spurlos vorüberging. Ees Wyke, ein Juwel von einer georgianischen Villa, liegt oberhalb von parkähnlichen Wiesen, die sich sanft bis hinab zum schilfbedeckten Uferstreifen ausbreiten und auf denen Bäume und Schafe wie kleine Punkte wirken. Neben dieser unvergleichlichen Aussicht haben Margaret und John Williams auch das Geheimnis entdeckt, wie man es bewerkstelligt, daß sich Gäste sofort wie zu Hause fühlen. Das Haus wird sehr gut geführt; alles ist genau, wie es sein sollte, bis hin zu einem unerschöpflichen Angebot an Büchern und Spielen für die unfreundlicheren Tage. Im Speisezimmer gibt es schöne große Fenster, um mit der Aussicht anzugeben, Windsor-Stühle und strahlend weiße Tischtücher. Das Abendessen, für das John verantwortlich ist, besteht aus fünf reichhaltigen Gängen, die in angemessenem Abstand serviert werden, und das Preis/Leistungsverhältnis der Weinkarte tendiert eindeutig zu Ihren Gunsten. Die Schlafzimmer sind hübsch und großzügig geschnitten – die meisten haben ein kleines, aber gut ausgestattetes Badezimmer – und sie sind bequem genug, daß Sie Ihre Kräfte für den Ansturm auf das wirklich gigantische Frühstück sammeln können.

Umgebung: Hill Top; Lake Windermere; Grasmere • **Lage:** inmitten der Ortschaft, an der B5285, 3 km südöstlich von Hawkshead; Parkplatz • **Mahlzeiten:** Frühstück, Abendessen • **Preise:** ££ • **Zimmer:** 8 Doppel- und Zweibettzimmer, 3 mit Bad, 5 mit Dusche; alle Zimmer haben Fernseher und Haartrockner • **Anlage:** 2 Aufenthaltsräume, Speisezimmer, Garten • **Kreditkarten:** AE • **Kinder:** über 8 Jahre gestattet • **Behinderte:** 1 Zimmer im Erdgeschoß • **Tiere:** auf den Zimmern gestattet **Geschlossen:** Januar bis Februar • **Eigentümer:** John und Margaret Williams

Der Nordwesten

Kirkby Lonsdale, Cumbria

Tip des Herausgebers

Hipping Hall
Hotel auf dem Land

Cowan Bridge, Kirkby Lonsdale, Cumbria LA6 2JJ
Tel.: (015242) 711 87 **Fax:** (015242) 724 52
E-Mail: hippinghall@aol.com **Website:** www.dedicate.co.uk/hipping-hall

Bei unserer letzten Inspektion waren wir sehr beeindruckt von Hipping Hall – noch dazu sind die Preise wirklich zivil. Während der Druckvorbereitung hörten wir von einem Besitzerwechsel, so daß wir gerne herausbekommen würden, ob die Skeltons den von Ian und Jos Bryant geprägten entspannten Stil übernommen haben. Die Bryants hatten viel Erfahrung und wußten genau, was sie wollten. Sie brachten in ihrem Haus die Gäste wie Teilnehmer an einer Festgesellschaft zusammen. Die Drinks holte sich jeder selbst von der Anrichte, und das Abendessen wurde an einer gemeinsamen Tafel unterhalb der Empore der eindrucksvollen Great Hall eingenommen. Für das exzellente fünfgängige Festessen, das Jo jeden Tag anbot, wurden vor allem Zutaten aus dem eigenen Garten und Produkte aus der Gegend verwendet.
Teile der Halle stammen aus dem 15. Jahrhundert, als sich um die »hipping« oder »stepping stones«, also die Hüpf- oder Trittsteine über den Bach, ein kleines Dorf entwickelte. Nach einem anstrengenden Tag in den felsigen Hügeln können Sie sich am hinteren Ende der Great Hall in eines der Sofas vor dem Holzofen fallen lassen. Die Schlafzimmer (Rauchverbot!) sind geräumig, behaglich und mit Stilmöbeln ausgestattet. Wir bitten um weitere Berichte!

Umgebung: Yorkshire Dales; Lake District; Eisenbahnstrecke von Settle nach Carlisle **Lage:** an der A 65, 4 km südöstlich von Kirkby Lonsdale; in einem 1 Hektar großen ummauerten Garten mit großem Parkplatz • **Mahlzeiten:** Frühstück, Abendessen **Preise:** ££ • **Zimmer:** 7; 5 Doppelzimmer, 4 mit Bad, 1 mit Dusche; 2 Suiten mit Bad; alle Zimmer haben Telefon, Fernseher und Haartrockner • **Anlage:** Aufenthaltsraum, Speisezimmer, Frühstückszimmer, Wintergarten mit Bar, Garten; Krocket, Boule • **Kreditkarten:** AE, MC, V • **Kinder:** über 12 Jahre willkommen • **Behinderte:** nicht geeignet • **Tiere:** nach Vereinbarung auf den Zimmern gestattet • **Geschlossen:** November bis Mitte März, außer für Privatgruppen am Wochenende • **Eigentümer:** Mr. und Mrs. Skelton

DER NORDWESTEN

Low Lorton, Cumbria

Winder Hall
~ Gästehaus auf dem Land ~

Low Lorton, bei Cockermouth, Cumbria CA13 9UP
Tel. und Fax: 01900-851 07 **E-Mail:** winderhall@lowlorton.freeserve.co.uk
Website: www.winderhall.freeserve.co.uk

Wenn Sie von Keswick die schöne Straße über den Whinlatter Pass nehmen, nähern Sie sich Lorton durch die hübscheste Landschaft, die Sie sich nur träumen können. Winder Hall ist ein denkmalgeschütztes Herrenhaus der Tudorzeit, es wurde im 17. Jahrhundert mit einer beeindruckenden Fassade herausgeputzt und erst vor kurzem von Mary und Derek Denman renoviert. Kein Detail der sorgsam genauen Restaurierung oder der Einrichtung des Hauses, das nicht mit seinem historischen Charakter harmonierte. Vor allen Dingen bietet das Gebäude enorm viel Platz, um sich darin zu bewegen – ein wahrer Luxus! Bei schlechtem Wetter wird der Nachmittagstee in dem in Rosa- und Cremetönen gehaltenen Salon serviert, wenn es warm genug ist, im Freien. Im Salon befindet sich auch die Bar mit Selbstbedienung. Die ursprüngliche Halle wurde zum holzgetäfelten Speisezimmer, in dem man das viergängige Tagesmenü einnehmen kann (die Weinkarte ist zwar klein, aber umfassend genug, und das wirklich nicht zu Wucherpreisen).

Die sechs Schlafzimmer, von denen einige groß und die übrigen riesig sind, wurden akribisch möbliert und dekoriert, zwei von ihnen mit Himmelbetten. Nur in einem gibt es einen großen Kamin, aber in jedem werden Sie mit frischen Blumen und selbstgemachten Pralinen empfangen. Am unteren Ende des Gartens fließt der River Cocker vorbei. Sie können ihm mit den Augen bis zu den sanften Steinbogen der Lorton Bridge folgen.

Umgebung: Derwent Water; Keswick; Loweswater • **Lage:** 5 km südlich von Cockermouth, abseits der B 5289; Parkplatz • **Mahlzeiten:** Frühstück, Abendessen
Preise: ££ • **Zimmer:** 6; 5 Doppel-, 1 Zweibettzimmer, 3 mit Bad, 3 mit Dusche; alle Zimmer haben Fernseher und Haartrockner • **Anlage:** Aufenthaltsraum, Speisezimmer, Garten • **Kreditkarten:** MC, V • **Kinder:** über 8 Jahre gestattet
Behinderte: nicht geeignet • **Tiere:** nicht gestattet • **Geschlossen:** Weihnachten
Eigentümer: Mary und Derek Denman

DER NORDWESTEN

MUNGRISDALE, CUMBRIA

The Mill
~ Hotel auf dem Land ~

Mungrisdale, Penrith, Cumbria CA11 0XR
Tel.: (017687) 796 59

Hinter dem früheren Mühlenhäuschen unterhalb von Skiddaw aus dem 17. Jahrhundert fließt noch immer Wasser über das Mühlgerinne. Es liegt in herrlich freier, unverbauter Landschaft. Das Hotel ist eher klein, wie Mungrisdale selbst, das man in drei Minuten durchqueren kann, hat sich aber dennoch durch die herzliche Aufnahme der Gäste, das gute Essen und das durch und durch professionelle Management große Anerkennung verschaffen können. In der Hochsaison stößt es an die Grenzen seiner Kapazität, aber es gibt einen treuen Stamm von Gästen, die jedes Jahr wieder hierherkommen. Im behaglichen Speisezimmer, wo Fremde tatsächlich miteinander ins Gespräch kommen, wird morgens das erstklassige Frühstück und abends das ausgezeichnete Fünf-Gänge-Menü von Eleanor Quinlan aufgefahren. Wie sie es auch noch schafft, das Brot selbst zu backen, bleibt eines ihrer Geheimnisse.

Die Wände sind inzwischen fast ganz von Ölgemälden und Aquarellen erobert, der Beute aus 30 Jahre währender Sammelwut der Quinlans. Manche Schlafzimmer sind etwas klein; wenn Sie mehr Platz benötigen, sollten Sie die zwei Zimmer in der malerischen alten Mühle wählen, die sich einen großen Aufenthaltsraum teilen. »Besonders beliebt bei Bridgespielern«, sagt John Quinlan hierzu. In der Umgebung locken Wanderwege für jedes Alter und jede Kondition. Verwechseln Sie dieses Hotel bitte nicht mit dem benachbarten Mill Inn!

Umgebung: Derwent Water; Ullswater; Hadrian's Wall • **Lage:** 15 km westlich von Penrith, nahe der A 66, im Dorf; Parkplatz für 15 Autos • **Mahlzeiten:** Frühstück, Abendessen • **Preise:** ££ • **Zimmer:** 7 Doppel- und Zweibettzimmer mit Bad; alle Zimmer haben Fernseher • **Anlage:** Aufenthaltsraum, Fernsehzimmer, Spielezimmer, Speisezimmer, Garten • **Kreditkarten:** keine • **Kinder:** willkommen • **Behinderte:** Zugang schwierig • **Tiere:** nach Vereinbarung auf den Zimmern gestattet
Geschlossen: November bis März • **Eigentümer:** Richard und Eleanor Quinlan

Der Nordwesten

Newlands, Cumbria

Tip des Herausgebers

Swinside Lodge
Hotel auf dem Land

Grange Road, Newlands, Keswick, Cumbria CA12 5UE
Tel. und **Fax:** (017687) 729 48

Das hübsche viktorianische Lakeland-Haus liegt in einer Bilderbuchlandschaft am Derwent Water. Man erhält hier keinen Wein und muß essen, was einem vorgesetzt wird (jedenfalls bis zum Nachtisch). Warum drängen sich also so viele darum, hier Urlaub zu machen? Die Antwort darauf wird Ihnen sofort klar, wenn Sie einmal hier waren: Wenn Sie Wein trinken möchten, können Sie gern Ihren eigenen mitbringen (da Graham Taylor nicht einmal das Entkorken berechnet, kommen Sie sicher günstiger weg als irgendwo sonst), und das ausgezeichnete viergängige Abendessen mit einer Auswahl frischgebackenen Brots ist genau so, wie Sie es für sich selbst gekocht hätten, wenn Sie genug Phantasie für die Zusammenstellung, ausreichende Kenntnisse der Zubereitung und die notwendige Muße besäßen. Die Einrichtung des Hotels hat Atmosphäre, ohne übertrieben zu wirken. Man vertraut Ihnen edle Teppiche und noch edlere Möbelstücke an. Alles, was sauber zu sein hat, ist sauber, und auch alles übrige glänzt. Die wichtigsten Vorzüge des Hotels finden sich allerdings im Freien. Da es am Fuße der Cat Bells liegt, bieten sich Wanderwege jeglicher Art durch wirklich unverschandeltes Gelände an – Sie können aber auch einfach sitzen bleiben und es mit den Augen genießen. Alles in allem ist die Swinside Lodge ein ruhiges, freundliches (Nichtraucher-) Hotel mit hart kalkulierten Preisen.

Umgebung: Derwent Water; Bassenthwaite Lake • **Lage:** 5 km südwestlich von Keswick, 3 km südlich der A 66; mit einem Garten und Parkplatz für 10 Autos **Mahlzeiten:** Frühstück, Abendessen; keine Ausschanklizenz • **Preise:** ££ • **Zimmer:** 7; 5 Doppel-, 2 Zweibettzimmer, 6 mit Bad, 1 mit Dusche; alle Zimmer haben Fernseher und Haartrockner • **Anlage:** 2 Aufenthaltsräume, Speisezimmer, Garten **Kreditkarten:** AE, MC, V • **Kinder:** über 10 Jahre gestattet • **Behinderte:** nicht geeignet • **Tiere:** nicht gestattet • **Geschlossen:** Dezember und Januar **Eigentümer:** Graham Taylor

Der Nordwesten

Seatoller, Cumbria

Seatoller House
~ Gästehaus auf dem Land ~

Seatoller, Borrowdale, Keswick, Cumbria CA12 5XN
Tel. und **Fax:** (017687) 772 18
E-Mail: seatollerhouse@bt.connect.com

Es muß von vorneherein gesagt werden, daß sich ein Aufenthalt im Seatoller House grundsätzlich von einer durchschnittlichen Hotelerfahrung unterscheidet. Man ißt gemeinsam zu festgesetzten Zeiten, und man sollte sich am gesellschaftlichen Leben im Haus beteiligen, um den wahren Wert dieses Gästehauses kennenzulernen. Wenn Sie sich daran halten, entsteht tatsächlich so etwas wie eine private Party eingeladener Gäste, womit anderswo gern geprahlt wird.

Das Seatoller House ist mehr als 300 Jahre alt und wird schon seit über 100 Jahren als Gästehaus betrieben. Das niedrige, langgezogene Gebäude, das im traditionellen Stil des Lakeland erbaut wurde und aussieht wie eine Kette von kleinen Häuschen, liegt inmitten des winzigen Orts Seatoller, oberhalb von Borrowdale und am Fuß des Honister Pass. Die Schlafzimmer sind einfach und gemütlich, und alle besitzen inzwischen ihr eigenes Badezimmer, wenn auch nicht immer direkt vom Zimmer aus zugänglich. Das Speisezimmer ist im Stil einer Bauernküche eingerichtet und hat eine wunderbar ungezwungene Atmosphäre, die auch noch in den beiden Teilen des niedrigen Aufenthaltsraumes zu spüren ist. Das Essen ist vorzüglich, und wenn Sie Durst haben, können Sie sich selbst aus dem Kühlschrank bedienen – Sie müssen es nur in dem bereitliegenden Büchlein vermerken.

Da es schon vor einigen Jahren einen Wechsel im Management gab, bitten wir um Ihre Berichte.

~

Umgebung: Derwent Water; Buttermere; Keswick • **Lage:** 13 km südlich von Keswick an der B 5289; Parkplatz für 12 Autos • **Mahlzeiten:** Frühstück, Lunchpakete, Abendessen (außer dienstags) • **Preise:** £ • **Zimmer:** 9; 5 Doppel-, 4 Familienzimmer, alle mit Bad • **Anlage:** Aufenthaltsraum, Bibliothek, Speisezimmer, Tea Room, Garten **Kreditkarten:** MC, V • **Kinder:** nach Vereinbarung • **Behinderte:** 2 Schlafzimmer im Erdgeschoß • **Tiere:** auf dem Zimmer willkommen • **Geschlossen:** Dezember bis Februar • **Eigentümer:** Morven Sneddon und Jay Anson

Der Nordwesten

Wasdale Head, Cumbria

Wasdale Head
～ Landgasthof ～

Wasdale Head, Gosforth, Cumbria CA20 1EX
Tel.: (019467) 262 29 **Fax:** (019467) 263 34
E-Mail: wasdaleheadinn@msn.com **Website:** www.wasdale.com

Der Ort, an dem Wasdale Head liegt, ist selbst im generell spektakulären Lake District unübertroffen. Es steht auf einem flachen Talboden zwischen drei hohen Berggipfeln – dem Pillar, dem Grate Gable und dem Scafell Pike, Englands höchstem Berg – und nur ein wenig oberhalb von Wastwater, dem tiefsten und vielleicht eindrucksvollsten See Englands.

Im Lauf der letzten anderthalb Jahrzehnte wurde das Haus umsichtig und wohldurchdacht modernisiert. Vielerlei Annehmlichkeiten wurden geschaffen, aber die Merkmale eines traditionellen Berggasthofes nicht angetastet. Der Hauptaufenthaltsraum des Hotels ist gemütlich und einladend, voll persönlicher Atmosphäre. Die Schlafzimmer mit Kiefernholzpaneelen sind nicht besonders geräumig, aber ausreichend, und alles befindet sich in gutem Zustand. Zur Auswahl stehen noch sechs Ferienwohnungen für Selbstversorger in einer umgebauten Scheune und drei Hotelapartments. Das Speisezimmer ist reich getäfelt und beherbergt sowohl das Porzellan mit Weidenmotiven als auch eine Sammlung von Zinnkrügen. Für Kinder unter acht Jahren ist der Zutritt nach 20 Uhr nicht gestattet. Das Essen ist solide englische Küche, serviert von jungen, freundlichen Angestellten.

Umgebung: Römisches Fort von Hardknott Castle; Ravenglass and Eskdale Railway; Wastwater; Scafell • **Lage:** 14,5 km nordöstlich von Gosforth oberhalb von Wasdale; großer Parkplatz • **Mahlzeiten:** Frühstück, Lunchpakete und kleine Mittagessen, Abendessen • **Preise:** ££ • **Zimmer:** 13; 7 Doppel- und Zweibettzimmer, 3 Einzelzimmer, 3 Suiten, 11 mit Bad, 2 mit Dusche; alle Zimmer haben Telefon; außerdem 6 Selbstversorger-Apartments und 3 Hotel-Apartments • **Anlage:** Aufenthaltsraum, Speisezimmer, 2 Bars, Garten • **Kreditkarten:** AE, MC, V • **Kinder:** willkommen **Behinderte:** Zugang nur zum Erdgeschoß möglich • **Tiere:** im Gemeinschaftsbereich nicht gestattet • **Geschlossen:** nie • **Geschäftsführer:** Howard Christie

Der Nordwesten

Watermillock, Cumbria

Old Church
~ Hotel auf dem Land ~

Watermillock, Penrith, Cumbria CA11 0JN
Tel.: (017684) 862 04 **Fax:** (017684) 863 68
E-Mail: info@oldchurch.co.uk **Website:** www.oldchurch.co.uk

Es gibt viele Hotels in bevorzugter Lage im Lakeland, aber nur wenige, die es – bei einem vergleichbar günstigen Preis – mit diesem weißgetünchten Haus aus dem 18. Jahrhundert aufnehmen könnten, das direkt am Ufer von Ullswater liegt.
Kevin und Maureen Whitemore kamen in den frühen 1970er Jahren hierher und haben das Hotel seither behutsam und stilbewußt ausgebaut. Die drei Aufenthaltsräume – einer davon ist die Eingangshalle – sind alle sehr schön möbliert, und ein paar Tricks bei ihrer Ausstattung geben einen Hinweis auf Maureens Ausbildung zur Innenarchitektin. Die Natur steuerte den Vorteil einer wunderbaren Aussicht über den See bei. Die Schlafzimmer sind alle unterschiedlich eingerichtet. Auch in ihnen zeigt sich der selbstsichere und harmonische Einsatz von Farben. Die meisten bieten einen Blick auf den See und sind angenehm frei von modernen technischen Spielereien.
Kevin, als früherer Buchhalter, hält nicht nur die Bücher in Ordnung: Seine täglich wechselnden Menüs sind ebenso wagemutig wie fachmännisch zubereitet, und für jeden Gang gibt es ausreichende Wahlmöglichkeiten.
»Es hat alles, was man von einem kleinen Hotel mit Charme erwartet«, lautete das Urteil eines vollkommen zufriedenen Besuchers.

~

Umgebung: Dalemain; Penrith Castle; Brougham Castle; Ullswater • **Lage:** 9 km südlich von Penrith an der A 592; am Seeufer mit großem Parkplatz • **Mahlzeiten:** Frühstück, Abendessen • **Preise:** ££ • **Zimmer:** 10 Doppelzimmer mit Bad; alle Zimmer haben Telefon, Fernseher und Haartrockner • **Anlage:** 2 Aufenthaltsräume, Speisezimmer, Bar, Garten; Boote, Angeln • **Kreditkarten:** AE, MC, V • **Kinder:** willkommen • **Behinderte:** Zugang schwierig • **Tiere:** nicht gestattet • **Geschlossen:** November bis März; Restaurant Sonntag abends • **Eigentümer:** Kevin und Maureen Whitemore

Der Nordwesten

Whitewell, Lancashire

The Inn at Whitewell
~ Landgasthof ~

Forest of Bowland, bei Clitheroe, Lancashire BB7 3AT
Tel.: (01200) 44 82 22 **Fax:** (01200) 44 82 98

In diesem einladenden Gasthof, der phantastisch am Flußufer in der Mitte des Forest of Bowland liegt, treffen Vergangenheit und Gegenwart auf wirkungsvolle Weise aufeinander. Im 14. Jahrhundert war er ein kleines Gutshaus, in dem der Forstverwalter lebte. Heute ist zwar vieles von der ursprünglichen Architektur erhalten und die Zimmer sind mit Antiquitäten möbliert, aber auf der Tagesordnung steht der Komfort von heute: So gibt es in allen Schlafzimmern Videogeräte und Stereoanlagen. Die Zimmer selbst sind meist geräumig und ansprechend, mit warmem Licht und Kunstdrucken an den Wänden. Häufig gibt es ein zusätzliches Schlafsofa, in einigen Räumen Himmelbetten. Wenn Sie es romantisch wollen, sollten Sie ein Zimmer mit Kamin reservieren und sich vor das behagliche Torffeuer setzen, während Sie Ihre Lieblings-CD hören.

Das Essen ist hier ein zentraler Gesichtspunkt. Auf der Speisekarte stehen überwiegend englische Gerichte – gebratenes Wild der Saison oder gegrillter Fisch, gefolgt von sündhaft gutem hausgemachtem Nachtisch und einer Auswahl verschiedener Käsesorten. Alternativ dazu gibt es mittags und abends kleine Gerichte in der Bar. Vor kurzem meldete uns ein Gast, daß der Standard der Küche gesunken sei, während die Preise gestiegen sind. Wir bitten um weitere Berichte.

Umgebung: Browseholme Hall; Clitheroe Castle; Blackpool • **Lage:** 9,5 km nordwestlich von Clitheroe; geräumiger Parkplatz • **Mahlzeiten:** Frühstück, Picknick auf Anfrage, Abendessen, kleine Gerichte in der Bar • **Preise:** ££ • **Zimmer:** 15; 14 Doppel- und Zweibettzimmer, 1 Suite, alle mit Bad; alle Zimmer haben Telefon, Fernseher, CD-Spieler; manche haben Mini-Bar, Haartrockner, Torffeuer • **Anlage:** Speisezimmer, Bar, Garten; Angeln • **Kreditkarten:** AE, D, MC, V • **Kinder:** willkommen • **Behinderte:** 2 Schlafzimmer im Erdgeschoß • **Tiere:** willkommen **Geschlossen:** Februar • **Eigentümer:** Richard Bowman

Der Nordwesten

Windermere, Cumbria

Gilpin Lodge
~ Hotel im Landhausstil ~

Crook Road, bei Windermere, Cumbria LA23 3NE
Tel.: (015394) 888 18 **Fax:** (015394) 880 58
E-Mail: hotel@gilpin-lodge.co.uk **Website:** www.gilpin-lodge.co.uk

Das edwardianische Haus, früher ein recht gewöhnliches Bed & Breakfast, präsentiert sich heute auf einem gepflegten Grundstück frisch getrichen und komplett, aber einfühlend ausgebaut. Dies alles und die herrliche Lage in der friedvollen Hügellandschaft am Rande des Moores bereitet Sie bis zu einem gewissen Grad auf den warmen Empfang und die Bequemlichkeit vor, die Sie im Inneren des Hauses erwarten. Das Hotel wird sehr professionell und mit großem personellem Aufwand betrieben, bezeugt aber auch noch den Enthusiasmus der Besitzer, für die die Zufriedenheit ihrer Gäste ganz eindeutig oberste Priorität besitzt.

Wenn Sie Geschmack an schönen Bildern, eleganten Möbeln und einwandfreiem Service finden, werden Sie hier glücklich sein. Wenn Sie auch noch exzellentes Essen schätzen, werden Sie hier noch glücklicher sein (wann haben Sie zuletzt ein Erdbeersorbet mit rosé-farbenem Champagner zum Frühstück bekommen?). Geradezu in Glück schwelgen werden Sie aber, falls Sie sich ein großes Zimmer wünschen, das durchdacht eingerichtet ist, zu dem vielleicht eine eigene Sitzecke gehört und auch ein Badezimmer, über das Sie noch sprechen werden, wenn Sie bereits wieder zu Hause sind. Alle diejenigen Gäste, die noch genügend Energie besitzen, lädt der nahe Country Club zu einem kostenlosen Besuch ein.

Umgebung: Windermere Steamboat Museum; Holker Hall; Sizergh Castle; Kendal; Grasmere • **Lage:** an der B 5284 von Kendal nach Bowness, 1 km südöstlich von Windermere; großer Parkplatz • **Mahlzeiten:** Frühstück, Mittagessen, Abendessen **Preise:** £££ • **Zimmer:** 14 Doppel- und Zweibettzimmer mit Bad; alle Zimmer haben Telefon, Fernseher, Mini-Bar und Haartrockner • **Anlage:** 2 Aufenthaltsräume, 3 Speisezimmer, Garten • **Kreditkarten:** AE, DC, MC, V • **Kinder:** über 7 Jahre gestattet • **Behinderte:** Zugang möglich zu Erdgeschoßräumen • **Tiere:** nicht gestattet • **Geschlossen:** nie • **Eigentümer:** John und Christine Cunliffe

Der Nordwesten

Windermere, Cumbria

Holbeck Ghyll
~ Hotel im Landhausstil ~

Holbeck Lane, Windermere, Cumbria LA23 1LU
Tel.: (015394) 323 75 **Fax:** (015394) 347 43
E-Mail: accomodation@holbeck-ghyll.co.uk **Website:** www.holbeck-ghyll.com

Das preisgekrönte Holbeck Ghyll befindet sich in einem klassischen viktorianischen Lakeland-Haus. Es ist von Efeu bedeckt, besitzt ein steiles Schieferdach und Fenster mit Jugendstilmotiven und mit Mittelpfeilern, die Wände sind eichenholzgetäfelt. Die herrliche Lage des Hotels bietet eine Rückzugsmöglichkeit von dem hektischen Treiben in Windermere und eine wundervolle Aussicht über die Seen.

Die Nicholsons sind beide Hotelfachleute und haben das Holbeck Ghyll 1988 übernommen. Bei der Renovierung wurde ein sehr hohes Niveau erreicht, wobei ein traditioneller, leicht förmlicher Stil vorherrscht – obwohl die Besitzer ebenso wie ihre Angestellten freundlich und gelassen sind. Die Schlafräume und Badezimmer sind wunderschön und individuell eingerichtet, sehr geräumig und haben zum Teil ein eigenes Wohnzimmer. In der nahe gelegenen Lodge befinden sich sechs weitere Zimmer (vier davon für Selbstversorger) mit atemberaubender Aussicht. Das Essen ist eine echte Attraktion: Vor dem Dinner werden Kanapees gereicht, während Sie aus der täglich wechselnden, einfallsreichen Speisekarte auswählen (seit kurzem mit einem Michelin-Stern bedacht). In den Speisezimmern herrscht Rauchverbot. Das Gebiet um das Hotel wird gerade erschlossen, es gibt bereits einen Jogging-Pfad, einen Tennisplatz, Krocket und ein Putting-Grün.

Umgebung: Lake Windermere • **Lage:** 5 km nördlich von Windermere, östlich der A 591; großer Parkplatz • **Mahlzeiten:** Frühstück, leichtes Mittagessen, Abendessen **Preise:** ££££ • **Zimmer:** 13 Doppel- und Zweibettzimmer, 1 Familienzimmer, alle mit Bad; alle Zimmer haben Telefon, Fernseher und Haartrockner • **Anlage:** 2 Aufenthaltsräume, 2 Speisezimmer, Garten; Heilbad, Tennis, Krocket, Putting • **Kreditkarten:** AE, DC, MC, V • **Kinder:** willkommen • **Behinderte:** Zugang schwierig **Tiere:** nur auf den Zimmern gestattet • **Geschlossen:** nie • **Eigentümer:** David und Patricia Nicholson

Der Nordwesten

Windermere, Cumbria

Storrs Hall
~ Hotel im Landhausstil ~

Windermere, Cumbria LA23 3LG
Tel.: (015394) 471 11 **Fax:** (015394) 475 55
E-Mail: reception@storrshall.co.uk **Website:** www.storrshall.co.uk

Ein Besitzerwechsel hat dem vernachlässigten Storrs Hall neue und vitale Lebensgeister eingehaucht. Der Antiquitätenhändler Richard Livstock und der Geschäftsmann Les Hindle erwarben 1997 den georgianischen Gebäudekomplex, der ursprünglich einer italienischen Villa am Seeufer nachempfunden worden war und eine spektakuläre Lage auf einem Vorgebirge besitzt, das in den Lake Windermere hineinragt. Die beiden neuen Besitzer haben keine Kosten gescheut, das gesamte Anwesen zu verschönern und zu modernisieren. Die schön geschnittenen Zimmer wurden mit prächtigen antiken Möbeln, Statuen, Gemälden und seltenen Büchern sowie mit Schiffsmodellen aus Richard Livstocks eigener Sammlung ausstaffiert. Die Schiffe passen besonders gut hierher, denn es war ein auf den Weltmeeren gewonnenes Vermögen, das den Bau des Hauses ermöglichte. Die Gäste können sich entweder in den hübschen Salon mit dem Steinway-Flügel von 1910 oder in die Bibliothek beziehungsweise das Schreibzimmer zurückziehen. Wen es nach Gesellschaft verlangt, wird in die mit Jagd- und Angeltrophäen geschmückte Bar gehen, in der immer gute Stimmung herrscht.
Ein jüngerer Bericht enthält höchstes Lob für das Essen: »Die Küche ist sehr anspruchsvoll und selbstbewußt, der Service ausgezeichnet – fahren Sie hin, bevor es sich herumgesprochen hat!«
~

Umgebung: Windermere Steamboat Museum; Lake Windermere • **Lage:** 3 km südlich von Bowness abseits der A592; großer Parkplatz • **Mahlzeiten:** Frühstück, Mittagessen, Abendessen • **Preise:** ££££ • **Zimmer:** 18; 14 Doppel- und Zweibettzimmer, 4 Suiten, alle mit Bad; alle Zimmer haben Telefon, Fernseher und Haartrockner • **Anlage:** Aufenthaltsräume, Speisezimmer, Bar, Garten; Angeln **Kreditkarten:** AE, MC, V • **Kinder:** über 12 Jahre gestattet • **Behinderte:** keine besonderen Einrichtungen • **Tiere:** nach Vereinbarung auf den Zimmern gestattet **Geschlossen:** Ende Dezember bis Anfang Februar • **Geschäftsführer:** Nigel Lawrence

DER NORDWESTEN

WITHERSLACK, CUMBRIA

Old Vicarage
~ Hotel auf dem Land ~

Church Road, Witherslack, bei Grange-over-Sands, Cumbria LA11 6RS
Tel.: (015395) 523 81 **Fax:** (015395) 523 73
E-Mail: hotel@old-vic.demon.co.uk **Website:** www.oldvicarage.com

Als wir vor einigen Jahren das Old Vicarage erneut besuchten, wurden unsere positiven Eindrücke bestätigt. Der Schlüssel zu seinem Charme sind die Ruhe und Abgeschiedenheit in den weiten, überwiegend bewaldeten Ländereien am Rande eines reizenden, verschlafenen Lakeland-Dorfes – obwohl einige der wichtigsten Sehenswürdigkeiten und Verkehrsadern der Gegend mit dem Auto in wenigen Minuten zu erreichen sind. Vom Hotel aus sieht man ein paar niedrige Felskuppen.

Das Gebäude ist ein georgianisches Pfarrhaus: Manche der Räume sind ziemlich klein, aber alles ist ansprechend, wenn auch unspektakulär möbliert; interessante Details hier und da schaffen eine entspannende Atmosphäre. Die Schlafzimmer sind gemütlich eingerichtet; die teuersten Zimmer, besonders im Anbau, sind geräumig und mit CD-Spieler und einer Veranda auch besser ausgestattet. Und dies ist ein weiterer Vorteil: Die Preise sind wirklich günstig. Die Besitzer sind locker und gastfreundlich. Das Essen ist beeindruckend; seit kurzem kann man à la carte essen, und die Gerichte werden aus frischen lokalen Zutaten zubereitet. Das ist mehr als man von so manchem angesehenen Lakeland-Hotel sagen kann, wo das Abendessen von einer Catering-Firma angeliefert wird. Die Weinkarte ist ungewöhnlich kenntnisreich und gut sortiert.

Umgebung: Levens Hall und Topiary Garden; Sizergh Castle; Holker Hall • **Lage:** 8 km nordöstlich von Grange abseits der A 590; großer Parkplatz • **Mahlzeiten:** Frühstück, Abendessen, sonntags Mittagessen • **Preise:** £££ • **Zimmer:** 14 Doppel- und Zweibettzimmer, 10 mit Bad, 4 mit Dusche, alle Zimmer haben Telefon, Fernseher und Haartrockner • **Anlage:** 2 Aufenthaltsräume, Frühstückszimmer, Speisezimmer, Garten; Tennisplatz • **Kreditkarten:** MC, V • **Kinder:** willkommen **Behinderte:** nicht geeignet • **Tiere:** nach Vereinbarung gestattet • **Geschlossen:** nie • **Besitzer:** Jill und Roger Burrington-Brown, Irene und Stanley Reeve

Der Nordosten

ARNCLIFFE, NORTH YORKSHIRE

Tip des Herausgebers

Amerdale House
~ Landhotel ~

Arncliffe, Littondale, Skipton, North Yorkshire BD23 5QE
Tel. und Fax: (01756) 77 02 50

Seit die Crappers dieses Hotel 1987 übernommen haben, wurde es nach und nach umgebaut, die Schlafzimmer wurden in den letzten Jahren renoviert. Die Umgebung ist verführerisch: Das Hotel liegt am Rande eines malerischen Dorfs in einem einsamen Tal, davor erstrecken sich weite Wiesengründe, dahinter erheben sich Hügel.
Wir besuchten das Hotel vor einigen Jahren und waren beeindruckt von dieser Gegend (»völliger Friede und Gelassenheit«) und den komfortabel und wunderschön ausgestatteten Zimmern und Bädern. Die herzliche Begrüßung durch den Eigentümer und Küchenchef Nigel Crapper bestätigte unseren positiven Eindruck, auch bei unserem kürzlichen Besuch. Das Essen wird in modernem englischem Stil zubereitet und ist, um einen Gast zu zitieren, »unglaublich gut«. Serviert wird beispielsweise: Lamm mit Minzcouscous in Portwein-Johannisbeer-Sauce; pfannengeröstetes Seebarschfilet mit gebackenen Kirschtomaten und warmem Pestodressing; Avocado-Birnen-Salat mit zarter Currymayonaise; dazu eine Terrine mit Orangen in Campari und Orangenkonfitüre. Nigels phantasievolle Menüs wechseln oft, und seine Kreationen werden häufig in der Presse gewürdigt. Das Amerdale House ist gut gelegen, um Sehenswürdigkeiten in den Dales zu erreichen – und es hat vernünftige Preise.

Umgebung: Wharfedale; Grassington; Pennine Way • **Lage:** ländliche Umgebung; 10 km nordwestlich von Grassington, 5 km von der B6160 entfernt; großer Parkplatz • **Mahlzeiten:** Frühstück, Abendessen • **Preise:** ££ • **Zimmer:** 11; 8 Doppelzimmer mit Bad, 3 Zweibettzimmer mit Dusche, alle Zimmer haben Telefon, Fernseher, Fax/Modem-Anschluß, Haartrockner • **Anlage:** Aufenthaltsräume, Bar, Speisezimmer, Garten • **Kreditkarten:** MC, V • **Kinder:** willkommen • **Behinderte:** 1 geeignetes Schlafzimmer im Erdgeschoß • **Tiere:** nicht gestattet • **Geschlossen:** Nov. bis Mitte März • **Eigentümer:** Nigel und Paula Crapper

Der Nordosten

Bolton Abbey, North Yorkshire

Devonshire Arms
∽ Hotel im Landhausstil ∽

Bolton Abbey, Skipton, North Yorkshire BD23 6AJ
Tel.: (01756) 71 04 41 **Fax:** (01756) 71 05 64
E-Mail: dev.arms@legend.co.uk

Aus der Luft sieht man deutlich, daß das Heidemoor der Dales bis ungefähr 1,5 Kilometer an das Hotel Devonshire Arms, das aus dem 17. Jahrhundert stammt, heranreicht. Das Haus gehört dem Herzog und der Herzogin von Devonshire und beherbergt Antiquitäten und Gemälde, die aus Chatsworth, dem Familiensitz, stammen. Die Herzogin selbst kümmerte sich um ihre optimale Präsentation und die Gestaltung der Innenräume. Das Hotel teilt sich in einen alten und einen neuen Teil. Glücklicherweise verzichtet die Architektur des eleganten älteren Teils größtenteils auf exakte rechte Winkel. Obwohl der neue Anbau sich in diesem Punkt vom Originalgebäude unterscheidet, fügt er sich dennoch harmonisch in die Gesamtanlage ein. Im Neubau befindet sich ein Hallenbad, ein Sportraum und ein Schönheitssalon. Bei den Mahlzeiten bieten sich Ihnen zwei Möglichkeiten: Im klassischen Burlington Restaurant herrscht eine ruhige, gepflegte Atmosphäre; die Brasserie mit ihrer modernen blau-gelben Einrichtung dagegen bietet Gerichte für jede Gelegenheit und eine dazu passende flotte Weinkarte. Auch bei den Schlafzimmern gibt es klassische und moderne Varianten: Die älteren Zimmer besitzen viel Charakter, wohingegen die neueren durch ihre reizvollen Aussichten gewinnen.

∽

Umgebung: Castle Howard; Skipton Castle; Brontë Parsonage; Harewood House **Lage:** auf der B6160, nördlich der Kreuzung mit der A59; großer Parkplatz auf dem Grundstück • **Mahlzeiten:** Frühstück, Mittagessen, Abendessen • **Preise:** £££–££££ **Zimmer:** 41; 38 Doppelzimmer und Zweibettzimmer, 1 Familienzimmer, 2 Suiten, alle mit Bad; alle Zimmer haben Telefon, Fernseher, Haartrockner; einige mit Fax und Videogerät • **Anlage:** 3 Aufenthaltsräume, Wintergarten, 2 Speisezimmer, 2 Bars, Fitneßraum, Sauna, Hallenbad, Garten, Tennis, Krocket, Putting, Hubschrauberlandeplatz; Angeln • **Kreditkarten:** AE, DC, MC, V • **Kinder:** gestattet **Behinderte:** 1 speziell ausgestattetes Schlafzimmer • **Tiere:** gestattet • **Geschlossen:** nie • **Geschäftsführer:** Jeremy Rata

DER NORDOSTEN

CROOKHAM, NORTHUMBERLAND

The Coach House
~ Ländliches Gästehaus ~

Crookham, Cornhill-on-Tweed, Northumberland TD12 4TD
Tel.: (01890) 82 02 93 **Fax:** (01890) 82 02 84
Website: www.secretkingdom.com/coach/house.htm

Die sympathische Lynne Anderson leitet dieses Gästehaus seit über 20 Jahren, ihre Energie und ihr Enthusiasmus haben sich in dieser Zeit um keinen Deut geschmälert. Die Anlage umfaßt mehrere ehemals landwirtschaftliche Gebäude aus dem 17. Jahrhundert. Alle Zimmer sind groß, einfach, aber ansprechend möbliert, mit weißen Leintüchern auf den Betten und frischen Blumen in den Vasen. Lynne widmet den kleinen Details liebevolle Aufmerksamkeit, ihre treuen Gäste kommen oft jedes Jahr hierher zurück.

Der Aufenthaltsraum wirkt mit seinen Holzbalken sehr ansprechend. Hier gibt es auch eine Bar, in der die Gäste ihren Nachmittagstee und selbstgebackenen Kuchen serviert bekommen. Hier trifft man sich auch zu einem Aperitif vor dem Abendessen. Durch hohe gotische Fenster blickt man auf den Obstgarten mit Damaszenerpflaumenbäumen, in deren Schatten man Schafe grasen sieht – eine malerische bäuerliche Szene.

Die Vier-Gänge-Menüs werden hauptsächlich mit heimischen Produkten zubereitet: Rind, Lamm und Lachs sowie Gemüse aus dem eigenen Garten. Sie könnten Gefahr laufen, sich schon beim Frühstück zu überessen: Es lockt eine Auswahl frischer Früchte, selbst zubereitete Getreideflocken und Porridge, Ei und Schinken, scharf gewürzte Nierchen und Kedgeree, ein Reisgericht mit Fisch und Eiern.

Umgebung: Northumberland National Park; Holy Island • **Lage:** 6 km östlich von Cornhill-on-Tweed über die A697 zu erreichen; großer Parkplatz • **Mahlzeiten:** Frühstück, Abendessen • **Preise:** ££ • **Zimmer:** 9; 7 Doppelzimmer und Zweibettzimmer, 2 Einzelzimmer, 7 mit Bad; alle Zimmer haben Telefon, Fernseher, 7 Zimmer mit Kühlschrank • **Anlage:** 2 Aufenthaltsräume, Speisezimmer, Terrasse, Garten **Kreditkarten:** MC, V • **Kinder:** willkommen • **Behinderte:** 3 speziell ausgestattete Zimmer • **Tiere:** gestattet • **Geschlossen:** Nov. bis Ostern • **Eigentümerin:** Lynne Anderson

Der Nordosten

Gainford, Durham

Headlam Hall
~ Hotel im Gutsherrenstil ~

Gainford, Darlington, Durham DL2 3HA
Tel.: (01325) 73 02 38 **Fax:** (01325) 73 07 90
E-Mail: admin@headlamhall.co.uk **Website:** www.headlamhall.co.uk

»Außergewöhnliches Haus, ausgezeichnetes Grundstück, vernünftige Preise«, so lautete der Bericht unseres Mitarbeiters über dieses Herrenhaus, das sich in einem friedlichen Weiler nördlich der Tees befindet. Und diese Beschreibung ist treffend: Über drei Stockwerke erstreckt sich das große Haus aus der Zeit Jakobs I., seine Mauern sind bedeckt von Rankpflanzen; es hat solide Anbauten aus georgianischer Zeit und befindet sich inmitten von insgesamt 1,5 Hektar großen Gärten, mit Steinmauern, breiten Hecken und einem kanalisierten Fluß. Obwohl die Preise inzwischen angezogen haben, sind sie immer noch vernünftig. Die Einrichtung des Hotels ist weder einheitlich noch perfekt abgestimmt, doch gerade das macht seinen besonderen Reiz aus (jedenfalls nach unserem Geschmack). Obwohl es neben Stilmöbeln auch viele Antiquitäten aufzuweisen hat (die Robinsons haben das ganze Gebäude von Grund auf neu eingerichtet, als sie das Hotel in den späten 1970er Jahren übernahmen), herrscht an diesem Ort eine gewisse gemütliche Normalität. Und trotz seiner Größe wirkt das Hotel sehr einladend und freundlich. Was uns bei unserem letzten Besuch jedoch am meisten beeindruckte, war das ausgesprochen höfliche und hilfsbereite Personal. Außerdem bietet das Hotel modernsten Komfort und eine Küche, deren Qualität stetig ansteigt.

Umgebung: Barnard Castle; Yorkshire Dales • **Lage:** 11 km westlich von Darlington, über die A67 zu erreichen; großer Parkplatz • **Mahlzeiten:** Frühstück, Mittagessen, Abendessen • **Preise:** ££ • **Zimmer:** 36 Doppelzimmer mit Bad, alle Zimmer haben Telefon, Fernseher, Haartrockner; einige mit Fax/Modem-Anschluß • **Anlage:** Aufenthaltsraum, Bar, Speisezimmer, Restaurant, Snooker(Billard)zimmer, Hallenbad, Sauna, Fitneßraum, Garten; Krocket, Tennis, Angeln • **Kreditkarten:** AE, DC, MC, V
Kinder: willkommen • **Behinderte:** 3 geeignete Schlafzimmer im Erdgeschoß
Tiere: in den Gemeinschaftsräumen willkommen • **Geschlossen:** Heiligabend und Weihnachten • **Eigentümer:** John Robinson

… Nordengland …

DER NORDOSTEN

GOLCAR, HUDDERSFIELD

Weavers Shed
～ Restaurant mit Zimmern ～

Knowl Road, Golcar, Huddersfield HD7 4AN
Tel.: (01484) 65 42 84 **Fax:** (01484) 65 09 80 **E-Mail:** info@weavers-shed.
demon.co.uk **Website:** www.weavers-shed.demon.co.uk

Auf den ersten Blick ist Golcar nicht gerade mit Schönheit gesegnet. Aber Golcar hat sein kleines Geheimnis: das Weavers Shed. Hoch oben auf einem Hügel, fern von Huddersfield, war das Gebäude im 18. Jahrhundert ursprünglich als Tuchverarbeitungsfabrik errichtet worden. Heute befindet sich hier ein exzellentes Restaurant mit sehr komfortablen Übernachtungsmöglichkeiten. Der Besitzer und Küchenchef Stephen Jackson betätigt sich auch leidenschaftlich als Gärtner und baut auf einem eigenen Stück Land viele Kräuter, Früchte und Gemüse für die Küche an. Die sonstigen Zutaten für das Menü werden ebenfalls sorgfältig ausgewählt, Schwein beispielsweise stammt aus traditioneller Züchtung, und Fisch wird nur angeboten, wenn es etwas Lohnendes auf dem täglichen Markt gibt. Der moderne englische Stil der Küche bietet aufgrund seiner Schlichtheit keinen Schlupfwinkel für zweitklassige Zutaten. Selbstverständlich wird die Weinkarte mit der gleichen Sorgfalt zusammengestellt.
Die Schlafzimmer sind im Haus nebenan. Das solide Gebäude wurde ursprünglich für den Fabrikbesitzer erbaut. Die Zimmer sind luftig, eingerichtet mit einer ansprechenden Mischung antiker und moderner Möbel und qualitätvollen, aber schlichten Stoffen. Das Frühstück hier ist unvergeßlich.

Umgebung: Peak National Park; Pennine Way • **Lage:** 5 km westlich von Huddersfield über die A62 und die B6111 zu erreichen; großer Parkplatz • **Mahlzeiten:** Frühstück, Mittagessen, Abendessen • **Preise:** ££ • **Zimmer:** 5 Doppelzimmer und Zweibettzimmer mit Bad, alle Zimmer haben Telefon, Fernseher, Fax/Modem-Anschluß, Haartrockner • **Anlage:** 2 Restaurants, Bar, Garten • **Kreditkarten:** AE, DC, MC, V • **Kinder:** gestattet • **Behinderte:** Zugang möglich • **Tiere:** nicht gestattet • **Geschlossen:** 1. und 2. Weihnachtsfeiertag, Silvester, Neujahr; Restaurant So, Mo, Sa mittag • **Eigentümer:** Stephen und Tracy Jackson

DER NORDOSTEN

GRASSINGTON, NORTH YORKSHIRE

Ashfield House
~ Ländliches Gästehaus ~

Summers Fold, Grassington, bei Skipton, North Yorkshire BD23 5AE
Tel. und Fax: (01756) 75 25 84 **E-Mail:** keilin@talk21.com
Website: www.yorkshirenet.co.uk/stayat/ashfieldhouse

Selbst in der Spätsaison übt Wharfdale und ganz speziell Grassington eine magnetische Anziehung auf Besucher aus. Linda und Keith Harrisons kleines privates Stein- und Schieferhaus ist eine friedvolle Zuflucht auf einem Grundstück neben Grassingtons Hauptplatz, der wie eine Ansichtskarte wirkt. Außerdem, und das ist wirklich eine Ausnahme in ganz Grassington, können Sie Ihr Auto hier parken. Wenn Sie ankommen, empfängt Sie ein knisterndes Holzfeuer im Kamin, und der Tee wartet schon auf dem Tisch. Eichen- und Kiefermöbel, Holzbalken und Steinmauern ergeben zusammen mit frischen Blumen und nagelneuer Einrichtung den Eindruck, wirklich zu Hause zu sein.

Im hübschen Speiseraum wird jeden Abend außer Samstag um 19 Uhr ein exzellentes Abendessen serviert, mit einer großen Auswahl an Vorspeisen und Puddings. Die Weine sind erlesen und preiswert. Die Schlafzimmer sind von maßvoller Größe, und die meisten haben eigene Duschräume (eines hat ein eigenes Badezimmer gleich vor der Zimmertür).

Jenseits des Hauses, abgeschirmt vom Betrieb der Stadt, gibt es einen stillen ummauerten Garten mit Tisch und Stühlen, wo Sie sich hinsetzen können, um die Sonne zu genießen, wenn Ihnen ein Spaziergang am Fluß zu anstrengend ist. Das Frühstück ist herzhaft und abwechslungsreich. Ashfield House ist ein Nichtraucherhotel.

Umgebung: Skipton Castle; Gordale Scar; Janet's Foss; Ripon • **Lage:** in Grassington, nordwestlich von Hauptplatz; großer Parkplatz • **Mahlzeiten:** Frühstück, Abendessen **Preise:** ££ • **Zimmer:** 7 Doppelzimmer und Zweibettzimmer mit Bad oder Dusche, alle Zimmer haben Fernseher, Haartrockner • **Anlage:** 2 Aufenthaltsräume, einer davon mit Bar, Speisezimmer, Garten • **Kreditkarten:** MC, V • **Kinder:** über 5 Jahre willkommen • **Behinderte:** keine geeigneten Einrichtungen • **Tiere:** nicht gestattet **Geschlossen:** Jan. bis Mitte Feb. • **Eigentümer:** Keith und Linda Harrison

Der Nordosten

Hawes, North Yorkshire

Simonstone Hall
~ Hotel im Landhausstil ~

Hawes, North Yorkshire DL8 3LY
Tel.: (01969) 66 72 55 **Fax:** (01969) 66 77 41
E-Mail: simonstonehall@demon.co.uk

Infolge eines Besitzerwechsels gab es vor einigen Jahren grundlegende Umbauten im Simonstone Hall. Von außen betrachtet ist es noch das gleiche würdevolle, etwas respekteinflößende große Landhaus. Sobald Sie eintreten, hören Sie vielleicht schon die lebhafte Unterhaltung, die von der großen eleganten neuen Bar herüberweht, einem beliebten, auch von den Einheimischen frequentierten Country Pub, das in dem würdevollen alten Hotel zwar überrascht, aber durchaus passend wirkt; die Mahlzeiten, die hier serviert werden, sind ebenso wie die Auswahl an offenen Weinen einfallsreich. Die Kellner, mit schwarzer Krawatte und Schürze ganz im französischen Bistrostil, eilen geschäftig hin und her; dies alles gibt dem Ort eine lebendige Note. Wenn Sie aber hierher kommen, um Frieden oder romantische Zweisamkeit zu finden, durchqueren Sie einfach die Halle, und besuchen Sie den stilvollen Salon. In der »Game Tavern« wird sonntags das Mittagessen und ein exzellentes, preisgünstiges Drei-Gänge-Abendessen serviert.

Die Schlafzimmer gibt es in drei verschiedenen Versionen: klein, Standardgröße und groß. Die großen Zimmer sind reizend in ländlichem Stil gehalten, manche mit Schlittenbett, andere mit Himmelbett. Die Preise sind in allen drei Kategorien in der letzten Zeit gestiegen. Seit unserem letzten Besuch wechselte erneut die Geschäftsleitung. Wir würden uns über weitere Berichte freuen.

~

Umgebung: Pennine Way; Wharfedale; Ribblesdale • **Lage:** 2,5 km nördlich von Hawes über die Muker Road zu erreichen; großer Parkplatz • **Mahlzeiten:** Frühstück, Mittagessen in der Bar, Abendessen • **Preise:** £££ • **Zimmer:** 18 Doppelzimmer und Zweibettzimmer mit Bad und Dusche, alle Zimmer haben Telefon, Fernseher • **Anlage:** Bar, 2 Aufenthaltsräume, Gartenzimmer, Garten • **Kreditkarten:** AE, DC, MC, V • **Kinder:** willkommen • **Behinderte:** Zugang nur zum Erdgeschoß **Tiere:** willkommen • **Geschlossen:** nie • **Geschäftsführerin:** Jill Peterson

Der Nordosten

Hawnby, Yorkshire

The Hawnby Hotel
Landhotel

Hawnby, bei Helmsley, York Y06 5QS
Tel.: (01439) 79 82 02 **Fax:** (01439) 79 83 44

Nach einer spektakulären Fahrt durch hügelige Täler und das unverdorbene Steindorf Hawnby erscheint dieses Hotel vielleicht ein wenig enttäuschend. Sobald Sie aber in den eleganten Aufenthaltsraum geleitet werden, merken Sie, wie irreführend der erste Eindruck oft sein kann.

Die Fassade, die auf eine Dorfkneipe schließen läßt, verbirgt in Wirklichkeit ein exquisites kleines Hotel, das die Gräfin von Mexborough verschwenderisch eingerichtet hatte. Die frisch renovierten Schlafzimmer und die makellosen Bäder sind mit Laura-Ashley-Tapeten und -stoffen ausgestattet.

Das Hotel leidet etwas an Platzmangel. Der Aufenthaltsraum befindet sich an einem Ende des Speisezimmers, und obwohl man sich nicht eingepfercht fühlt und auf Wunsch der Gäste auch ein Vorhang zwischen den beiden Räumen zugezogen werden kann, könnte es zu den Spitzenzeiten laut und voll werden. Das Hotel richtet Jagdgesellschaften aus und ist als Ausgangsbasis für ausgedehnte Spaziergänge beliebt. Fortlaufend wird begeistert über das Hawnby Hotel berichtet: »Meine Frau und ich haben das Hotel bereits drei Mal besucht und waren mit dem gleichbleibend hohen Standard zufrieden.« »Ein Juwel mit phantastischen Ausblicken, Hausmannskost und freundlichem Service.« Dave und Kathryn Young sind die neuen Besitzer.

Umgebung: Rievaulx Abbey; Jervaulx Abbey; North York Moors • **Lage:** auf einem Hügel in einem Dorf, 11 km nordöstlich von Helmsley; Parkplatz vorhanden
Mahlzeiten: Frühstück, Abendessen, kleine Mahlzeiten in der Bar • **Preise:** £
Zimmer: 6 Doppelzimmer und Zweibettzimmer mit Bad, Cottage mit 2 Schlafzimmern für 4 Personen mit Selbstversorgung; alle Zimmer haben Telefon, Fernseher, Haartrockner • **Anlage:** Aufenthaltsraum/Speisezimmer, Bar • **Kreditkarten:** MC, V • **Kinder:** gestattet • **Behinderte:** Zugang schwierig • **Tiere:** nicht gestattet
Geschlossen: Feb. • **Eigentümer:** Dave und Kathryn Young

Der Nordosten

Hunmanby, North Yorkshire

Wrangham House
Landhotel

Stonegate, Hunmanby, North Yorkshire YO14 0NS
Tel.: (01723) 89 13 33 **Fax:** (01723) 80 29 73 **E-Mail:** wrangham@mywebpage.net **Website:** www.mywebpage.net/wrangham

Das Wrangham House ist ein gut erhaltenes und elegantes georgianisches Pfarrhaus inmitten eines riesigen baumbepflanzten Gartens. Der Hauptteil des Gebäudes wurde in der zweiten Hälfte des 18. Jahrhunderts errichtet. Im Jahre 1803 fügte der Namensgeber des Hotels, Francis Wrangham, einen Flügel hinzu, der heute das Speisezimmer beherbergt. Mervyn Poulter und seine Frau Margaret bieten ihren Gästen einen warmen Empfang und jeden Komfort. Im unteren Geschoß befinden sich ein hell vertäfelter Aufenthaltsraum mit einem schön gekachelten Kamin, eine gemütliche und gut sortierte Bar und ein großzügig geschnittenes Speisezimmer mit Ausblick auf den Garten. Die Küche bietet zeitgemäße und gutbürgerliche Gerichte. Mittagessen wird nur sonntags serviert, aber dann ist es tatsächlich ein wahres Sonntagsessen mit gebratener Rinderlende und vielen Beilagen.

Die Schlafzimmer sind individuell eingerichtet und dekoriert. Vier Zimmer sind in der ehemaligen Remise, von denen eines (im Erdgeschoß) für behinderte Gäste ausgestattet ist. Parkplätze sind ein wenig rar in Hunmanby, aber das Wrangham House selbst bietet genügend. Fast einzigartig ist, daß die Bahnhofsstation von Hunmanby die drastischen Kürzungen bei der britischen Bahn in den 1960er Jahren überlebt hat – wenn Sie dem Zug den Vorzug geben wollen, können Sie sich vom Bahnhof abholen lassen.

Umgebung: Scarborough Castle; North York Moors National Park • **Lage:** hinter der Kirche im Dorf, 1,5 km südwestlich von Filey; großer Parkplatz • **Mahlzeiten:** Frühstück, Abendessen, So Mittagessen • **Preise:** ££ • **Zimmer:** 12; 11 Doppelzimmer und Zweibettzimmer, 1 Einzelzimmer, 7 mit Bad, 5 mit Dusche; alle Zimmer mit Telefon, Fernseher, Haartrockner • **Anlage:** Aufenthaltsraum, Speisezimmer, Bar, Garten • **Kreditkarten:** AE, MC, V • **Kinder:** über 12 Jahre gestattet • **Behinderte:** 1 speziell ausgestattetes Schlafzimmer • **Tiere:** nach Vereinbarung • **Geschlossen:** nie • **Eigentümer:** Mervyn und Margaret Poulter und Diane Norvick

Der Nordosten

Lastingham, North Yorkshire

Lastingham Grange
Hotel im Landhausstil

Lastingham, North Yorkshire Y06 6TH
Tel.: (01751) 41 73 45/41 74 02 **Fax:** (01751) 41 73 58
E-Mail und **Website:** demnächst

Das Lastingham Grange – ein von Glyzinen überwuchertes früheres Bauernhaus – fügt sich harmonisch in das reizende Dorf am Rande der North York Moors ein. Anders als viele Gästehäuser auf dem Land schafft dieses Hotel das Kunststück, eine gewisse Eleganz – schick dekorierte Gemeinschaftsräume, freundlicher, unaufdringlicher Service, geschmackvoll angelegte Gärten – mit einer großen Portion Ungezwungenheit zu kombinieren. Von dem Moment an, in dem Sie eintreten, fühlen Sie sich wie bei einem Besuch bei Freunden. Erst kürzlich wieder erhielten wir folgenden Bericht von einem unserer Mitarbeiter: »Familiäre Atmosphäre; sehr kinderfreundlich; reizende Zimmer.«

Die Hauptattraktion ist der Garten. Sie können ihn aus der Entfernung durch die Fenster des großen, L-förmig geschnittenen Aufenthaltsraums (mit schön gruppierten Sofas, Antiquitäten und einem Flügel) betrachten. Oder Sie können, wie die meisten Gäste es tun, den Garten auf eigene Faust erkunden. Es gibt einen wunderschön angelegten Rosengarten, blumengesäumte Rasenflächen und einen großen Abenteuerspielplatz für Kinder.

Im Vergleich dazu sind die Schlafzimmer fast gewöhnlich. Sie sind zwar komfortabel, mit gut ausgestatteten Badezimmern, ihrer Dekoration mangelt es jedoch an manchen Stellen an Raffinement. Jane kocht im gutbürgerlich-englischen Stil.

Umgebung: North York Moors; Scarborough; Rievaulx Abbey • **Lage:** am oberen Ende eines Dorfes, 10 km nordwestlich von Pickering; großer Parkplatz
Mahlzeiten: Frühstück, Mittagessen auf Anfrage, Abendessen • **Preise:** £££
Zimmer: 12; 10 Doppelzimmer, 2 Einzelzimmer, alle mit Bad, alle Zimmer haben Telefon, Fernseher, Haartrockner • **Anlage:** Aufenthaltsraum, Speisezimmer, Terrasse, Garten • **Kreditkarten:** keine • **Kinder:** willkommen • **Behinderte:** Zugang schwierig • **Tiere:** nach Absprache in den Schlafzimmern gestattet
Geschlossen: Dez. bis Mitte März • **Eigentümer:** Dennis und Jane Wood

Der Nordosten

Leeds, West Yorkshire

42 The Calls
~ Stadthotel ~

42 The Calls, Leeds, West Yorkshire LS2 7EW
Tel.: (0113) 244 00 99 **Fax:** (0113) 234 41 00
E-Mail: hotel@42thecalls.co.uk **Website:** www.42thecalls.co.uk

Erwarten Sie das Unerwartete im 42 The Calls. Schon die massiven Balken, Träger, Rohre und Kornrutschen hinter der Drehtür wären einer umgebauten Kornmühle würdig. Die wahren Überraschungen aber sind das luftige, auf versetzten Etagen angelegte Foyer mit hellen Holzböden und Spiegeltüren, die ultramoderne Bar mit ihrer stilvollen Karaffenvitrine, einer gemütlichen Sitzecke und einer schrulligen Sammlung moderner Stühle und amüsanter Glas- und Holztische. Jonathan Wix, der die Mühle 1992 umbaute, behagt diese Mischung aus Altem und Neuem.

In den Schlafzimmern sind Möbel und Bezüge in einem traditionellen Stil gehalten; einige zeigen interessant entworfene Schreibtischlampen aus schwarzer Keramik in Form der Zahl 42. Es gibt eine Kaffeemaschine, Bügeleisen und -brett, CD-Spieler und Radio mit einem Anschluß für das Badezimmer. Man kann Wärmflaschen erhalten, und einige Zimmer, die zum Fluß hin ausgerichtet sind, verfügen sogar über Angelruten. Die Suiten sind sehr charaktervoll, mit riesigen Aufenthaltsräumen. Formelle Gehröcke strafen die ungezwungene Freundlichkeit des Personals Lügen, und obwohl es um einiges größer ist als unsere sonst bevorzugten Häuser, macht sein reizender, eigentümlicher Charakter das 42 The Calls zu einem der schönsten Hotels in Leeds.

~

Umgebung: Corn Exchange; Tetley's Brewery; Museen, Galerien, West Yorkshire Playhouse • **Lage:** im Viertel Exchange; Aussicht auf den Fluß Aire, im Zentrum von Leeds; preisgünstiger bewachter Parkplatz • **Mahlzeiten:** Frühstück, kleine Mahlzeiten • **Preise:** £££ • **Zimmer:** 41; 31 Doppelzimmer, 7 Einzelzimmer, 3 Suiten, alle mit Bad; alle Zimmer haben Telefon, Fernseher, Fax/Modem-Anschluß, CD-Spieler, Minibar, Haartrockner • **Anlage:** Aufenthaltsraum, Frühstücksraum, Bar, Aufzug • **Kreditkarten:** AE, DC, MC, V • **Kinder:** willkommen • **Behinderte:** 1 speziell ausgestattetes Schlafzimmer • **Tiere:** nach Vereinbarung • **Geschlossen:** Weihnachten • **Eigentümer:** Jonathan Wix

Der Nordosten

Newton-le-Willows, North Yorkshire

Tip des Herausgebers

The Hall
~ Ländliches Gästehaus ~

Newton-le-Willows, Bedale, North Yorkshire DL8 1SW
Tel.: (01677) 45 02 10 **Fax:** (01677) 45 00 14

Manche der in diesem Führer vorgestellten Hotels sind in erster Linie wegen ihrer sympathischen Gastgeber attraktiv. Andere dagegen wirken ganz von selbst einladend. The Hall gehört zu den letztgenannten, und wenn Oriella Featherstone ihre Gastfreundschaft beisteuert, ergibt es eine unwiderstehliche Kombination. Die Ställe und die Koppel neben dem knapp einen Hektar großen Garten dienen nicht nur der Zierde – auch Gastpferde können hier untergestellt werden. Das georgianische Haus ist reich mit Antiquitäten aus anderen Gegenden und Zeiten bestückt; aber es ist dafür gedacht, darin zu leben, nicht nur sie zu bewundern. Auch wenn der Salon sehr vornehm wirkt, lädt er dennoch dazu ein, für eine Weile zu relaxen. Tee, Kaffee und Obstkuchen sind fortwährend in der Küche erhältlich – eine gelungene Alternative zu einer Bar mit Selbstbedienung. Wenn Sie Abendessen wünschen, wird Ihnen traditionelle Hausmannskost geboten, die an einem großen Tisch serviert wird. Das Frühstück ist sehr umfangreich und läßt keinerlei Wünsche offen. Die stets mit frischen Blumen geschmückten Schlafzimmer sind groß, hell und gut möbliert; die Badezimmer stehen hinter der Qualität der anderen Räume nicht zurück. Wanderer werden sich über die vielen Wege gleich vor der Haustür freuen. Als zusätzlichen Service bietet das Hotel einen Trockenraum.

Umgebung: Middleham; Jervaulx Abbey; Bolton Castle; Thorp Perrow; Fountains Abbey; Newby Hall • **Lage:** 6,5 km westlich von Bedale; großer Parkplatz
Mahlzeiten: Frühstück, Mittagessen, Abendessen • **Preise:** ££ • **Zimmer:** 5; 3 Doppelzimmer, 1 Zweibettzimmer, 1 Suite, alle mit Bad oder Dusche • **Anlage:** 2 Aufenthaltsräume, Frühstücksraum, Speisezimmer, Garten • **Kreditkarten:** keine
Kinder: gestattet • **Behinderte:** keine geeigneten Einrichtungen • **Tiere:** gestattet
Geschlossen: nie • **Eigentümerin:** Oriella Featherstone

Der Nordosten

Nunnington, North Yorkshire

Ryedale Country Lodge
~ Restaurant mit Zimmern ~

Nunnington, bei Helmsley, York, North Yorkshire YO6 25XR
Tel.: (01439) 74 82 46 **Fax:** (01439) 74 83 46

Nunnington ist von weitem Ackerland umgeben, worin das kleine Landhotel von Peter und Gerd Handley einen erfreulichen Anblick bietet. Obwohl die Handleys das Restaurant noch nicht sehr lange führen (allerdings kennen sie das Geschäft und die Gegend), ist in relativ kurzer Zeit eine begeisterte Anhängerschaft für ihre Küche entstanden.

Wenn man die Vasen voller Blumen und die steinernen Hunde, die die Eingangstür bewachen, hinter sich gelassen hat, betritt man den in blau und rosa gehaltenen Aufenthaltsraum mit seinem reichen Arrangement an Blumen und Pflanzen, gemütlichen Sofas und ansprechenden Gobelins. Es gibt eine wunderbare Sammlung an Möbeln, die einige sehr individuelle Kreationen umfaßt, dazwischen kuriose und schrullige von Gerd Handley zusammengestellte Stücke.

Das Speisezimmer und der Wintergarten bieten schöne Ausblicke auf das weite Land – aber noch mehr Gefallen werden Sie am einfallsreichen Essen finden, das sehr gut zubereitet, ansprechend angerichtet und von freundlichem Personal serviert wird. Es gibt eine reiche Auswahl an Gerichten und eine gut dazu passende Weinkarte. Und Ihre Freude wird durch die Rechnung keineswegs getrübt werden … Sehr empfehlenswert.

Umgebung: Nunnington Hall; Rievaulx Abbey; Castle Howard • **Lage:** 6 km südöstlich von Helmsley über die B1257 zu erreichen, 1,5 km westlich vom Dorf; in offenem Gelände mit großem Parkplatz • **Mahlzeiten:** Frühstück, Abendessen **Preise:** ££ • **Zimmer:** 7; 5 Doppelzimmer, 2 Zweibettzimmer, alle mit Bad; alle Zimmer haben Telefon, Fernseher, Haartrockner • **Anlage:** Aufenthaltsraum, Wintergarten/Speisezimmer, Garten; Angeln • **Kreditkarten:** MC, V • **Kinder:** nach Vereinbarung • **Behinderte:** 1 geeignetes Schlafzimmer im Erdgeschoß • **Tiere:** nach Vereinbarung • **Geschlossen:** nie • **Eigentümer:** Peter und Gerd Handley

Der Nordosten

PATELEY BRIDGE, NORTH YORKSHIRE

Sportsman's Arms
~ Landhotel ~

Wath-in-Nidderdale, Pateley Bridge, bei Harrogate, North Yorkshire
HG3 5PP
Tel.: (01423) 71 13 06 **Fax:** (01423) 71 25 24

Unser letzter Besuch bestätigte den Eindruck, daß das Sportman's Arms immer besser wird. Das langgestreckte, recht verschachtelte Gebäude stammt aus dem 17. Jahrhundert, und die Umgebung ist genauso entzückend wie der Name des Dorfes klingt. Der Fluß Nidd durchfließt das Gelände vor dem Hotel. Das Gouthwaite Reservoir, Lieblingsort der Vogelbeobachter, befindet sich gleich dahinter; wunderbare Täler breiten sich vor dem Besucher aus.

Jane und Ray Carter leiten das Sportsman's Arms mit Hilfe ihres jungen, sympathischen Teams schon seit über 20 Jahren, und sie schaffen es immer noch, sich selbst zu übertreffen. Die Schlafzimmer (zwei davon mit Himmelbetten) wurden neu ausgestattet, sie wirken hell und frisch und haben nagelneue Badezimmer. Sechs weitere Zimmer, davon vier mit Blick aufs offene Land, wurden im Flügel mit den Ställen und der Scheune geschaffen. Außerdem wurden sämtliche Gemeinschaftsräume kürzlich renoviert.

Im Sportman's Arms liegt das besondere Augenmerk auf dem Restaurant, deshalb bildet das große, von Silberbesteck und Kristalleuchtern schimmernde Speisezimmer das Zentrum des Hotels. Die Speisekarte umfaßt sowohl traditionelle lokale Gerichte als auch frischen Fisch und Meeresfrüchte, die täglich von Whitby geliefert werden. Die Weinkarte ist hervorragend, und die Preise sind äußerst vernünftig.

Umgebung: Wharfedale, Wensleydale; Fountains Abbey, Bolton Abbey • **Lage:** 3 km nordwestlich von Pateley Bridge, in einem kleinen Dorf; großer Parkplatz **Mahlzeiten:** Frühstück, Mittagessen (Bar), Abendessen • **Preise:** ££ • **Zimmer:** 13 Doppelzimmer und Zweibettzimmer mit Bad oder Dusche, alle Zimmer haben Fernseher • **Anlage:** 3 Aufenthaltsräume, Bar, Speisezimmer; Angeln • **Kreditkarten:** MC, V • **Kinder:** willkommen • **Behinderte:** leichter Zugang zu den Gemeinschaftsräumen • **Tiere:** nach Vereinbarung willkommen • **Geschlossen:** 1. und 2. Weihnachtsfeiertag, Neujahr • **Eigentümer:** Jane und Ray Carter

Der Nordosten

Ramsgill-in-Nidderdale, North Yorkshire

Yorke Arms
~ Dorfgasthof ~

Ramsgill-in-Nidderdale, bei Harrogate, North Yorkshire HG3 5RL
Tel.: (01423) 75 52 43 **Fax:** (01423) 75 53 30
E-Mail: enquiries@yorke-arms.co.uk **Website:** www.yorke-arms.co.uk

Auf einer Wiese in einem hübschen Ort im Nidderdale findet man das pflanzenüberwucherte Yorke Arms, das seit 150 Jahren als Pub dient. Heute ist es ein traditioneller, schlichter Dorfgasthof. Die Besitzer Frances und Gerald Atkins bieten hier gutes Essen und ein herzliches Willkommen. Wenn Sie eintreten, umfängt Sie eine gemütliche Atmosphäre mit gefliesten Böden, Holzbalken und (im Winter) offenem Kaminfeuer. Es herrscht ein beruhigendes Gefühl von Ordnung: Was poliert sein sollte, wurde auch poliert, was gekehrt sein sollte, wurde gekehrt.

Im Restaurant halten Holztische und auf dem Parkett liegende Teppiche das Technikzeitalter in Schach und dienen als Kulisse für Frances Atkins' täglich wechselnde Speisekarte: Traditionelle und moderne englische Gerichte sind die Basis ihrer Küche, sie macht zudem Anleihen bei Rezepten der ganzen Welt. Die Weinkarte ist umfassend und hat zivile Preise. Einfachere Gerichte sind in der Brasserie oder der Lounge erhältlich.

Die Schlafzimmer sind einfach, aber ansprechend dekoriert und behaglich ausgestattet. Sie variieren in der Größe (und im Preis) von gemütlich bis großzügig, es gibt auch eine Suite, »Gouthwaite«, die mit einem Sofa und Sesseln eingerichtet ist. Die Badezimmer sind in die Jahre gekommen, werden aber nach und nach erneuert.

Umgebung: Harewood House; Newby Hall; Fountains Abbey; Ripon Cathedral
Lage: im Dorfzentrum; über die Low Wath Road von Pateley Bridge am Rande des Gouthwaite Reservoir; Parkplatz vorhanden • **Mahlzeiten:** Frühstück, Mittagessen, Abendessen; Zimmerservice • **Preise:** ££ • **Zimmer:** 13; 11 Doppel- und Zweibettzimmer, alle mit Bad; alle Zimmer haben Telefon, Fernseher, Haartrockner; einige mit Minibar • **Anlage:** Aufenthaltsraum, Sportraum, Speisezimmer, Bars, Garten
Kreditkarten: AE, DC, MC, V • **Behinderte:** keine geeigneten Einrichtungen
Tiere: in einigen Gemeinschaftsräumen gestattet • **Geschlossen:** nie
Eigentümer: Frances und Gerald Atkins

DER NORDOSTEN

REETH, NORTH YORKSHIRE

✼ TIP DES HERAUSGEBERS ✼

Burgoyne Hotel
~ Dorfhotel ~

On the Green, Reeth, Richmond, North Yorkshire DL11 6SN
Tel. und Fax: (01748) 88 42 92

Das spätgeorgianische Burgoyne Hotel erstreckt sich auf einem Hügel, der zum Dorf Reeth hin abfällt. Wenn Sie sich umdrehen und in die entgegengesetzte Richtung blicken, können Sie auch sehen, warum es dort oben steht: Das Swale-Tal ist extrem schön, und vom Burgoyne aus haben Sie einen unversperrten Blick darauf. Innen wurde mit viel Zeit, Geld und Geschmack ein Meisterwerk geschaffen. Es gibt zwei elegant möblierte Salons im Erdgeschoß. In der Ausstattung zeigen sich hier und da Anleihen beim Mittelalter: steinerne Wappen über den Kaminen und Eichentüren in neogotischem Stil. Das Restaurant, wo die weiß schimmernden Servietten, das Kristall und das Silber sich von den Blautönen der Dekoration abheben, ist eine Art Allerheiligstes. Hier vereinigen sich Peter Carwardines kulinarische Kunst und das beinahe schon enzyklopädische Weinkennertum von Derek Hickson.
Die Schlafzimmer, die meisten von ihnen mit Blick auf das Tal, sind wunderschön ausgestattet und sehr gemütlich. Vor den Fenstern bieten Sessel die Gelegenheit, sich hinzusetzen und einfach die Aussicht zu genießen. Um die wohlproportionierten Räume nicht verkleinern zu müssen, befinden sich ein oder zwei Badezimmer auf der anderen Seite des Korridors – für den kurzen Gang liegen Bademäntel und Hausschuhe bereit.

~

Umgebung: Richmond Castle; Middleham Castle • **Lage:** 16 km westlich von Richmond über die B6270 zu erreichen, Parkplatz vorhanden • **Mahlzeiten:** Frühstück, Lunchpakete auf Anfrage, Abendessen; Zimmerservice • **Preise:** ££ • **Zimmer:** 8 Doppel- und Zweibettzimmer mit Bad; alle Zimmer haben Telefon, Fernseher, Haartrockner • **Anlage:** Aufenthaltsraum, Speisezimmer, Garten; Angeln
Kreditkarten: MC, V • **Behinderte:** 1 geeignetes Schlafzimmer im Erdgeschoß
Tiere: nach Vereinbarung • **Geschlossen:** Anfang Jan. bis Mitte Feb.
Eigentümer: Derek Hickson und Peter Carwardine

Der Nordosten

Ripley, North Yorkshire

Boar's Head
~ Hotel im Landhausstil ~

Ripley, Harrogate, North Yorkshire HG3 3AY
Tel.: (01423) 77 18 88 **Fax:** (01423) 77 15 09
E-Mail: boarshead@ripleycastle.co.uk **Website:** www.ripleycastle.co.uk

Wer ein Gasthaus und genügend Gemälde und antike Möbel besitzt, um es einzurichten, könnte Schlechteres damit tun, als der erfolgreichen Renovierung des Boar's Head in Ripley durch Sir Thomas und Lady Ingilby nachzueifern. Es ist ein Etablissement mit nettem, hilfsbereitem Personal, das Ihr Wohlbehagen nicht dem Zufall überläßt. Einige Schlafzimmer befinden sich im Gasthaus selbst, etwas zeitgemäßere sind in dem Gebäude am kopfsteingepflasterten Innenhof, vier der sechs besten Zimmer sind auf der anderen Straßenseite im ruhigen Birchwood House untergebracht. Alle sind mit frischen Blumen dekoriert, mit tadellosen modernen Badezimmern und durchdachter Einrichtung ausgestattet.

Die Gemeinschaftsräume sind warm und einladend und mit antiken Möbeln ausstaffiert; Seestücke und Ahnenporträts teilen sich die Wände. Zum Abendessen haben Sie die Wahl, entweder in das legere Bistro zu gehen (bei unserem Besuch war es rappelvoll) oder dem feudaleren Kerzenscheinkomfort des Restaurants den Vorzug zu geben. Hier haben Sie unter anderem die Wahl zwischen knusprigem Seebarsch mit schwarzen Nudeln oder Perlhuhnfilet auf süßem Erbsenpüree. Frisches Gemüse und Wild vom Landgut der Ingilbys, das von ihrem Schloß aus geleitet wird, tauchen je nach Saison auf der Speisekarte auf.

~

Umgebung: York; Fountains Abbey und Studley Royal Water Gardens • **Lage:** im Dorfzentrum, 5 km nördlich von Harrogate an der A61, mit großem Parkplatz
Mahlzeiten: Frühstück, Mittagessen, Abendessen • **Preise:** ££ • **Zimmer:** 25 Doppel- und Zweibettzimmer mit Bad; alle Zimmer haben Telefon, Fernseher, Fax/Modem-Anschluß, Haartrockner; auf Wunsch mit Minibar • **Anlage:** Aufenthaltsraum, Speisezimmer, 2 Bars, Garten; Tennis, Angeln • **Kreditkarten:** AE, MC, DC, V
Kinder: gestattet • **Behinderte:** 1 speziell ausgestattetes Schlafzimmer, 8 Zimmer im Erdgeschoß • **Tiere:** nur in einigen Räumen gestattet • **Geschlossen:** nie
Eigentümer: Sir Thomas und Lady Ingilby

DER NORDOSTEN

ROMALDKIRK, COUNTY DURHAM

Rose and Crown
∽ Landgasthof ∽

Romaldkirk, Barnard Castle, Co. Durham DL12 9EB
Tel.: (01833) 65 02 13 **Fax:** (01833) 65 08 28
E-Mail: hotel@rose-and-crown.co.uk **Website:** www.rose-and-crown.co.uk

Das Rose and Crown wurde im Jahre 1733 im hübschen Dorf Romaldkirk mit seinen hellen Steinhäusern errichtet. Die ursprüngliche Anlage verdankt es den Angelsachsen und seinen Namen dem Schutzheiligen der Kirche nebenan. Vor zehn Jahren wurde es von Christopher und Alison Davy von Grund auf renoviert, und seitdem erlebt das Rose and Crown eine anhaltende Blütezeit. Die Bar ist anheimelnd traditionell: gut gezapftes Ale, naturbelassene Steinmauern, Holzfeuer, alte Photographien, Krimskrams aus Kupfer und Messing. Es gibt sehr gute Pub-Mahlzeiten mit Tagesspezialitäten, die auf einer Schiefertafel angeschrieben stehen. Serviert wird im »Crown Room«, der im Stil eines Bistros gehalten ist. Eher traditionelle, aber einfallsreiche Vier-Gänge-Menüs werden im holzgetäfelten Speisezimmer serviert. Je nach Saison wird häufig Wild aus dem Heideland, frischer Fisch von der Ostküste und lokal angebautes Gemüse angeboten. Frisches Brot wird jeden Tag gebacken.

Im Hauptgebäude gibt es sieben komfortable Schlafzimmer, die ansprechend ausgestattet und mit Antiquitäten möbliert sind. Fünf weitere wurden um den Hof an der Rückseite gruppiert, die meisten von ihnen sind auch zum Hof hin ausgerichtet. Alle Zimmer sind mit frischen Blumen geschmückt.

∽

Umgebung: Barnard Castle; Egglestone Abbey; High Force • **Lage:** im Dorfzentrum, auf der B6277, 9,5 km nordwestlich von Barnard Castle; mit großem Parkplatz
Mahlzeiten: Frühstück, Abendessen, So Mittagessen • **Preise:** ££ • **Zimmer:** 12; 11 Doppelzimmer und Zweibettzimmer, 1 Familienzimmer, 9 mit Bad, 3 mit Dusche; alle Zimmer haben Telefon, Fernseher, Haartrockner • **Anlage:** Aufenthaltsraum, Speisezimmer, Bar • **Kreditkarten:** MC, V • **Kinder:** willkommen • **Behinderte:** 1 geeignetes Schlafzimmer im Erdgeschoß • **Tiere:** in den Schlafzimmern gestattet
Geschlossen: 1. und 2. Weihnachtsfeiertag, Restaurant So abends • **Eigentümer:** Christopher und Alison Davy

Der Nordosten

Walkington, North Humberside

The Manor House
~ Hotel im Landhausstil ~

Northlands, Walkington, North Humberside HU17 8RT
Tel.: (01482) 88 16 45 **Fax:** (01482) 86 65 01

Dieses spätviktorianische Haus ist vielleicht nicht das, was sich die meisten Leute unter einem Herrenhaus vorstellen, was aber kein wirkliches Manko ist. Unter der Leitung von Küchenchef und Besitzer Derek Baugh und seiner Frau wandelte es sich zu einem außerordentlich kultivierten Hotel. Der Salon ist weiträumig und ungezwungen durch verschiedene Sitzgruppen unterteilt. An sonnigen Tagen strömt viel Licht durch ein hohes Rundbogenfenster herein, und der ganze Raum wird optisch von einem hellen Teppich mit geometrischem Muster zusammengehalten. Der ursprüngliche Wintergarten dient als Speisezimmer – ein ganz besonders schöner Ort, um an einem Sommerabend zu essen.

Einer unserer Mitarbeiterinnen gefiel bei ihrem letzten Besuch besonders »die wunderschöne, ruhige Lage direkt vor dem Dorf«. Sie fand die Schlafzimmer (herrliche Aussicht) ein wenig modern, wenn man den Charakter des Hauses bedenkt – aber bequem und elegant. Die Badezimmer sind mit sehr großen Handtüchern und vielen Extras ausgestattet. Ein Bungalow mit zwei Doppelschlafzimmern, einem Badezimmer und einer Dusche ist ideal für Familien. Die Küche ist durchdacht und modern; die umfangreiche Weinkarte spiegelt Derek Baughs Interesse für Wein wider, sie ist interessant und auf Europa konzentriert.

Umgebung: Beverley Minster; Skidby Windmill Museum • **Lage:** an der Newbald Road nordwestlich von Walkington, 6 km südwestlich von Beverley • **Mahlzeiten:** Frühstück, Mittagessen nach Vereinbarung, Abendessen; Zimmerservice rund um die Uhr • **Preise:** ££ • **Zimmer:** 7; 5 Doppelzimmer, 1 Zweibettzimmer, 1 Familienzimmer, alle mit Bad; alle Zimmer haben Telefon, Fernseher, Minibar • **Anlage:** Aufenthaltsraum, Wintergarten, Speisezimmer • **Kreditkarten:** MC, V • **Kinder:** gestattet • **Behinderte:** keine geeigneten Einrichtungen • **Tiere:** nach Vereinbarung **Geschlossen:** nie • **Eigentümer:** Derek und Lee Baugh

Der Nordosten

Winteringham, North Lincolnshire

Winteringham Fields
~ Hotel im Gutsherrenstil ~

Winteringham, North Lincolnshire DN15 9PF
Tel.: (01724) 73 30 96 **Fax:** (01724) 73 38 98

Das Winteringham Fields auf halbem Weg zwischen Scunthorpe und der Humber Bridge stellt einen der Höhepunkte der Gastronomie Englands dar. Das Hotel befindet sich im Zentrum von Winteringham, einem stillen Dorf am Südufer der Mündung des Humber. Der Schweizer Küchenchef Germain Schwab und seine Frau Ann sind Verfechter der hohen Kunst der Zubereitung und vor allem der Wertschätzung guten Essens – das bezeugt auch ihr zweiter Michelin-Stern.

Das weitläufige Haus aus dem 16. Jahrhundert ist voller Ecken und Winkel und besitzt noch einige originale Besonderheiten wie Holzbalken, alte Kamine und Eichenvertäfelung. Diese heben sich von den warmen Farben der Wände und Stoffe und von den antiken Möbeln ab. Die Schlafzimmer sind alle einheitlich dekoriert und ansprechend möbliert. Es gibt vier Zimmer im Hauptgebäude (und in ihnen finden Sie keinen einzigen rechten Winkel), drei im Hofraum – der Hof ist das Revier des großen (freundlichen) Boxers und der sogar noch größeren (freundlichen) dänischen Dogge –, und eines befindet sich in einem Cottage um die Ecke. Zwei weitere Zimmer wurden kürzlich im ehemaligen Taubenschlag geschaffen, der ein Stück entfernt liegt. Alle Zimmer sind nach früheren Bewohnern des Hauses oder lokalen Berühmtheiten benannt.

Umgebung: Normanby Hall; Thornton Abbey; Lincoln • **Lage:** im Dorfzentrum am Südufer des Humber, 6 km westlich der Humber Bridge an der A1077, mit großem Parkplatz • **Mahlzeiten:** Frühstück, Mittagessen, Abendessen; Zimmerservice **Preise:** ££ • **Zimmer:** 10; 8 Doppelzimmer, 2 Suiten, alle mit Bad; alle Zimmer haben Telefon, Fernseher, Haartrockner • **Anlage:** Aufenthaltsraum, 2 Speisezimmer, Wintergarten, Garten, Hubschrauberlandeplatz • **Kreditkarten:** AE, MC, V **Kinder:** Babys und Kinder über 8 Jahre gestattet • **Behinderte:** Zugang schwierig **Tiere:** nach Vereinbarung • **Geschlossen:** 1 Woche Aug., 2 Wochen Weihnachten; Restaurant So, Mo, letzte Woche März • **Eigentümer:** Germain und Ann Schwab

SÜDSCHOTTLAND

CANONBIE, DUNFRIES AND GALLOWAY

Riverside Inn
～ Ländlicher Gasthof ～

Canonbie, Dumfries and Galloway DG14 0UX
Tel.: (013873) 715 12

Dieses umgebaute Landhaus, das man gleichzeitig als Pub, als Restaurant und als Hotel betrachten könnte, wird seit über 25 Jahren von der Familie Phillips geführt. Die meisten Gäste hier sind vermutlich Autofahrer, die zwischen England und Schottland unterwegs sind, obwohl die A7 von Carlisle nach Edinburgh weiter nach Westen verlegt wurde, um Canonbie zu umgehen. Canonbie und das Riverside Inn sind natürlich für diejenigen, die hier pausieren, attraktiver geworden, seit weniger Verkehr das Hotel von dem öffentlichen Park gegenüber und dem Fluß Esk trennt, den man vom Hotel aus überblicken kann.

Innen ist die Atmosphäre warm und freundlich. Die gemütliche Bar und die behaglichen Aufenthaltsräume weisen Holzbalken auf und sind in traditionellem, plüschigen Stil eingerichtet. Das Speisezimmer wirkt mit seinen Holztischen, auf denen abends die Kerzen scheinen, heller. Sie können entweder in der Bar oder im Restaurant essen; in beiden ist das Essen gut. Es werden frische Lebensmittel aus der Region verwendet, wie z. B. Lachs aus dem Esk und Gemüse aus eigenem Anbau. Die Schlafzimmer im Riverside sind komfortabel, aber schon etwas abgenutzt; die Badezimmer benötigen definitiv eine Erneuerung. Extras wie Heizdecken und ein Obstkorb finden sich in jedem Zimmer.

Umgebung: Hadrian's Wall; Grenze zu England • **Lage:** 18 km nördlich der M6 an der A7, in einem Dorf am Fluß; Garten und großer Parkplatz vorhanden
Mahlzeiten: Frühstück, Mittagessen, Abendessen • **Preise:** ££ • **Zimmer:** 7 Doppelzimmer, 4 mit Bad, 3 mit Dusche, alle Zimmer haben Fernseher • **Anlage:** 2 Aufenthaltsräume, Bar, Speisezimmer, Angeln, Tennis, Bowling • **Kreditkarten:** MC, V
Kinder: willkommen • **Behinderte:** ein geeignetes Schlafzimmer im Erdgeschoß
Tiere: nach Vereinbarung • **Geschlossen:** Weihnachten, Neujahr, 2 Wochen in Feb. und Nov. • **Eigentümer:** Robert und Susan Phillips

SÜDSCHOTTLAND

EDINBURGH

The Howard
~ Stadthaus-Hotel ~

34 Great King Street, Edinburgh EH3 6QH
Tel.: (0131) 557 35 00 **Fax:** (0131) 557 65 15
E-Mail: reserve@thehoward.com **Website:** www.thehoward.com

Das einzige Indiz, welches das Haus Nr. 34 in der Great King Street als Hotel ausweist, ist ein einfaches Messingschild rechts neben dem Vordereingang. Die Lage, eine Kopfsteinpflasterstraße in Edinburghs Viertel New Town (»new« bedeutet Anfang des 19. Jahrhunderts), könnte kaum besser sein. Die Princes Street und das Schloß sind zu Fuß erreichbar, und dennoch gibt es kaum Verkehrslärm. Das Gebäude stammt aus den 1820er Jahren, es umfaßt drei ehemalige Stadthäuser und legt den Geist und die Eleganz an den Tag, die man mit der georgianischen Ära assoziiert. Wenn Sie eintreten, werden Sie sofort hilfsbereit umsorgt, auch den Weg zum hoteleigenen Parkplatz müssen Sie nicht allein suchen. Nach dem Einchecken bietet Ihnen das nette Rezeptionspersonal Tee und Gebäck an und gibt Ihnen das Gefühl, Gast im Haus eines Freundes zu sein.

Die Gemeinschaftsräume sind elegant und einnehmend, obwohl der Salon günstigere Lichtverhältnisse brauchen könnte. Der Frühstücksraum ist mit ausgewählten Wandmalereien in italienischem Stil geschmückt, die während der Restaurierung entdeckt worden sind. Nur das kahle moderne Restaurant »36« mit seiner renommierten Küche ist in einem anderen Stil gehalten. Die Schlafzimmer bieten jeden nur erdenklichen Komfort.

Umgebung: Edinburgh Castle; Holyrood Palast; Princes Street • **Lage:** New Town, östlich der Dundas Street, Parkplatz vorhanden • **Mahlzeiten:** Frühstück, Mittagessen, Abendessen; Zimmerservice • **Preise:** ££££ • **Zimmer:** 16; 12 Doppelzimmer und Zweibettzimmer, 2 Einzelzimmer, 2 Suiten; alle Zimmer haben Telefon, Fernseher, Fax/Modem-Anschluß, Haartrockner • **Anlage:** Salon, Bar, Frühstücksraum, Restaurant, Aufzug • **Kreditkarten:** AE, DC, MC, V • **Kinder:** willkommen **Behinderte:** Zugang möglich • **Tiere:** nach Vereinbarung • **Geschlossen:** Weihnachten • **Eigentümer:** Peter Taylor

SÜDSCHOTTLAND

EDINBURGH

TIP DES HERAUSGEBERS

Sibbet House
Bed & Breakfast im Stadthaus

34 Great King Street, Edinburgh EH3 6QH
Tel.: (0131) 556 10 78 **Fax:** (0131) 557 94 45
E-Mail: sibbet.house@zet.net.co.uk **Website:** www.sibbet-house.co.uk

Dieses erstklassige Bed & Breakfast im Herzen von Edinburghs New Town ist in vielen Punkten überdurchschnittlich. Das elegante und komfortable Haus stammt aus georgianischer Zeit und ist im Besitz der Familie Sibbet (Jim Sibbet hat sich aus dem Geschäft zurückgezogen und die Leitung Jens und Anita Steffen übergeben). Es ist verschwenderisch mit Antiquitäten und schönen Stoffen ausgestattet. Im Erdgeschoß befindet sich der zinnoberrot gehaltene Frühstücksraum, der mit antiken Möbeln und Kunstdrucken von Russell Flint dekoriert ist. Ein prächtiger überkuppelter Treppenaufgang führt zu den Schlafzimmern und zu dem reizenden Salon. Die Schlafzimmer sind auf zwei Etagen verteilt und würden einem Vier-Sterne-Hotel alle Ehre machen: Sie sind groß, wunderschön möbliert und ideenreich ausgestattet (sogar an eine Karaffe mit Sherry wurde gedacht). Im Souterrain befindet sich die Suite, zu der eine moderne Küche, ein Speisezimmer im Wintergarten und eine Gartenterasse gehört; zudem wird eine Garage und eine Waschmaschine zur Verfügung gestellt.

Das Frühstück im Sibbet House ist ein Festmahl mit selbstgebackenen Broten, Konfitüren und Marmeladen, daneben gibt es eine verführerische Auswahl an warmen Gerichten wie French Toast, Frittatas und Omelettes. Abschließend ist zu erwähnen – und mißverstehen Sie diesen Hinweis bitte nicht als Warnung –, daß Jim Sibbet auf Wunsch gerne auf seinem Dudelsack spielt.

Umgebung: Edinburgh Castle; Holyrood Palace; Princes Street • **Lage:** New Town, nördlich der Princes Street, Parkplatz vorhanden • **Mahlzeiten:** Frühstück • **Preise:** ££ • **Zimmer:** 5; 4 Doppelzimmer und Zweibettzimmer, 1 Suite; alle Zimmer haben Telefon, Fernseher und Haartockner • **Anlage:** Aufenthaltsraum, Frühstücksraum, Bar • **Kreditkarten:** MC, V • **Kinder:** über 8 Jahre gestattet • **Behinderte:** Zugang schwierig • **Tiere:** nach Vereinbarung • **Geschlossen:** Weihnachten • **Eigentümer:** Jim Sibbet • **Geschäftsführer:** Anita und Jens Steffen

Südschottland

Glasgow

One Devonshire Gardens
~ Stadthaus-Hotel ~

1 Devonshire Gardens, Glasgow G12 OUX
Tel.: (0141) 339 20 01 **Fax:** (0141) 337 16 63 **E-Mail:** markcalpin@btconnect.com
Website: www.one-devonshire-gardens.co.uk

Es gibt eine ganze Reihe von Leuten, die ihren Glasgowbesuch nur dann antreten, wenn sie ein Zimmer im One Devonshire Gardens bekommen. Daß Ken McCullochs Hotel (eigentlich drei Häuser in einer Reihe) diesen Effekt bei vielen seiner Stammgäste hat, ist aber kein Wunder: Wo sonst steht morgens um vier Uhr ein Bäcker auf, um Ihnen frisches Gebäck zu garantieren? Es herrscht im ganzen Hotel ein zurückhaltend-luxuriöses Ambiente: Die Gemeinschaftsräume sind mit stilvollen Antiquitäten und Polstermöbeln ausgestattet, an den reich dekorierten Wänden hängen Ahnenporträts. Nehmen Sie einen Aperitif vor dem Abendessen am Kamin im Salon, bevor Andrew Fairlie Sie im gepflegten Restaurant verzaubert und beweist, daß er seinen Michelin-Stern verdient hat. Es ist fast überflüssig anzufügen, daß die Weinkarte der Küche in nichts nachsteht.

Die Schlafzimmer sind prachtvoll: manche sind in weiches Licht getaucht und in satten Farben mit schweren Stoffen gehalten, andere zeigen zarte Töne und wirken verspielt; alle sind jedoch mit ausgesuchten Möbeln und einem großzügigen Badezimmer ausgestattet. Frische Früchte und Blumen, ein CD-Spieler und aktuelle Zeitschriften vervollkommnen den Komfort. Das Personal ist höflich, diskret und aufmerksam.

Umgebung: Stadtzentrum: Cathedral, Hunterian Museum und andere Sehenswürdigkeiten • **Lage:** 3 km vom Zentrum an der Kreuzung Great Western und Hyndland Road; Parkplatz vorhanden • **Mahlzeiten:** Frühstück, Mittag- und Abendessen • **Preise:** ££££ • **Zimmer:** 27 Doppelzimmer und Zweibettzimmer, 24 mit Bad, 3 mit Dusche, alle Zimmer haben Telefon, Fernseher, Minibar, Haartrockner **Anlage:** 2 Aufenthaltsräume, Arbeitszimmer, Speisezimmer, Bar, Innenhofgarten **Kreditkarten:** AE, DC, MC, V • **Kinder:** willkommen • **Behinderte:** keine geeigneten Einrichtungen vorhanden • **Tiere:** in den Schlafzimmern gestattet **Geschlossen:** Ende Dez. bis Anfang Jan. • **Eigentümer:** Ken McCulloch

SÜDSCHOTTLAND

Gullane, East Lothian

Greywalls
∼ Hotel im Landhausstil ∼

Muirfield, Gullane, East Lothian EH31 2EG
Tel.: (01620) 84 21 44 **Fax:** (01620) 84 22 41
E-Mail: sue@greywalls.co.uk **Website:** www.greywalls.co.uk

Das Greywalls ist ein elegantes, teures Gästehaus auf dem Land und verfügt im Vergleich zu den meisten Hotels in diesem Führer über eine große Zahl an Schlafzimmern. Trotzdem können wir nicht umhin, ein solch unvergleichliches Hotel aufzuführen. Es ist ein klassisches Gebäude der Zeit um 1900 von Sir Edwin Luytens, mit Gärten, die von Gertrude Jekyll angelegt wurden. Besonders interessant für Golfenthusiasten ist der Ausblick auf das zehnte Grün des berühmten Muirfield Course.

Die Atmosphäre des Greywalls erinnert sehr an die eines vornehmen Privathauses, sie hat sich wohl nur wenig geändert seit den Tagen, als König Edward VII. hier Gast war. Die größtenteils mit Antiquitäten eingerichteten Gemeinschaftsräume umfassen ein edwardianisches Teezimmer, eine kleine, gut sortierte Whiskeybar und eine besonders schöne getäfelte Bibliothek. Sie erinnert so gar nicht an ein Hotel. Man möchte sich am liebsten auf einem der Sofas neben dem Kamin ausstrecken und in einem der vielen Bücher aus den Regalen blättern. Das Abendessen wird in einem Raum mit Ausblick auf den Golfplatz serviert, die phantasiereichen Gerichte werden sehr stilvoll präsentiert. Besonders die Schlafzimmer im Haus, weniger die im neuen Flügel sind komfortabel eingerichtet und gut ausgestattet.

∼

Umgebung: Golfanlagen; Strände; Schlösser; Edinburgh • **Lage:** in einem Dorf, 27 km östlich von Edinburgh über die A 198 Richtung North Berwick zu erreichen; großer Parkplatz • **Mahlzeiten:** Frühstück, Mittagessen, Abendessen; Zimmerservice • **Preise:** ££££ • **Zimmer:** 23; 19 Doppelzimmer und Zweibettzimmer, 4 Einzelzimmer, alle mit Bad; alle Zimmer haben Telefon, Fernseher und Haartrockner **Anlage:** 2 Aufenthaltsräume, Bibliothek, Bar, Speisezimmer, Wintergarten, Garten; Tennis, Krocket • **Kreditkarten:** AE, DC, MC, V • **Kinder:** willkommen • **Behinderte:** geeignete Schlafzimmer im Erdgeschoß • **Tiere:** außer in den Gemeinschaftsräumen gestattet • **Geschlossen:** Nov. bis März • **Eigentümer:** Giles und Ros Weaver

SÜDSCHOTTLAND

PORTPATRICK, DUMFRIES & GALLOWAY

Knockinaam Lodge
∼ Landhotel ∼

Portpatrick, Dumfries & Galloway DG9 9AD
Tel.: (01776) 81 04 71 **Fax:** (01776) 81 04 35

Wenn Sie einmal dem Rummel des Alltags entfliehen möchten, ist Galloway die ideale Gegend und Knockinaam Lodge die dazu passende Unterkunft. Außerdem ist das Hotel der perfekte Ausgangspunkt, wenn Sie auf dem Weg zur Fähre nach Nordirland in Stranraer sind. Die verschiedenen Eigentümer des Hotels bescherten ihm den Ruf einer guten Küche und herzlicher Gastfreundschaft, und diese Tradition ist bis heute dank eines engagierten Personals und der gegenwärtigen Besitzer Michael Bricker und Pauline Ashworth ungebrochen. Die niedrige viktorianische Villa wurde 1869 ursprünglich als Jagdhaus errichtet und um das Jahr 1900 ausgebaut. Die Innenräume sind gemütlich, die Schlafzimmer von stilvoller Schlichtheit. Idyllische Abgeschiedenheit prägt die Atmosphäre dieses Ortes – auf der einen Seite ein Tal mit Bäumen und auf der anderen Seite Rasenflächen bis hinunter zu einem Sandstrand. Kinder sind hier willkommen und werden sehr verwöhnt: Es gibt für sie ein eigenes frühes Abendessen.
Wir wären dankbar für Berichte, ob die Preise hier immer noch den gebotenen Leistungen angemessen sind. Das Abendessen war bei unserem letzten Besuch einfallsreich und gekonnt zubereitet, aber das Hotel schien schon etwas in die Jahre gekommen zu sein.

Umgebung: Logan; Ardwell and Glenwhan Gardens; Castle Kennedy • **Lage:** 5 km südöstlich von Portpatrick, nahe der A77; auf weitem Grundstück, großer Parkplatz **Mahlzeiten:** Frühstück, Mittagessen, Abendessen; Zimmerservice • **Preise:** £££-££££ • **Zimmer:** 10; 9 Doppelzimmer mit Bad, 1 Einzelzimmer mit Dusche, alle Zimmer haben Telefon, Fernseher, Video und Haartockner • **Anlage:** 2 Aufenthaltsräume, Bar, Speisezimmer, Garten; Krocket, Hubschrauberlandeplatz • **Kreditkarten:** AE, DC, MC, V • **Kinder:** willkommen • **Behinderte:** Zugang leicht, aber keine Schlafzimmer im Erdgeschoß • **Tiere:** außer in den Gemeinschaftsräumen gestattet **Geschlossen:** nie • **Eigentümer:** Michael Bricker und Pauline Ashworth

SÜDSCHOTTLAND

TARBERT, ARGYLL

Skipness Castle
~ Gästehaus im Landhausstil ~

Skipness, bei Tarbert, Argyll PA29 6XU
Tel.: (01880) 76 02 07 **Fax:** (01880) 76 02 08
E-Mail: sophie@skipness.freeserve.co.uk

Die Bezeichnung »Castle« geht zurück auf den schottisch-normannischen Bergfried aus dem 13. Jahrhundert neben dem Haus der Familie James. Er bietet bezaubernde Ausblicke über die Meerenge zur Insel Arran. Die Anlage gehört der Familie James seit den 1930er Jahren. 1969 fielen große Teile des ursprünglichen viktorianischen Herrenhauses einem Feuer zum Opfer, und eine kleinere Version wurde an der gleichen Stelle unter Verwendung originaler Bausubstanz und Materialien errichtet. Drei komfortable Schlafzimmer stehen den Gästen zur Verfügung, im ersten Stock gibt es einen herrlichen Salon mit einer Bar, an der man sich selbst bedienen kann. Das Haus ist wunderschön mit Antiquitäten und Familienporträts ausgestattet. Mitglieder der Großfamilie erscheinen gelegentlich zum Abendessen, das von Libby James zubereitet wird, oft mit Gemüse aus dem eigenen Garten und Wild vom eigenen Landgut.

Mittags oder zum Nachmittagstee bietet sich die beliebte »Seafood Cabin« der Familie James an, wo köstliche Platten mit Meeresfrüchten und Lachsbrötchen sowie ein exzellenter Schokoladenkuchen serviert werden. Draußen sieht man Hühner, Enten und Pfauen sich um ihr Futter balgen. Sophie James leitet das Gut und die »Seafood Cabin« und ist eine unerschöpfliche Quelle an Informationen über die Gegend.

Umgebung: Mull of Kintyre; Isle of Arran; Tarbert; Loch Fyne • **Lage:** auf der A83 Richtung Campbeltown, vorbei am Fährhafen Kennacraig, dann auf der B8001 nach Skipness (ausgeschildert); auch über die Fähre von der Insel Arran nach Cloanaig erreichbar; 3 km von Skipness; großer Parkplatz • **Mahlzeiten:** Frühstück, Abendessen • **Preise:** ££ • **Zimmer:** 3 Doppelzimmer und Zweibettzimmer, alle mit Bad **Anlage:** Aufenthaltsraum, Speisezimmer • **Kreditkarten:** keine • **Kinder:** gestattet **Behinderte:** Zugang schwierig • **Tiere:** gestattet • **Geschlossen:** Okt. bis Mitte März • **Eigentümer:** Libby und Nick James

Südschottland

Weitere Empfehlungen

Duns, Berwickshire
Wellfield House
Preston Road, Duns, Berwickshire TD11 3DZ
Tel. und Fax: (01361) 88 31 89 **E-Mail:** john.bimson@virgin.net ££

Ein Leserbrief lenkte unsere Aufmerksamkeit auf dieses vorbildlich geführte Gästehaus. Das georgianische Herrenhaus liegt in der Verwaltungsregion Borders und bietet hervorragende Fischgründe und Golfplätze.

Edinburgh
Drummond House
17 Drummond Place, Edinburgh EH3 6PL
Tel. und Fax: (0131) 557 91 89 **E-Mail:** drummondhouse@cableinet.co.uk ££

Bed & Breakfast in einem georgianischen Stadthaus mit geschmackvoller Inneneinrichtung und gemütlichen Möbeln.

Maybole, Ayrshire
Culzean Castle
Maybole, Ayrshire KA19 8LE
Tel.: (01655) 76 02 74 **Fax:** (01655) 76 06 15 **E-mail:** culzean@nts.org.uk

Das Obergeschoß des Hauses, Robert Adams letztes Meisterwerk, war ein Geschenk auf Lebenszeit an Präsident Eisenhower. Heute dient es als kleines, ungewöhnliches Hotel.

Skirling, Lanarkshire
Skirling House
Skirling, bei Biggar, Lanarkshire ML12 6HD
Tel.: (01899) 86 02 74 **Fax:** (01899) 86 02 55
E-Mail: skirlinghouse@dial.pipex.com ££

Erstklassig geführtes Hotel in einem schönen Arts and Crafts-Haus aus dem Jahre 1908 mit florentinischem Deckengemälde aus dem 16. Jahrhundert.

HIGHLANDS UND INSELN

ACHILTIBUIE, ROSS-SHIRE

Summer Isles
Ländliches Hotel

Achiltibuie, bei Ullapool, Ross-shire IV26 2YG
Tel.: (01854) 62 22 82 **Fax.** (01854) 62 22 51

In Summer Isles »gibt es unzählige Möglichkeiten nichts zu tun«. Vor allem aber kann man gut essen, gut schlafen und sich in schöner Umgebung entspannen. »Packen Sie Gummistiefel, Sonnenbrille, Hund, Wanderschuhe, Mückenschutzmittel, Kamera, Malkasten, Fernglas und Freizeitkleidung ein«, empfehlen Mark und Geraldine Irvine, deren Familie dieses abgelegene cottageartige, dennoch kultivierte Hotel seit Ende der 1960er Jahre führt.
Die Aussicht über Loch Broom und die Summer Isles ist beeindruckend, und die Gemeinschaftsräume im Hotel bringen sie dank ihrer Panoramafenster richtig zur Geltung. Die Dekoration und die Möblierung sind einfach und gemütlich. Im Aufenthaltsraum hält Sie ein Holzofen warm, und im Speisezimmer finden sich moderne Kunst und Fotografien an den Wänden. Eine Hauptattraktion ist das Essen – der Michelinstern, den die Irvines für die köstliche und gesundheitsbewußte Küche von Chris Firth-Bernard erhalten haben, muß einer der abgelegensten auf den Britischen Inseln sein. Zu den Zutaten gehören vor allem frisch gefangener Fisch und Schaltiere sowie selbst angebautes Obst und Gemüse. Die Schlafzimmer sind bequem; das beste ist die stilvolle und geräumige Boathouse Suite, wo eine Wendeltreppe zum Bett führt.

Umgebung: Ullapool; Inverewe Gardens; Strände • **Lage:** 16 km nördlich von Ullapool, biegen Sie nach links auf eine einspurige Straße für 24 km bis Achiltibuie; das Hotel ist nahe dem Postgebäude des Dorfes; großer Parkplatz
Mahlzeiten: Frühstück, Abendessen • **Preise:** ££-£££ • **Zimmer:** 13; 11 Doppelzimmer und Zweibettzimmer, 2 Suiten, alle mit Bad; alle Zimmer haben Telefon und Haartrockner, die Suiten auch Fernseher • **Anlage:** Speisezimmer, Aufenthaltsraum, 2 Bars, Sonnenstudio; Angeln • **Kreditkarten:** MC, V • **Kinder:** über 6 Jahre willkommen • **Behinderte:** Zugang schwierig • **Tiere:** Hunde in Schlafzimmern, nicht in Gemeinschaftsräumen gestattet • **Geschlossen:** Mitte Okt. bis Ostern • **Eigentümer:** Mark und Geraldine Irvine

HIGHLANDS UND INSELN

ARISAIG, INVERNESS-SHIRE

Arisaig House
~ Hotel im Landhausstil ~

Beasdale, bei Arisaig, Inverness-shire PH39 4NR
Tel.: (01687) 45 06 22 **Fax:** (01687) 450 66 26 **E-Mail:** ArisaiGHse@aol.com
Website: www.relaischateaux.fr/arisaig

Sobald man Fort William glücklich hinter sich gelassen und sich auf die »Road to the Isles« begeben hat, wird die Landschaft wilder, die Straße enger, und den größten Teil der Reise fährt man entlang den Lochs. Arisaig House taucht ein paar Kilometer vor dem Dorf gleichen Namens auf und bildet eine Oase stillen Wohllebens, wo alles völlig mühelos nach vorherbestimmten Regeln zu funktionieren scheint. Natürlich ist das Essen vorzüglich, die Weinkarte ausgezeichnet, aber nicht übertrieben teuer und die Atmosphäre extrem entspannend.

Das steinerne Herrenhaus wirkt von außen ziemlich streng, doch das Tageslicht strömt in das Haus und spiegelt sich in den polierten Möbeln wider; dank der Überfülle von frischen Blumen in jedem Raum und dem hellen Grundton in der Dekoration vermittelt sich dem Gast ein Gefühl von großer Ruhe. Hinter dem Haus wachsen in schönen Gärten und auf Terrassen Rosen, Azaleen und Rhododendren; jenseits der Gärten führen Wanderwege durch den Wald hinunter nach Loch nan Uamh und zum Sound of Arisaig. Die Aussicht von einigen der Schlafzimmer hinüber zu den Inseln (unser Lieblingszimmer war Sheil) ist umwerfend, vor allem bei Sonnenuntergang. Arisaig House ist nicht billig, nach unserer Ansicht aber auch nicht übertrüert. Zuschriften sind erwünscht.

Umgebung: Fähre nach Eigg, Rhum und Canna vom Hafen von Arisaig • **Lage:** an der A830, 5 km östlich von Arisaig; auf Grundstück von 8 ha mit großem Parkplatz **Mahlzeiten:** Frühstück, Mittagessen, Abendessen; Zimmerservice • **Preise:** ££££ **Zimmer:** 12; 10 Doppelzimmer und Zweibettzimmer, 2 Suiten, alle mit Bad; alle Zimmer haben Telefon, TV und Haartrockner • **Anlage:** Aufenthaltsraum, Salon, Bar, Billardzimmer, Speisezimmer, Terrasse, Garten; Krocket, Hubschrauberlandeplatz • **Kreditkarten:** MC, V • **Kinder:** nicht gestattet • **Behinderte:** Zugang schwierig • **Tiere:** nicht gestattet • **Geschlossen:** Nov. bis Ostern • **Eigentümer:** Familie Smithers

Schottland

HIGHLANDS UND INSELN

BALQUHIDDER, PERTHSHIRE

Monachyle Mhor
Bauernhaus als Hotel

Balquhidder, Lochearnhead, Perthshire FK19 8PQ
Tel.: (01877) 38 46 22 **Fax:** (01877) 38 43 05
E-Mail: MonachyleMhorHotel@Balquhidder.freeserve.co.uk

Ein kleines familiengeführtes Bauernhaus mit ganz individuellem Charme. Der Ort ist genauso heiter wie romantisch; kein Wunder, schließlich war er die Heimat der Familie von Rob Roy MacGregor. Er liegt zwischen den Lochs Doine und Voil; bei der Anfahrt kommt man an den Braes of Balquhidder vorbei, die in »Kidnapped« beschrieben werden.

Jean Lewis kam vor 16 Jahren aus ihrer Heimatstadt Monmouth hierher und bestellte zuerst mit ihren Söhnen Tom und Rob das riesige Grundstück, später eröffnete sie das Gebäude als Hotel. Tom Lewis ist der hochgelobte Chefkoch; das Restaurant des Hotels befindet sich in einem hellen und luftigen Wintergarten mit Aussicht über die beiden Lochs und wird von Einheimischen wie von Hotelgästen geschätzt. Viele der Zutaten kommen vom Hof selbst, darunter das Lamm, das Rindfleisch und das biologisch angebaute Gemüse.

Die Schlafzimmer sind einfach und heimelig. Manche bieten Ausblicke auf die Lochs, und diejenigen, die in dem ehemaligen Gehöft auf der anderen Hofseite gelegen sind, sind besonders geräumig und entsprechend rustikal möbliert worden. Monachyle Mhor ist kaum zu schlagen, wenn Sie einen entspannenden, preiswerten Urlaub in großartiger Landschaft bei gutem Essen verbringen wollen.

Umgebung: das Herz des Rob Roy County • **Lage:** auf Privatgrundstück; biegen Sie 17 km nördlich von Callander beim Kingshouse Hotel von der A84 ab, und folgen Sie der einspurigen Straße etwa 10 km; es ist gut ausgeschildert; großer Parkplatz **Mahlzeiten:** Frühstück, Mittagessen, Abendessen • **Preise:** ££ • **Zimmer:** 13; 10 Doppelzimmer und Zweibettzimmer, 3 Suiten, alle mit Bad; alle Zimmer haben Telefon, TV, Haartrockner • **Anlage:** Aufenthaltsraum, Bar, Restaurant, Terrasse, Garten; Angeln, Pirsch • **Kreditkarten:** DC, MC, V • **Kinder:** über 12 Jahre gestattet **Behinderte:** Zugang derzeit schwierig, Umbau geplant • **Tiere:** keine • **Geschlossen:** nie • **Geschäftsführer:** Jean, Tom und Rob Lewis

HIGHLANDS UND INSELN

BUNESSAN, ISLE OF MULL

Assapol House
~ Gästehaus am See ~

Bunessan, Isle of Mull PA67 6DW
Tel.: (01681) 70 02 58 **Fax:** (01681) 70 04 45 **E-Mail:**
alex@assapolhouse.demon.co.uk **Website:** www.assapolhouse.deomon.co.uk

Ein nahezu perfektes Beispiel für ein familiengeführtes Gästehaus und eine gute Anlaufstelle für alle, die einen Tagesausflug nach Iona unternehmen wollen, der Begräbnisstätte der Könige von Schottland. Das leuchtend weiß gestrichene ehemalige Pfarrhaus steht inmitten einer weiten, offenen Landschaft an einem See. Es ist die Heimat von Thomas, einem pensionierten Kapitän, und Onny Robinson sowie deren Sohn Alex. Alle drei legen sich ins Zeug, um für ihre Gäste einen einladenden Zufluchtsort zu schaffen.
Es gibt zwei Aufenthaltsräume, der eine eher gemütlich, der andere eher nüchtern, mit vielen Büchern und CDs. Das terrakottaartig bemalte Speisezimmer verfügt über wohldimensionierte Tische; das Abendessen wird um 19 Uhr 45 aufgetragen, davor versammeln sich die Gäste meist im Aufenthaltsraum zu einem Aperitif. Das Essen wird von der ganzen Familie zubereitet und allseits gelobt. Das viergängige Mahl beginnt mit einer Suppe, der z. B. eine Lachsterrine oder Salat von geräucherter Ente folgt. Bei den Hauptspeisen dominieren einheimisches Rindfleisch, Wildbret und Lamm, und bei den Desserts kann man zwischen zwei Puddings wählen. Die Schlafzimmer sind hübsch und schnörkellos; die Besitzer legen Wert auf die Details, z. B. frische Blumen und aktuelle Zeitschriften.

Umgebung: Fähre nach Iona, Staffa und Fingal's Cave; Strände • **Lage:** von Craignure nehmen Sie die A849 nach Fionnphort; wenn Sie zur Schule von Bunessan zur Rechten kommen, nehmen Sie die ausgeschilderte Straße nach links zum Hotel; großer Parkplatz • **Mahlzeiten:** Frühstück, Lunchpakete, Abendessen
Preise: ££ • **Zimmer:** 5; 4 Doppelzimmer und Zweibettzimmer, 1 Einzelzimmer, alle mit Bad; alle Zimmer haben Telefon, TV, Haartrockner • **Anlage:** 2 Aufenthaltszimmer, Speisezimmer, Garten; Angeln • **Kreditkarten:** MC, V • **Kinder:** über 10 Jahre gestattet • **Behinderte:** Zugang schwierig • **Tiere:** keine • **Geschlossen:** Nov. bis März • **Besitzer:** Familie Robertson

Highlands und Inseln

Colbost, Isle of Skye

Three Chimneys
~ Restaurant am Meer mit Gästezimmern ~

Colbost, Dunvegan, Isle of Skye IV55 8ZT
Tel.: (01470) 51 12 58 **Fax:** (01470) 51 13 58
E-Mail: calandstay@threechimneys.co.uk **Website:** www.threechimneys.co.uk

Seit vielen Jahren führen die Küchenchefin Shirley Spear und ihr Mann Eddie das Three Chimneys als ein preisgekröntes, auf Meeresfrüchte spezialisiertes Restaurant an einer idyllischen Stelle am Meer im äußersten Nordwesten von Skye. Jetzt können Sie nach einem guten Abendessen auch genauso stilvoll übernachten. Die sechs Suiten, die in einem neuen Gebäude, das House Over-By genannt wird, eingerichtet wurden, sind luxuriöse, sehr originelle Räume (auch das ist noch untertrieben!), die so konzipiert wurden, daß sie mit dem Ausblick aufs Meer und dem wechselnden Licht in Einklang stehen. Jedes der zeitgenössisch eingerichteten, geräumigen Zimmer mit ihren hohen Decken (manche gehen über zwei Etagen) hat einen direkten Zugang zum Strand; die Badezimmer sind himmlisch. Die Aussicht reicht im Westen auf den Minch und manchmal zu den nebligen Inseln der Äußeren Hebriden am Horizont. Das Frühstück wird in einem Zimmer eingenommen, das auf die Inseln im Loch Dunvegan blickt.

Three Chimneys selbst ist ein einfaches ehemaliges Kleinbauernhäuschen, in dem sich Steinwände und freigelegte Balken mit modernen Möbeln und Gegenständen verbinden. Wie man erwarten kann, dreht sich die Speisekarte vorwiegend um Meeresprodukte, aber sie enthält auch Highland-Rind, Lamm und Wild sowie Puddings als Dessert.

Umgebung: Dunvegan Castle; die Cuillin Hills • **Lage:** von Dunvegan nehmen Sie für etwa 8 km die einspurige B884 nach Glendale; Parkplatz • **Mahlzeiten:** Frühstück, Mittagessen, Abendessen • **Preise:** £££ • **Zimmer:** 6 Suiten, alle mit Bad; alle Zimmer haben Telefon, TV, Video, CD-Spieler, Minibar, Haartrockner **Anlage:** Frühstückszimmer, 2 Speisezimmer, Bar, Spielbereich für Kinder, Anlegeplätze für Boote • **Kreditkarten:** AE, MC, V • **Kinder:** willkommen • **Behinderte:** 1 Raum speziell eingerichtet • **Tiere:** keine • **Geschlossen:** nie **Besitzer:** Shirley und Eddie Spear

HIGHLANDS UND INSELN

COMRIE, PERTHSHIRE

Royal Hotel
~ Städtischer Gasthof ~

Melville Square, Comrie, Perthshire PH6 2DN
Tel.: (01764) 67 92 00 **Fax:** (01764) 67 92 19 **E-Mail:** reception@royalhotel.co.uk
Website: www.royalhotel.co.uk

Allzuoft lassen Stadthotels, deren Klientel ja meist nur auf Durchgangsreise ist, den letzten Einsatz und jeden Enthusiasmus vermissen; nur selten treffen wir auf ein neues, das unser Interesse weckt. Hierzu zählt das Royal Hotel in Comrie: Vom ersten Moment an fühlt man sich gut aufgehoben. Es liegt im Zentrum der attraktiven kleinen Highland-Stadt, wurde 1765 gebaut und diente schon zu den Zeiten der Postkutsche als Gasthof; den imposanten Titel erhielt es nach einem Besuch von Königin Viktoria.

Die Atmosphäre ist heimelig, elegant und geschmackvoll. In den Gemeinschaftsräumen brennen Holzfeuer, stehen weiche Sofas, bequeme Ohrensessel sowie Antiquitäten und hängen Ölbilder an den Wänden. Neben dem Restaurant gibt es auch eine Brasserie für weniger förmliche Mahlzeiten. Das Personal ist natürlich und freundlich und verfügt über einen gesunden Humor. Als unserem Inspektor eines der Schlafzimmer gezeigt wurde, bemerkte das Zimmermädchen, das gerade den Kamin säuberte, trocken: »… und hier bekommen Sie Aschenputtel gleich mitgeliefert«.

Jedes der elf gut ausgestatteten Schlafzimmer wurde individuell konzipiert und mit einem Auge für Details und Design sowie ein bißchen Luxus (z.B. Bademäntel für die Gäste) eingerichtet. Der modische Umbau des Hotels ist das geistige Produkt von Edward Gibbons, dem Sohn der Besitzer.

~

Umgebung: Loch Earn; Glenturret Distillery; Drummond Castle • **Lage:** im Zentrum von Comrie, an der A85, etwa 40 km westlich von Perth; begrenzter Parkplatz
Mahlzeiten: Frühstück, Mittagessen, Abendessen; Zimmerservice • **Preise:** £££
Zimmer: 11; 10 Doppel- und Zweibettzimmer, 1 Suite, alle mit Bad; alle Zimmer haben Telefon, TV, Fax/Modemanschluß, Haartrockner, Safe • **Anlage:** Aufenthaltszimmer, Bibliothek, 2 Speisezimmer • **Kreditkarten:** AE, MC, V • **Kinder:** gestattet • **Behinderte:** Zugang schwierig • **Tiere:** gestattet • **Geschlossen:** nie
Besitzer: Edward Gibbons

Highlands und Inseln

Dunkeld, Perthshire

Kinnaird
≈ Hotel im Landhausstil ≈

Kinnaird Estate, bei Dunkeld, Perthshire PH8 0LB
Tel.: (01796) 48 24 40 **Fax:** (01796) 48 22 89
E-Mail: enquiry@kinnairdestate.com **Website:** www.kinnairdestate.com

Enthusiastischer Jubel ist nicht gerade das, was in einem so überaus vornehmen und geschmackvollen Haus angemessen erscheint, es war aber ein überschwenglicher Bericht, den unser letzter Inspektor ablieferte: »Wir zählen es zu den allerbesten Adressen in ganz Europa«, war sein abschließendes Urteil. Es gab einfach nichts daran auszusetzen; es war jedoch vor allem das hilfreiche, aber nicht unterwürfige, aufmerksame, aber nicht im Weg stehende Personal, das uns beeindruckte.

Teile des Kinnaird gehen bis auf die 70er Jahre des 18. Jahrhunderts zurück, es strahlt heute jedoch die Aura der edwardianischen Prachtentfaltung aus, die durch den Einsatz gedämpfter Farben bei den Stoffen und Mengen von frischen Blumen abgemildert wird. Überall findet man vornehme antike Möbel, Bilder und Porzellan; der geräumige Salon hat einen großen offenen Kamin und tiefe Lehnsessel und Sofas. Daran angeschlossen ist das Billardzimmer mit einer Aussicht hinunter auf den Fluß Tey. Die Schlafzimmer sind luxuriös, dank der großen französischen Betten und der Heizdecken einladend. Das Essen ist köstlich, die Weinkarte gut bestückt und der Speisesaal geschmackvoll mit handgemalten Fresken im italienischen Stil dekoriert.

Umgebung: Pitlochry; Blairgowry; Crieff; Loch Tay; Tay Forest • **Lage:** auf einem privaten Besitz von 3500 ha nordöstlich von Dunkeld; von der A9 fahren Sie westlich auf der B898 etwa 7 km: großer Parkplatz • **Mahlzeiten:** Frühstück, Mittagessen, Abendessen; Zimmerservice • **Preise:** ££££ • **Zimmer:** 9; 8 Doppel- und Zweibettzimmer, 1 Suite, alle mit Bad; alle Zimmer haben Telefon, TV, Fax/Modemanschluß, Haartrockner, CD-Spieler • **Anlage:** Salon, Damenzimmer, Arbeitszimmer, Billardzimmer, 2 Speisezimmer, Aufzug, Garten; Bowling, Krocket, Schießen, Angeln • **Kreditkarten:** MC, V • **Kinder:** über 12 Jahre gestattet **Behinderte:** ein Zimmer speziell ausgerüstet • **Tiere:** nach Vereinbarung gestattet **Geschlossen:** Mo, Di, Mi im Jan. und Feb. • **Besitzerin:** Constance Ward

Highlands und Inseln

Fort William, Inverness-shire

The Grange
Bed & Breakfast am Stadtrand

Grange Road, Fort William, Inverness-shire PH33 6JF
Tel.: (01397) 70 55 16 **Fax:** (01397) 70 15 95

Wir waren begeistert, als wir dieses Bed & Breakfast-Haus in den Außenbezirken von Fort William entdeckten, das von Joan und John Campbell mit viel Charme betrieben wird. Ein zehnminütiger Spaziergang bringt Sie aus dem wenig attraktiven Stadtzentrum zu diesem spätviktorianischen Haus, das auf einem hübschen terrassierten Grundstück mit Blick auf Loch Linnhe liegt.

Ein femininer Touch ist in der makellosen Innenausstattung ständig präsent, die von bewundernswertem Geschmack und einem Gespür für die Abstimmung von Stoffen mit den Möbeln und sonstigem Zubehör gekennzeichnet ist. Fast erwartet man bei diesem Anblick ein in die Schranken weisendes »Nicht anfassen!« von den Besitzern, doch nichts könnte in The Grange unwahrscheinlicher sein. Joan Campbell, die für die Einrichtung verantwortlich ist, gibt sich natürlich und locker und hat ein großes Gespür für Gastlichkeit.

Alle vier Schlafzimmer sind perfekt und individuell eingerichtet und möbliert, die Badezimmer sind großzügig und luxuriös – alles in allem eine gelungene Überraschung. Den Rob Roy Room wählte sich Jessica Lange als ihren Aufenthaltsort, als der Film »Rob Roy« gedreht wurde, während der Terrace Room, wie der Name schon sagt, über eine eigene Terrasse verfügt, die in den Garten führt. Zwei der Schlafzimmer haben große Louis-XV-Betten; alle vier blicken über den Garten und Loch Linnhe. Ein reizender Ort.

Umgebung: Ben Nevis; »Road to the Isles«; Loch Ness • **Lage:** in den Außenbezirken; nehmen Sie von der Stadtmitte die A82 Richtung Glasgow, biegen Sie nach links in die Ashburn Road ein, das Hotel ist am Ende auf der linken Seite; begrenzter Parkplatz • **Mahlzeiten:** Frühstück • **Preise:** ££ • **Zimmer:** 4 Doppel- und Zweibettzimmer, alle mit Bad; alle Zimmer haben TV, Haartrockner • **Anlage:** Frühstückszimmer, Aufenthaltsraum, Garten, Loch in der Nähe • **Kreditkarten:** keine • **Kinder:** nicht gestattet • **Behinderte:** Zugang schwierig • **Tiere:** nicht gestattet • **Geschlossen:** Mitte Feb. bis Ostern • **Besitzer:** Joan und John Campbell

HIGHLANDS UND INSELN

GLENLIVET, BANFFSHIRE

Minmore House
~ Hotel im Landhausstil ~

Glenlivet, Banffshire AB37 9DB
Tel.: (01807) 59 03 78 **Fax:** (01807) 59 04 72

Wir waren schon immer von der freundlichen, gelassenen Atmosphäre im Minmore House beeindruckt gewesen, die auch unter den neuen Besitzern, Brett und Christine Holmes, vorherrscht.
Das solide viktorianische Familienhaus steht gegenüber der berühmten Whiskybrennerei Glenlivet und war früher das Wohnhaus von George Smith, dem Gründer der Destillerie. Es ist kaum überraschend, daß die nette, mit Eichenpaneelen ausgestattete Bar über eine beeindruckende Galerie von Single Malts verfügt. Vom Hotel aus können Enthusiasten einem ausgeschilderten Whisky Trail folgen und so die Brennereien von Speyside besuchen.
Zum Frühstück kann man »anständige schottische« Gerichte wie Kipper (kalt geräucherter Hering) und geräucherten Schellfisch verspeisen, am Nachmittag gibt es kostenlos Tee. Im mehrfach ausgezeichneten Restaurant haben die festgesetzten 5-Gänge-Menüs (mit Alternativen für Vegetarier) einen Hang zum Schottischen. Die Atmosphäre des Hotels ist ruhig und entspannt, in allen Gemeinschaftsräumen brennen offene Feuer. Mit Ausnahme der beiden Einzelzimmer sind die Schlafzimmer und Bäder großzügig bemessen. Die Holmes freuen sich, wenn sie für ihre Gäste alle möglichen Aktivitäten wie Golf, Schießen, Pirschgänge, Angeltrips (Lachs und Forellen), Wanderungen oder Besuche von Schlössern oder Brennereien organisieren können.

Umgebung: Glenlivet Distillery; Ballindalloch Castle • **Lage:** an der B9008, nahe der Brennerei von Glenlivet; in einem Garten von 1,8 ha; großer Parkplatz
Mahlzeiten: Frühstück, Lunchpakete auf Anfrage, Abendessen • **Preise:** ££
Zimmer: 10; 8 Doppel- und Zweibettzimmer, 2 Einzelzimmer, alle mit Bad; alle Zimmer haben Telefon • **Anlage:** 2 Aufenthaltszimmer, Bar, Speisezimmer, Garten; Krocketrasen, Tennisplatz, Swimmingpool • **Kreditkarten:** MC, V • **Kinder:** willkommen • **Behinderte:** Zugang schwierig • **Tiere:** gestattet • **Geschlossen:** Mitte Okt. bis Ostern • **Besitzer:** Brett und Christine Holmes

Highlands und Inseln

Isle of Eriska, Argyll

Isle of Eriska Hotel
∽ Herrenhaus auf der Insel ∽

Isle of Eriska, Ledaig, Oban, Argyll PA37 1SD
Tel.: (01631) 72 03 71 **Fax:** (01631) 72 05 31 **E-Mail:** office@eriska-hotel.co.uk
Website: www.eriska-hotel.co.uk

Ein prächtiges Hotel, das die Vorteile einer abgelegenen Lage (es steht auf seiner eigenen abgeschiedenen Insel) und leichter Zugänglichkeit (es ist über eine kurze Brücke mit dem Festland verbunden) in sich vereint. Zusätzlich wird den Gästen, die sich im Urlaub sportlich betätigen wollen, das Freizeitzentrum des Hotels mit einem großartigen, 17 Meter langen beheizten Schwimmbad und weitere Sportmöglichkeiten gefallen.

Das Hotel der Familie Buchanan-Smith wurde 1884 in grauem Granit und wärmerem rotem Sandstein im schottischen Baronstil erbaut und wirkt wie ein Mahnmal aus einer expansiveren und optimistischeren Ära. Die Erfahrung, hier abzusteigen, läßt sich nur damit vergleichen, in einem altmodischen, vornehmen Privathaus zu wohnen. Es ist eher bequem als zu elegant, es gibt eine holzgetäfelte große Halle, knisternde Holzfeuer und Chintzvorhänge überall. In der Bibliothek mit Bar können Sie mit einem Malt-Whisky in der Hand in den Büchern schmökern. Die ausgezeichneten 6-Gänge-Menüs werden im stattlichen Speisezimmer serviert. Die hübschen Schlafzimmer unterscheiden sich in Größe und Ausstattung.

∽

Umgebung: Oban; Isle of Mull; Inverary Castle; Glencoe • **Lage:** auf einer Privatinsel per Straßenbrücke; von Connel nehmen Sie 6 km lang die A828 in Richtung Fort William bis nördlich des Dorfes Benderloch, dann folgen Sie der Beschilderung; großer Parkplatz • **Mahlzeiten:** Frühstück, Abendessen • **Preise:** ££££ **Zimmer:** 17; 12 Doppel- und Zweibettzimmer, 2 Einzelzimmer, 3 Familienzimmer, alle mit Bad; alle Zimmer haben Telefon, Haartrockner • **Anlage:** 3 Salons, Bar, Bibliothek, Speisezimmer, Hallenbad, Sporthalle, Sauna, Garten; Golfplatz mit 9 Löchern, Tennisplatz, Krocket, Tonlaubenschießen, Wassersportarten • **Kreditkarten:** AE, MC, V • **Kinder:** willkommen • **Behinderte:** Zugang möglich • **Tiere:** gestattet • **Geschlossen:** Jan. • **Besitzer:** Familie Buchanan-Smith

HIGHLANDS UND INSELN

ISLE ORNSAY, ISLE OF SKYE

Eilean Iarmain
~ Hotel am Meer ~

Isle Ornsay, Sleat, Isle of Skye IV43 8QR
Tel.: (01471) 83 38 32 **Fax:** (01471) 83 32 75
E-Mail: hotel@eileaniarmain.co.uk

Eines der Vergnügen in diesem traditionsreichen Hotel auf Skye besteht schon darin, der sanften Melodie der Gespräche des Personals zu lauschen: ein deutliches Zeichen, daß man sich auf den westlichen Inseln befindet. Das Hotel wird zweisprachig geführt, das entgegenkommende Personal beherrscht sowohl Englisch als auch Gälisch; es trägt auch Namensschilder in beiden Sprachen.
Das Hotel ist Teil eines Landsitzes, der Sir Iain und Lady Noble gehört. Seine drei Gebäude haben eine wunderschöne Lage direkt an der Küste an der kleinen, felsigen Bucht von Isle Ornsay und eine Aussicht über den Sound of Sleat hinüber bis zu den Knoydart Hills auf dem Festland. Wenn Sie Glück haben, können Sie Ottern am Strand sehen.
Das Herzstück des Hotels ist ein weißgestrichenes viktorianisches Gasthaus, worin sich der Empfangsbereich, zwei ansprechende Speisezimmer und sechs Schlafzimmer befinden. Weitere sechs Schlafzimmer sind in einem Gebäude gegenüber, während im neuesten Gebäude, das 1999 eröffnet wurde, vier Halbgeschoßsuiten untergebracht sind. Alle Räume sind in ihrem Stil traditionell, einladend und heimelig, sie haben moderne Einrichtungen und elegante Badezimmer. Das Restaurant spezialisiert sich auf einheimischen Fisch, Schalentiere und Wild und genießt am Ort einen guten Ruf.

Umgebung: Clan Donald Centre; Aros Heritage Centre; Dunvegan Castle • **Lage:** an der Küste, auf einem Landgut zwischen Broadford und Armadale im Süden der Insel, 20 Minuten mit dem Auto von Skye Bridge oder der Anlegestelle von Mallaig; großer Parkplatz • **Mahlzeiten:** Frühstück, Mittagessen, Abendessen • **Preise:** ££-£££ • **Zimmer:** 16; 12 Doppel-, Zweibett- oder Dreibettzimmer, 4 Suiten, alle mit Bad; alle Zimmer haben Telefon, TV, Haartrockner • **Anlage:** Aufenthaltszimmer, 2 Speisezimmer; Ankerplätze für Yachten • **Kreditkarten:** AE, MC, V **Kinder:** willkommen • **Behinderte:** Zugang möglich in den Suiten • **Tiere:** gestattet • **Geschlossen:** nie • **Besitzer:** Sir Iain Noble

Highlands und Inseln

Kentallen, Argyll

Ardsheal House
~ Hotel im Landhausstil ~

Kentallen of Appin, Argyll PA38 4BX
Tel.: (01631) 74 02 27 **Fax:** (01631) 74 03 42 **E-Mail:** info@ardsheal.co.uk
Website: www.ardsheal.co.uk

Das Wohlgefühl bei einem Aufenthalt hier beginnt schon in dem Moment, wenn man von der Hauptstraße abbiegt und die drei Kilometer lange einspurige Privatstraße entlangfährt, die zu dem Haus an den Ufern von Loch Linnhe führt. Es stammt ursprünglich aus dem frühen 16. Jahrhundert, wurde aber 1760 neu aufgebaut, da es bei dem Aufstand von 1745 völlig abbrannte. Der natürliche Waldbestand, einer der ältesten in Schottland, und die herrlichen Gärten um das Haus bilden zusammen eine wunderschöne Umgebung mit vielen altehrwürdigen Bäumen, Büschen, Rasenflächen und Blumenbeeten.

Die Gemeinschaftsräume sind elegant und bieten antike Möbel, Gemälde, bequeme Stühle und Sofas sowie Holzfeuer in den meisten Räumen. Das Speisezimmer ist ein heller, sonniger Wintergarten; in der Tradition schottischer Landhäuser gibt es auch ein Billardzimmer mit einem richtigen Billardtisch.

Auch die Schlafzimmer, die voller Sammelstücke und Fotos der Familie sind, enttäuschen nicht. Erstaunlicherweise planen die Besitzer, die Zahl der jetzigen Schlafzimmer zu reduzieren und sie dadurch größer zu machen. Phillippa Sutherland ist eine ausgezeichnete Köchin und bereitet ein täglich wechselndes Menü zu. Alles in allem ein sympathischer, entspannender Ort mit einer Aussicht der Superlative.

Umgebung: Glencoe; Ben Nevis; Oban; Isle of Mull; Isle of Skye • **Lage:** 27 km südwestlich von Fort William über die A828, auf eigenem Landbesitz; großer Parkplatz • **Mahlzeiten:** Frühstück, Mittagessen, Abendessen • **Preise:** ££ • **Zimmer:** 6 Doppel- oder Zweibettzimmer, 5 mit Bad, 1 mit Dusche; alle Zimmer haben Telefon, Haartrockner • **Anlage:** 2 Autenthaltszimmer, Billardzimmer, Garten; Kieselstrand • **Kreditkarten:** MC, V • **Kinder:** nicht gestattet • **Behinderte:** 1 Zimmer im Erdgeschoß • **Tiere:** gestattet • **Geschlossen:** Mitte Dez. bis Mitte Jan. • **Besitzer:** Neil Sutherland

Highlands und Inseln

Kilchrenan, Argyll

❖ Tip des Herausgebers ❖

Taychreggan
~ Gasthof am Loch Awe ~

Kilchrenan, bei Taynuilt, Argyll PA35 1HQ
Tel.: (01866) 83 32 11 **Fax:** (01866) 83 32 44 **E-Mail:** taychreggan@btinternet.com **Website:** www.scotlands-commended.co.uk/taych.htm

Dieser ehemalige Gasthof für Viehtreiber liegt am Ende einer 10 km langen einspurigen Straße und bildet eine isolierte und äußerst friedvolle Oase. An diesem großartigen Ort können vor allem Angler gut abschalten: Das Hotel verfügt über die Fischereirechte auf dem Loch Awe, besitzt verschiedene Boote und einen großen Bestand an Angelruten. Es werden aber auch Ausritte, Pirsch auf Rotwild, Schießen, Wassersport und Golf organisiert.
Das Herzstück des Hotels ist das alte Steinhaus, wo auch im Inneren die Steinwände freiliegen, und der hübsche, mit Kies ausgelegte Innenhof, wo man bei gutem Wetter bei einem Drink ausruhen kann (eine ganze Palette an Malt Whiskys steht zur Verfügung). Der eher förmliche zweigeteilte Speisesaal fällt besonders durch seine riesigen, mit Bogen versehenen Panoramafenster auf, die den Raum mit der herrlichen Aussicht draußen verbinden und ihn zu einem erinnerungswürdigen Schauplatz für ein Abendessen machen. Die Küche nimmt ihre Aufgabe ernst und kann überzeugen: Das Essen ist einfallsreich und raffiniert, basiert auf lokalen Produkten und wird durch eine gute Weinkarte ergänzt.
Alle Schlafzimmer sind modern, mit wenigen antiken Stücken, eingerichtet. Fragen Sie nach einem mit Blick auf Loch Awe, auch wenn es etwas mehr kostet. Das Personal ist vorbildlich.

~

Umgebung: Inveraray; Loch Lomond; Kilchurn Castle; Western Isles • **Lage:** 1,5 km östlich von Taynuilt an der A85; nehmen Sie die B845 und folgen Sie den Schildern; großer Parkplatz • **Mahlzeiten:** Frühstück, Mittagessen, Abendessen • **Preise:** ££ **Zimmer:** 19; 18 Doppel- oder Zweibettzimmer, 1 Suite, alle mit Bad; alle Zimmer haben Telefon, Haartrockner • **Anlage:** 2 Aufenthaltszimmer, Fernsehzimmer, Bar, Restaurant, Billard(Snooker)zimmer, Innenhof, Garten; Angeln, Wassersport **Kreditkarten:** AE, MC, V • **Kinder:** über 12 Jahre gestattet • **Behinderte:** Zugang schwierig • **Tiere:** gestattet • **Geschlossen:** nie • **Besitzerin:** Annie Paul

Highlands und Inseln

Killiecrankie, Perthshire

Killiecrankie Hotel
~ Hotel auf dem Land ~

Killiecrankie, bei Pitlochrie, Perthshire PH16 5LG
Tel.: (01796) 47 32 20 **Fax:** (01796) 47 24 51 **E-Mail:** killiecrankie.hotel@btinternet.com
Website: www.btinternet.com/-killiecrankie.hotel

Ein bescheidenes, Ruhe verströmendes Hotel in stimmungsvoller Umgebung, die es irgendwie zu beschützen scheint. Es wurde 1840 als Pfarrhaus für einen hiesigen Geistlichen gebaut und steht am Fuß des Pass of Killiecrankie. Mit seinem attraktiven Grundbesitz bildet es einen schönen Ort, wo man sich ausruhen oder Wildtiere beobachten kann.

Die zehn schnörkellosen, aber bequemen Schlafzimmer sind vorwiegend mit gestreiften oder karierten Stoffen dekoriert und mit maßgefertigten Möbeln und Einrichtungsgegenständen aus unbearbeiteter Kiefer ausgestattet, die den Räumen etwas Skandinavisches verleihen. Überraschend ist auch, daß die Betten jeden Abend aufgedeckt werden. Die mahagonigetäfelte Bar ist ein gemütlicher, geselliger Platz, wo man sich zu einem Drink trifft; ein heller, wintergartenartiger Bereich mit Blick auf den Garten ist dafür gedacht, das Frühstück, einfache Mittagessen oder einfallsreiche Imbisse von der Bar einzunehmen, wozu auch eine Auswahl von Tapas gehört. Im eigentlichen Restaurant wechselt das Angebot fürs Abendessen täglich und kann Gerichte wie Omelette mit geräuchertem Schellfisch und warmem Salat aus Pflaumen, Tomaten und Basilikum oder Medaillons von schottischem Rind auf Röstis mit karamelisierten Schalotten und einer Rotweinsauce einschließen.

Umgebung: Pitlochry; Pass of Killiecrankie; Blair Atholl; Glamis • **Lage:** in 1,5 ha, 4,5 km nördlich von Pitlochry, über die A9 und weiter die B8079; großer Parkplatz
Mahlzeiten: Frühstück, Mittagessen, Abendessen • **Preise:** ££ • **Zimmer:** 10; 7 Doppel- oder Zweibettzimmer, 2 Einzelzimmer, 1 Suite, alle mit Bad; alle Zimmer haben Telefon, TV, Haartrockner • **Anlage:** Aufenthaltszimmer, 2 Speisezimmer, Bar, Wintergarten, Garten • **Kreditkarten:** MC, V • **Kinder:** gestattet • **Behinderte:** keine besonderen Einrichtungen • **Tiere:** gestattet • **Geschlossen:** Jan. • **Besitzer:** Colin und Carole Anderson

HIGHLANDS UND INSELN

KINGUSSIE, INVERNESS-SHIRE

The Cross
~ Restaurant mit Gästezimmern ~

Tweed Mill Brae, Kingussie, Inverness-shire PH21 1TC
Tel.: (01540) 66 11 66 **Fax:** (01540) 66 10 80
E-Mail: relax@The Cross.co.uk

Dank der einfallsreichen Küche von Ruth Hadley ist das gut eingeführte und preisgekrönte Restaurant mit Gästezimmern, das sie zusammen mit Ehemann Tony betreibt, schon lange ein Muß für Gourmets. Es liegt abgeschieden auf einem großen Grundstück am Wasser am Ende einer Privatstraße und ist eine ehemalige Tweedspinnerei aus dem 19. Jahrhundert, die jetzt neben dem Restaurant und einem Aufenthaltsraum neun saubere und einfache Schlafzimmer beherbergt. Im Speisezimmer und den Schlafzimmern herrscht Rauchverbot. Die Zimmer sind unterschiedlich möbliert, zum Beispiel mit Betten mit Baldachin, Doppelbetten oder großen französischen Betten. Eines besitzt einen Balkon, der auf den Gynack herabblickt, der an der Spinnerei vorüberfließt und wo man manchmal Lachse schwimmen und Reiher fischen sehen kann. Tony Hadley hat von seinen Gästen viel Lob für die von ihm geschaffene Atmosphäre erhalten, und er erzählte unserem Inspektor, daß ihm »nichts unmöglich« sei. Dazu zählte aber offensichtlich nicht, daß er unserem ausgehungerten Besucher an einem nassen Sonntagmittag einen kleinen Imbiß besorgen konnte, obwohl dieser eine lange Strecke für diese Visite gefahren war. Man könnte ihn deswegen für voreingenommen halten, er meinte jedenfalls daß es dem Hotel, obwohl es schon seit Jahren in unserem Führer steht, sowohl an Charme als auch an manchen Einrichtungen fehlt.

Umgebung: Aviemore; Loch Insh; Highland Folk Museum • **Lage:** nach der Ampel in der Stadtmitte von Kingussie nehmen Sie die Ardbroilach Road für 300 m, dann biegen Sie nach links in die Tweed Mill Brae; großer Parkplatz • **Mahlzeiten:** Frühstück, Abendessen • **Preise:** ££ • **Zimmer:** 9 Doppel- oder Zweibettzimmer, alle mit Bad; alle Zimmer haben Telefon, TV auf Nachfrage, Haartrockner • **Anlage:** Aufenthaltszimmer, Restaurant, Garten; Angeln • **Kreditkarten:** MC, V • **Kinder:** nicht gestattet • **Behinderte:** keine besonderen Einrichtungen • **Tiere:** nicht gestattet • **Geschlossen:** Dez. bis März • **Besitzer:** Tony und Ruth Hadley

Highlands und Inseln

Muir of Ord, Ross-shire

The Dower House
Hotel im Landhausstil

Highfield, Muir of Ord, Ross-shire IV6 7XN
Tel. und Fax: (01463) 87 00 90
E-Mail: thedowerhouse@compuserve.com **Website:** www.thedowerhouse.co.uk

Dieses ehemalige Mitgiftgebäude eines Baronbesitzes, der in den 1940er Jahren abbrannte, wurde etwa um 1800 von einem strohgedeckten Bauernhaus in ein charmantes Wohnhaus im georgianischen Cottage-ornée-Stil umgebaut. 1989 wurde es zu einem Hotel, das von Robyn und Mena Aitchison so geführt wird, als sei es ein Privathaus, das zahlende Gäste beherbergt. Es liegt mit seinen wundervoll gepflegten grünen Gärten wie eine Oase in der rauhen Landschaft zwischen den Flüssen Beauly und Conon.

Der elegante Speiseraum mit seinen roten Wänden und den blankpolierten Mahagonitischen bildet einen phantastischen Rahmen für das Abendessen; Robyns selbst erarbeitete Kochkünste enttäuschen niemand. Die Kräuter und das Gemüse stammen aus dem Garten, die Eier von ihren Hennen und das Fleisch, das Wild und die Meeresfrüchte aus der Umgebung. Das Menü bietet keine Wahlmöglichkeiten, wechselt aber täglich. Der Aufenthaltsraum bietet bequeme Stühle, Stoffe mit Blumenmustern, eine Menge Bücher, offenes Feuer und eine im Schrank verborgene Bar.

Die fünf Schlafzimmer unterscheiden sich in Größe und Möblierung und sind recht einfach. Das größte ist am luxuriösesten und hat ein riesiges Bett und ein geräumiges Bad, während die Suite auf den hübschen Garten blickt. Alle Badewannen sind traditionell gußeisern und haben Armaturen aus längst vergangenen Zeiten.

Umgebung: Inverness; Culloden; Strände • **Lage:** 1,5 km nördlich von Muir of Ord, 22 km nordwestlich von Inverness an der A862 nach Dingwall; Parkplatz
Mahlzeiten: Frühstück, Abendessen • **Preise:** ££-£££ • **Zimmer:** 5; 4 Doppel- oder Zweibettzimmer, eine Suite, alle mit Bad; alle Zimmer haben Telefon, TV • **Anlage:** Aufenthaltszimmer, Speisezimmer, Garten • **Kreditkarten:** MC, V • **Kinder:** gestattet nach Vereinbarung • **Behinderte:** keine besonderen Einrichtungen • **Tiere:** gestattet nach Vereinbarung • **Geschlossen:** nie • **Besitzer:** Robyn und Mena Aitchison

HIGHLANDS UND INSELN

NAIRN, NAIRNSHIRE

Clifton House
~ Stadthotel ~

Nairn, Nairnshire IV12 4HW
Tel.: (01667) 45 31 19 **Fax:** (01667) 528 36
E-Mail: macintyre@clara.net

Es ist nicht ungewöhnlich, wenn kleine Hotels etwas Theatralisches an sich haben, aber das Clifton spielt in einer anderen Liga: Es ist tatsächlich ein Thater, wo in den Wintermonaten im Speisesaal zum Vergnügen aller Anwesenden Stücke gespielt und Lesungen abgehalten werden. Gordon Macintyre hat hier sein ganzes Leben zugebracht, davon über 40 Jahre als Hotelbesitzer, und was er macht, macht er brillant.

Das viktorianische Haus ist recht üppig ausgestattet, um nicht nur dem Komfort, sondern auch dem Amüsement der Gäste zu dienen; Gemälde schmücken die Wände, Blumen füllen die antiken Vasen, Bücher stehen in den Regalen, Schnickschnack füllt jeden Winkel und jede Ritze aus. Jeder denkbaren Stimmung entspricht einer der Gemeinschaftsräume – der Salon zeichnet sich durch die verblüffende Tapete in Rot, Gold und Schwarz mit Granatapfelmotiven aus, die ursprünglich für den Palast von Westminster entworfen wurde. Die Schlafzimmer sind individuell dekoriert und mit einer »Mischung aus guten Antiquitäten und angemaltem Trödel« möbliert. Die Badezimmer allerdings bedürfen einer Renovierung. Das von der französischen ländlichen Küche beeinflußte Restaurant verwendet die besten lokalen Zutaten, vor allem Meeresfrüchte, auf denen das Mittagessen im kleineren Green Room überwiegend basiert; dazu gibt es eine lange, gute Weinkarte. Typischerweise gibt es keine Zeitbegrenzung für das Frühstück.

Umgebung: Cawdor Castle; Brodie Castle; Culloden • **Lage:** an der Seeseite in der Stadtmitte, nahe der A96; großer Parkplatz • **Mahlzeiten:** Frühstück, Mittagessen, Abendessen • **Preise:** ££ • **Zimmer:** 12; 8 Doppel-, 4 Einzelzimmer, alle mit Bad **Anlage:** 2 Aufenthaltszimmer, Fernsehzimmer, 2 Speisezimmer • **Kreditkarten:** AE, DC, MC, V • **Kinder:** willkommen • **Behinderte:** keine besonderen Einrichtungen **Tiere:** gestattet • **Geschlossen:** Mitte Dez. bis Ende Jan. • **Besitzer:** J. Gordon Macintyre

Highlands und Inseln

Pitlochry, Perthshire

Knockendarroch
~ Städtisches Herrenhaus ~

Higher Oakfield, Pitlochry, Perthshire PH16 5HT
Tel.: (01796) 47 34 73 **Fax:** (01796) 47 40 68
E-Mail: info@ knockendarroch.co.uk **Website:** www.knockendarroch.co.uk

Pitlochry ist eine besonders angenehme Stadt in den Highlands, und das Knockendarroch House ist der Ort, wo man dort wohnt. Es wurde 1880 für einen Anwalt aus Aberdeen gebaut und verströmt mehr schloßähnliche Eleganz als den schottischen Baronpomp. Es steht auf einem Plateau über der Stadt und wird von ausgewachsenen Eichen umgeben (sein gälischer Name bedeutet Eichenhügel). Das Haus ist durchweg geschmackvoll möbliert und wirkt freundlich und einladend. Zum Entspannen gibt es zwei zusammenhängende Aufenthaltsräume mit grünen Decken, weißen Simsen und pastellgrünen Vorhängen und Teppichen; alles wirkt sehr beruhigend. Das Speisezimmer ist hell und geräumig, hat viele Fenster und einige schöne Möbelstücke. Das Essen wird allseits gelobt, doch wir hätten gerne mehr Berichte. Die Gastgeber, Tony und Jane Ross, beide professionelle Hoteliers, bieten den Gästen ein kostenloses Glas Sherry als Aperitif an, während diese ihr Abendessen aussuchen.
Alle Schlafzimmer verfügen über eine schöne Aussicht, die von den Zimmern im zweiten Stock ist allerdings spektakulär. Sie alle sind gut möbliert und zwei haben kleine Balkone.
Gäste, die das berühmte Pitlochry Festival Theatre besuchen, das hier im Knockendarroch seinen Ursprung hat, bekommen ein früheres Abendessen; außerdem wird ein Busdienst eingerichtet, der sie in die Stadt und zurück bringt.

Umgebung: Blair Castle; Pass of Killiecrankie; Loch Tummel • **Lage:** nahe der Stadtmitte, 41 km nördlich von Perth an der A9; Parkplatz • **Mahlzeiten:** Frühstück, Abendessen • **Preise:** ££ • **Zimmer:** 12 Doppel- oder Zweibettzimmer, alle mit Bad; alle Zimmer haben Telefon, TV, Haartrockner • **Anlage:** 2 Aufenthaltszimmer, Speisezimmer, Garten • **Kreditkarten:** MC, V • **Kinder:** über 12 Jahre gestattet • **Behinderte:** Zugang zu einem Zimmer möglich • **Tiere:** nicht gestattet **Geschlossen:** Mitte Okt. bis Feb. • **Besitzer:** Tony und Jane Ross

Highlands und Inseln

Port Appin, Argyll

Airds Hotel
~ Gasthof am See ~

Port Appin, Argyll PA38 4DF
Tel.: (01631) 73 02 36 **Fax:** (01631) 73 05 35 **E-Mail:** airds@airds-hotel.com
Website: www.relaischateaux.fr/airds

Die Besitzer dieses alten Gasthofs an der Anlegestelle am Loch Linnhe haben sehr aufmerksam die Vorteile dieser einzigartigen Lage wahrgenommen: Das Speisezimmer, der Wintergarten und viele Schlafzimmer blicken auf den See. Um ein übriges zu tun, haben sie auf der anderen Straßenseite einen attraktiven Garten mit Rosen und Rasenflächen geschaffen, in dem die Gäste sitzen und die Aussicht über Loch Linnhe auf die Insel Lismore genießen können. Die Sonnenuntergänge hier sind atemberaubend.

Trotz seines eher gewöhnlichen Äußeren ist das Airds Hotel, das zur Gruppe Relais & Châteaux gehört, ein gepflegtes Haus, das makellos geführt und in Schuß gehalten wird. Das Innere ist elegant und beherbergt zwei Aufenthaltsräume mit bequemen Stühlen, tiefen Veloursteppichen und offenem Kamin. Die Zimmer sind voller Blumen und Bücher, auch Bilder hängen überall. Jedes der Schlafzimmer ist individuell gehalten und sorgfältig möbliert und hat ein sehr bequemes Badezimmer. Jeden Tag findet man die Speise- und die Weinkarte in seinem Zimmer, damit man nach Lust und Laune darin stöbern kann und seine Bestellung am späten Nachmittag abgeben kann. Das Speisezimmer ist etwas zu förmlich und steif, doch das Essen, das von Betty Allen zubereitet wird, erhält viel Lob und bietet oft solche lokalen Genüsse wie Lismore-Austern, geräucherten Lachs oder Wildbret.

Umgebung: Oban; Glencoe; »Road to the Isles«; Ben Nevis • **Lage:** zwischen Ballachulish und Connel, 3 km abseits der A828; Parkplatz • **Mahlzeiten:** Frühstück, leichtes Mittagessen, Abendessen; Zimmerservice • **Preise:** £££ • **Zimmer:** 12; 11 Doppel- oder Zweibettzimmer, eine Suite, alle mit Bad; alle Zimmer haben Telefon, TV, Haartrockner • **Anlage:** 2 Aufenthaltszimmer, Wintergarten, Speisezimmer, Garten; grober Kiesstrand • **Kreditkarten:** MC, V • **Kinder:** gestattet **Behinderte:** keine besonderen Einrichtungen • **Tiere:** nicht gestattet • **Geschlossen:** Mitte bis Ende Dez.; letzte drei Januarwochen • **Besitzer:** Familie Allen

HIGHLANDS UND INSELN

PORTREE, ISLE OF SKYE

Viewfield House
~ Ländliches Gästehaus ~

Portree, Isle of Skye IV51 9EU
Tel.: (01478) 61 22 17 **Fax:** (01478) 61 35 17

Das beeindruckende ländliche Herrenhaus aus der viktorianischen Epoche gewährt, wie der Name nahelegt, von seiner erhöhten Position einige schöne Ausblicke. Die hohen Reparaturkosten für das Dach hatten Evelyn Macdonald, Hughs Großmutter, dazu veranlaßt, Viewfield House für Gäste zu öffnen. Das Schöne daran ist, daß der Charakter des Hauses bewahrt wurde; obwohl es Ihnen in punkto Komfort und Service an nichts mangeln wird, wird ein Aufenthalt hier für die meisten eine ungewöhnliche Erfahrung sein. Das Haus ist voller kolonialzeitlicher Merkwürdigkeiten: ausgestopfte Tiere und Vögel, kostbare Museumsrelikte und eine wunderbare Sammlung von Ölgemälden und Drucken.

Die Zimmer sind noch in originalem Zustand, was in einem Fall selbst für die Tapete gilt, wobei fast alle jetzt über eigene Badezimmer in den ehemaligen Umkleidezimmern verfügen. Es gibt ein klassisches viktorianisches Gesellschaftszimmer und einen edlen Speisesaal mit zwei großen Holztischen. Die Gäste werden im Stil einer Hausgesellschaft versorgt, wer jedoch nicht gemeinschaftlich speisen möchte, bekommt auch einen separaten Tisch – wir bewundern diese Flexibilität. Es gibt ein festgelegtes 5-Gänge-Menü, doch einzelne Absprachen sind möglich. Das Essen, das von Linda Macdonald zubereitet wird, ist herzhaft, traditionell und reichlich.

Umgebung: Halbinsel Trotternish • **Lage:** am Rand der Stadt, 10 Minuten zu Fuß südlich der Stadtmitte; von der A87 in Richtung Broadford, biegen Sie gleich hinter der BP-Tankstelle auf der Linken nach rechts • **Mahlzeiten:** Frühstück, Lunchpakete, Abendessen • **Preise:** ££ • **Zimmer:** 9 Doppelzimmer, 7 mit Bad; 2 Einzelzimmer, 1 mit Bad; ein Familienzimmer • **Anlage:** Aufenthaltszimmer, Speisezimmer, Fernsehzimmer • **Kreditkarten:** MC, V • **Kinder:** willkommen • **Behinderte:** 1 besonders eingerichtetes Zimmer im Erdgeschoß • **Tiere:** gestattet, aber nicht in Gemeinschaftsräumen • **Geschlossen:** Mitte Okt. bis Mitte April • **Besitzer:** Hugh und Linda Macdonald

Schottland

HIGHLANDS UND INSELN

SCARISTA, HARRIS, WESTERN ISLES

Scarista House
~ Gästehaus auf der Insel ~

Isle of Harris, Western Isles HS3 3HX
Tel.: (01859) 55 02 38 **Fax:** (01859) 55 02 77 **E-Mail:**
Ian@scaristahouse.demon.co.uk **Website:** www.scaristahouse.demon.co.uk

Harris bietet nicht gerade viele Hotels, aber Scarista würde selbst unter den Landhäusern der Cotswolds herausragen. Das umgebaute georgianische Pfarrhaus steht isoliert auf einem windgepeitschten Hügel, über einer weiten Fläche von Sand und Watt an der Westküste. Seine Dekoration ist durch viele Antiquitäten elegant und eher förmlich, doch die Atmosphäre ist entspannt, und an den offenen Torffeuern ersetzt die Konversation den Fernseher. In den Schlafzimmern, die alle eigene Badezimmer haben, findet man eine Auswahl von Teesorten und frischen Kaffee sowie selbstgemachte Kekse. Die meisten von ihnen liegen in dem neuen einstöckigen Gebäude; das im alten Haus ist für Nichtraucher reserviert.

Die Callaghans haben Anfang der 1990er Jahre ihre Jobs in der Bank und dem Antiquitätengeschäft für dieses Hotel aufgegeben und seither die Gemeinschaftsräume und die meisten Schlafzimmer aufgemöbelt. Ihr Ziel ist es, effiziente Gastgeber, aber niemals aufdringlich zu sein und die kostbare Atmosphäre eines Privathauses weiter zu erhalten. Eine der Attraktivitäten von Scarista, besonders erquickend nach einem langen Marsch über den Sand, sind die Mahlzeiten. Die phantasievoll zubereiteten Speisen mit Zutaten aus dem Garten und der Umgebung sowie die eindrucksvolle Weinkarte garantieren ein erinnerungswürdiges Abendessen im kerzenerleuchteten Speisezimmer.

Umgebung: Strände; Golf; Bootsausflüge • **Lage:** 24 km südwestlich von Tarbert an der A859 mit Blick über das Meer; in einem Garten von 0,7 ha; großer Parkplatz **Mahlzeiten:** Frühstück, Lunchpakete, Abendessen • **Preise:** £££ • **Zimmer:** 5 Doppelzimmer, alle mit Bad; alle Zimmer haben Telefon, Haartrockner • **Anlage:** Bibliothek, 2 Aufenthaltszimmer, Speisezimmer • **Kreditkarten:** MC, V • **Kinder:** über 8 Jahre willkommen • **Behinderte:** keine besonderen Einrichtungen • **Tiere:** im Anbau gestattet, nicht im Haus • **Geschlossen:** Okt. bis April • **Besitzer:** Ian und Jane Callaghan

HIGHLANDS UND INSELN

SLEAT, ISLE OF SKYE

Kinloch Lodge
~ Landhotel ~

Sleat, Isle of Skye, Highland IV43 8QY
Tel.: (01471) 83 32 14 **Fax:** (01471) 83 32 77 **E-Mail:** kinloch@dialpipex.com
Website: www.kinloch-lodge.co.uk

Das weißgestrichene Steinhaus, das in isolierter Lage mit Aussicht aufs Meer an der Südspitze von Skye steht, war um 1700 als Bauernhaus erbaut und später als Jagdhütte genützt worden. Es entkam jedoch dem prunkvollen Ausbau, den so viele ähnliche Häuser zu erleiden hatten – »Zum Glück!« meint Lady Macdonald, deren Vorliebe eher moderner Innenarchitektur gilt als dunklen Holzpaneelen und Schottentuch. Das Gebäude atmet die ungezwungene Atmosphäre eines Privathauses. Die Aufenthaltsräume der Gäste sind gemütlich in stilvollen gedämpften Farben gehalten; es gibt offene Kamine und Ölgemälde der Familie an allen Wänden. Das Speisezimmer ist mit dem funkelnden Kristall und dem Silber auf den polierten Tischen etwas förmlicher. Bis auf drei sind alle Schlafzimmer zweifellos etwas knapp bemessen. Seit unserem letzten Besuch haben die Macdonalds das New House mit Platz für sich selbst und für fünf weitere Gästezimmer gebaut. New House ist wirklich bemerkenswert, da es von außen wie von innen so alt wie die Lodge wirkt und einen wahren Reichtum an Büchern, Porträts und Objets d'art beherbergt.

Das Essen in der Kinloch Lodge wird allseits gelobt – Lady Macdonald hat mehrere Kochbücher geschrieben –, doch bei unserem Besuch war es enttäuschend. Berichte sind willkommen.

~

Umgebung: Clan Donald Centre • **Lage:** auf einem Grundstück von 23 ha, 10 km südlich von Broadford, 1,5 km abseits der A851; großer Parkplatz • **Mahlzeiten:** Frühstück, Mittagessen nach Vereinbarung, Abendessen • **Preise:** ££ • **Zimmer:** 15 Doppelzimmer, 13 mit Bad; alle Zimmer haben Radio, Haartrockner • **Anlage:** 2 Aufenthaltszimmer, Bar, Speisezimmer; Angeln • **Kreditkarten:** MC, V • **Kinder:** gestattet • **Behinderte:** Zugang zu einem Schlafzimmer im Erdgeschoß akzeptabel **Tiere:** gestattet nach Vereinbarung, nicht in Gemeinschaftsräumen • **Geschlossen:** Mitte bis Ende Dez.; letzte drei Januarwochen • **Besitzer:** Lord und Lady Macdonald

HIGHLANDS UND INSELN

SPEAN BRIDGE, INVERNESS-SHIRE

Corriegour Lodge
~ Hotel an Loch Lochy ~

Loch Lochy, bei Spean Bridge, Inverness-shire PH34 4EB
Tel.: (01397) 71 26 85 **Fax:** (01397) 71 26 96 **E-Mail:** info@corriegour-lodge-hotel.com
Website: www.corriegour-lodge-hotel.com

Die ehemalige viktorianische Jagdhütte bietet außergewöhnliche Ausblicke über Loch Lochy und steht auf einem Grundstück von 2,3 ha mit altem Waldbestand und Gärten mitten im »Great Glen«. Dank seines attraktiven Privatstrands und der Anlegestelle am See sowie dem eigenen Boot und der Möglichkeit, die Dienste einer privaten Angelschule zu nutzen, fühlen sich hier vor allem begeisterte Angler zu Hause, aber auch Wanderer, Kletterer, Reiter und Segler.

Die Eingangshalle der Corriegour Lodge ist ein wenig düster, doch negative erste Eindrücke verfliegen rasch, wenn die Besitzerin die Szene betritt. Ihre Freundlichkeit und ihr Enthusiasmus für das Hotel, das sie mit ihrem Sohn Ian betreibt, sind ansteckend. Die Einrichtung des gesamten übrigen Hauses ist gemütlich und heiter, wozu auch ein Holzfeuer im Aufenthaltsraum und die verzaubernden Ausblicke über Loch Lochy durch die großen Panoramafenster im Restaurant beitragen. Viele der behaglichen Schlafzimmer haben die gleiche Aussicht.

Das Essen spielt eine weitere wichtige Rolle, wobei vor allem Fleisch, Fisch und Wild aus der Gegend verarbeitet werden. Als Dessert gibt es etwa Pudding mit einer Rum- und Eiercreme. Das Personal ist durchwegs freundlich und hilfsbereit.

Umgebung: Cawdor Castle; Urquhart Castle; Loch Ness; Glencoe • **Lage:** zwischen Spean Bridge und Invergarry, auf eigenem Grundstück, 27 km nördlich von Fort William an der A82; großer Parkplatz • **Mahlzeiten:** Frühstück, Abendessen
Preise: ££ • **Zimmer:** 9; 7 Doppel- oder Zweibettzimmer, 2 Einzelzimmer, alle mit Bad; alle Zimmer haben TV, Haartrockner auf Anfrage • **Anlage:** Aufenthaltszimmer, Bar, Speisezimmer, Terrasse, privater Strand und Anlegestelle; Angeln
Kreditkarten: AE, DC, MC, V • **Kinder:** über 8 Jahre gestattet • **Behinderte:** keine besonderen Einrichtungen • **Tiere:** nicht gestattet • **Geschlossen:** Nov. und Dez.
Besitzer: Ian und Christian Drew

HIGHLANDS UND INSELN

STRACHUR, ARGYLL

Creggans Inn
~ Gasthof am See ~

Strachur, Argyll PA27 8BX
Tel.: (01369) 86 02 79 **Fax:** (01369) 86 06 37 **E-Mail:** info@creggans-inn.co.uk
Website: www.creggans-inn.co.uk

Diese ehemalige Jagdhütte auf dem 1150 ha großen Landgut Strachur Estate blickt über Loch Fyne und wurde vor etwa 40 Jahren von Sir Fitzroy Maclean als Gasthof eröffnet. Sein Sohn, Sir Charles Maclean, will das ziemlich einfache Gebäude in ein deutlich anspruchsvolleres Haus mit hohem, zeitgenössischem Qualitätsstandard verwandeln. Ein Besucher meinte kürzlich, daß er damit noch nicht sehr weit gekommen sei, man muß aber zugeben, daß das Erneuerungsprogramm kontinuierlich weitergeführt wird.

Ein großer Vorteil des Gasthofs ist seine Lage. Die Aussicht auf Loch Fyne und über den Mull of Kintyre bis zu den Western Isles ist atemberaubend. Große Teile des Strachur Estate, darunter der private Blumengarten, stehen den Besuchern offen, und eine Menge an Aktivitäten kann in der Umgebung unternommen werden.

Die bequemen Schlafzimmer beschreibt man am besten als eher heimelig als elegant. Seinen Weg durch das Labyrinth von Korridoren zu finden, kann nach einem Glas oder zwei ganz schön schwierig sein. Der Zustand mancher Gemeinschaftsräume bedarf noch weiterer Anstrengungen. Die Berichte über die Mahlzeiten waren positiv: Die Küche, die sich vor allem auf lokale Produkte stützt, ist leicht, phantasievoll und köstlich. Die Weinkarte ist überdurchschnittlich gut und günstig im Preis.

~

Umgebung: Stadt und Schloß von Inverary; Loch Fyne; Loch Lomond • **Lage:** am Ostufer von Loch Fyne; ab Glasgow über Loch Lomond und die A83 oder von Gourock mit der Autofähre über den Clyde nach Dunoon und der A815; großer Parkplatz • **Mahlzeiten:** Frühstück, Mittagessen, Abendessen • **Preise:** ££ **Zimmer:** 17; 15 Doppel- oder Zweibettzimmer, 1 Einzelzimmer, 1 Suite, alle mit Bad; alle Zimmer haben Telefon, TV, Haartrockner • **Anlage:** 2 Aufenthaltszimmer, 2 Bars, Restaurant, kleiner Laden, Garten; Aktivitäten im Freien • **Kreditkarten:** AE, DC, MC, V • **Kinder:** willkommen • **Behinderte:** 2 Schlafzimmer im Erdgeschoß **Tiere:** gestattet • **Geschlossen:** nie • **Besitzer:** Sir Peter Maclean

HIGHLANDS UND INSELN

STRONTIAN, ARGYLL

Kilcambe Lodge
~ Hotel am See ~

Strontian, Argyll PH36 4HY
Tel.: (01967) 40 22 57 **Fax:** (01967) 40 20 41

Zu einem Hotel mit der Fähre anzureisen, gibt einer Fahrt immer etwas Abenteuerliches, vor allem wenn man dann noch an einem See entlang und über einen Paß durch eine tief eingeschnittene Bergschlucht reisen muß. Wenn Sie diese hinter sich haben, passieren Sie den kleinen Ort Strontian, und dann endlich sehen Sie vor sich Kilcamb Lodge am Ufer von Loch Sunart.

Das ursprünglich aus dem frühen 18. Jahrhundert stammende, in viktorianischer Zeit erweiterte Kilcamb ist ein schön renoviertes Landhaus mit zehn Schlafzimmern, die alle auf den See blicken. Es liegt zwischen Rasenflächen und Wäldern und ist im Frühling in alle Farben von Rhododendren, Azaleen und vielen Wildblumen getaucht; es ist ein romantisches Schlupfloch, das jeden Naturfreund begeistert: Seeottern, Seehunde, Baummarder, Rothirsche, Rehe und Goldadler können hier beobachtet werden.

Die Räume im Erdgeschoß sind mit pastellfarbenen Stoffen angenehm dekoriert worden. Es gibt auch eine wunderbare schmiedeeiserne Treppe und ein großes Buntglasfenster. Alle Schlafzimmer wurden individuell eingerichtet und besitzen dreilagige Vorhänge (im Sommer bleibt es sehr lange hell). Zur Krönung des Ganzen ist die Küche genauso hervorragend wie die Weinkarte.

Umgebung: Fähre zu den Inseln Mull und Skye; Castle Tioram; Glencoe • **Lage:** Von der A82 bei Ballachulish nehmen Sie die Fähre nach Corran bis Ardgour, dann folgen Sie der A861 bis Strontian; auf einem Grundstück von 10 ha mit großem Parkplatz • **Mahlzeiten:** Frühstück, leichtes Mittagessen, Abendessen • **Preise:** ££ **Zimmer:** 11; 10 Doppel- oder Zweibettzimmer, ein Einzelzimmer, alle mit Bad; alle Zimmer haben TV, Haartrockner • **Anlage:** 2 Aufenthaltszimmer, Bar, Speisezimmer, Garten, Privatstrand, Angeln, Mountainbikes • **Kreditkarten:** MC, V • **Kinder:** willkommen • **Behinderte:** keine besonderen Einrichtungen • **Tiere:** gestattet nach Vereinbarung • **Geschlossen:** Jan. und Feb. • **Besitzer:** Peter und Anne Blakewa

HIGHLANDS UND INSELN

ULLAPOOL, ROSS-SHIRE

TIP DES HERAUSGEBERS

Altnaharrie
~ Gasthof am See ~

Ullapool, Ross-shire IV26 2SS
Tel.: (01854) 63 32 30

Es gibt einige gute Hotels in Großbritannien an Orten, wo niemand sie vermuten würde, aber diesem gebührt der erste Preis. Ullapool selbst ist schon ziemlich abgelegen, doch um nach Altnaharrie zu gelangen, muß man mit der Fähre des Gasthofs auf einer zehnminütigen Fahrt Loch Broom überqueren – oder den Angriff von Littel Loch Broom unternehmen und über die Berge marschieren.
Eine solche Abgeschiedenheit hat einen starken Reiz, doch das wirklich Bemerkenswerte an einem Besuch hier ist, daß man deswegen keinerlei Kompromisse eingehen muß. Der Gasthof ist angenehm und einladend; noch wichtiger aber ist, daß die Küche den allgemein anerkannten Ruf hat, besonders gut zu sein. Frische Zutaten sind die Basis von Gunns festgesetzten Menüs, die sich jeder Klassifikation widersetzen, aber eine große Zustimmung erfahren. Es gibt kein besseres Restaurant in den Highlands, und es ist zurecht das einzige Restaurant in Schottland, das zwei Michelin-Sterne besitzt.
Das jahrhundertealte, weiß angestrichene Steinhaus, das nur einen Steinwurf vom See entfernt liegt, ist mit gewebten Wandbehängen, Teppichen aus dem Nahen Osten und ein paar Antiquitäten warm und nett eingerichtet worden. Die Preise des Gasthofs sind allerdings auch mit die höchsten in diesem Buch.

Umgebung: Loch Broom Highland Museum; Ullapool; Inverewe Gardens
Lage: südwestlich von Ullapool über den Loch Broom, mit Privatfähre erreichbar; Privatparkplatz in Ullapool • **Mahlzeiten:** Frühstück, leichtes Mittagessen, Abendessen; Zimmerservice • **Preise:** ££££ • **Zimmer:** 8 Doppelzimmer, alle mit Bad; alle Zimmer haben Telefon, TV, Haartrockner • **Anlage:** 2 Aufenthaltszimmer, Speisezimmer • **Kreditkarten:** MC, V • **Kinder:** bei gutem Benehmen willkommen; für kleine Kinder nicht geeignet • **Behinderte:** Zugang schwierig • **Tiere:** Hunde eventuell gestattet nach vorheriger Vereinbarung • **Geschlossen:** Nov. bis Ostern
Besitzer: Fred Brown und Gunn Eriksen

Highlands und Inseln

Walls, Shetland Islands

Burrastow House
~ Gästehaus am Meer ~

Walls, Shetland Islands ZE2 9PD
Tel.: (01595) 80 93 07 **Fax:** (01595) 80 92 13 **E-Mail:** burr.hs.hotel@zetnet.co.uk
Website: www.users.zetnet.co.uk/burrastow-house-hotel

Auf der abgeschiedenen Westseite von Shetland, am Ende einer einspurigen Straße auf einem felsigen Vorgebirge, das über den Vaila Sound und die Insel Vaila blickt, steht dieses solide Steinhaus aus dem 18. Jahrhundert. Seit 1980 ist es ein Gästehaus, und seit zwölf Jahren leitet es Bo Simmens mit all ihrem Enthusiasmus und der Hilfe ihres Mannes, Henry Anderton. 1995 wurde ein Anbau mit drei weiteren Schlafzimmern errichtet. Die Schlüsselbegriffe hier sind Ruhe, Liebe zur Natur und Ungezwungenheit.

Wenn Sie die Möglichkeit haben, sollten Sie die originalen Schlafzimmer im Hauptgebäude wählen. Beide sind recht groß, und eines verfügt über einen zweiten Raum, der ideal für Kinder ist. Die Betten in beiden Räumen sind großartig; eines ist ein Himmelbett, das andere hat einen Baldachin aus blauer Seide. Die neueren Schlafzimmer haben weniger Charakter, sind aber bequem. In den Gemeinschaftszimmern finden Sie Torffeuer, Bücher, eine eklektische Mischung von Möbeln und eine wunderbare Aussicht auf das Wasser – vielleicht erspähen Sie Seehunde und Otter. Bo hat sich mit ihrer Küche einen Namen gemacht und auch ein Kochbuch, »A Taste of Burrastow« geschrieben. Das Abendessen, das aus vier Gängen mit Wahlmöglichkeiten besteht, wird im gemütlichen getäfelten Speisezimmer zusammen an einem Gemeinschaftstisch eingenommen – Sie sollten darauf vorbereitet sein.

~

Umgebung: Vaila Sound; Walls • **Lage:** am Meer, 3 km westlich von Walls; großer Parkplatz • **Mahlzeiten:** Frühstück, leichtes Mittagessen oder Lunchpakete, Abendessen • **Preise:** ££ • **Zimmer:** 5; 4 Doppel- oder Zweibettzimmer, 1 Familiensuite, 3 mit Bad, 2 mit Dusche; TV, Haartrockner auf Anfrage • **Anlage:** Speisezimmer, 2 Aufenthaltszimmer; Dinghi • **Kreditkarten:** AE, MC, V • **Kinder:** willkommen **Behinderte:** Zugang möglich; ein Zimmer mit besonderen Einrichtungen • **Tiere:** gestattet nach Vereinbarung • **Geschlossen:** Jan. und Feb. • **Besitzer:** Bo Simmons

Highlands und Inseln

Whitebridge, Inverness-shire

Knockie Lodge
Hotel im Landhausstil

Whitebridge, Inverness-shire IV1 2UP
Tel.: (01456) 48 62 76 **Fax:** (01456) 48 63 89 **E-Mail:** info@knockielodge.co.uk
Website: www.knockielodge.co.uk

Dieses Hotel im Landhausstil liegt hoch auf den heidebewachsenen Hügeln über Loch Ness. Es wurde 1789 als Jagdhütte für Lord Lovat gebaut und ist ein perfekter Ort, um einen typischen Highlandurlaub zu verbringen: Im Angebot sind Lachsfischen, Pirsch auf Rotwild, Segeln, Ponytrekking, Klettern und Wanderungen in den Hügeln. Was Knockie Lodge so besonders macht, ist aber eine überall spürbare Vitalität, die diesem generell eher gesetzten Hoteltypus sonst meist fehlt.

Dies fängt schon in der Eingangshalle an, die mit frischen Blumen und Antiquitäten geschmückt ist. Das Thema setzt sich fort in den attraktiven, individuell eingerichteten Schlafzimmern (ohne Fernseher, die die Ruhe stören könnten); einige verfügen über eine außergewöhnliche Aussicht auf Loch Nan Lann und den Berg Beinn a Bhacaidh. Eine überdachte Terrasse bietet dieselbe Aussicht; von hier können Sie auch zum Loch Ness hinabsteigen.

In einem Hotel, wo die nächste Alternative zu den Hotelmahlzeiten eine halbe Stunde mit dem Auto entfernt ist, muß das Essen einfach gut sein! Küchenchef Mark Dexter lernte im Savoy und im Dorchester – und das mit gutem Erfolg. Alle speisen zur gleichen Zeit, wenn auch an getrennten Tischen.

Umgebung: Inverness; Fort Augustus; Loch Ness; Culloden • **Lage:** Folgen Sie den Schildern weg von der B862 entlang dem Südende von Loch Ness; das Hotel liegt 3 km entlang einer einspurigen Straße auf eigenem Grundstück; großer Parkplatz **Mahlzeiten:** Frühstück, leichtes Mittagessen auf Anfrage, Abendessen • **Preise:** £££ **Zimmer:** 10; 8 Doppel- und Zweibettzimmer, 2 Einzelzimmer, alle mit Bad; alle Zimmer haben Telefon, Haartrockner • **Anlage:** 3 Aufenthaltszimmer, Billard- (Snooker)zimmer, Speisezimmer, Terrasse, Garten • **Kreditkarten:** DC, MC, V **Kinder:** über 10 Jahre gestattet • **Behinderte:** Zugang schwierig • **Tiere:** gestattet nach Vereinbarung • **Geschlossen:** Nov. bis Mai • **Besitzer:** Louise Dawson und Nicholas Bean

HIGHLANDS UND INSELN

WEITERE EMPFEHLUNGEN

Banff, Aberdeenshire
Eden House
bei Banff, Aberdeenshire AB45 3NT
Tel.: (01261) 82 12 82 **Fax:** (01261) 82 12 83 ££

Elegantes Privathaus mit schönem Portikus und überwältigendem Blick über die Bucht. Gemeinschaftliches Abendessen.

Drumnadrochit, Inverness-shire
Polmaily House
Drumnadrochit, Inverness-shire IV3 6XT
Tel.: (01456) 45 03 43 **Fax:** (01456) 45 08 13
E-Mail: polmailyhousehotel@BTinternet.com ££

Familienhotel mit umfassendem Freizeitangebot für Kinder, vom Streichelzoo bis zu Videospielen.

Inverness
Bunchrew House
Bunchrew, Inverness IV3 8TA
Tel.: (01463) 23 49 17 **Fax:** (01463) 71 06 20 ££

Pinkfarbenes, turmbewehrtes Herrenhaus mit großen, komfortablen Zimmer (einige mit Meeresblick). Formelles Abendessen.

Inverness
Glenmoriston Town House
20 Ness Bank, Inverness IV2 4SF
Tel.: (01463) 22 37 77 **Fax:** (01463) 71 23 78 **E-Mail:** glenmoriston@cali.co.uk
Website: www. glenmoriston.com

Nach einer Generalüberholung des Hauses eine nützliche neue Adresse in dieser nicht gerade mit stilvollen Hotels gesegneten Region. Innovative Küche.

Uig , Isle of Lewis
Baile-na-Cille
Timsgarry, Uig, Isle of Lewis HS2 9JD
Tel.: (01851) 67 22 42 **Fax:** (01851) 67 22 41
E-Mail: randjgollin@compuserve.com ££

Entspannte Atmosphäre in spektakulär gelegener, liebevoll renovierter Villa aus dem 18. Jahrhundert; gute Küche.

Ullapool, Ross-shire
Ceilidh Place
West Argyll Street, Ullapool, Ross-shire IV26 2TY
Tel.: (01854) 61 21 03 **Fax:** (01854) 61 28 86
E-Mail: reception@ceilidh.demon.co.uk

Lebendige Verbindung aus Galerie, Café, Bäckerei, Buchladen, Restaurant und Gasthaus mit einfachen Zimmern.

NORDIRLAND

BELFAST

Greenwood House
~ Städtisches Gästehaus ~

25 Park Road, Belfast, Co Antrim BT7 2FW
Tel.: (028) 90 20 25 25 **Fax:** (028) 90 20 25 30
E-Mail: greenwood.house@virgin.net

In der Nähe der (berüchtigten) Ormeau Road, in einer ruhigen, von Bäumen gesäumten Straße in einem Wohngebiet befindet sich dieses viktorianische Backsteinhaus in einem kleinen Garten hinter einer Ligusterhecke. Bis vor drei Jahren war es noch ein Seniorenheim, das von seinen heutigen Besitzern zum Gästehaus umgebaut wurde.

Im unteren Stockwerk blieben die alten Ahornböden und Leisten, aber die Dekoration ist wohnlich, zeitgemäß und lebendig, mit Stoffen in den Grundfarben und vielen Kunstschmiedearbeiten. Im vorderen Teil ist das Speisezimmer mit schmiedeeisernen Tischen und Stühlen, mit roten und gelben Vorhängen, einem schönen alten Kamin und modernen Kunstdrucken. Das Frühstück bereitet Jason Harris zu; das Menü wird an Schiefertafeln angeschrieben. Im oberen Stockwerk setzt sich der fröhliche Einrichtungsstil fort: schmiedeeiserne Bettgestelle, eine marineblaue und grüne Farbzusammenstellung, Spiegel in hübschen schwarzen Rahmen, helle Holztische mit schwarzer Zierleiste, offene Kleiderschränke bzw. Eisengestelle, die mit Vorhängen geschlossen werden. Die Badezimmer sind strahlend weiß. Einige Schlafzimmer sind sehr weiträumig; diejenigen im vorderen Bereich des Gebäudes bieten Ausblick über einen Park. Im Haus herrscht eine lockere und fröhliche Atmosphäre.

Umgebung: Stadtzentrum • **Lage:** in einer Wohngegend, 1,6 km südlich vom Zentrum; mit Parkmöglichkeit • **Mahlzeiten:** Frühstück, Abendessen auf Anfrage
Preise: £ • **Zimmer:** 7; 5 Doppelzimmer, 2 Zweibettzimmer, 3 mit Bad, 2 mit Dusche; 2 Einzelzimmer mit Dusche; alle Zimmer haben Fernsehen; Haartrockner auf Anfrage
Anlage: Aufenthaltsraum, Speisezimmer, Garten • **Kreditkarten:** AE, MC, V
Kinder: willkommen • **Behinderte:** ein geeignetes Zimmer im Erdgeschoß • **Tiere:** nicht gestattet • **Geschlossen:** Weihnachten • **Besitzer:** Jason und Mary Harris

NORDIRLAND

PORTAFERRY, CO DOWN

The Narrows
~ Gästehaus am Meer ~

8 Shore Road, Portaferry, Co Down BT22 1JY
Tel.: (028) 42 72 81 48 **Fax:** (028) 42 72 81 05
E-Mail: reservations@narrows.co.uk

The Narrows ist nicht nur ein architektonisches Prachtstück, denn auch seine Lage an der Seeseite eines hübschen Fischerdorfs an der Spitze der Halbinsel Ards, seine sonnigen, hellen Räume mit Meerblick und seine vernünftigen Preise machen dieses Hotel zu einem Juwel. Mit Hilfe der Architektin Rachel Bevan schufen die Brüder Will und James Brown eine phantasievolle, luftige Mischung aus Altem und Neuem. Die 13 Schlafzimmer sind alle nach Inseln in Strangford Lough benannt und bieten Ausblicke auf die Schiffe und den neuen Jachtponton. Die Ausstattung ist schlicht, mit weißen Wänden, Kokosmatten, unbearbeiteten Holzböden, Kiefermöbeln und weiß gekachelten Badezimmern. Die Zimmer im älteren Gebäude haben alte Holzbalken; alle sind mit guten Betten und kräftigen Duschen ausgestattet.

Das Restaurant im Erdgeschoß in einem hellen, funktionalen Raum ist mit Holzböden, in erdigen Tönen bemalten Wänden und schlichten Holztischen ausgestattet. Hier werden köstliche Gerichte der modernen irischen Küche serviert: Es gibt frische Meeresfrüchte, biodynamisch angebautes Gemüse und Kräuter aus dem eigenen Garten werden dazu angeboten. Die Wände sind mit einer farbenprächtigen Handwebearbeit, Bildern und Photographien geschmückt. Anlegeplatz vorhanden.

Umgebung: Exploris Aquarium; Mount Stewart; Golf • **Lage:** mit Blick zum Meer im Zentrum der Stadt; Parkmöglichkeit für 4-5 Autos • **Mahlzeiten:** Frühstück, Mittagessen, Abendessen • **Preise:** ££ • **Zimmer:** 13; 12 Doppel- bzw. Zweibettzimmer, ein Einzelzimmer, 3 mit Bad, 10 mit Dusche; alle Zimmer haben Telefon, Fernsehen • **Anlage:** Aufenthaltsraum, Restaurant, Sauna, Aufzug, Garten, Terrasse **Kreditkarten:** AE, MC, V • **Kinder:** willkommen • **Behinderte:** 8 geeignete Zimmer **Tiere:** bei mitgebrachtem Schlafplatz gestattet • **Geschlossen:** 2 Wochen im Februar • **Besitzer:** Will und James Brown

IRISCHE REPUBLIK

AGLISH, CO TIPPERARY

Ballycormac House
~ Umgebautes Farmhaus ~

Aglish, Borrisokane, Co Tipperary
Tel.: (067) 211 29 **Fax:** (067) 212 00

Inmitten des Farmlandes im Norden von Tipperary, fast exakt in der Mitte Irlands, befindet sich dieses 300 Jahre alte Bauernhaus, das schon lange Zeit als Gästehaus bekannt war, bevor es 1994 von dem amerikanischen Ehepaar Herbert und Christine Quigley übernommen wurde. Es ist ideal für Gäste, die sich einfach entspannen wollen, oder kleine Reisegruppen, die ihre Ferien nutzen möchten, um zu reiten, an Fuchsjagden teilzunehmen, zu angeln oder zu jagen. Kurz vor Druck dieses Führers haben wir erfahren, daß die Quigleys die Leitung abgegeben haben, daher würden wir aktuelle Berichte von Lesern sehr begrüßen.

Die Quigleys erneuerten das hübsche massive Haus von Grund auf und schufen einen warmen und gemütlichen Schlupfwinkel. Im Winter brennen Holzfeuer in den Kaminen, und im Sommer können die Gäste die Gärten besuchen. Hier werden Kräuter, Früchte und Gemüse biodynamisch angebaut, die bei der Zubereitung der Mahlzeiten verwendet werden.

Zum Frühstück gab es im Ballycormac traditionelles irisches Sodabrot oder seine Version des französischen Pain au Chocolat – Sodabrot mit Schokolade und Kirsch –, zum Abendessen am Gemeinschaftstisch wurden alle Brotsorten vom schwedischen Limpa bis zum indischen Naan gereicht. Es bleibt zu hoffen, daß die neuen Besitzer die alte Qualität beibehalten können.

Umgebung: Terryglass; Birr • **Lage:** Garten von fast 1 Hektar, 1 km nördlich von Borrisokane, ausgeschildert; großer Parkplatz • **Mahlzeiten:** Frühstück, kleines Mittagessen auf Anfrage, Abendessen • **Preise:** ££ • **Zimmer:** 5; 3 Doppelzimmer, eine Suite, 1 Einzelzimmer, alle mit Bad • **Anlage:** Aufenthaltsraum, Speisezimmer, Garten • **Kreditkarten:** MC, V • **Kinder:** über 6 Jahre willkommen • **Behinderte:** Zugang schwierig • **Tiere:** Unterbringung möglich • **Geschlossen:** nie • **Besitzer:** John Lang

IRISCHE REPUBLIK

ARDARA, CO DONEGAL

TIP DES HERAUSGEBERS

The Green Gate
~ Bed & Breakfast im Cottage ~

The Green Gate, Ardvally, Ardara, Co Donegal
Tel.: (075) 415 46

Der Besitzer dieses charmanten kleinen umgebauten Bauernhauses mit seinen steinernen Nebengebäuden, der Franzose Paul Chatenoud, kam vor 11 Jahren nach Donegal, um »über das Leben, die Liebe und den Tod« zu schreiben. Er hatte einen Musikbuchladen und eine Wohnung in Paris zurückgelassen, um ein neues Leben in rauher Umgebung auf einem Hügel mit Blick über den Atlantik zu beginnen. Sein Buch wurde nie fertiggestellt, aber er schuf hier die vielleicht schönste kleine Bed & Breakfast-Unterkunft in ganz Irland. In dieses Unternehmen flossen sehr viel Liebe und Sorgfalt; Paul erledigte das meiste mit seinen eigenen Händen, vom Dachdecken bis zu den Klempner- und Streicharbeiten in den vier Gästezimmern. Sie sind etwas schlicht ausgestattet, aber Paul hat an alles gedacht, was den Gästen nützlich sein könnte: Es gibt Wärmflaschen und eine Karte in jedem Zimmer, außerdem Badewannen, in denen man sich ausstrecken, seinen Kopf zurücklehnen und aus dem Fenster blicken kann, um den Himmel und das Meer zu betrachten. Der Garten ist voller Schlüsselblumen, Fuchsien und kleiner Vögel, und Paul hat hunderte, wenn nicht tausende orangeroter Montbretien am oberen Ende des Rasens gepflanzt. Das Frühstück nimmt man in Pauls gemütlicher Küche ein, wo er Kaffee und Tee, Cornflakes, Schinken, Eier, Würstchen, Toast und selbstgemachte Marmelade serviert – bis 14 Uhr. Und außerdem können Sie seine unterhaltsame Gesellschaft genießen.

Umgebung: Ardara (für Tweed); Glenveagh National Park • **Lage:** 1,6 km von Ardara entfernt, auf einem Hügel; mit Parkmöglichkeit • **Mahlzeiten:** Frühstück **Preise:** £ • **Zimmer:** 4; 2 Doppelzimmer, 2 Dreibettzimmer, alle mit Bad und Dusche **Anlage:** Garten, Terrasse • **Kreditkarten:** keine • **Kinder:** willkommen • **Behinderte:** Zugang möglich • **Tiere:** im Zimmer willkommen • **Geschlossen:** nie • **Besitzer:** Paul Chatenoud

IRISCHE REPUBLIK

BALLYLICKEY, CO CORK

Sea View House
~ Hotel auf dem Land ~

Ballylickey, Bantry, Co Cork
Tel.: (027) 500 73 **Fax:** (027) 515 55

Kathleen O'Sullivan wuchs in diesem weißen viktorianischen Haus auf, das nur einen Steinwurf von Ballylickey Bay entfernt liegt. 1978 funktionierte sie es zu einem erfolgreichen kleinen Hotel um. 1990 konnte sie ihren Plan verwirklichen, die Anzahl der Zimmer zu verdoppeln. Die neuen Schlafzimmer ähneln sich in ihrem Stil, sie sind wunderschön in Pastelltönen mit geblümten Stoffen dekoriert und mit prachtvollen Antiquitäten eingerichtet, besonders die Kopfteile der Betten und die Kleiderschränke sind bemerkenswert. Außerdem gibt es dazu passende dreiteilige Polstergarnituren, die aus der Corker Gegend zusammengesammelt oder geerbt sind. Die Zimmer im älteren Gebäudeteil sind individueller ausgestattet. Alle Räume im vorderen Teil des Gebäudes haben große Erkerfenster mit Blick auf Garten und Meer. Im unteren Stockwerk ist die »Garden Suite« speziell für Rollstuhlfahrer ausgestattet.

Es gibt zwei Aufenthaltsräume; auch das Speisezimmer wurde ausgebaut (obwohl viele Stammgäste das nicht glauben wollen). Unser Mitarbeiter beschrieb das Essen als »exzellent und reichhaltig«; das Frühstück war »wunderbar« mit seiner großen Auswahl und traditionellen irischen Gerichten wie Kartoffelkuchen. Das Menü wechselt täglich, und Kathleen experimentiert unermüdlich mit neuen Rezepten – bei unserem Besuch gab es ofengeräucherten Fasan.

Umgebung: Bantry; Halbinsel Beira; Ring of Kerry • **Lage:** auf dem Land, nahe der N71, 5 km nördlich von Bantry; auf einem großen Grundstück mit Parkmöglichkeit **Mahlzeiten:** Frühstück, Mittagessen (nur Sonntag), Abendessen • **Preise:** ££ **Zimmer:** 17; 14 Doppelzimmer, 13 mit Bad, 1 mit Dusche, 3 Familienzimmer mit Bad; alle Zimmer haben Telefon, Haartrockner • **Anlage:** 2 Speisezimmer, 2 Aufenthaltsräume, Fernsehzimmer, Bar, Garten • **Kreditkarten:** AE, MC, V • **Kinder:** willkommen • **Behinderte:** ein speziell eingerichtetes Zimmer • **Tiere:** nur in den Zimmern gestattet • **Geschlossen:** von November bis März • **Besitzerin:** Kathleen O'Sullivan

# IRISCHE REPUBLIK

BALTIMORE, CO CORK

The Algiers Inn
Dorfgasthof

Baltimore, Co Cork
Tel.: (028) 201 45 **Fax:** (028) 216 75
E-Mail: jkwalsh@tinet.ie

Das Algiers Inn ist mit seinen Preisen und seiner reizvollen Atmosphäre fast unschlagbar. Baltimore, ein Fischerdorf und beliebtes Seglerzentrum, ist im Sommer voller Leben. Über eine kleine schmale Treppe oberhalb der gemütlichen, traditionellen Bar und dem Restaurant kommt man zu den Schlafzimmern des Gasthofs, die schlicht und ordentlich eingerichtet sind. Die Haushälterin ist Ellen Walsh, die Mutter des Besitzers Kieron, sie bietet weitere Gästezimmer nebenan im Old Post House an. Ellen hängt die Laken und Handtücher im Garten zum Trocknen auf und serviert das Frühstück in einem Raum, wo es Haken für Räucherschinken gibt, ein Überbleibsel aus den Tagen, als man im Postamt von Nähnadeln bis zu Stiefeln alles kaufen konnte. Durch hohe Fenster kann man auf die Straße und die überwucherte Ruine des O'Driscoll's Castle gegenüber blicken. Beim üppigen irischen Frühstück mit Clonakilty (schwarzweißem Pudding) kann Ihnen Ellen Walsh von der berüchtigten Plünderung von Baltimore 1631 erzählen, als algerische Piraten in den Hafen kamen, zwei Menschen töteten und mehr als 100 Einwohner als Sklaven nach Nordafrika verschleppten. In rauhen Nächten übernachten hier manchmal auch Seeleute, die froh sind, festen Boden unter den Füßen zu haben. Kieron serviert eine sagenhafte Platte mit fangfrischem Schellfisch oder Weißfisch mit Pommes frites und Salat.

Umgebung: Skibbereen; Mizen Head; Cork • **Lage:** in der Ortsmitte; Parkmöglichkeit auf der Straße • **Mahlzeiten:** Frühstück, Mittagessen nur während der Saison, Abendessen • **Preise:** £ • **Zimmer:** 5; 2 Doppelzimmer, 2 Zweibettzimmer, 1 Familienzimmer (7 Zimmer nebenan); Haartrockner auf Anfrage • **Anlage:** Restaurant, Sonnenterrasse, Biergarten • **Kreditkarten:** MC, V • **Kinder:** willkommen **Behinderte:** nicht geeignet • **Tiere:** auf Anfrage in Käfigen gestattet • **Geschlossen:** eine Woche an Weihnachten • **Besitzer:** Kieron Walsh

Irische Republik

BANTRY, CO CORK

Bantry House
~ Haus im Familienbesitz mit Gästezimmern ~

Bantry, Co Cork
Tel.: (027) 500 47 **Fax:** (027) 50795

Spektakulär auf einem Hang mit Blick auf die Bantry Bay gelegen, ist dies eines der schönsten Gästehäuser Irlands. Es ist voller Kostbarkeiten, die der zweite Earl of Bantry im 19. Jahrhundert von seinen Reisen durch Europa mitbrachte. Er war es auch, der den wunderbaren Garten anlegte und die »Himmelstreppe« schuf, eine Treppenflucht, von deren Ende man über das Hausdach hinweg Ausblick auf das Meer hat. Der gegenwärtige Besitzer, Egerton Shelswell-White, war Farmer in Alabama, als er das Haus, das seit 1739 im Besitz seiner Familie ist, von seiner Mutter erbte. Es war schändlich vernachlässigt worden und mußte gründlich renoviert werden. Die Gäste sind in komfortablen, gemütlichen Schlafzimmern in einem speziell ausgebauten Gebäudeflügel untergebracht. Einige Zimmer haben Meerblick, andere bieten Aussicht auf den italienischen Garten, die Steintreppen und die Terrasse.
Sie bekommen den Schlüssel für die Eingangstür ausgehändigt, so daß Sie auch mitten in der Nacht in den Garten schlendern können. Es gibt einen Billardraum mit einem Tablett für Drinks sowie einen kleinen Aufenthaltsraum mit offenem Feuer. Egerton Shelswell-White, ein Musikliebhaber, serviert die Mahlzeiten selbst und ist ein reizender Gastgeber. Nach dem Frühstück können Sie einen Rundgang durch das Haus machen.
~

Umgebung: Bantry; Ring of Kerry; Killarney; Cork • **Lage:** auf einem Grundstück mit Blick über die Bantry Bay (Haupteingang im Ort Bantry); mit Parkmöglichkeit
Mahlzeiten: Frühstück, Mittagessen (im Teezimmer), Abendessen • **Preise:** ££
Zimmer: 8; 5 Doppelzimmer, 2 Zweibettzimmer, 1 Familienzimmer, alle mit Bad; alle Zimmer haben Telefon, Haartrockner • **Anlage:** Aufenthaltsraum, Speisezimmer, Billardzimmer, Teezimmer, Laden, Garten, Tennis • **Kreditkarten:** AE, MC, V
Kinder: willkommen • **Behinderte:** nicht geeignet • **Tiere:** nicht gestattet
Geschlossen: von November bis Anfang März • **Besitzer:** Egerton und Brigitte Shelswell-White

Irische Republik

BUTLERSTOWN, CO CORK

Butlerstown House
~ Haus auf dem Land ~

Butlerstown, Bandon, Co Cork
Tel. und **Fax:** (023) 401 37
Mobil: (087) 220 36 72

Lis Jones' und Roger Owens prächtiges georgianisches Haus bietet elegante Räume, und der ansteckende Frohsinn des Paares erfüllt den Ort mit einer warmen Atmosphäre. Die luftigen Räume sind voller Antiquitäten – Roger ist gleichzeitig Möbelrestaurator und »Butler«. Klassische Farben verschönern die schlichten Linien und betonen die architektonischen Details des Hauses. Eine hübsche marineblaue Eingangstür führt in die Halle mit einer zweiläufigen Treppe. Im Haus gibt es kunstvollen Stuck in Form von Jakobsmuscheln, Blumen, Trauben, Weinblättern und zu Bogen geflochtenen Bändern. Lis hat die Badezimmer sehr praktisch und schön mit Messinghähnen, beheizbaren Handtuchhaltern und blauweiß gestreiften Fliesen ausgestattet. In einem Zimmer gibt es ein Himmelbett, in einem anderen zwei französische Mahagonibetten. Der Salon bietet sowohl eine Hi-Fi-Anlage als auch Ausblick auf ein Blumenmeer, in dem nachts die Dachse herumstreunen. Im Speisezimmer gibt es einen langen, polierten Tisch und Staffordshire-Porzellan auf einer antiken Anrichte. Das von Lis bereitete Frühstück hat mit Laverbread (einem Gebäck aus Tang) einen keltischen Akzent. Daneben gibt es frisch vom Bauernhof Milch, Butter und Eier von freilaufenden Hühnern, außerdem Räucherlachs und Schellfisch.

Umgebung: Kinsale; Clonakilty; Bandon; Cork • **Lage:** auf einem Grundstück von 4 ha; Parkmöglichkeit • **Mahlzeiten:** Frühstück, Abendessen nur auf Anfrage für Hausgesellschaften • **Preise:** ££ • **Zimmer:** 4; 2 Doppelzimmer, 2 Zweibettzimmer, 2 mit Bad, 2 mit Dusche; alle Zimmer haben Haartrockner; Fernseher auf Anfrage **Anlage:** Aufenthaltsraum, Speisezimmer, Garten, Terrasse • **Kreditkarten:** MC, V **Kinder:** über 12 Jahre gestattet • **Behinderte:** nicht geeignet • **Tiere:** auf Anfrage gestattet • **Geschlossen:** Weihnachten bis Anfang Februar • **Besitzer:** Elisabeth Jones und Roger Owen

IRISCHE REPUBLIK

CASHEL, CO TIPPERARY

Cashel Palace Hotel
~ Umgebauter Bischofspalast ~

Main Street, Cashel, Co Tipperary
Tel.: (062) 627 07 **Fax:** (062) 615 21
E-Mail: reception@cashel-palace.ie

Dieser frühere Palast eines Erzbischofs aus dem 18. Jahrhundert in der historischen Marktstadt Cashel verströmt eine charmante, würdevolle Atmosphäre. Eines der beliebtesten Sehenswürdigkeiten Irlands ist der berühmte Felsen von Cashel. Der Sage nach biß der Teufel einmal ein großes Stück aus den Slieve Bloom Mountains und ließ es hier fallen. Wenn Sie aus dem Salon des Hotels treten, können Sie dem Bischofsweg folgen, der Sie durch einen herrlichen Garten und eine Wiese zu dem Felsen mit seinen grauen Steinruinen führt. Im Garten gibt es zwei Maulbeerbäume, die 1702 anläßlich der Krönung von Queen Anne gepflanzt wurden. Außerdem können Sie die Hopfenstauden bewundern, die in der Mitte des 18. Jahrhunderts von einem Mitglied der Familie Guinness hier gepflanzt wurden. Leider haben wir auf dieser Seite nicht genügend Platz, um alles zu loben, was dieses wunderbare Hotel zu bieten hat. Die Zimmer sind mit Himmelbetten, Antiquitäten und Bildern sowie weiträumigen Badezimmern mit gemütlichen Frotteemorgenmänteln ausgestattet. In der Eingangshalle gibt es eine imposante frühgeorgianische Holztreppe mit einem Geländer in der Farbe von Malzbonbons. Ihnen stehen zwei Restaurants zur Wahl, außerdem gibt es zehn neue Schlafzimmer in den alten Kutscherhäuschen und Stallungen. Sie sollten hier früh buchen.

Umgebung: Fels von Cashel, Holycross Abbey; Clonmel • **Lage:** im Grünen, von der Straße zurückversetzt im Ortszentrum, mit Parkmöglichkeit • **Mahlzeiten:** Frühstück, Mittagessen, Abendessen • **Preise:** ££–£££ • **Zimmer:** 23 (13 im Haus, 10 in den ehemaligen Stallungen); 12 Doppelzimmer, 7 Zweibettzimmer, 4 Einzelzimmer, alle mit Bad; alle Zimmer haben Telefon, Fernsehen, Haartrockner • **Anlage:** Aufenthaltsraum, 2 Speisezimmer, Aufzug, Garten Terrasse • **Kreditkarten:** AE, DC, MC, V • **Kinder:** willkommen • **Behinderte:** Zugang möglich • **Tiere:** nicht gestattet
Geschlossen: 24.–27. Dezember • **Besitzer:** Pat und Susan Murphy

IRISCHE REPUBLIK

CASTLEGREGORY, CO KERRY

The Shores Country House
~ Ländliches Gästehaus ~

Cappatigue, Castlegregory, Co Kerry
Tel. und **Fax:** (066) 713 91 96
E-Mail: theshores@tinet.ie

Wir haben auf unseren Reisen begeisterte Berichte über das Shores Country House im Norden der Halbinsel Dingle und seine Besitzerin Annette O'Mahony erhalten, die sich leidenschaftlich um ihre Gäste kümmert. Die Lage des Hauses ist traumhaft: Sie müssen nur die Straße überqueren, an der es liegt, um in fünf Minuten zum Meer und zum über 40 Kilometer langen Sandstrand Brandon Bay zu gelangen. Alle Schlafzimmer haben Meerblick. Eines hat einen eigenen Balkon, es gibt außerdem einen langen Gemeinschaftsbalkon für alle Gäste und eine Bibliothek. Annette legt, wie sie selbst sagt, »ganz besonders viel Wert« auf die Innenausstattung des Hauses, und es finden sich viele reizende Details in den Zimmern, wie z. B. Schreibsekretäre, Porzellanpuppen, Laura-Ashley-Tapeten und -stoffe, cremefarbene und weiße Bettleinen. Der Einrichtungsstil könnte grob als viktorianisch beschrieben werden. Annette bäckt in ihrer neuen Kirschholzküche Porterkuchen, den sie zum Begrüßungstee reicht, zum Frühstück macht sie Rührei und Waffeln mit Ahornsirup. Die Milch stammt frisch von der Farm. Zum Abendessen gibt es Rind, das auf den eigenen Weiden aufgezogen wurde, außerdem frischen Lachs oder Garnelen in Knoblauchbutter. Tagsüber werden Sie mit Thermoskannen voll Kaffee und Lunchpaketen versorgt.

Umgebung: Tralee; Dingle; Killarney; Golf in Ballybunion • **Lage:** 1,6 km westlich von Stradbally auf dem Connor Pass; mit Parkmöglichkeit • **Mahlzeiten:** Frühstück, Lunchpakete, Abendessen • **Preise:** £ • **Zimmer:** 6; 3 Doppelzimmer, 2 Zweibettzimmer, 1 Dreibettzimmer, 3 mit Bad, 3 mit Dusche; alle Zimmer haben Telefon, Fernsehen, Haartrockner • **Anlage:** Aufenthaltsraum, Garten • **Kreditkarten:** AE, DC, MC, V • **Kinder:** willkommen • **Behinderte:** geeignetes Zimmer im Erdgeschoß **Tiere:** nicht gestattet • **Geschlossen:** Dezember bis Februar • **Besitzerin:** Annette O'Mahony

IRISCHE REPUBLIK

CLIFDEN, CO GALWAY

TIP DES HERAUSGEBERS

Rock Glen Country House Hotel
~ Hotel auf dem Land ~

Clifden, Co Galway
Tel.: (095) 210 35 **Fax:** (095) 217 37
E-Mail: rockglen@iol.ie

Das Rock Glen ist stolzer Träger des Titels »romantischstes Hotel Irlands«, und auch wir fanden das Hotel mit seiner mit Klematis und wildem Wein umwachsenen Eingangstür sehr charmant. Die Lage dieser 1815 erbauten früheren Jagdhütte ist phantastisch: Vor dem Hotel führt ein Weg durch eine Wiese mit hohem Gras, wilden Blumen und gelber Iris zum Strand. In der kleinen Bucht schaukelt eine Jacht vor Anker. Abends traben Connemaraponys und Rinder zum Wasser. Hinter dem Hotel erheben sich die Twelve Pins Mountains. Kilometerlanger Sandstrand und die zerklüftete, mit Bruchsteinmauern durchzogene Landschaft laden zu ausgedehnten Spaziergängen ein oder verführen dazu, sich einfach hinzusetzen und den Rhythmus von Ebbe und Flut zu beobachten. John und Evangeline Roche sind erfahrene Gastgeber und haben an alles gedacht: Im verglasten Anbau an die Bar finden Sie bequeme Sofas, die zum Verweilen einladen; es gibt Torffeuer und weiches Kerzenlicht im Speisezimmer. Sehr ungewöhnlich war der Entschluß des Ehepaars, die Anzahl der Schlafzimmer zu reduzieren, um mehr Platz und Komfort für ihre Gäste zu schaffen. Einige der Zimmer verfügen über einen Balkon.

~

Umgebung: Clifden; Connemara National Park; Kylemore Abbey • **Lage:** auf eigenem Grundstück am Meer, an der N59 nach Galway 2 km südlich von Clifden; mit Parkmöglichkeit • **Mahlzeiten:** Frühstück, kleines Mittagessen, Abendessen
Preise: ££ • **Zimmer:** 26; 23 Doppel- bzw. Zweibettzimmer, 3 Familienzimmer, alle mit Bad oder Dusche; alle Zimmer haben Telefon, Fernsehen, Haartrockner
Anlage: Speisezimmer, Aufenthaltsraum, Fernsehzimmer, Billard(Snooker)zimmer, Garten, Krocket, Putten, Tennis • **Kreditkarten:** AE, DC, MC, V • **Kinder:** willkommen
Behinderte: einige geeignete Zimmer im Erdgeschoß • **Tiere:** nicht gestattet
Geschlossen: von Mitte Januar bis Mitte März • **Besitzer:** John und Evangeline Roche

IRISCHE REPUBLIK

CORK

Seven North Mall
~ Bed & Breakfast im Stadthaus ~

7 North Mall, Cork, Co Cork
Tel.: (021) 39 71 91 **Fax:** (021) 30 08 11
E-Mail: sevennorthmall@tinet.ie

Wie durch Zauberhand führt das Einbahnstraßensystem durch die Stadt zu diesem Stadthaus im Zentrum von Cork. Es liegt in einer Reihe von eleganten Gebäuden mit grünen Terrassen, von denen aus man den Fluß Lee überblicken kann. Die Nummer 7 ist ein hohes denkmalgeschütztes Haus aus der Mitte des 18. Jahrhunderts. Es ist ganz besonders reizend und gut gelegen, um Restaurants, Kunstgalerien, Theater und viele andere Attraktionen, die diese lebendige Stadt zu bieten hat, zu erreichen. Draußen gibt es kein Schild, das die vornehme Fassade des Hotels stört. Die Hegartys haben das Hotel in einem heruntergekommenen Zustand vorgefunden und gaben sich sehr viel Mühe bei der Renovierung: Jedes originale Teil am Haus, das irgendwie erhalten werden konnte, wurde konserviert. Dank Angela Hegarty, die sich um alles kümmert, sind die makellosen Bäder mit tiefen Wannen und Fenstern ausgestattet, auf den Betten liegen kuschelige Decken bereit, und die Zimmer haben Täfelung und abgezogene Holzböden. Angela legt viel Wert auf die persönliche Note, beim Frühstück preßt sie frischen Orangensaft, serviert Tee, bereitet das Rührei ganz nach Ihren Wünschen zu und richtet es wunderschön auf Tellern der East Cork-Töpferei von Stephen Pearce an. Es ist empfehlenswert, im voraus zu buchen, denn natürlich hat dieses Hotel eine treue Anhängerschaft.

Umgebung: Stadtzentrum; Universität; Flughafen von Cork; Fährhafen von Cork **Lage:** direkt am Fluß; mit Parkmöglichkeit • **Mahlzeiten:** Frühstück • **Preise:** £ **Zimmer:** 7; 5 Doppelzimmer, 1 Zweibettzimmer, 1 Einzelzimmer, 6 mit Bad, 1 mit Dusche; alle Zimmer haben Fernsehen, Telefon, Haartrockner • **Anlage:** Aufenthaltsraum, Terrasse • **Kreditkarten:** MC, V • **Kinder:** über 12 Jahre willkommen **Behinderte:** ein geeignetes Zimmer vorhanden • **Tiere:** nicht gestattet **Geschlossen:** Mitte Dezember bis Anfang Januar • **Besitzer:** Familie Hegarty

IRISCHE REPUBLIK

DINGLE, CO KERRY

Doyle's Seafood Restaurant
~ Restaurant mit Zimmern ~

John Street, Dingle, Co Kerry
Tel.: (066) 511 74 **Fax:** (066) 518 16

Doyle's Seafood Restaurant ist ein entzückendes kleines Hotel inmitten eines malerischen Fischersdorfes auf der Halbinsel Dingle. Auf einem antiken Schreibsekretär in der Halle thront das Gästebuch, das von Superlativen nur so strotzt – und das zu Recht.
Sean und Charlotte Cluskey übernahmen das Hotel kürzlich von den Doyles, die ihm vor mehr als 20 Jahren seinen Namen gaben, als sie in diese wilde und wunderbare Gegend von Kerry kamen. Acht weiträumige Schlafzimmer und ein Aufenthaltsraum wurden dem Restaurant angefügt, als das benachbarte Haus zum Verkauf stand. Die Schlafzimmer sind allesamt wunderschön eingerichtet. Die vier hinteren Räume haben Balkone, von denen aus man den kleinen Garten überblicken kann, die zwei Zimmer im unteren Stockwerk (die für Behinderte speziell ausgestattet sind) öffnen sich zum Garten. Überall im Haus stehen frische Blumen und Töpfe mit Pflanzen.
Das Restaurant ist unverändert beliebt und kosmopolitisch, und es ist nicht schwer zu erraten, woran das liegt. Die Küche bietet hauptsächlich, aber nicht ausschließlich Fisch und paßt sich der jeweiligen Saison an. Allen Berichten nach zu urteilen ist das Essen hervorragend und auch relativ preiswert. Wir würden weitere Berichte begrüßen.

Umgebung: Halbinsel Dingle; Ring of Kerry; Strände; historische Schauplätze
Lage: nahe der Hauptstraße; Parkmöglichkeit auf der Straße • **Mahlzeiten:** Frühstück, Mittagessen, Abendessen • **Preise:** ££ • **Zimmer:** 8 Doppelzimmer mit Bad; alle Zimmer haben Telefon, Fernsehen, Haartrockner • **Anlage:** Aufenthaltsraum, Speisezimmer, Garten • **Kreditkarten:** DC, MC, V • **Kinder:** willkommen • **Behinderte:** 2 geeignete Zimmer im Erdgeschoß • **Tiere:** nicht gestattet • **Geschlossen:** Mitte November bis Mitte März • **Besitzer:** Sean und Charlotte Cluskey

IRISCHE REPUBLIK

DUBLIN

Trinity Lodge
~ Städtisches Gästehaus ~

12 South Frederick Street, Dublin 2
Tel.: (01) 679 50 44/679 51 84 **Fax:** (01) 679 52 23
E-Mail: trinitylodge@tinet.ie

Im Herzen von Dublin gleich bei der Nassau Street gegenüber dem Trinity College eröffnete Peter Murphy 1997 dieses dreistöckige georgianische Haus als ein elegantes kleines Gästehaus, das alles bieten sollte, was er an Hotels immer vermißt hatte. So wird den Gästen von dem Moment an, in dem sie durch die blaue Eingangstür treten, individuelle Aufmerksamkeit geschenkt. Für romantische Stimmung am Abend ist jedes Zimmer mit Kerzen ausgestattet. Das schöne Gebäude steht unter Denkmalschutz, dennoch bietet das Hotel fast jeden Komfort, so gibt es Klimaanlagen, Hosenpressen und eigene Safes. Die Farben, in denen die Innenräume gehalten sind – Grün, Dunkelrot und Gelb –, passen gut zum georgianischen Stil des Hauses. In der Eingangshalle gibt es eine Sitzgruppe mit gemütlichen Armsesseln und Blick auf die Straße. Die Bilder an den Wänden stammen vom Dubliner Künstler Graham Knuttel, der nebenan wohnt, und dessen Werke bei Hollywoodstars sehr beliebt sind (er hatte z. B. den Auftrag, ein Porträt von Robert de Niro zu malen). Sie leuchten in kühnen Farben und, wie ein Mitglied des Hotelpersonals bemerkte, zeigen »Menschen, die sehr argwöhnisch schauen und es vermeiden, einem direkt in die Augen zu blicken«. Sie können vom Hotel aus alle Sehenswürdigkeiten in der Gegend leicht zu Fuß erreichen.

Umgebung: National Art Gallery; Temple Bar; Castle; The Liffey • **Lage:** nur wenige Minuten vom Trinity College entfernt; mit beschränkter Parkmöglichkeit (mit Gebühr; Reservierung nötig) • **Mahlzeiten:** Frühstück • **Preise:** ££ • **Zimmer:** 13; 2 Doppelzimmer, 2 Einzelzimmer, 6 Familienzimmer (mit Doppelbetten), 3 Suiten mit Küche und Wohnraum, alle Zimmer mit Dusche; alle Zimmer haben Telefon, Fernsehen, Klimaanlage, Haartrockner, Safe • **Anlage:** Aufenthaltsraum • **Kreditkarten:** AE, MC, V • **Kinder:** willkommen • **Behinderte:** nicht geeignet • **Tiere:** nicht gestattet • **Geschlossen:** nie • **Besitzer:** Peter Murphy

Irische Republik

Glin, Co Limerick

Glin Castle
~ Gästehaus im Familienbesitz ~

Glin, Co Limerick
Tel.: (068) 341 73/341 12 **Fax:** (068) 343 64
E-Mail: knight@iol.ie

Das Glin Castle ist eines der außergewöhnlichsten privaten Gästehäuser der Welt. Hier wohnt der 29. Ritter von Glin, der das Auktionshaus Christie's in Irland vertritt. Am Ufer des Flusses Shannon liegt dieses verträumte und wunderschöne Haus aus fahlem Stein mit Burgzinnen. Wie man es sich bei einem Titel, der bis in das 14. Jahrhundert zurückreicht, vorstellen kann, ist das Haus angefüllt mit Familiengeschichte und -geschichten. Das freundliche, junge Personal umsorgt Sie mit unendlicher Aufmerksamkeit. Das Glin Castle schafft es trotz seiner ehrwürdigen Ausstrahlung, gleichzeitig vornehm und intim zu wirken. In der Eingangshalle, die früher als Ballsaal diente, gibt es korinthische Säulen und eine Stuckdecke, die offensichtlich seit den 1780er Jahren unberührt blieben. Zu den Schlafzimmern im ersten Stock führt eine Treppe, die in ihrer Konstruktion einzigartig in ganz Irland ist – lassen Sie sich überraschen. Einige Zimmer sind mit Himmelbetten ausgestattet, alle haben wunderbare Badezimmer. Um alles Wissenswerte über diesen Ort zu erfahren, können Sie an einer Führung teilnehmen. Es gibt einen gemütlichen Aufenthaltsraum für Gäste mit dunkelrosa Sofas um einen offenen Kamin und Familienphotographien, wo nach dem Abendessen Kaffee serviert wird. Nehmen Sie sich unbedingt Zeit für einen Spaziergang im Garten.

Umgebung: Limerick; Golf in Ballybunion; Ring of Kerry • **Lage:** auf einem Grundstück von 160 ha am Flußufer; mit Parkmöglichkeit • **Mahlzeiten:** Frühstück, Abendessen; Zimmerservice • **Preise:** £££ • **Zimmer:** 15; 14 Doppelzimmer, 1 Zweibettzimmer, 2 mit Ankleidezimmer, alle mit Bad; alle Zimmer haben Telefon, Fernsehen, Haartrockner • **Anlage:** Aufenthaltsraum, Speisezimmer, Garten, Tennis • **Kreditkarten:** AE, DC, MC, V • **Kinder:** gestattet • **Behinderte:** keine geeigneten Einrichtungen • **Tiere:** Hundehütten stehen zur Verfügung • **Geschlossen:** Ende November bis Februar • **Besitzer:** Desmond und Olda FitzGerald • **Geschäftsführer:** Bob Dutt

IRISCHE REPUBLIK

GOREY, CO WEXFORD

Marlfield House
～ Hotel im Landhausstil ～

Gorey, Co Wexford
Tel.: (055) 211 24 **Fax:** (055) 215 72

Das atemberaubende Haus im Regentschaftsstil des Prinzen of Wales 1811–1820 gehörte einst dem Earl of Courtown und ist heute eines der besten Relais & Chateaux-Hotels Irlands. Ein Schild in der Auffahrt warnt: »Fahren Sie vorsichtig, Fasane kreuzen.« Dies ist für Menschen wie für Tiere ein Hort schöner Dinge. Mary Bowe liebt und verhätschelt ihre Fasane, Bantamhühner, Enten und Gänse fast ebenso wie ihre Gäste, die ein Fest für die Sinne dank Marys Leidenschaft für Innenausstattung geboten bekommen.

Das Hotel wurde überhäuft mit Preisen – Gastgeberin des Jahres, Weinkarte des Jahres, Bestes Frühstück – und gewann sogar eine Auszeichnung als »eines der reizendsten Schlupfwinkel der Welt«. Und es pflegt seine Tradition, herzliche Gastfreundschaft zu bieten. Heute leitet die Tochter der Bowes, Margaret, das Hotel tatkräftig mit. Die Schlafzimmer sind verschwenderisch und entzückend ausgestattet. Ganz besonders hervorzuheben sind die »State Rooms«, die mit prächtigen Stoffen und edlen Antiquitäten dekoriert sind: Der »French Room«, mit Marmorbadezimmer, bietet einen Ausblick auf den See, der »Print Room« auf den Rosengarten. Die Küche des Hauses ist außergewöhnlich.

Umgebung: Waterford; Kilkenny; Wexford; Rosslare; Strände • **Lage:** in 14 ha Garten- und Waldlandschaft, 1,6 km außerhalb von Gorey an der Straße nach Wexford; mit Parkmöglichkeit • **Mahlzeiten:** Frühstück, Mittagessen, Abendessen **Preise:** £££ • **Zimmer:** 20; 18 Doppel- bzw. Zweibettzimmer, 2 Einzelzimmer, alle mit Bad; alle Zimmer haben Telefon, Fernsehen, Haartrockner • **Anlage:** Aufenthaltsraum, Bar, Speisezimmer, Sauna, Garten, Terrassen, Tennis, Krocket • **Kreditkarten:** AE, DC, MC, V • **Kinder:** willkommen, unter 10 Jahren im Speisezimmer nicht gestattet • **Behinderte:** Zugang möglich • **Tiere:** willkommen • **Geschlossen:** Mitte Dez. bis Mitte Jan. • **Besitzer:** Ray und Mary Bowe; Margaret Bowe

… 320 … Irland

IRISCHE REPUBLIK

INNISHANNON, CO CORK

Innishannon House
~ Hotel auf dem Land ~

Innishannon, Co Cork
Tel.: (021) 77 51 21 **Fax:** (021) 77 56 09

Die Eheleute O'Sullivan sind erfahrene Hoteliers, sie haben Hotels in der ganzen Welt geführt, aber sie widmen sich mit besonderer Begeisterung dieser neuen Herausforderung.
Das Hotel ist bereits jetzt zu einem einladenden Hafen für Gäste geworden. An den Wänden der komfortablen Zimmer hängt die umfangreiche Sammlung moderner Kunst der O'Sullivans, außerdem zwei Gauguin zugeschriebene Werke im Speisezimmer. Vera widmet sich mit viel Geschmack der Innenausstattung und dekorierte mit unendlicher Sorgfalt die Schlafzimmer. Nr. 16 ist ein gemütliches Mansardenzimmer mit einem schönen alten Bettüberwurf, Nr. 14 ist ein faszinierender runder Raum mit kleinen runden Fenstern und einem riesigen Bett mit Vorhängen.
Pearse, der Sohn der O'Sullivans, ist für die Küche zuständig und bereitet Gerichte auf der Grundlage von Meeresfrüchten, Hummer und saisonalen Produkten zu. Das Abendessen in dem wundervollen rosafarbenen Speiseraum ist ein gastronomisches Erlebnis. Die Aperitifs werden im Sommer draußen serviert, andernfalls in der luftigen Lounge oder in der gemütlichen Bar, an deren Wände Photos hängen, die von Conals früherer Leidenschaft für Autorennen zeugen. Es bleibt noch zu erwähnen, daß das Innishannon House nicht das abgeschiedenste und intimste Hotel ist.

Umgebung: Kinsale; Cork • **Lage:** am Flußufer, nahe der Ortschaft; mit Parkmöglichkeit • **Mahlzeiten:** Frühstück, Mittagessen, Abendessen • **Preise:** ££-£££ **Zimmer:** 13; 7 Doppelzimmer, 6 Zweibettzimmer, alle mit Bad und Dusche; alle Zimmer haben Telefon, Fernsehen, Haartrockner • **Anlage:** Speisezimmer, Aufenthaltsraum, Bar, Garten, Terrasse; Angeln, Bootfahrten • **Kreditkarten:** AE, DC, MC, V **Kinder:** willkommen • **Behinderte:** geeignete Suite im Erdgeschoß • **Tiere:** nur in den Zimmern gestattet • **Geschlossen:** Mitte Januar bis Mitte März • **Besitzer:** Conal und Vera O'Sullivan

… Irland …

IRISCHE REPUBLIK

KANTURK, CO CORK

Assolas Country House
~ Landhaus im Familienbesitz ~

Kanturk, Co Cork
Tel.: (029) 500 15 **Fax:** (029) 507 95
E-Mail: assolas@tinet.ie

Dieses geschichtsträchtige Landhaus befindet sich in märchenhafter Umgebung inmitten preisgekrönter Gärten neben einem ruhigen Fluß. Es ist seit Anfang des 19. Jahrhunderts im Besitz der Familie Bourke. In die Höhe schnellende Instandhaltungskosten und schwindende Kontostände zwang die Bourkes ab 1966 dazu, Gäste aufnehmen. Das Landhaus ist immer noch ihr Familiensitz, und es stellte sich als erfreulich heraus, dieses mit ihren Gästen zu teilen. Eine Besucherin beschrieb ihren Aufenthalt kürzlich als »fabelhaft, mit wunderbarem Essen«.

Das Haus wurde um das Jahr 1590 herum errichtet, in der Regierungszeit Queen Annes wurden ungewöhnliche runde Anbauten an zwei Ecken angefügt. Hinter den Rasenflächen erheben sich altehrwürdige Bäume, und dahinter erstrecken sich Hügel und Farmland. Innen sind die makellos gepflegten Gemeinschaftsräume reich dekoriert und elegant möbliert. Die Schlafzimmer sind weiträumig, und viele sind mit großen, luxuriösen Bädern ausgestattet. Besonders beeindruckend sind die runden Eckzimmer des Gebäudes. Drei der Räume befinden sich in einem renovierten Steinhaus im Innenhof. Das Essen wird von Hazel Bourke in modernem irischem Stil zubereitet, es sind herzhafte ländliche Gerichte mit frischen Zutaten und selbst angebautem Gemüse.

Umgebung: Killarney (Ring of Kerry); Limerick; Blarney • **Lage:** 19 km westlich von Mallow, nordöstlich von Kanturk, ab der N72 ausschildert, großer Parkplatz
Mahlzeiten: Frühstück, leichtes Mittagessen, Abendessen • **Preise:** ££-£££
Zimmer: 9 Doppel-/Familienzimmer mit Bad; alle Zimmer haben Telefon • **Anlage:** Aufenthaltsraum, Speisezimmer; Garten, Tennis, Krocket,; Angeln, Bootfahrten
Kreditkarten: AE, DC, MC, V • **Kinder:** willkommen • **Behinderte:** Zugang gut möglich • **Tiere:** willkommen in den Ställen • **Geschlossen:** November bis April
Besitzer: Familie Bourke

IRISCHE REPUBLIK

LEENANE, CO GALWAY

TIP DES HERAUSGEBERS

Delphi Lodge
~ Lodge für Angler ~

Leenane, Co Galway
Tel.: (095) 422 22 **Fax:** (095) 422 96
E-Mail: delfish@iol.ie

Der zweite Marquis von Sligo, der mit Byron in Griechenland war, hielt diesen ursprünglichen Platz für genauso schön wie Delphi und baute sich hier in den 1830er Jahren eine Unterkunft zum Angeln. Als der frühere Wirtschaftsjournalist Peter Mantle das Haus zum ersten Mal sah, war es halb verfallen. Er erlag jedoch dem gleichen Zauber wie der Marquis und renovierte es mit großer Umsicht und Phantasie. Heute ist das Delphi Lodge eines der schönsten Freizeithotels in Irland. Bei unserem Besuch an einem nebligen Aprilabend stieg Rauch aus dem Kamin auf, und Musik von Mozart erklang in der gemütlichen kleinen Bibliothek mit Blick auf den See. Unter den Gästen befanden sich ein Bankerpaar im Regenmantel, ein Romancier, der gerade ein Buch beendete, und einige Amerikaner aus Philadelphia. Im »Rod Room« werden Lachse gewogen und gemessen, was für aufregende Geschichten am Gemeinschaftstisch beim Abendessen sorgt. Die Jagdaufseher erscheinen hier beim Frühstück und diskutieren über aussichtsreiche Angelstellen für den beginnenden Tag. Die Schlafzimmer sind schlicht und hübsch mit Kiefernmöbeln eingerichtet, die größeren Zimmer bieten Aussicht auf den See. In den Badezimmern finden sich stapelweise weiche weiße Handtücher. Sie sollten früh buchen. Für Spaziergänger ist das Delphi Lodge ein Paradies.

Umgebung: Westport; Kylemore Abbey; Clifden; Golf • **Lage:** auf bewaldetem Privatgrund am See; mit Parkmöglichkeit • **Mahlzeiten:** Frühstück, Mittagessen, Abendessen • **Preise:** £-££ • **Zimmer:** 12; 8 Doppelzimmer, 4 Zweibettzimmer, alle mit Bad; alle Zimmer haben Telefon; Haartrockner auf Anfrage • **Anlage:** Salon, Billardzimmer, Bibliothek, Speisezimmer, Garten, See • **Kreditkarten:** AE, MC, V • **Kinder:** willkommen • **Behinderte:** 2 geeignete Zimmer im Erdgeschoß • **Tiere:** nicht gestattet • **Geschlossen:** Mitte Dezember bis Mitte Januar • **Besitzer:** Peter und Jane Mantle

IRISCHE REPUBLIK

MAYNOOTH, CO KILDARE

Moyglare Manor
Haus auf dem Land

Moyglare, Maynooth, Co Kildare
Tel.: (01) 628 63 51 **Fax:** (01) 628 54 05
E-Mail: moyglaremanor@iol.ie

Dieses wunderbare steinerne Landhaus mitten in Irlands Zuchtfarmgürtel wurde im 18. Jahrhundert errichtet und wirkt geradezu dekadent verschwenderisch. Bei unserem Besuch nahmen die Gäste gerade ihr Abendessen bei Kerzenschein und knisterndem Feuer im prächtigen, dunkelrosa gehaltenen Speisesaal ein, der mit Kronleuchtern, üppigen Vorhängen und Palmen dekoriert ist. Vom Garten weht ein zarter Rosenduft herein, er ist mit hohen, ehrwürdigen Bäumen bepflanzt, Klematis überwuchert die Rückseite des Hauses. Unser Inspektor bemerkte, er habe niemals zuvor solch eine Menge an verschiedenen Lampenschirmen gesehen: man findet sie gefältelt, mit Troddeln oder mit Fransen dekoriert. Verblüfft war er auch über die vielen schönen Blumenarrangements. Die Dekoration stammt aus den »frechen Neunzigern« mit ihren Regencystreifen, Alabastervasen und Antiquitäten; mit quadratischen und runden Stühlen oder gepolsterten Stühlen mit Knöpfen sowie vergoldeten Spiegeln.

Die Schlafzimmer sind groß und komfortabel, einige haben Tête-à-tête-Sofas, Himmelbetten und sind mit viel Rosa, mit Bändern und Schleifen, Vorhängen und Rüschen dekoriert. Die preisgekrönte 16 Seiten umfassende Weinkarte ist ebenfalls faszinierend; im Weinkeller lagert fast jeder Château Yquem seit 1945.

Umgebung: Maynooth; Reitmöglichkeiten; Castletown House, National Stud
Lage: auf dem Land, 5 km von Maynooth entfernt; mit Parkmöglichkeit • **Mahlzeiten:** Frühstück, Mittagessen, Abendessen • **Preise:** ££ • **Zimmer:** 16; 14 Doppel- oder Zweibettzimmer, 1 Dreibettzimmer, alle mit Bad; alle Zimmer haben Telefon, Haartrockner; Fernseher auf Anfrage • **Anlage:** Aufenthaltsraum/Bar, Speisezimmer, Garten, Terrassen • **Kreditkarten:** AE, DC, MC, V • **Kinder:** über 12 Jahre gestattet **Behinderte:** Zugang möglich • **Tiere:** nicht gestattet • **Geschlossen:** 24.–26. Dezember • **Besitzerin:** Norah Devlin • **Geschäftsführer:** Shay Curran

IRISCHE REPUBLIK

SHANAGARRY, CO CORK

Ballymaloe House
Umgebautes Farmhaus

Shanagarry, Midleton, Co Cork
Tel.: (021) 65 25 31 **Fax:** (021) 65 20 21

Normalerweise sind Hotels mit 30 Schlafzimmern in diesem Führer nicht aufgeführt, aber wir konnten diesem liebenswürdigen, verschachtelten, von Kletterpflanzen überwucherten Haus einfach nicht widerstehen. Dem äußeren Anschein nach ist es größtenteils georgianisch, tatsächlich integriert das Gebäude aber Bestandteile eines Burgfrieds aus dem 14. Jahrhundert. Es befindet sich in hügeliger grüner Landschaft. Besucher berichteten 1998, sie seien »sehr beeindruckt« und fanden das Personal »so gedrillt wie beim Militär, aber gleichzeitig fröhlich und ungeheuer charmant«.

Trotz der eleganten und anspruchsvollen Möblierung der Innenräume haben es die Allens geschafft, die Wärme und Natürlichkeit eines geliebten Familienheims zu erhalten. Aber nicht alle Besucher stimmen in diesem Punkt überein: Ein Gast beschrieb das Ballymaloe House als zunehmend kommerzialisiert. Doch selbst dieser Berichterstatter war von der Küche beeindruckt. Frau Allen kocht inzwischen nicht mehr selbst, heute bereitet Rory O'Connell die klassischen französischen und irischen Gerichte zu, die auf heimatlichen Produkten und frischem Fisch aus der Gegend basieren. Sonntag abend wird immer ein Büfett angeboten. Mit ebenso viel Sorgfalt wird das Frühstück zubereitet und die besonders frühen Abendessen für die Kinder.

Umgebung: Strände; Klippenpfade • **Lage:** 32 km östlich von Cork, auf der Straße nach Ballycotton, 3 km östlich von Cloyne • **Mahlzeiten:** Frühstück, Mittagessen, Abendessen • **Preise:** ££-£££ • **Zimmer:** 33 Doppel- oder Zweibettzimmer, 31 mit Bad, 2 mit Dusche; alle Zimmer haben Telefon • **Anlage:** 3 Aufenthaltsräume, Konferenz-/Fernsehzimmer, Wintergarten, Bibliothek; Tennis, Golf, Swimmingpool
Kreditkarten: AE, DC, MC, V • **Kinder:** willkommen • **Behinderte:** leichter Zugang, einige speziell eingerichtete Zimmer • **Tiere:** nicht gestattet • **Geschlossen:** Weihnachten • **Besitzer:** I. und M. Allen

REGISTER DER HOTELS

In diesem Register wurden die Hotels nach dem ersten wichtigen Bestandteil ihres Namens geordnet; weitere Bestandteile des Namens werden ebenfalls aufgeführt, mit Ausnahme von Artikeln wie »The«.

A

Abbey, Penzance 69
Abbey Hotel, Llanthony 155
Airds Hotel, Port Appin 293
Algiers Inn, Baltimore 309
Altnaharrie, Ullapool 300
Amerdale House, Arncliffe 247
Angel, Lavenham 223
Angel Inn, Stoke-by-Nayland 220
Angel, At the Sign of the, Lacock 57
Appletree Holme, Blawith 225
Apsley House, Bath 27
Ardsheal House, Kentallen of Appin 286
Arisaig House, Arisaig 276
Arundell Arms, Lifton 59
Ashfield House, Grassington 252
Assapol House, Bunessan, Isle of Mull 278
Assolas Country House, Kanturk 321

B

Babington House, Frome 49
Baile-na-Cille, Uig, Isle of Lewis 303
Ballycormac House, Aglish 306
Ballymaloe House, Shanagarry 324
Bantry House, Bantry 310
Bark House, Oakfordbridge 67
Barlings Barn, Llanbrynmair 151
Barrow Castle, Bath 28
Bath Priory, Bath 29
Beaufort, London 104
Bear, Crickhowell 145
Beetle and Wedge, Moulsford-on-Thames 190
Bel Alp House, Haytor 53
Biskra Beach, Ryde, Isle of Wight 123
Black Lion, Long Melford 212
Blagdon Manor, Ashwater 26
Bloomfield House, Bath 30
Boar's Head, Ripley 263
Borthwnog Hall, Bontddu 143
Boscundle Manor, St Austell 73
Bowlish House, Shepton Mallet 79
Bradford Old Windmill, Bradford-on-Avon 38
Bridge House, Beaminster 35
Bunchrew House, Bunchrew 303
Burford House, Burford 172
Burgh Island, Bigbury-on-Sea 37
Burgoyne Hotel, Reeth 262
Burrastow House, Walls, Shetland Islands 301
Butlerstown House, Butlerstown 21
By Appointment, Norwich 216

C

Calcot Manor, Tetbury 198
Callow Hall, Ashbourne 164
Cardynham House, Painswick 193
Cashel Palace Hotel, Cashel 312
Casterbridge, Dorchester 45
Castleman, Chettle 43
Caterham House, Stratford-upon-Avon 197
Cavendish, Baslow 167
Ceilidh Place, Ullapool 303
Chapel House, Atherstone 166

Clare House, Penryn 92
Cley Mill, Cley-next-the-Sea 207
Clifton House, Nairn 291
Coach House, Crookham 249
Collin House, Broadway 171
Combe House, Gittisham 54
Congham Hall, King's Lynn 209
Continental, Whitstable 133
Coppleridge Inn, Motcombe 85
Corriegour Lodge, Spean Bridge 297
Corse Lawn House, Corse Lawn 175
Cotswold House, Chipping Campden 174
Cottage in the Wood, Malvern Wells 188
Court Barn, Holsworthy 55
Covent Garden, London 105
Creggans Inn, Strachur 398
Cross, Kingussie 295
Crosthwaite House, Crosthwaite 231
Crouchers Bottom, Chichester 95
Crown Inn, Snape 218
Crugsillick Manor, Ruanhighlanes 72
Culzean Castle, Maybole 274

D

Delbury Hall, Diddlebury 176
Delphi Lodge, Leenane 322
Devonshire Arms, Bolton Abbey 248
D'Isney Place, Lincoln 185
Dorset Square, London 106
Dower House, Muir of Ord 290
Doyle's Seafood Restaurant, Dingle 316
Drummond House, Edinburgh 274
Dukes, London 107
Duncton Mill, Duncton 139

E

Eagle House, Bathford 34
Eden House, Banff 303
Ees Wyke, Hawkshead 234
Eilean Iarmain, Isle Ornsay, Isle of Skye 285
Ennys, St Hilary 75

F

Fairyhill, Reynoldston 160
Farlam Hall, Brampton 229
Feathers, Woodstock 201
Fingals, Dittisham 44
Five Sumner Place, London 108
42 The Calls, Leeds 257
Fosse Farmhouse, Nettleton 66
Fourteen Raby Place, Bath 31
Fowey Hall, Fowey 48
Fox Inn, Corscombe 92
Franklin, London 109
Frog Street Farm, Beercrocombe 36

G

Garthmyl Hall, Garthmyl 150
George Hotel, Yarmouth, Isle of Wight 137
George III, Penmaenpool 157
Gidleigh Park, Chagford 42
Gilpin Lodge, Windermere 243

REGISTER DER HOTELS

Glenmoriston Town House, Inverness 303
Glin Castle, Glin 318
Gore, London 110
Grange, Fort William 282
Gravetye Manor, East Grinstead 99
Great House, Lavenham 210
Green Gate, Ardara 307
Greenway, Shurdington 223
Greenwood House, Belfast 304
Grey Cottage, Leonard Stanley 184
Greywalls, Gullane 271
Griffin Inn, Fletching 100

H
Hall, Newton-le-Willows 258
Halmpstone Manor, Bishop's Tawton 92
Hambleton Hall, Hambleton 178
Hatch, Hartest 208
Hawnby Hotel, Hawnby 254
Hazlitt's, London 111
Headlam Hall, Gainford 250
Hipping Hall, Kirkby Lonsdale 235
Holbeck Ghyll, Windermere 244
Holdfast Cottage, Little Malvern 186
Homewood Park, Hinton Charterhouse 54
Hooke Hall, Uckfield 131
Horn of Plenty, Gulworthy 52
Hoste Arms, Burnham Market 204
Hotel du Vin, Bristol 41
Hotel du Vin, Tunbridge Wells 130
Hotel du Vin, Winchester 135
Howard, Edinburgh 268
Howard's House, Teffont Evias 82
Hundred House, Norton 223
Hunts Tor, Drewsteignton 46

I, J
Inn at Whitewell, Whitewell 242
Innishannon House, Innishannon 320
Innsacre Farmhouse, Shipton Gorge 80
Isle of Eriska Hotel, Isle of Eriska 284
Jeake's House, Rye 124

K
Kennel Holt, Cranbrook 96
Kilcamb Lodge, Strontian 299
Killiecrankie Hotel, Killiecrankie 288
Kinloch Lodge, Sleat, Isle of Skye 296
Kinnaird, Dunkeld 281
Knockendarroch House, Pitlochry 292
Knockie Lodge, Whitebridge 302
Knockinaam Lodge, Portpatrick 272

L
L'Hotel, London 112
Lamb, Burford 173
Lamb Inn, Great Rissington 177
Lamb Inn, Shipton-under-Wychwood 195
Landewednack House, The Lizard 60
Langar Hall, Langar 182
Langley House, Wiveliscombe 90
Langrish House, Langrish 102
Lansdowne, Leamington Spa 183
Lastingham Grange, Lastingham 256
Lavenham Priory, Lavenham 211
Lea Hill, Membury 63
Leathes Head, Borrowdale 226
Lettonie, Bath 32
Lewtrenchard Manor, Lewdown 58
Lindeth Fell, Bowness-on-Windermere 227
Linthwaite House, Bowness-on-Windermere 228
Little Barwick House, Yeovil 91
Little Hemingfold Farmhouse, Battle 93
Little Thakeham, Storrington 129
Llancych, Boncath 142
Llanwenarth House, Abergavenny 140
London Bridge, London 113
Lower Brook House, Blockley 168

M
Maes-y-Neuadd, Talsarnau 161
Malt House, Broad Campden 170
Manor House, Walkington 265
Manorhouse, Beyton 203
Market Place, Wells 86
Marlfield House, Gorey 319
Masons Arms, Branscombe 40
Master Builder's House, Bucklers Hard 95
Monachyle Mhor, Balquhidder 277
Melbourn Bury, Melbourn 213
Mill, Mungrisdale 237
Millers, London 114
Minmore House, Glenlivet 202
Morston Hall, Morston 214
Moyglare Manor, Maynooth 323

N
Nanscawen Manor House, St Blazey 74
Narrows, Portaferry 305
Nobody Inn, Doddiscombsleigh 92
Nonsuch House, Kingswear 56
Number Sixteen, London 115
Number Thirty One, Carlisle 230
Number Twenty Eight, Ludlow 187

O
Ockenden Manor, Cuckfield 98
Old Bakery, Blockley 169
Old Bank, Oxford 191
Old Beams, Waterhouses 200
Old Catton Hall, Norwich 217
Old Church, Watermillock 241
Old Cloth Hall, Cranbrook 97
Old Dungeon Ghyll, Great Langdale 233
Old Ferry Boat Inn, Holywell 223
Old Gwernyfed, Three Cocks 162
Old House, Wickham 134
Old Parsonage, Frant 101
Old Parsonage, Oxford 192
Old Parsonage, West Dean 132
Old Rectory, Llansanffraid Glan Conwy 154
Old Rectory, Hopesay 179
Old Rectory, Martinhoe 92
Old Vicarage, Milborne Port 64
Old Vicarage, Rye 125
Old Vicarage, Witherslack 246
Old Vicarage, Worfield 202
One Devonshire Gardens, Glasgow 270
Ounce House, Bury St Edmunds 205
Owlpen Manor, Uley 199
Oxenham Arms, South Zeal 92

Register der Hotels

P
Painswick Hotel, Painswick 194
Park House, Bepton 94
Pembridge Court, London 116
Pen-y-Gwryd, Llanberis 223
Penally Abbey, Penally 156
Penmaenuchaf Hall, Penmaenpool 158
Penrhos Court, Kington 181
Percy's at Coombeshead, Virginstow 84
Pheasant, Bassenthwaite Lake 224
Pipps Ford, Needham Market 215
Plas Dolmelynllyn, Dolgellau 146
Plumber Manor, Sturminster Newton 81
Polmaily House, Drumnadrochit 303
Porth Tocyn, Abersoch 141
Portmeirion Hotel, Portmeirion 159
Portobello, London 117
Priory, Wareham 85
Priory Bay Hotel, Seaview, Isle of Wight 127
Priory Steps, Bradford-on-Avon 39

Q
Queensberry, Bath 33

R
Ramsholt Arms, Woodbridge 222
Riber Hall, Matlock 189
Ringlestone Inn, Ringlestone 121
Riverside House, Ashford-in-the-Water 165
Riverside Inn, Canonbie 267
Rock Glen Country House Hotel, Clifden 314
Romney Bay House, Littlestone 103
Rookery, London 118
Rose and Crown, Romaldkirk 264
Royal Hotel, Comrie 280
Royal Oak, Withypool 89
Royal Oak, Yattendon 138
Ryedale Country Lodge, Nunnington 259

S
Scarista House, Scarista, Isle of Harris 295
Sea View House, Ballylickey 308
Seafood Restaurant & St Petroc's Hotel, Padstow 68
Seatoller House, Seatoller 239
Seaview Hotel, Seaview 128
Seven North Mall, Cork 315
Shaven Crown, Shipton-under-Wychwood 196
Shores Country House, Castlegregory 313
Shurnhold House, Melksham 61
Sibbet House, Edinburgh 269
Simonstone Hall, Hawes 253
Skipness Castle, Tarbert 273
Skirling House, Skirling 274
Sportsman's Arms, Pateley Bridge 260
St Enodoc, Rock 71
St Martin's on the Isle, St Martin, Isles of Scilly 77
St Tudno, Llandudno 153
Stanwell House, Lymington 120
Stock Hill House, Gillingham 51
Stone House, Rushlake Green 122
Storrs Hall, Windermere 245
Strattons, Swaffham 221
Summer House, Penzance 70
Summer Isles, Achiltibuie 275
Summer Lodge, Evershot 47
Swan, Southwold 219
Swinside Lodge, Newlands 238
Sydney House, London 119

T
Taychreggan, Kilchrenan 287
Three Chimneys, Colbost, Isle of Skye 279
Three Cocks, Three Cocks 163
Three Main Street, Fishguard 148
Toxique, Melksham 62
Trebea Lodge, Tintagel 83
Tregildry, Gillan 50
Tregynon, Fishguard 149
Tresanton, St Mawes 78
Trinity Lodge, Dublin 317
Twelve Angel Hill, Bury St Edmunds 206
Ty Mawr, Brechfa 144
Tyddyn Llan, Llandrillo 152
Ty'n Rhos, Llanddeiniolen 223

U
Upper Court, Kemerton 180

V
Viewfield House, Portree, Isle of Skye 294

W
Wallett's Court, St Margaret's at Cliffe 126
Wartling Place, Wartling 139
Wasdale Head, Wasdale Head 240
Weavers Shed, Golcar 251
Well House, St Keyne 76
Wellfield House, Duns 274
White House, Williton 88
White Moss House, Grasmere 232
Whiteleaf, Croyde 52
Winder Hall, Low Lorton 236
Wind in the Willows, Glossop 146
Winteringham Fields, Winteringham 266
Woodhayes, Whimple 87
Wrangham House, Hunmanby 255
Wykeham Arms, Winchester 136

Y
Ynyshir Hall, Eglwysfach 147
Yorke Arms, Ramsgill-in-Nidderdale 261

REGISTER DER ORTE

Im folgenden Register sind die Hotels nach dem Namen der Stadt bzw. der Ortschaft, in oder bei der sie gelegen sind, geordnet. Liegt das Hotel in einem sehr kleinen Ort, ist es meist der nächstgelegenen größeren Ortschaft zugeordnet.

A
Abergavenny, Llanwenarth House 140
Abersoch, Porth Tocyn 141
Achiltibuie, Summer Isles 275
Aglish, Ballycormac House 306
Ardara, The Green Gate 307
Arisaig, Arisaig House 276
Arncliffe, Amerdale House 247
Ashbourne, Callow Hall 164
Ashford-in-the-Water, Riverside House 165
Ashwater, Blagdon Manor 26
Atherstone, Chapel House 166

B
Ballylickey, Sea View House 308
Balquhidder, Monachyle Mhor 277
Baltimore, The Algiers Inn 309
Banff, Eden House 303
Bantry, Bantry House 310
Baslow, The Cavendish 167
Bassenthwaite Lake, The Pheasant 224
Bath, Apsley House 27
Bath, Barrow Castle 28
Bath, Bath Priory 29
Bath, Bloomfield House 30
Bath, Fourteen Raby Place 31
Bath, Lettonie 32
Bath, Queensberry 33
Bathford, Eagle House 34
Battle, Little Hemingfold Farmhouse 93
Beaminster, Bridge House 35
Beercrocombe, Frog Street Farm 36
Belfast, Greenwood House 304
Bepton, Park House 94
Beyton, Manorhouse 203
Bigbury-on-Sea, Burgh Island 37
Bishop's Tawton, Halmpstone Manor 92
Blawith, Appletree Holme 225
Blockley, Lower Brook House 168
Blockley, The Old Bakery 169
Bolton Abbey, Devonshire Arms 248
Boncath, Llancych 142
Bontddu, Borthwnog Hall 143
Borrowdale, The Leathes Head 226
Bowness-on-Windermere, Lindeth Fell 227
Bowness-on-Windermere, Linthwaite House 228
Bradford-on-Avon, Bradford Old Windmill 38
Bradford-on-Avon, Priory Steps 39
Brampton, Farlam Hall 229
Branscombe, Masons Arms 40
Brechfa, Ty Mawr 144
Bristol, Hotel du Vin 41
Broad Campden, Malt House 170
Broadway, Collin House 171
Bucklers Hard, Master Builder's House 95
Bunchrew, Bunchrew House 303
Bunessan, Isle of Mull, Assapol House 278
Burford, Burford House 172
Burford, The Lamb 173
Burnham Market, Hoste Arms 204
Bury St Edmunds, Ounce House 205
Bury St Edmunds, Twelve Angel Hill 206
Butlerstown, Butlerstown House 311

C
Canonbie, Riverside Inn 267
Carlisle, Number Thirty One 230
Cashel, Cashel Palace Hotel 312
Castlegregory, The Shores Country House 313
Chagford, Gidleigh Park 42
Chettle, Castleman 43
Chipping Campden, Cotswold House 174
Cley-next-the-Sea, Cley Mill 207
Clifden, Rock Glen Country House Hotel 314
Colbost, Isle of Skye, Three Chimneys 279
Comrie, Royal Hotel 280
Cork, Seven North Mall 315
Corscombe, Fox Inn 92
Corse Lawn, Corse Lawn House 175
Cranbrook, Kennel Holt 96
Cranbrook, Old Cloth Hall 97
Crickhowell, The Bear 145
Crookham, The Coach House 249
Crosthwaite, Crosthwaite House 231
Cuckfield, Ockenden Manor 98

D
Diddlebury, Delbury Hall 176
Dingle, Doyle's Seafood Restaurant 316
Dittisham, Fingals 44
Doddiscombsleigh, Nobody Inn 92
Dolgellau, Plas Dolmelynllyn 146
Dorchester, Casterbridge 45
Drewsteignton, Hunts Tor 46
Drumnadrochit, Polmaily House 303
Dublin, Trinity Lodge 317
Duncton, Duncton Mill 139
Dunkeld, Kinnaird 281
Duns, Wellfield House 274

E
East Grinstead, Gravetye Manor 99
Edinburgh, Drummond House, 274
Edinburgh, The Howard 268
Edinburgh, Sibbet House 269
Eglwysfach, Ynyshir Hall 147
Evershot, Summer Lodge 47

F
Fishguard, Three Main Street 148
Fishguard, Tregynon 149
Fletching, Griffin Inn 100
Fort William, The Grange 282
Fowey, Fowey Hall 48
Frant, The Old Parsonage 101
Frome, Babington House 49

G
Gainford, Headlam Hall 250
Garthmyl, Garthmyl Hall 150
Gillan, Tregildry 50

REGISTER DER ORTE

Gillingham, Stock Hill House 51
Glasgow, One Devonshire Gardens 270
Glenlivet, Minmore House 283
Glin, Glin Castle 318
Golcar, Weavers Shed 251
Gorey, Marlfield House 319
Grasmere, White Moss House 232
Grassington, Ashfield House 252
Great Langdale, Old Dungeon Ghyll 233
Great Rissington, Lamb Inn 177
Gullane, Greywalls 271
Gulworthy, Horn of Plenty 52

H
Hambleton, Hambleton Hall 178
Hartest, The Hatch 208
Hawes, Simonstone Hall 253
Hawkshead, Ees Wyke 234
Hawnby, The Hawnby Hotel 254
Haytor, Bel Alp House 53
Hinton Charterhouse, Homewood Park 54
Holsworthy, Court Barn 55
Holywell, Old Ferry Boat Inn 223
Hopesay, The Old Rectory 179
Hunmanby, Wrangham House 255

I
Innishannon, Innishannon House 320
Inverness, Glenmoriston Town House 303
Isle of Eriska, Isle of Eriska Hotel 284
Isle Ornsay, Isle of Skye, Eilean Iarmain 285

K
Kanturk, Assolas Country House 321
Kemerton, Upper Court 180
Kentallen of Appin, Ardsheal House 286
Kilchrenan, Taychreggan 287
Killiecrankie, Killiecrankie Hotel 288
King's Lynn, Congham Hall 209
Kingswear, Nonsuch House 56
Kington, Penrhos Court 181
Kingussie, The Cross 289
Kirkby Lonsdale, Hipping Hall 235

L
Lacock, At the Sign of the Angel 57
Langar, Langar Hall 182
Langrish, Langrish House 102
Lastingham, Lastingham Grange 256
Lavenham, The Great House 210
Lavenham, Lavenham Priory 211
Lavenham, The Angel 223
Leamington Spa, The Lansdowne 183
Leeds, 42 The Calls 257
Leenane, Delphi Lodge 322
Leonard Stanley, Grey Cottage 184
Lewdown, Lewtrenchard Manor 58
Lifton, Arundell Arms 59
Lincoln, D'Isney Place 185
Little Malvern, Holdfast Cottage 186
Littlestone, Romney Bay House 103
Lizard, The, Landewednack House 60
Llanberis, Pen-y-Gwryd 223
Llanbrynmair, Barlings Barn 151
Llanddeiniolen, Ty'n Rhos 223
Llandrillo, Tyddyn Llan 152

Llandudno, St Tudno 153
Llansanffraid Glan Conwy, The Old Rectory 154
Llanthony, Abbey Hotel 155
London, The Beaufort 104
London, Covent Garden 105
London, Dorset Square 106
London, Dukes 107
London, Five Sumner Place 108
London, The Franklin 109
London, The Gore 110
London, Hazlitt's 111
London, L'Hotel 112
London, London Bridge 113
London, Millers 114
London, Number Sixteen 115
London, Pembridge Court 116
London, Portobello 117
London, The Rookery 118
London, Sydney House 119
Long Melford, The Black Lion 212
Low Lorton, Winder Hall 236
Ludlow, Number Twenty Eight 187
Lymington, Stanwell House 120

M
Malvern Wells, The Cottage in the Wood 188
Martinhoe, Old Rectory 92
Matlock, Riber Hall 189
Maybole Culzean Castle 274
Maynooth, Moyglare Manor 323
Melbourn, Melbourn Bury 213
Melksham, Shurnhold House 61
Melksham, Toxique 62
Membury, Lea Hill 63
Milborne Port, Old Vicarage 64
Morston, Morston Hall 214
Motcombe, Coppleridge Inn 65
Moulsford-on-Thames, Beetle and Wedge 190
Muir of Ord, The Dower House 290
Mungrisdale, The Mill 237

N
Nairn, Clifton House 291
Needham Market, Pipps Ford 215
Nettleton, Fosse Farmhouse 66
Newlands, Swinside Lodge 238
Newton-le-Willows, The Hall 258
Norton, Hundred House 223
Norwich, By Appointment 216
Norwich, Old Catton Hall 217
Nunnington, Ryedale Country Lodge 259

O
Oakfordbridge, Bark House 67
Oxford, Old Bank 191
Oxford, Old Parsonage 192

P
Padstow, Seafood Restaurant & St Petroc's Hotel 68
Painswick, Cardynham House 193
Painswick, Painswick Hotel 194
Pateley Bridge, Sportsman's Arms 260

Register der Orte

Penally, Penally Abbey 156
Penmaenpool, George III 157
Penmaenpool, Penmaenuchaf Hall 158
Penryn, Clare House 92
Penzance, The Abbey 69
Penzance, Summer House 70
Pitlochry, Knockendarroch House 292
Port Appin, Airds Hotel 293
Portaferry, The Narrows 305
Portmeirion, Portmeirion Hotel 159
Portpatrick, Knockinaam Lodge 272
Portree, Isle of Skye, Viewfield House 294

R
Ramsgill-in-Nidderdale, Yorke Arms 261
Reeth, Burgoyne Hotel 262
Reynoldston, Fairyhill 160
Ringlestone, Ringlestone Inn 121
Ripley, Boar's Head 263
Rock, St Enodoc 71
Romaldkirk, Rose and Crown 264
Ruanhighlanes, Crugsillick Manor 72
Rushlake Green, Stone House 122
Ryde, Isle of Wight, Biskra Beach 123
Rye, Jeake's House 124
Rye, The Old Vicarage 125

S
Scarista, Isle of Harris, Scarista House 295
Seatoller, Seatoller House 239
Seaview, Isle of Wight, Priory Bay Hotel 127
Seaview, Isle of Wight, Seaview Hotel 128
Shanagarry, Ballymaloe House 324
Shepton Mallet, Bowlish House 79
Shipton Gorge, Innsacre Farmhouse 80
Shipton-under-Wychwood, Lamb Inn 195
Shipton-under-Wychwood, The Shaven Crown 196
Shurdington, The Greenway 223
Skirling, Skirling House 274
Sleat, Isle of Skye, Kinloch Lodge 296
Snape, Crown Inn 218
Southwold, The Swan 219
South Zeal, Oxenham Arms 92
Spean Bridge, Corriegour Lodge 297
St Austell, Boscundle Manor 73
St Blazey, Nanscawen Manor House 74
St Hilary, Ennys 75
St Keyne, Well House 76
St Margaret's at Cliffe, Wallett's Court 126
St Martin, Isles of Scilly, St Martin's on the Isle 77
St Mawes, Tresanton 78
Stoke-by-Nayland, Angel Inn 220
Storrington, Little Thakeham 129
Strachur, Creggans Inn 298
Stratford-upon-Avon, Caterham House 197
Strontian, Kilcamb Lodge 299
Sturminster Newton, Plumber Manor 81
Swaffham, Strattons 221

T
Talsarnau, Maes-y-Neuadd 161
Tarbert, Skipness Castle 273
Teffont Evias, Howard's House 82
Tetbury, Calcot Manor 198
Three Cocks, Old Gwernyfed 162
Three Cocks, Three Cocks 163
Tintagel, Trebea Lodge 83
Tunbridge Wells, Hotel du Vin 130

U
Uckfield, Hooke Hall 131
Uig, Isle of Lewis, Baile-na-Cille 303
Uley, Owlpen Manor 199
Ullapool, Altnaharrie 300
Ullapool, Ceilidh Place 303

V
Virginstow, Percy's at Coombeshead 84

W
Walkington, The Manor House 265
Walls, Shetland Islands, Burrastow House 301
Wareham, The Priory 85
Wartling, Wartling Place, 139
Wasdale Head, Wasdale Head 240
Waterhouses, Old Beams 200
Watermillock, Old Church 241
Wells, The Market Place 86
West Dean, The Old Parsonage 132
Whimple, Woodhayes 87
Whitebridge, Knockie Lodge 302
Whitewell, The Inn at Whitewell 242
Whitstable, Hotel Continental 133
Wickham, Old House 134
Williton, White House 88
Winchester, Hotel du Vin 135
Winchester, Wykeham Arms 136
Windermere, Gilpin Place 139
Windermere, Holbeck Ghyll 244
Windermere, Storrs Hall 245
Winteringham, Winteringham Fields 266
Witherslack, The Old Vicarage 246
Withypool, Royal Oak 89
Wiveliscombe, Langley House 90
Woodbridge, Ramsholt Arms 222
Woodstock, Feathers 201
Worfield, Old Vicarage 202

Y
Yarmouth, Isle of Wight, George Hotel 137
Yattendon, Royal Oak 138
Yeovil, Little Barwick House 91

REGISTER DER GRAFSCHAFTEN

Im folgenden Register sind die Hotels der jeweiligen Grafschaft, in der sie liegen, zugeordnet. Den Hotels vorangestellt ist der jeweilige Ort, in bzw. bei dem sie liegen. Liegt ein Hotel in einem sehr kleinen Ort, ist es dem nächstgelegenen größeren zugeordnet.

AVON
Bath, Apsley House 27
Bath, Barrow Castle 28
Bath, Bath Priory 29
Bath, Bloomfield House 30
Bath, Fourteen Raby Place 31
Bath, Lettonie 32
Bath, Queensberry 33
Bathford, Eagle House 34
Bristol, Hotel du Vin 41
Hinton Charterhouse, Homewood Park 54

BERKSHIRE
Yattendon, Royal Oak 138

CAMBRIDGESHIRE
Holywell, Old Ferry Boat Inn 223

CORNWALL
Fowey, Fowey Hall 48
Gillan, Tregildry 50
Lizard, The, Landewednack House 60
Padstow, Seafood Restaurant & St Petroc's Hotel 68
Penryn, Clare House 92
Penzance, The Abbey 69
Penzance, Summer House 70
Rock, St Enodoc 71
Ruanhighlanes, Crugsillick Manor 72
St Austell, Boscundle Manor 73
St Blazey, Nanscawen Manor House 74
St Hilary, Ennys 75
St Keyne, Well House 76
St Martin, Isles of Scilly, St Martin's on the Isle 77
St Mawes, Tresanton 78
Tintagel, Trebea Lodge 83

CUMBRIA
Bassenthwaite Lake, The Pheasant 224
Blawith, Appletree Holme 225
Borrowdale, The Leathes Head 226
Bowness-on-Windermere, Lindeth Fell 227
Bowness-on-Windermere, Linthwaite House 228
Brampton, Farlam Hall 229
Carlisle, Number Thirty One 230
Crosthwaite, Crosthwaite House 231
Grasmere, White Moss House 232
Great Langdale, Old Dungeon Ghyll 233
Hawkshead, Ees Wyke 234
Kirkby Lonsdale, Hipping Hall 235
Low Lorton, Winder Hall 236
Mungrisdale, The Mill 237
Newlands, Swinside Lodge 238
Seatoller, Seatoller House 239
Wasdale Head, Wasdale Head 240
Watermillock, Old Church 241
Windermere, Gilpin Lodge 243
Windermere, Holbeck Ghyll 244
Windermere, Storrs Hall 245
Witherslack, The Old Vicarage 246

DERBYSHIRE
Ashbourne, Callow Hall 164
Ashford-in-the-Water, Riverside House 165
Baslow, The Cavendish 167
Matlock, Riber Hall 189

DEVON
Ashwater, Blagdon Manor 26
Bigbury-on-Sea, Burgh Island 37
Bishop's Tawton, Halmpstone Manor 92
Branscombe, Masons Arms 40
Chagford, Gidleigh Park 42
Dittisham, Fingals 44
Doddiscombsleigh, Nobody Inn 92
Drewsteignton, Hunts Tor 46
Gulworthy, Horn of Plenty 52
Haytor, Bel Alp House 53
Holsworthy, Court Barn 55
Kingswear, Nonsuch House 56
Lewdown, Lewtrenchard Manor 58
Lifton, Arundell Arms 59
Martinhoe, Old Rectory 92
Membury, Lea Hill 63
Oakfordbridge, Bark House 67
South Zeal, Oxenham Arms 92
Sturminster Newton, Plumber Manor 81
Virginstow, Percy's at Coombeshead 84
Whimple, Woodhayes 87

DORSET
Beaminster, Bridge House 35
Chettle, Castleman 43
Corscombe, Fox Inn 92
Dorchester, Casterbridge 45
Evershot, Summer Lodge 47
Gillingham, Stock Hill House 51
Milborne Port, Old Vicarage 64
Motcombe, Coppleridge Inn 65
Shipton Gorge, Innsacre Farmhouse 80
Wareham, The Priory 85

COUNTY DURHAM
Gainford, Headlam Hall 250
Romaldkirk, Rose and Crown 264

GLOUCESTERSHIRE
Blockley, Lower Brook House 168
Blockley, The Old Bakery 169
Broad Campden, Malt House 170
Chipping Campden, Cotswold House 174
Corse Lawn, Corse Lawn House 175
Great Rissington, Lamb Inn 177
Kemerton, Upper Court 180
Leonard Stanley, Grey Cottage 184
Painswick, Cardynham House 193
Painswick, Painswick Hotel 194
Shurdington, The Greenway 223

REGISTER DER GRAFSCHAFTEN

Tetbury, Calcot Manor 198
Uley, Owlpen Manor 199

HAMPSHIRE
Bucklers Hard, Master Builder's House 95
Langrish, Langrish House 102
Lymington, Stanwell House 120
Wickham, Old House 134
Winchester, Hotel du Vin 135
Winchester, Wykeham Arms 136

ISLE OF WIGHT
Ryde, Biskra Beach 123
Seaview, Priory Bay Hotel 127
Seaview, Seaview Hotel 128
Yarmouth, George Hotel 137

HEREFORDSHIRE
Kington, Penrhos Court 181

HERTFORDSHIRE
Melbourn, Melbourn Bury 213

HUMBERSIDE
Walkington, The Manor House 265

KENT
Cranbrook, Kennel Holt 96
Cranbrook, Old Cloth Hall 97
Frant, The Old Parsonage 101
Littlestone, Romney Bay House 103
Ringlestone, Ringlestone Inn 121
St Margaret's at Cliffe, Wallett's Court 126
Tunbridge Wells, Hotel du Vin 130
Whitstable, Hotel Continental 133

LANCASHIRE
Whitewell, The Inn at Whitewell 242

LINCOLNSHIRE
Lincoln, D'Isney Place 185
Winteringham, Winteringham Fields 266

LONDON
Beaufort 104
Covent Garden 105
Dorset Square 106
Dukes 107
Five Sumner Place 108
The Franklin 109
The Gore 110
Hazlitt's 111
L'Hotel 112
London Bridge 113
Millers 114
Number Sixteen 115
Pembridge Court 116
Portobello Hotel 117
The Rookery, 118
Sydney House 119

NORFOLK
Burnham Market, Hoste Arms 204
Cley-next-the-Sea, Cley Mill 207
King's Lynn, Congham Hall 209
Morston, Morston Hall 214

Norwich, By Appointment 216
Norwich, Old Catton Hall 217
Swaffham, Strattons 221

NORTHUMBERLAND
Crookham, The Coach House 249

NOTTINGHAMSHIRE
Langar, Langar Hall 182

OXFORDSHIRE
Burford, Burford House 172
Burford, The Lamb 173
Moulsford-on-Thames, Beetle and Wedge 190
Oxford, Old Bank 191
Oxford, Old Parsonage 192
Shipton-under-Wychwood, Lamb Inn 195
Shipton-under-Wychwood, The Shaven Crown 196
Woodstock, Feathers 201

RUTLAND
Hambleton, Hambleton Hall 178

SHROPSHIRE
Diddlebury, Delbury Hall 176
Hopesay, The Old Rectory 179
Ludlow, Number Twenty Eight 187
Norton, Hundred House 223
Worfield, Old Vicarage 202

SOMERSET
Beercrocombe, Frog Street Farm 36
Frome, Babington House 49
Shepton Mallet, Bowlish House 79
Wells, The Market Place 86
Williton, White House 88
Withypool, Royal Oak 89
Wiveliscombe, Langley House 90
Yeovil, Little Barwick House 91

STAFFORDSHIRE
Waterhouses, Old Beams 200

SUFFOLK
Beyton, Manorhouse 203
Bury St Edmunds, Ounce House 205
Bury St Edmunds, Twelve Angel Hill 206
Hartest, The Hatch 208
Lavenham, The Great House 210
Lavenham, Lavenham Priory 211
Lavenham, The Angel 223
Long Melford, The Black Lion 212
Needham Market, Pipps Ford 215
Snape, Crown Inn 218
Southwold, The Swan 219
Stoke-by-Nayland, Angel Inn 220
Woodbridge, Ramsholt Arms 222

SUSSEX
East Sussex
Battle, Little Hemingfold Farmhouse 93
Fletching, Griffin Inn 100
Rushlake Green, Stone House 122
Rye, Jeake's House 124

REGISTER DER GRAFSCHAFTEN

Rye, The Old Vicarage 125
Uckfield, Hooke Hall 131
Wartling, Wartling Place, 139
West Dean, The Old Parsonage 132

West Sussex
Bepton, Park House 94
Cuckfield, Ockenden Manor 98
Duncton, Duncton Mill 139
East Grinstead, Gravetye Manor 99
Storrington, Little Thakeham 129

WARWICKSHIRE
Atherstone, Chapel House 166
Leamington Spa, The Lansdowne 183
Stratford-upon-Avon, Caterham House 197

WILTSHIRE
Bradford-on-Avon, Bradford Old Windmill 38
Bradford-on-Avon, Priory Steps 39
Lacock, At the Sign of the Angel 57
Melksham, Shurnhold House 61
Melksham, Toxique 62
Nettleton, Fosse Farmhouse 66
Teffont Evias, Howard's House 82

WORCESTERSHIRE
Broadway, Collin House 171
Little Malvern, Holdfast Cottage 186
Malvern Wells, The Cottage in the Wood 188

YORKSHIRE
North Yorkshire
Arncliffe, Amerdale House 247
Bolton Abbey, Devonshire Arms 248
Grassington, Ashfield House 252
Hawes, Simonstone Hall 253
Hawnby, The Hawnby Hotel 254
Hunmanby, Wrangham House 255
Lastingham, Lastingham Grange 256
Newton-le-Willows, The Hall 258
Nunnington, Ryedale Country Lodge 259
Pateley Bridge, Sportsman's Arms 260
Ramsgill-in-Nidderdale, Yorke Arms 261
Reeth, Burgoyne Hotel 262
Ripley, Boar's Head 263

West Yorkshire
Golcar, Weavers Shed 251
Leeds, 42 The Calls 257

WALES
Carmarthenshire
Brechfa, Ty Mawr 144

Conwy
Llandudno, St Tudno 153
Llansanffraid Glan Conwy, The Old Rectory 154

Denbighshire
Llandrillo, Tyddyn Llan 152

Gwent
Llanthony, Abbey Hotel 155

Gwynedd
Abersoch, Porth Tocyn 141
Bontddu, Borthwnog Hall 143
Dolgellau, Plas Dolmelynllyn 146
Penmaenpool, George III 157
Penmaenpool, Penmaenuchaf Hall 158
Portmeirion, Portmeirion Hotel 159
Talsarnau, Maes-y-Neuadd 161
Llanberis, Pen-y-Gwryd 223
Llanddeiniolen, Ty'n Rhos 223

Monmouthshire
Abergavenny, Llanwenarth House 140

Pembrokeshire
Boncath, Llancych 142
Fishguard, Three Main Street 148
Fishguard, Tregynon 149
Penally, Penally Abbey 156

Powys
Crickhowell, The Bear 145
Eglwysfach, Ynyshir Hall 147
Garthmyl, Garthmyl Hall 150
Llanbrynmair, Barlings Barn 151
Three Cocks, Old Gwernyfed 162
Three Cocks, Three Cocks 163

West Glamorgan
Reynoldston, Fairyhill 160

SCHOTTLAND
Aberdeenshire
Banff, Eden House 303

Argyll
Bunessan, Isle of Mull, Assapol House 278
Isle of Eriska, Isle of Eriska Hotel 284
Kentallen of Appin, Ardsheal House 286
Kilchrenan, Taychreggan 287
Port Appin, Airds Hotel 293
Strachur, Creggans Inn 298
Strontian, Kilcamb Lodge 299
Tarbert, Skipness Castle 273

Ayrshire
Maybole, Culzean Castle 274

Banffshire
Glenlivet, Minmore House 283

Berwickshire
Duns, Wellfield House 274

Dumfries und Galloway
Canonbie, Riverside Inn 267
Portpatrick, Knockinaam Lodge 272

East Lothian
Gullane, Greywalls 271

Edinburgh
Drummond House 274
The Howard 268
Sibbet House 269

Register der Grafschaften

Glasgow
One Devonshire Gardens 270

Inverness-shire
Arisaig, Arisaig House 276
Bunchrew, Bunchrew House 303
Colbost, Isle of Skye, Three Chimneys 279
Drumnadrochit, Polmaily House 303
Fort William, The Grange 282
Inverness, Glenmoriston Town House 303
Isle Ornsay, Isle of Skye, Eilean Iarmain 285
Kingussie, The Cross 289
Portree, Isle of Skye, Viewfield House 294
Sleat, Isle of Skye, Kinloch Lodge 296
Spean Bridge, Corriegour Lodge 297
Whitebridge, Knockie Lodge 302

Lanarkshire
Skirling, Skirling House 274

Nairnshire
Nairn, Clifton House 291

Perthshire
Balquhidder, Monachyle Mhor 277
Comrie, Royal Hotel 280
Dunkeld, Kinnaird 281
Killiecrankie, Killiecrankie Hotel 288
Pitlochry, Knockendarroch House 292

Ross-shire
Achiltibuie, Summer Isles 275
Muir of Ord, The Dower House 290
Ullapool, Altnaharrie 300
Ullapool, Ceilidh Place 303

SHETLAND-INSELN
Walls, Burrastow House 301

WESTERN ISLES
Scarista, Isle of Harris, Scarista House 295
Uig, Isle of Lewis, Baile-na-Cille 303

IRLAND
Belfast
Greenwood House 304

Co. Cork
Ballylickey, Sea View House 308
Baltimore, The Algiers Inn 309
Bantry, Bantry House 310
Butlerstown, Butlerstown House 311
Cork, Seven North Mall 315
Innishannon, Innishannon House 320
Kanturk, Assolas Country House 321
Shanagarry, Ballymaloe House 324

Co. Donegal
Ardara, The Green Gate 307

Co. Down
Portaferry, The Narrows 305

Dublin
Trinity Lodge 317

Co. Galway
Clifden, Rock Glen Country House Hotel 314
Leenane, Delphi Lodge 322

Co. Kerry
Castlegregory, The Shores Country House 313
Dingle, Doyle's Seafood Restaurant 316

Co. Kildare
Maynooth, Moyglare Manor 323

Co. Limerick
Glin, Glin Castle 318

Co. Tipperary
Aglish, Ballycormac House 306
Cashel, Cashel Palace Hotel 312

Co. Wexford
Gorey, Marlfield House 319

FERIENLEKTÜRE FÜR SIE UND IHN

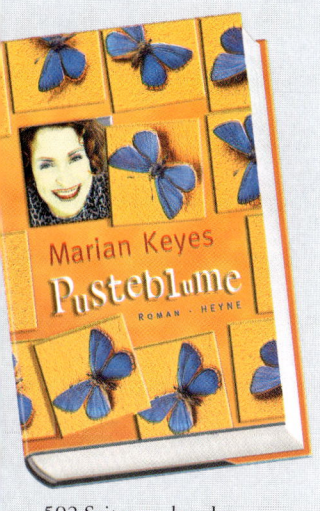

592 Seiten, gebunden
DM 38,– / öS 277,– / sFr 35,–
ISBN 3-453-17310-4
Auch als Heyne Hörbuch
(CD und MC)

Tara, Fintan und Katherine sind dreißig und glauben, schon alles erlebt zu haben. Doch sie werden eines Besseren belehrt ... Eine erfrischend junge und hintergründige Geschichte von der Autorin der *Wassermelone*.

»Witzig, mitunter anrührend, aber nicht rührselig.«
Die Woche

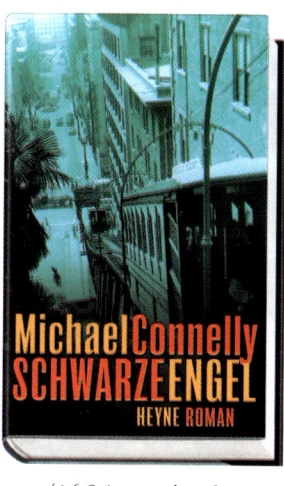

416 Seiten, gebunden
DM 39,90 / öS 291,– / sFr 37,–
ISBN 3-453-17858-0

Der gewaltsame Tod eines farbigen Staranwalts droht das Pulverfass Los Angeles zum Explodieren zu bringen. Detective Harry Bosch weiß, dass eigene Polizeikollegen zum engsten Kreis der Verdächtigen gehören ...

»Connelly spielt geschickt mit den Ängsten der Leser.«
Der Spiegel

HEYNE
www.heyne.de